苏州大学中国史重点学科建设经费资助出版

中国红十字运动史料选编
（第六辑）

池子华　李欣栩　主编

合肥工业大学出版社

图书在版编目(CIP)数据

中国红十字运动史料选编(第六辑)/池子华,李欣栩主编. —合肥:合肥工业大学出版社,2016.11

(红十字文化丛书)

ISBN 978 - 7 - 5650 - 3100 - 7

Ⅰ.①中… Ⅱ.①池…②李… Ⅲ.①红十字会—史料—中国—1937 - 1940 Ⅳ.①D632.1

中国版本图书馆 CIP 数据核字(2016)第 277909 号

中国红十字运动史料选编(第六辑)

池子华 李欣栩 主编

责任编辑	章 建 张 燕	
出版发行	合肥工业大学出版社	
地 址	(230009)合肥市屯溪路 193 号	
网 址	www.hfutpress.com.cn	
电 话	总 编 室:0551-62903038	
	市场营销部:0551-62903198	
开 本	710 毫米×1000 毫米 1/16	
印 张	29.25	
字 数	490 千字	
版 次	2016 年 11 月第 1 版	
印 次	2016 年 11 月第 1 次印刷	
印 刷	安徽昶颉包装印务有限责任公司	
书 号	ISBN 978 - 7 - 5650 - 3100 - 7	
定 价	68.00 元	

如果有影响阅读的印装质量问题,请与出版社市场营销部联系调换。

总　序

　　150 年前，高举人道主义旗帜，旨在促进人类持久和平的红十字运动在欧洲兴起并迅速走向世界。100 多年来，红十字会为世界和平与发展做出的巨大贡献有目共睹，因而日益受到世界各国、各地区的欢迎，已发展成为与联合国、奥委会并称的世界三大国际组织之一。究其原因，乃其所奉行的七项基本原则——也是红十字文化的内核——涵盖了世界上各种不同文化的共同点，能为文化和制度不同的国家所接受，故而具有强大的生命力。

　　100 年前，红十字运动东渐登陆中国。在其中国化的发展过程中，红十字会不断吸取中国传统文化的精髓，茁壮成长，逐步形成了"人道、博爱、奉献"的文化内涵，并成为中华文化的瑰宝之一。

　　百余年来，红十字运动在波澜壮阔的实践中积累了丰富的经验，也留下了许多教训。经验与教训需要上升为理论，也只有理论才能更好地指导红十字事业持续、健康发展。学界、业界对此都进行了持续的关注。

　　2005 年 12 月 7 日，苏州大学社会学院与苏州市红十字会携手合作，成立全国首家红十字运动研究中心，旨在通过学界和业界的联合，推动和加强红十字运动的理论研究，探究红十字运动中国化的过程与特色，凝练红十字文化价值，探求红十字运动在构建国家软实力和促进中华民族伟大复兴中的地位与作用。同年 12 月 9 日，中国红十字会总会也提出，"确定一批研究课题，组织专家学者开展对国际红十字运动及中国红十字运动的深入研究"[①]。由此，学界、业界共同开展了对红十字运动

---

　　① 中国红十字会总会：《关于加强和改进宣传工作的意见》，红总字［2005］19 号。

的学术研究与理论探讨。

多年来，红十字运动研究中心除通过专业网站（http：//www.hszyj. net）发布和交流学界、业界动态外，已出版研究成果数十部；帮助一些地方红十字会建立与高校的合作，搭建平台，共同开展研究；举办了首届红十字运动与慈善文化国际学术研讨会；培养了一批专门研究红十字运动的生力军；积累了大量的学术资料。中心主要研究人员还借助在各地讲学的机会，传播重视红十字运动研究的理念。正是在红十字运动研究中心的引领之下，红十字运动研究在中华大地上呈现出生机勃勃的发展态势，并取得了丰硕的成果，"新红学"① 呼之欲出。仅以2011 年为例，各地以纪念辛亥革命 100 周年为契机，纷纷整理、编辑出版了地方红会百年史；有的红会还与高校合作组建相关研究中心，等等，② 通过这些方式，有力地推动了红十字运动研究向更深更广的方向发展。

当今世界正处于大发展大变革大调整时期，多极化、经济全球化深入发展，科学技术日新月异，各种思想文化交流交融交锋更加频繁，文化在综合国力竞争中的地位和作用更加凸显。2011 年 10 月 18 日，党的十七届六中全会通过的《中共中央关于深化文化体制改革推动社会主义文化大发展大繁荣若干重大问题的决定》，提出要推动社会主义文化大发展大繁荣。11 月 7 日，教育部发布了《高等学校哲学社会科学繁荣计划（2011—2020 年）》，提出要大力提升高等学校人才培养、科学研究、社会服务、文化传承创新的能力和水平。12 月 7 日，全国人大常委会副委员长、中国红十字会会长华建敏在中国红十字会九届三次理事会上提出，"要深化理论研究，充分挖掘红十字文化内涵，推进红十字文化中国化，广泛传播人道理念，在全社会推动形成良好的道德风尚"③。红十

<hr />

① 在 2009 年 4 月于苏州大学召开的"红十字运动与慈善文化"国际学术研讨会上，红十字运动研究中心主任、江苏红十字运动研究基地负责人、苏州大学教授池子华指出，经过100 多年波澜壮阔的实践发展和学术界呕心沥血的开拓性研究，在人文社科领域构建一门"新红学"——红十字学，条件已经具备，时机已经成熟。见池子华：《创建"红十字学"刍议》，《中国红十字报》2009 年 4 月 17 日。

② 池子华、郝如一：《2011 年红十字理论研究之回顾》，《中国红十字报》2012 年 1 月3 日。

③ 《中国红十字会九届三次理事会召开》，《中国红十字报》2011 年 12 月 9 日。

字"文化工程"已然成为红十字会总体建设目标之一①。进一步加强与拓展红十字运动理论研究，尤其是对红十字文化中国化的研究，已成为历史与现实的呼唤。

有鉴于此，红十字运动研究中心继续发挥高等学校与业界合作的优势，汇聚研究队伍，科学选题，出版一套"红十字文化丛书"，弘扬有利于国家富强、民族振兴、人民幸福、社会和谐的思想和精神，凸显红十字文化在中国文化园地中的地位，使红十字文化在神州大地上更加枝繁叶茂，促进中国红十字事业可持续发展，推动红十字文化的国际交流。

"红十字文化丛书"的出版，得到了中国红十字基金会、江苏省红十字会、苏州大学社会学院、上海市嘉定区红十字会、浙江省嘉兴市红十字会、江苏省盐城市盐都区红十字会等单位的鼎力支持，也得到红十字国际委员会东亚代表处及中国红十字会总会的关心和指导，在此谨致衷心感谢。

池子华

2012 年 6 月于苏州大学

总序

---

① 池子华：《"文化工程"应成为红十字会总体建设目标之一》，《中国红十字报》2009年 12 月 11 日。

前　言

　　《中国红十字运动史料选编》是红十字运动研究中心推出的大型资料汇编，本书是这一系列中的第六辑，围绕民国时期的中国红十字会制度建设进行史料的梳理。正如邓小平曾指出的，"制度问题带有根本性、全局性、稳定性和长期性"。没有制度保障，能力建设无异于缘木求鱼；对于红十字会而言，制度建设是提升能力建设的重要保障，是实现中国红十字事业可持续发展的基础。为此，有必要加强对民国时期中国红十字会制度建设相关资料的整理，以期更好地服务于当代的红十字会能力建设。

　　本书内容主要来源于民国时期的报纸杂志，包括《中国红十字会杂志》《中国红十字会月刊》《中国红十字会会务通讯》《政府公报》《中华医学杂志（上海）》等。为保证资料的完整性，少量已出版的与制度建设相关的资料，亦有所选录。本书的辑录工作按以下原则进行：

　　一、辑录资料依据内容分为组织建设、职员管理、物资筹措、会员工作、医疗卫生、人才培养、日常规范、人道活动、资料杂俎九个专题，每个专题内按时间先后顺序排布，且每条资料后注明资料来源。

　　二、辑录资料按原文照录，按原意进行分段并按现行规范加上标点符号。明显的错字在"［　］"中纠正，多字、少字用"（　）"表明，无法辨认的字用"□"表示。

　　三、辑录资料的标题按照原标题照录，尽可能不做改动。

　　本辑资料由李欣栩搜集整理，池子华审稿、定稿。由于编者水平有限，错漏之处在所难免，还请读者批评指正。

目 录

组织建设

职员管理

物资筹措

会员工作

医疗卫生

人才培养

日常规范

人道活动

目录

资料杂俎

组 织 建 设

中国红十字会章程

第一章　总则

一、本会名为"中国红十字会"，设总会于北京，设总办事处于上海。

二、本会旗帜袖章均用白地红十字为识。

第二章　宗旨

本会按照一千八百六十四年各国会订之《日来弗条约》暨一千九百零六年七月六号中国在保和会签押之《陆战时救护病伤条约》（一名《日来弗红十字条约》）办理：

甲、在战时应遵守本国海陆军部定章及临时军司令官命令，协助医队救护病者伤者；

乙、在平时应筹募款项，设立医院，造就医学人才，置办医务材料并赈济水旱偏灾，防护疫疠及其他各项危害。

第三章　会员

一、本会会员分为三种：名誉会员、特别会员、正会员。

二、凡独捐洋一千元以上，或募捐洋五千元以上，或义务办事异常出力者，由常议会议决举为名誉会员。

三、凡纳捐洋二百元以上，或募捐洋一千元以上，或义务办事一年以上者，由常议会议决举为特别会员。

四、凡纳年捐五元满六年者，或一次纳捐二十五元者，均照章认为正会员。

五、名誉会员、特别会员、正会员均为本会终身会员。

六、名誉会员、特别会员、正会员均得本会会员佩章，各称其位。

七、本会会员中有犯刑事案，或其作事有违本会章程者，本会得剥夺其会员资格。

八、凡会员出会，无论告退、被退，所收入会费概不发还。

第四章　职务　议会

一、本会应每年开会员大会一次，报告一年间之会务，统核上年收支账目并决议下年预算。

二、会员莅会，或亲临，或函托其他会员代表，每会员一人有一选举权，惟代表者除本人外，以三选举权为限。

三、大会时应公举会长、副会长暨顾问、秘书长、理事长各职员，任期均以三年为限，又可由会员公举声望卓著者为名誉总裁。

  甲、总会应归会长督率秘书长、顾问等员办理会务，凡与中央政府京城各衙门、各直省长官并外交团交涉公文，均以中国红十字会关防为凭，每届一年将全会会务汇报政府备案。

  乙、总会总办事处由副会长、常议会及理事长主持一切。

  丙、总办事处将所办会务报告会长。

四、第一次大会时，应公举会员三十六人为常议会议员，推副会长为议长。每十二人作为一班，每一班任期三年。第二班任期二年，第三班任期三年。嗣后每年开大会时，另举十二人，任期三年，以次递推。

  甲、常议会应撰订办理会务细则，惟所订细则不得违背本会章程。

  乙、常议会应举会计管理账目，按照定章收支，届大会时备具详册报告。

  丙、常议会公举查账员，查核收支账目，届大会时备具报告。

  丁、本会收入政府各种津贴，并善士捐输、各分会协款，均归常议会管理。

  戊、本会存款及所置产业应在常议会中公举五人，按照定章执管。每届一年，即由此五人将存款产业各情形报告常议会，转陈会员大会。

  己、常议会须有议员三分之一到会，方可决议。倘议员议事，其可决与否决适各得半数，可由议长裁决之。

庚、倘常议会请开特别会员大会，会长得以召集开会，惟须将所以开会原由预行声明。自通告日起，应于五星期内集议，除预行声明事件外不得另议他事。

第五章 分会

一、凡中国各处均得设立分会，遵照总会章程办理。

二、分会章程须交常议会核定，惟不得违背总会章程及日来弗红十字条约。

三、各分会应概名"中国红十字会某处分会"。

四、各分会应按季将所办事宜并会员名册报告总会、总办事处，转呈会长查核，每一年报告大会一次。

第六章

以上所订章程如修改时，须由常议会起草，转陈会员大会，经会员三分之二以上之决议，即可成立。

原载《中国红十字会杂志》1913 年第 1 号

中国红十字会分会章程

第一章

一、本分会名为"中国红十字某处分会"，办事所设于某处。

二、本分会所用旗帜袖章，均由中国红十字会总会给发本分会，须尽力禁阻滥用。

三、本分会须遵照总会章程办理。

第二章

本分会在会同各处分会协助总会，按照一千八百六十四年各国会订之《日来弗条约》暨一千九百零六年七月六号中国在保和会签押之《陆战时救护病伤条约》（一名《日来弗红十字约》）办理：

（甲）在战时应遵守本国海陆军部定章及临时军司令官命令，协助医队救护病者伤者。

（乙）在平时应筹募款项，设立医院，造就医学人才，置办医务材料并预备赈济水旱偏灾，防护疫疠及其他各项危害之用。

第三章

一、凡纳年捐五元满六年者，或一次纳扣二十五元者均认为正会员。

二、凡独捐洋一千元以上，或募捐洋五千元以上，或办理分会会务异常出力者，均由本分会函请总会办事处议决举为总会名誉会员。

三、凡纳捐洋二百元以上，或募捐洋一千元以上，或办理分会会务一年以上者，均由本分会函请总会总办事处议决举为总会特别会员。

四、本分会会员中有犯刑事案，或其作事有违本分会章程者，本分会得剥夺其会员资格。

五、凡分会会员出会，无论告退、被退，所收入会费概不发还。

六、凡本分会所收会员会费至少应将一半之数按季汇交总会总办事处。

第四章

一、本分会每年九月间开会一次，公举理事长、理事、秘书、会计，应按多数取决。

二、本分会执事各员任期均以一年为限。

三、遇每年开会时，可公举会员五人为议事部，协助执事员协理会务。

四、本分会理事长应按季将办事情形并会员名册，以及收支款项报告总会总办事处。

五、凡开年会时，须有会员二十人，方可议决各事。

第五章

以上所订章程，可由总会会员大会时修改，随时知照各分会办理。

原载《中国红十字会杂志》1913 年第 1 号

中国红十字会组织分会申愿书

某省某处某人（须有已入本会会员三十人列名）今愿遵照以下章程组织中国红十字会分会。

一、本分会名为"中国红十字会某某分会"。

二、本分会宗旨在会同各处分会协助中国红十字总会办理以下各事：

（甲）在战时应遵守本国海陆军部定章及临时军司令官命令，协助医队救护病者伤者。

（乙）在平时应筹募款项，设立医院，造就医学人才，置办医务材料并预备赈济水旱偏灾，防护疫疠及其他各项危害之用。

三、本分会办事在某某处所。

四、本分会会员系现在签名者并以后照《中国红十字会章程》所推举者合力办事。

五、除第二条所载应办之事外，认明不另干涉他事。

上海二马路望平街东首

中国红十字会总会总办事处校印

原载《中国红十字会杂志》1913 年第 1 号

中国红十字会条例

（九月二十四日大总统申令公布）

第一条　中国红十字会依据陆军、海军部之指定，辅助（陆）海军战时卫生勤务，并依内务部之指定，分任赈灾、施疗及其他救护事宜。

第二条　中国红十字会得募款设立医院，造就救护人才并储备救护材料。

第三条　中国红十字会设总会于北京，设分会于各省，各分会均隶属于总会。总会设会长一人，总理会务，监督各分会；副会长一人，辅助会长办理一切会务。

第四条　中国红十字会会长、副会长由大总统委派充任，分会由分会推举，经会长认可后方得就任，并由会长报明内务、陆军、海军各部。分会长就所在地范围内执行紧急职务时，得直接陈请于该地军事长官及地方长官，余均陈请总会转陈。

第五条　中国红十字会之资产及账簿得由陆军部、海军部、内务部各就所管事项，随时派员检查。

第六条　中国红十字会须于每年一月以内将上年收支之计算、事业之成绩，造具清册，报告陆军部、海军部及内务部。

第七条　中国红十字会战时随军救护人员之待遇与军属同，救护队之编制及其服装之定式暨阶级之比较，由陆军部、海军部协商核定。

第八条　中国红十字会战时随军救护人员及救护材料需用国有轮舶、铁道时，得依陆海军人员及军用品例办理。

第九条　中国红十字会战时随军救护人员在战地应用房屋、粮食、船车、马匹，得由会长分别陈请陆、海军部转饬支给。

第十条　中国红十字会有功人员得由会长分别陈请内务、陆军、海军各部审核，呈请大总统给奖。中国红十字会奖励条例另定之。

第十一条　本条例自公布日施行。

原载《时事汇报》1915 年第 8 期

中国红十字会条例施行细则

第一章　总则

第一条　本规则所称本会者指中国红十字总会暨分会而言。

第二条　本会享受《日来弗条约》及其《推行于海战之条约》，并用白地红十字记章等权利。

第二章　事业

第三条　本会战时卫生勤务及本条例第七条之办法另定之。

第四条　本会分任赈灾、施疗及其他之救护，临时受主管官厅之指定酌派救护员办理。

第五条　本会养成救护及看护人才办法如左：

（一）总会设红十字会医学校，依教育部定章办理，但会长得酌定额数免取学费；

（二）资遣学生附学于中国国立、公立或外国医学校，其学费由本会支给；

（三）看护员之养成就本会医院行之，其学费由本会支给。

前项第一款及第二款之学生不得中途退学，毕业后归本会任用，违者责成保证人赔偿各费。又，第三款之看护员毕业后，四年之内归本会任使。

第六条　医学校教育细则、看护教育细则及看护教程由总会另定之。

第七条　本会救护材料分三种如左：一、卫生材料如器械、药品、滋养品、治疗用消耗品、病者被服寝具及病者运搬用具均属之；二、普通材料如事务用品、被服、帐棚、食器、庖厨用品及杂品均属之。三、赈济材料如棉衣、粮食、棺具等均属之。

第八条　本会救护材料之储备由总会、分会协商分担之，每预算年度开始之日，会长应将本会前年度及本年度各分担之数报告内务、陆军、海军三部，其会计年度依现行会计年度办理。

第九条　总会医院均以“中国红十字会某地医院”称之，分会医院均以“中国红十字会某地分会医院”称之。

第十条　分会医院由分会长或理事长将医院办法及职员履历报经总会核准后，方可设立。凡本会医院，平时均得酌量收费。

第十一条　凡本会医院均由医院长管理之，医院长以专门医学毕业人员为限。

第十二条　本会医院病床日志、处方录由院长保存之。医院长每月应编患者统计表、病类统计表，报告于所属会长。

第十三条　中国红十字会医院通则及各医院办事细则由总会另定之。

第三章　机关

第十四条　本会机关除本条例第三条规定设立总会、分会外，因管理便利起见，另于上海设总会驻沪办事处。

第十五条　分会设于各省，称为“中国红十字某处分会”，中国红十字会分会以设立医院者为限，但特经总会认可者不在此限。

第十六条　分会会务每三月报告总会一次。

第十七条　总会将一切会务每年汇报内务、陆军、海军三部一次，依本条例第六条办理。

第十八条　总会自制图记由会长陈请内务、陆军、海军三部备案后启用之，分会执照及图记由总会颁发。

第十九条　总会有随时稽查分会会务及其资产账簿之权，认为不正常时得提付常议会议决之。

第二十条　各机关办事细则由会长定之。

第四章　会员

第二十一条　本会会员分三种如左：

  （一）名誉会员，以左列人员经常议会认可者充之：甲、独捐千元以上者；乙、募捐五千元以上者；丙、办事异常出力者。

  （二）特别会员，以左列人员经常议会认可者充之：甲、独捐二百元以上者；乙、募捐一千元以上者；丙、办事一年以上者。

  （三）正会员，以左列人员得在会会员二人以上之介绍者充之：甲、每年独捐五元满六年者；乙、一次独捐二十五元者。

第二十二条　本会会员均为终身会员，得佩带本会徽章。

第二十三条　本会会员如受公权褫夺，同时失其会员资格。

第二十四条　本会会员违背本会规则或有损本会名誉者，得由本会除名。

第二十五条　入会之拒绝及会员除名均由常议会行之，得不宣告其理由，但对于正会员属于分会者，由分会议事会议决之。

第二十六条　凡失会员资格或被除名者，追缴本会徽章，但所纳会费概不发还。

第二十七条　名誉会员、特别会员经常议会认可后，由总会登册并颁布徽章分别报部立案，正会员由分会每月开单送请总会登册并颁发徽章。

第二十八条　本会会员增减数由总会按月报告常议会，按年报告内务、陆军、海军三部。

第二十九条　纳捐者如隐其名或用堂记，不得推为会长。

第三十条　入会者得以相当物品、材料、房屋、田地、股票、债券作为会费之代价，但不得以无完全所有权者充之。

第五章　议会

第三十一条　总会置常议会，常议会以常议员三十六人组织之。

第三十二条　常议员每年由大会选举之，前项当选者由会长报告内务、陆军、海军三部备案。

第三十三条　常议员每年选举十二人，其任期三年，但第一年选举常议员之任期分三种如左：

　　一、任期一年者十二人；

　　二、任期二年者十二人；

　　三、任期三年者十二人。

第三十四条　常议员得选举连任。

第三十五条　常议员职权如左：一、稽核预算决算；二、审决会员之除名及入会之准否（除本规则第二十五条但书规定外）；三、审核各项细则；四、选举资产监督及总会出纳会计员；五、议决其他重要事件。

第三十六条　常议员中互选议长一人，副议长一人，议长因事未能出席时以副议长代之。

第三十七条　常议员每月开会一次，由会长召集之。

第三十八条　常议会议事以过半数决之可否，同数时由议长决定之。

第三十九条　常议会除议长外，非全数议员三分之二以上出席不得开会，但战时及有紧急事件时不在此限。

第四十条　凡紧急事件不及待常议会议决者，会长得自裁决施行，但事后须交常议会请求追认。

第四十一条　本规则三十五条第四款选举用记名单举法行之，以得票满出席议员三分之二者充之。前项当选者姓名、年龄、籍贯、履历由议长报告会长转陈内务、陆军、海军三部。

第四十二条　战时或有事变时，会长得将常议会改组临时议会，临时议员人数由会长定之，除常议员继续充临时议员外，得由会长于会员中另选补充。

第四十三条　分会设议事会办理左列事项：

　　一、初审分会预算；

　　二、议决分会正会员入会之准否；

　　三、选举分会会计员及分会职员，议决分会临时重要事件。

第四十四条　分会议事员定数十二人，由分会长或理事长召集该分会所在地会员开分会大会，用记名单记法选举之，以得票之最多数者为当选，当选者由分会长或理事长报告总会。

第四十五条　分会议事员任期准照本规则第三十三条之规定。

第四十六条　分会议事会推用本规则第三十四条、第三十六条及第三十八条之规定。

第四十七条　分会议事会每月开会一次，由分会长或理事长召集之。

第四十八条　分会议事会除议长外，非全数议员半数以上出席不得开会，但战时及有紧急事件时不在此限。

第四十九条　临时有紧急事件发生，分会长或理事长得对于议事会适用本规则第四十条之规定。

第五十条　本规则第四十三条第三款之选举依本规则第十一条第一项行之，前项当选者籍贯、年龄、履历由该议事会议长报告分会长或理事长，转陈总会。

第五十一条　常议会及分会议事会议事细则由各该会自定之。

第六章　职员

第五十二条　本会除本条例第三条及本规则第五章规定外，设职员如左：顾问、文牍长、文牍员、书记、资产监督、出纳会计员、医药长、医院长、医长、医员、调剂长、药剂员、药剂生、看护长、看护、理事长、理事、副理事、输送长、输送人，以上职员人数视事务之繁简定之，但分会不得设顾问、文牍长、医药长，其事业范围犹未扩大，不设分会长者，设理事长代之。

第七章　资产

第五十三条　本会资产如左：一、原有动产及不动产；二、政府补助金；三、会员捐；四、特别捐；五、遗赠；六、本会事业发生之收入；七、以上各项发生之利息。

第五十四条　前条所称捐或赠者金钱、物品、材料、房屋、田地、股票、债券均属之。

第五十五条　本会资产及其契据，由司纳会计员交由资产监督管理之。

第五十六条　本会不动产之管理权则由常议会议决后，送由会长陈请内务、陆军、海军三部核定之。

第五十七条　本会资产之动支由司出会计员按预算定数支配，经临时议事会或常议会认定后向资产监督支用。

第五十八条　本会资产等出纳账簿登记办法，均照审计院修正普通官厅簿记办理。

第五十九条　本会收捐概以盖用图记，经会长及副会长署名编号之收据为凭。金钱以外须以实收之物品种类、数量记入。收据为三联式，一交纳捐者，一交资产监督，一存司纳会计员。

第六十条　本会收捐每日分别登报一次。

第六十一条　本会所收现款以外之物除可留用或留为生利者外，按序陈请会长审定提付常议会认可后拍卖之。

第六十二条　每届预算终期，出纳会计员应将经理出纳决算账簿附以证据，按左列顺序送由资产监督转送会长、提付常议会稽核，报告大会通过后由会长汇送内务、陆军、海军三部备查，并登入征信录分送各会员查阅。一、属于总会者由会计员迳送，二、属于分会者由该分会会计员送由会长或理事长付议事会初审后转送。

第六十三条　每届预算期前，总会由会计员，分会由分会长或理事长各就所管事项编制预算，按前条顺序送由会长审定，提交常议会稽核。报告大会通过后，由会长送交资产监督查照施行。

第六十四条　本会资产属于分会者，该分会用充岁出之数不得逾其岁入之半，余应归存总会。

第八章　大会

第六十五条　凡属本会会员均得出席大会。

第六十六条　本会每年开常年大会一次，会长认须开临时大会时，得临时召集之。常议会提出理由请求会长开临时大会时，会长自受请之日起五星期以内须召集之。

第六十七条　大会之召集及其会议之目的须登报通告之。

第六十八条　大会之表决以出席会员为限。

第六十九条　大会以会长为议长，以副会长为副议长，议长缺席时以副议长代之。

第七十条　大会之议事以过半数决之可否，同数时议长决之。

第七十一条　大会所议事件除临时发生事件外，依左列各项行之：
一、报告会务；二、稽核决算；三、议决预算；四、选举常议员。前项之选举用记名法，以得票最多数者为当选。当选者姓名、年龄、籍贯、履历由会长报告内务、陆军、海军三部。

第九章　奖励

第七十二条　本会会员之奖励另定之。

第十章　附则

第七十三条　本规则自内务、陆军、海军三部会呈奉大总统批准之日施行。

第七十四条　本会从前所订经部立案之条议及章程与本规则抵触或重复者不适用之。

第七十五条　本规则如有应行修改之处，由常议会提出理由，会长陈请内务、陆军、海军三部会呈大总统修改之，其由内务、陆军、海军三部认为应修改时，亦同。

原载《政府公报》1915 年第 1228 期

中国红十字会常州分会章程

第一章

一、本分会名为中国红十字会常州分会，筹办处设于局前街福音医院。

二、本分会所用旗帜、袖章均由中国红十字会总会给发，本分会须尽力禁阻滥用。

三、本分会须遵照总会章程办理。

第二章

一、本分会在会同各处分会协助总会按照一千八百六十四年各国会订之《日来弗条约》暨一千九百零六年七月六号中国在保和会签押之《陆战时救护病伤条约》（一名《日来弗红十字约》）办理。

甲、在战时应遵守本国海陆军部定章及临时军司令官命令，协助医队救护病者、伤者；

乙、在平时应筹募款项、设立医院、造就医学人才、置办医务材料并预备赈济水旱偏灾、防护疫疠及其他各项危害之用。

第三章

一、凡纳捐（洋）二十五元以上者，均认为正会员（未满二十五元者酌赠福音医院优待诊券，聊申谢意）。

二、凡纳捐洋二百元以上或募捐洋一千元以上，由本分会函请总会总办事处议决，举为总会特别会员。

三、凡独捐洋一千元以上或募捐洋五千元以上，由本分会函请总会总办事处议决，举为总会名誉会员。

四、本分会会员中有犯刑事案或其作事有违本分会章程者，本分会得剥夺其会员资格。

五、凡分会会员出会，无论告退、被退，所收入会费概不发还。

六、凡本分会所收会员会费，至少应将一半之数按季汇交总会总办事处。

以上章程系由中国红十字会总会所订，俟会员满三十人时，即开成立大会，选举职员同理会务。

会所：常州局前街福音医院

电话：一百五十号

六月廿一日

中国红十字会常州分会筹办处王完白启

原载《兴华》1916 年第 24 期

中国红十字会条例暨其细则
（陆军部教令第一百三十号）

中国红十字会条例

第一条　中国红十字会依陆军部、海军部之指定，辅助陆海军战时后方卫生勤务，并依内务部之指定，分任赈灾、施疗及其他救护事宜。

第二条　中国红十字会得募款设立医院、造就救护人材并储备救护材料。

第三条　中国红十字会设总会于北京，设分会于各省，各分会均隶属于总会。总会设会长一人，总理会务，监督各分会；副会长一人，辅助会长办理一切会务。

第四条　中国红十字会会长、副会长由大总统派充，任期三年；分会长任期二年，由分会推举，经会长认可后，方得就任，并由会长报明内务、陆军、海军各部。分会长就所在地范围内执行紧急职务时，直接陈请于该地军事长官及地方长官，余均陈请总会转陈。

第五条　中国红十字会之资产及账簿得由陆军部、海军部、内务部各就所管事项，随时派员检查。

第六条　中国红十字会须于每年一月以内将上年收支之计算、事业之成绩，造具清册，报告陆军部、海军部及内务部。

第七条　中国红十字会战时随军救护人员之待遇与军属同，救护队之编制及其服装之定式由陆军部、海军部协商核定。

第八条　中国红十字会战时随军救护人员及救护材料，需用国有轮舶、铁道时，得依陆、海军人员及军用品例办理。

第九条　中国红十字会战时随军救护人员在战地应用房屋、粮食、船车、马匹，得由会长分别陈请陆、海军部转饬支给。

第十条　本条例未尽事宜，以施行规则定之。

第十一条　本条例自公布日施行。

中国红十字会条例施行规则

第一章　总则

第一条　本规则所称本会者指中国红十字总会及分会而言。

第二条　本会享受《日来弗条约》及其《推行于海战之条约》，并用白地红十字记章等权利。

第二章　事业

第三条　本会战时卫生勤务及本条例第七条之办法由陆军、海军两部另定之。

第四条　本会分任赈灾、施疗及其他之救护，临时受主管官厅之指定酌派救护员办理。

第五条　本会养成救护及看护人材办法如左：

　　（一）总会设红十字会医学校应依教育部定章办理，但会长得酌定额数免收学费。

　　（二）资遣学生附学于中国国立、公立或外国医学校，其学费由本会支给。

　　（三）看护员之养成就本会医院行之，其学费由本会支给。

前项第一款及第二款之学生不得中途退学，毕业后归本会任用，违者责成保证人赔偿各费。又，第三款之看护员毕业后，四年之内归本会任使。

第六条　医学校教育细则、看护教育细则及看护教程由总会另定之。

第七条　本会救护材料分三种如左：

　　（一）卫生材料如器械、药品、滋养品、治疗用消耗品、病者被服寝具及病者运搬用具均属之。

　　（二）普通材料如事务用品、被服、帐棚、食器、庖厨用品及杂品均属之。

　　（三）赈济材料如棉衣、粮食、棺具等均属之。

第八条　本会救护材料之储备由总会、分会协商分担之。每预算年度开始之日，会长应将本会前年度及本年度各分担之数报告内务、陆军、海军三部，其会计年度依现行会计年度办理。

第九条　总会医院均以"中国红十字会某地医院"称之，分会医院均以"中国红十字会某地分会医院"称之。

第十条　分会医院由分会长将医院办法及职员履历报经总会核准后，方可设立。凡本会医院，平时均得酌量收费。

第十一条　凡本会医院均由医院长管理之，医院长以专门医学毕业人员为限。

第十二条　本会医院病床日志、处方录由院长保存之，医院长每月应编患者统计表、病类统计表报告于所属会长。

第十三条　中国红十字会医院通则及各院办事细则由总会另定之。

第十四条　本会分会设于各省，称为中国红十字某处分会。中国红十字分会以设立医院者为限，但特经总会认可者不在此限。

第十五条　分会会务每三月报告总会一次。

第十六条　总会应由会长、副会长督率理事长及分任职务之会员办理会务，并将一切会务每年汇报内务、陆军、海军三部一次，依本条例

第六条办理。

第十七条　总会自制图记由会长陈请内务、陆军、海军三部备案后启用之。分会执照及图记由总会颁发。

第十八条　总会有随时稽查分会会务及其资产账簿之权，认为不正当时，得提付常议会议决行之。

第十九条　总分会办事细则由会长定之。

第三章　会员

第二十条　本会会员分五种如左：

（一）名誉会员，以左列人员经常议会认可者充之：甲、独捐一千元以上者，乙、募捐五千元以上者，丙、办事异常出力者。

（二）特别会员，以左列人员经常议会认可者充之：甲、独捐二百元以上者，乙、募捐一千元以上者，丙、办事一年以上著有成绩者。

（三）正会员，以左列人员得在会会员二人以上之介绍者充之：甲、每年独捐五元满六年者，乙、一次独捐二十五元者。

（四）普通会员，纳捐十元以上者。

（五）学生会员，纳捐一元者。

第二十一条　本会名誉会员、特别会员、正会员均为终身会员；普通会员以十年为限，学生会员以修业期内为限；均得佩带本会徽章，但不得以会员名义在外招摇。

第二十二条　本会会员如受公权剥夺，同时失其会员资格。

第二十三条　入会之拒绝及会员之除名均由常议会行之，得不宣告其理由，但对于正会员属于分会者，由分会议事会议决行之。

第二十四条　凡失会员资格或被除名者，追缴本会徽章，但所纳会费概不发还。

第二十五条　名誉会员、特别会员经常议会认可后，由总会发册并颁发徽章，分别报部立案。正会员、普通会员、学生会员由分会每月开单送请总会登册并颁发徽章。

第二十六条　本会会员增减总数由总会按月报告常议会，按年报告内务、陆军、海军三部。

第二十七条　纳捐者如隐其名或用堂记，不得推为会员。

第二十八条　入会者得以相当物品、材料、房屋、田地、股票、债券作为会费，但不得以无完全所有权者充之。

第四章　议会

第二十九条　总会置常议会，常议会以常议员四十八人组织之。

第三十条　常议员每年由大会就名誉会员、特别会员、正会员中选举之。前项当选者由会长报告内务、陆军、海军三部备案。

第三十一条　常议员每年选举十六人，其任期三年。但第一年选举常议员之任期分三种于左：一、任期一年者十六人；二、任期二年者十六人；三、任期三年者十六人。

第三十二条　常议员得连选连任。

第三十三条　常议员职权如左：

　　一、稽核预算决算；

　　二、审决会员之除名及入会之准否（除本规则第二十三条但书规定外）；

　　三、审核各项细则；

　　四、选举资产监督及总会出纳会计员；

　　五、议决其他重要事件。

第三十四条　常议员中互选议长一人，副议长一人。议长因事未能出席时，以副议长代之。

第三十五条　常议会每月开会一次，由会长召集之。

第三十六条　常议会议事以过半数决之可否，同数时由议长决定之。

第三十七条　常议会除议长外，非全数议员三分之二以上出席不得开会，但战时及有紧急事件时不在此限。

第三十八条　凡紧急事件不及待常议会议决者，会长得自裁决施行，但事后须经常议会追认。

第三十九条　本规则三十三条第四款选举用记名单举法行之，以得票满出席议员三分之二者为当选。

前项当选者姓名、年龄、籍贯、履历由议长报告会长，转陈内务、陆军、海军三部。

第四十条　战时或有事变时，会长得将常议会改组临时议会，临时议员人数由会长定之。除常议员继续充临时议员外，得由会长于会员中另选补充。

第四十一条　分会设议事会办理左列事项：

一、初审分会预算决算；

二、议决分会正会员入会之准否；

三、选举分会会计员及分会职员；

四、议决分会临时重要事件。

第四十二条　分会议事员定数十二人，由分会长召集该分会所在地会员开分会大会。用记名单记法选举之，以得票最多数者为当选，当选者由分会长报告总会。

第四十三条　分会议事员任期准照本规则第三十一条之规定。

第四十四条　分会议事会准用本规则第三十二条、第三十四条及三十六条之规定。

第四十五条　分会议事会每月开会一次，由分会长召集之。

第四十六条　分会议事会除议长外，非全数议员半数以上出席不得开会，但战时及有紧急事件时不在此限。

第四十七条　临时有紧急事件发生，分会长得对于议会适用本规则第三十一条之规定。

第四十八条　本规则第四十一条第三款之选举，依本规则第三十九条第一项行之。

前项当选者姓名、籍贯、年龄、履历，由该议事会议长报告分会长，转陈总会。

第四十九条　常议会及分会议事会细则由各该议会自定之。

第五章　职员

第五十条　本会除本条例第三条及本规则第四章规定外，设职员如左：一、顾问；二、咨议；三、理事长；四、理事；五、资产监督；六、文牍长；七、会计长；八、医药长；九、调查员；十、文牍员；十一、会计员；十二、医院长；十三、医长；十四、药长；十五、医员；十六、输送长；十七、看护长；十八、药剂员；十九、书记；二十、药剂生；二十一、看护；二十二、输送人。以上职员人数，视事务之繁简定之。

第六章　资产

第五十一条　本会资产如左：

一、基金（自第二项至第八项所收之款，经本会指定作为基金不为经常开支者，均属之）；

　　二、原有动产及不动产；

　　三、政府补助金；

　　四、会员捐；

　　五、特别捐；

　　六、遗赠；

　　七、本会事业所生之收入；

　　八、以上各项所生之利息。

　　第五十二条　基金应会同内、陆、海三部存储妥实银行，非经三部核准不得动用。

　　第五十三条　第五十一条所称捐或赠者金钱、物品、材料、房屋、田地、股票、债券均属之。

　　第五十四条　本会资产及其契据由司纳会计员交由资产监督管理之。

　　第五十五条　本会不动产之管理细则，由常议会议决后送由会长陈请内务、陆军、海军三部核定之。

　　第五十六条　本会资产之动支由司出会计员按预算定数支配，经临时议会或常议会认定后，向资产监督支用。

　　第五十七条　本会资产等出纳账簿登记办法均照审计院修正普通官厅用簿记办理。

　　第五十八条　本会收捐概以盖用图记、经会长及副会长署名编号之收据为凭。金钱以外，须以实收之物品种类、数量记入，收据为三联式，一交纳捐者，一交资产监督，一存司纳会计员。

　　第五十九条　本会收捐每月分别登报一次。

　　第六十条　本会所收现款以外之物，除可留用或留为生利者外，按序陈请会长审定，提付常议会认可后拍卖之。

　　第六十一条　每届预算终期，出纳会计员应将经理出纳决算账簿附以证据，按左列顺序送由资产监督转送会长，提付常议会稽核，报告大会通过后，由会长汇送内务、陆军、海军三部备查，并登入征信录，分送各会员察阅。一、属于总会者，由会计员迳送，二、属于分会者由该分会会计员送由分会长付议事会初审后转送。

　　第六十二条　每届预算期前，总会由会计员、分会由分会长各就所管事项编制预算，按前条顺序送由会长审定，提交常议会稽核，报告大会通过后，由会长送交资产监督查照施行。

第六十三条　本会资产属于分会者，该分会用充岁出之数不得逾其岁入之半，余应归存总会。

第七章　大会

第六十四条　凡属本会会员，均得出席大会。

第六十五条　本会每年开常年大会一次。会长认须开临时大会时，得临时召集之。常议会提出理由请求会长开临时大会时，会长自受请之日起五星期以内须召集之。

第六十六条　大会之召集及其会议之目的，须登报通告之。

第六十七条　大会之表决以出席会员为限。

第六十八条　大会以会长为议长，以副会长为副议长。议长缺席时，以副议长代之。

第六十九条　大会之议事以过半数决之可否，同数时议长决之。

第七十条　大会所议事件，除临时发生事件外，依左列各项行之：一、报告会务；二、稽核决算；三、议决预算；四、选举常议员。

前项之选举用记名法，以得票最多数者为当选。当选者姓名、籍贯、年龄、履历由会长报告内务、陆军、海军三部。

第七十一条　各分会除每年召集所在地会员开大会一次，每届二年开大会时，并选举分会会长，其选举方法依据第三十九条办理。遇有必要情形时，得开临时大会。

第八章　奖励及惩罚

第七十二条　奖励办法如左：一、捐款在一千元以上及募捐五千元以上或对于会务著有特别劳绩者，由总会分别情由，陈由政府转呈奖励；二、捐款在一千元以下及募捐在五千元以下及对于会务著有成绩者，由总会分别奖励并陈明各部备案。前项奖励办法由总会另定之。

第七十三条　惩罚办法如左：

一、本会会员中受刑事处分或其行为有违本会章程者，本会得剥夺其会员资格；

二、假本会名义招摇撞骗者，得由总分会长就近通知地方官厅严行究办；

三、分会会长如有品行不正或行为违背会章，一经总会查明，得知照该分会撤换，另行选举；

四、分会执行会务有不妥适者，得由总会分别令其更正或改组，或函请地方官厅令其更正或改组之。

第九章　附则

第七十四条　本规则自内务、陆军、海军三部呈奉大总统批准之日施行。

第七十五条　本会从前所订经部立案之条议及章程一律废止。

第七十六条　本规则如有应行修改之处，由常议会提出理由，由会长陈请内务、陆军、海军三部会呈大总统修改之，其由内务、陆军、海军三部认为应行修改时亦同。

原载《呈：内务总长田文烈、陆军总长靳云鹏、海军总长萨镇冰呈大总统为修改中国红十字会条例暨施行规则呈请鉴核文（附条例规则）》，《政府公报》1920年第1546号

中国红十字会修正章程

（中华民国十一年六月二十七日）

第一章　　总则

第一条　本会依民主国社团之习惯，以本会会员组织之。

第二条　本会会务之施行以一千八百六十四年《日来弗条约》、一千九百零六年《日来弗红十字条约》、一千九百二十一年《红十字万国联合会议决案》为准。

第三条　本会旗帜、袖章及各种标记得用白地红十字。

第四条　本会章程于会员大会通过后，陈请政府备案。

第五条　本会章程于会员大会通过后，发生效力。

民国二年统一通过之章程，于本章程发生效力后，废止之。

第二章　名称及会所

第六条　本会定名"中国红十字会"。

第七条　本会设总会于中央政府所在地，设总办事处于上海，设分会于全国各县及繁盛之市镇。

第三章　总会与总办事处之职权

第八条　总会之职权如左：

一、对于政府交接事件；

二、对于外交方面交接事件。

第九条　总办事处职权如左：

一、对于各分会交接事件；

二、战时对于军事长官及战地司令官交接事件；

三、平时对于地方官厅交接事件；

四、对于各商埠外交方面交接事件；

五、对于红十字会万国联合会交接事件；

六、其他一切会务。

第四章　事业

第十条　本会事业如左：

一、战时得经军事长官及战地司令官之同意，救护伤兵；

二、平时得请地方官厅之协助振灾施疗。

第十一条　为达上条之目的，得设机关如左：

（甲）平时常设之机关

一、设总医院于总办事处所在地之上海及总会所在地之北京，
设分医院于分会之所在地；

二、于总医院内附设救护学校；

三、于总医院内附设看护学校。

（乙）临时特设之机关：（一）救护队，（二）掩埋队，（三）
疗养院，（四）关于一切救济事宜。

第十二条　医院及救护学校、看护学校之规则另定之。

第十三条　为达救护及看护之目的，应备材料如左：

一、卫生材料，如器械、药品、滋养品、治疗用消耗品、病者
被服寝具、运搬用具属之；

二、普通材料，如事务用品，被服、帐篷、食器及杂品属之；

三、赈济材料，如衣服、粮食、棺具等属之。

第五章　财产

第十四条　本会财产如左：

一、会员缴纳之会费。

二、慈善家捐助之金钱物品。

三、属于本会所有动产、不动产及其利润。

第十五条　本会得受中央政府或地方官厅之补助。

第十六条　关于财产之管理及处分之规则，由常议会订定公告之。

第六章　会员

第十七条　本会会员分五种如左：

一、名誉会员，独捐银元一千元以上，或募捐银元五千元以上，或办事异常出力者；

二、特别会员，独捐银元二百元以上者，或募捐银元一千元以上，或办事著有成绩者；

三、正会员，每年纳捐银元五元满六年者，或一次纳捐银元二十五元者；

四、普通会员，一次纳捐十元以上者；

五、学生会员，捐纳一元者。

第十八条　除正会员外，名誉会员、特别会员之推赠均须经常议会之议决，普通会员、学生会员别以规则定之。

第十九条　名誉会员、特别会员、正会员均为终身会员，普通会员以十年为有效期间，学生会员以修业期间为有效期间。

第二十条　会员得分别佩戴本会徽章。

第二十一条　会员徽章、凭照由上海总办事处发给之。

第二十二条　会员如受剥夺公权之处分，同时丧失其会员资格。

第二十三条　会员有违反本会章程及其他不正当之行动，得经常议会之议决，宣告除名。

第二十四条　会员或丧失资格或被宣告除名，本会得追缴徽章、凭照，但所纳会费概不发还。

第二十五条　会员得以各项动产、不动产核价作为会费，但不得以无完全所有权者充之。

第七章　常议会

第二十六条　常议会设于总办事处所在地之上海。

第二十七条　常议会以议员四十八人组织之。

第二十八条　常议会议员于会员大会时选举之，选举法另定之。

第二十九条　常议会议员遇有辞职或出缺时，以次多数递补之。

第三十条　常议会议员任期三年，但得连选连任。

第三十一条　常议会之职权如左：

  （一）审查、预算、决算；

  （二）审查入会会员之资格；

  （三）议决会员之除名；

  （四）订定各项规则；

  （五）选举会长、副会长；

  （六）公推理事长；

  （七）公推财产委员；

  （八）议决其他重要事件；

  （九）刊印征信录及提出成绩，报告于大会。

第三十二条　常议会设议长、副议长各一人，均由议员中互选之。

第三十三条　常议会每月开会一次，由议长召集之。

第三十四条　常议会除议长外，非有四分之一以上出席之议员，不得开会。议长因事缺席时，以副议长代之。

第三十五条　常议会之议决，以出席议员过半数之同意行之。

第三十六条　常议会于战时及有紧急事件，得开临时会，由议长召集之。

第三十七条　常议会于会员大会时，举行第三十一条第五项之选举，用记名单举法行之，以得票多数者为当选，被选者以正会员为限。

第八章　会长　副会长　理事长

第三十八条　本会设会长一人、副会长二人，由常议会选举之，陈请政府加以任命。

第三十九条　会长驻于总会之所在地。副会长一驻总会，一驻总办事处所在地。

第四十条　会长之职权依第三章第八条之规定，驻于总会之副会长辅助会长处理第三章第八条规定之事务，会长有事故时，得代理之。

第四十一条　副会长之驻于上海者，其职权依第三章第九条之规定。

第四十二条　会长、副会长任期一年，但得连选连任。

第四十三条　会长为完全之名誉职。

第四十四条　本会设理事长一人，由常议会公推之。

第四十五条　理事长驻于总办事处所在之地上海。

第四十六条　理事长会同驻在上海之副会长，行使第三章第九条规定之职权。

第九章　职员

第四十七条　本会设财产委员五人，由常议会公推之。

第四十八条　本会得设顾问及理事，均由理事长会同驻在上海之副会长聘任之。

第四十九条　本会各项办事之职员，别以规则定之。

第十章　大会

第五十条　本会每三年开会员大会一次，以是年四月在总办事处所在地之上海举行。常议会认为须开临时大会时，得临时召集之。

第五十一条　有分会总额五分二以上，或会员总额五分一以上，联合之请求召集临时大会，得提出理由于常议会，于五星期内召集之。

第五十二条　临时会员大会须将会议之目的登报通告之。

第五十三条　大会之议长以常议会议长充之，议长缺席时以常议会副议长代之。

第五十四条　会员大会之议决，以出席会员为限。

第五十五条　大会之议事以出席议员过半数决之可否，同数时以议长决之。

第十一章　战时及灾害时之特例

第五十六条　本会于战时随军救护之人员，得临时陈请军事长官优予待遇。

第五十七条　本会于战时随军救护人员及运送救护材料需用国有轮舶、铁道时，得临时陈请主管公署依海陆军人员行军法办理。于灾害时，议理救灾者同。

第五十八条　本会于战时随军救护人员需用房屋、粮食、船车、马匹，得陈请军事长官就地拨给之。于灾害时，救护人员需用房屋、船车者，得陈请地方官厅拨给之。

第五十九条　于战时及灾害时，如遇常议会议员、会长、副会长之任满，得延长其任期，以回［恢］复通常状况为限。

第六十条　于战事延长时，常议会得以全体一致改组临时议会，并增选必要之临时议员。前项增选之临时议员须提出于临时大会，请求其认可，前项临时议会于平和恢复后解散之。

第十二章　分会

第六十一条　凡设立分会，均须经常议会之认可设立之。

第六十二条　分会章程须依据本会章程及本会规定之《分会通则》。

第六十三条　分会章程须经常议会之审查及认可。

第六十四条　分会应各就所在地名为"中国红十字会某地分会"。

第六十五条　分会所在地如有军事时，得受总会及地方官厅之补助费。

第六十六条　分会应按年将所办事宜及会员名册报告本会，每三年另造总册报告大会。

第六十七条　《分会通则》别定之。

第十三章　保护

第六十八条　会员如遇危险，或为人借端诬陷、妨害身家并及红十字会全体慈善名誉者，本会应尽保护、申理之责。

第十四章　奖励及惩罚

第六十九条　奖励办法如左：

　　（一）独捐银元五千元以上或募捐银元一万元以上者，赠以金质之功章。前项金章附赠上盘金线之赤绶。

　　（二）独捐银元三千元以上或募捐银元六千元以上者，赠以银质之功章。前项功章附上盘银线之赤绶。

功章之奖赠，须经常议会之议决。

第七十条　惩罚办法如左：

　　（一）会员有受刑事处分者，得经常议会议决，取消其会员资格；

　　（二）会员有假借本会名义作不正当之行为者，除经常议会议决宣告除名外，其情节重大者，并得由本会常议会，或通告分会议事会，向法庭提起诉；

（三）本会职员及分会职员有犯前项情事者，得由本会常议会或通告分会议事会取销［消］其职员资格，另行选举。

第十五章　附则

第七十一条　本章程非经常议会五分四以上议员提议，会员大会五分三以上出席会员之可决，不得变更之。

原载"中研院近史所"档案馆所藏的红十字档案03-47-156-04

中国红十字会组织分会章程

总　则

一、各省县属地方办理慈善事业得依据大总统公布《中国红十字会条例》备具愿书，陈送（总）办事处（设上海九江路二十六号），听候本总会（设北京金鱼胡同）核准后组织分会。中国红十字分会以设立医院者为限，但特经总会认可者不在此限。

二、组织分会并应报由地方官厅或地方团体（如商会、农会、教育会是）备具公文，邮送本总会及总办事处，证明委系实心为善。

三、组织分会当现招正会员三十名，每名缴会费洋二十五元，共计七百五十元（上海通用银元），全数一次缴足，由本会总办事处填发佩章、凭照给领。

四、组织分会，每县设立一处，但遇通商大埠应时势之需要，不在此限。

五、分会定名为"中国红十字会（某处）分会"，隶属本会。

六、分会应择定地点为会所，订期开会，公举会长及办事职员，报告本总会及总办事处听候核准，给予认可者方准就任，并由本会报明内务、海军、陆军各部暨本省军民长官立案保护之。

七、分会应用印旗、图记、免费电报执照及救护时需用各物品，均由本会总办事处发给。

八、分会成立后续招入会者不论正会员、特别会员、名誉会员，所收会费应准一律截留一半分作分会基本金（应具基金领证），其余一半随时解交本会总办事处核收，作本会基本金，但普通会员、学生会员由分会介绍者，其会费不得截留，一并解归本会总办事处。

  （甲）凡纳会费二十五元者，推赠为正会员；

  （乙）凡纳会费二百元以上者，推赠为特别会员；

  （丙）凡纳会费一千元以上者，推赠为名誉会员。

九、分会会务每三月报告本会总办事处一次。

职 员

十、分会职员设立如左：分会长、理事长、理事、资产监督、文牍员、会计员、书记。

十一、所设职员视事务之简繁定之，各员任期三年，连举得连任一次。

事 业

十二、分会宗旨以协助本会，就所在地不分畛域，办理以下各事：

  （甲）在战时应遵守中国海陆军部定章程及临时军司令官命令，协助医队救护病者、伤者。

  （乙）在平时应筹募款项，设立医院，造就医学人才，置备医务材料并预备赈济水旱偏灾、防护疫疠及其他项危害之事。

惩 罚

十三、分会会员有犯刑事者或举动有违背会章者，得取销［消］其会员资格，如有假冒红十字会名义招摇撞骗，得由分会长（或理事长）报告本会总办事处，通知地方官厅按律严惩。

十四、分会长及各职员如有品行不正、违法营私，一经本总会及办事处查□，得知照该分会撤换，另行选举。

十五、分会执行会务有不妥适者，得由总会及总办事处分别令其更正或改组，或函请地方官厅令其更正或改组之。

奖 励

十六、奖励办法如左：

  （甲）捐款在一千元以上及募捐五千元以上，或对于会务有特别劳绩者，分会得报由本会总办事处分别情形陈请政府呈大总统奖励；

（乙）捐款在一千元以下及募捐在五千元以下，或对于会务著有成绩者，分会得报由本会总办事处分别奖励，陈明各部备案。

议事会

十七、分会设议事会，办理左列事项：

（1）初审分会预决算；

（2）议决会员入会之准否及除名；

（3）选举分会长及分会各职员；

（4）议决分会长临时重要事件。

以上各事项应由分会长陈报本会总办事处查考。

十八、议事会以会员十二人组织之，由分会长召集，就该分会所在地会员开分会大会，用记名单记法选举之，以得票多数者为当选，当选者由分会长报告本会总办事处。

十九、分会议事员任期三年，但第一年选举常议员之任期分三种各左：

（1）任期一年者四人；

（2）任期二年者四人；

（3）任期三年者四人。

二十、分会议事每月开会一次，由分会长召集之。

二十一、分会议事除议事长外，非全数议员半数以上出席不得开会，但战时及有紧急事件不在此限。

医　院

二十二、医院之组织另定之

救护队

二十三、救护队之组织另定之

附　则

二十四、本章程如有应行修改之处，由各分会议事会提出理由，由分会长陈请本会修改之。

原载《中国红十字会月刊》1922 年第 4 期

分会保证书式

中国红十字会　分会保证书

为保证事，某处农、商、教育会今会同保到某某在某处发起设立中国红十字会　分会，谨依博爱恤兵宗旨，遵章办理地方慈善事业，不敢稍涉虚伪。如有营私，甘受阴谴阳罚。此证！

民国　年　月　日立保证书　农、商、教育会

原载《中国红十字会月刊》1923 年第 17 期

中国红十字会分会通则

总　则

一、国内各县属地方及国外各侨埠有赞同本会宗旨者，得依据本会第二次会员大会通过修正章程，备具愿书，报由地方官厅或法团，或商会、农会、教育会，或邻近分会，证明实心为善，陈送本会总办事处，交由常议会通过后得设立分会，在未成立之前则称筹备处。

二、凡分会筹备处陆续劝募正会员会费全数汇交本会总办事处，以上海通用银元为准，俟募足三十人以上时得成立分会，定名为"中国红十字会某处分会"。分会应设立医院，但因特别情形，报经本会总办事处许可者，亦可暂行缓设。凡分会所在地有旧会员愿参加会务者，须验明本会凭照，并补缴参加费一元，得享有该分会会员同一之待遇。

三、筹设分会，俟分会成立后所介绍之各种会员入会费，一律准予截留半数为分会基金（应具基金领证），其余一半随时解交本会总办事处核收。分会未成立时，其开支由筹备处另筹之。

四、凡一县属地方或一侨埠，只能设一分会，如因地方需要，得由分会择定地点设办事处，名为"中国红十字会某处分会驻某办事处"，仍将理由陈明本会总办事处备案，商埠、巨镇不在此限。

五、分会应择定地点为会所，订期开会公举会长、副会长、理事

长，随将履历报告本会总办事处，经常议会审查确定，分别发给通知书后方得就职，并由本会总办事处报明外交、内务、陆军、海军各部暨该省军民长官立案，依据《日来弗条约》第五、第六、第九、第十各条，请予尊重保护，其余各职员由该分会长聘任后，陈报本会总办事处备案。

六、分会应用图记、印旗、免费电报、执照及救护时需要各物品，均由本会总办事处发给。

七、分会会务每年报告本会总办事处一次，每于开大会时另造总册报告。

职　员

八、分会职员设立如左：会长、副会长、理事长、理事、资产委员由议事会选举之，任期各三年，连举得连任，当选者以正会员为限，文牍员、会计员、书记由分会长酌量任用。

九、分会长综理分会一切事务，副会长、理事长、理事辅助分会长执行会务。分会长有事故时，副会长代行职权，资产委员保管分会所有资产。

议事会

十、分会设议事会，办理左列事项：

（一）初审分会预决算；

（二）议决会员入会之准否及除名；

（三）选举分会长、副会长及各职员；

（四）议决分会重要事件。

以上各事项应由分会长陈报本会总办事处查考。

十一、议事员名额视分会会员之多寡、事务之繁简，由会员会定之，但至少十二人，至多不得过二十四人。

十二、议事员由会员大会选举之，任期三年，每年改选三分之一，第一次、第二次改选者用抽签法定之。

十三、议事员选举时须同时选出同数之候补人，遇有议员辞职或缺席半年以上时递补之。

十四、议事会每月开会一次，由分会长召集之，遇有紧要事件得召集临时会。

十五、议事会设议长、副议长各一人，由议员互选之。

十六、议事会非全数议员半数以上出席不得开议，但战时及有紧急事件不在此限。

事 业

十七、分会应随时协赞本会，不分畛域办理以下各事：

    （甲）战时应遵守中国海陆军部令及临时军事长官命令，协助医队救护伤者、病者，并救济战地居民出险，如在事人员受有侮辱损失或危及生命者，得申请所在地军事长官保护赔偿及相当恤典。

    （乙）平时应筹募捐款，设立医院及医学校，造就医学人才，置备医院材料并预备救灾防疫及其他慈善事业，如无力筹设医院、医学校时，得就所在地之医院、医学校与订互助条件，以利会务之进行，俟确有成绩，报明本会总办事处，当酌予助力。

惩 罚

十八、本会会员有犯刑事者，或违背章程者，得由议事会公决，详叙事由报明本会总办事处、取消其会员资格，如有假冒本会名义招摇诈欺，损害本会名誉者，应即报告本会总办事处，函知该地方官厅查明，按律严办。

十九、分会长、副会长及各职员如有品行不正，违法营私，一经本会总办事处查觉，得知照该分会改选或撤换，情节重大者并予以相当之处分。

二十、分会执行会务有不妥适者，本会总办事处得分别令其更正或改组之。

奖 励

二十一、凡捐款一千元以上及募捐五千元以上，或对于会务有异常劳绩者，得由分会详报本会总办事处，照章推赠会员或分别情形陈请政府呈明大总统从优奖励。

二十二、凡捐款在二百元以上，募捐一千元以上，或对于会务著有成绩者，得由分会陈报本会总办事处，照章推赠会员或分别优奖，以资鼓励。

保　护

二十三、凡分会办理会务场所及战时从事救护，或平时救灾防疫，所有租借之房屋、舟车及材料，曾经报明官厅加有红十字会标记者，如受损害时得由分会报告本会总办事处，函知地方官厅负保护赔偿之责。

二十四、凡分会平时或战时从事救济人员佩有本会袖章者，其身体及居室应由地方官厅尊重保护，如或因公危及生命者，得由分会罗列事实，陈报本会总办事处转呈政府优予奖恤。

二十五、凡分会会员有被人侮辱及诬陷者，分会应负维持申理之责，如分会力有不及时，得将经过情形报明本会总办事处，尽力保护之。

医　院

二十六、医院之组织另定之。

救护队

二十七、救护队之组织另定之。

附　则

二十八、本通则如有应行修改之处，由各分会议事会提出理由，陈请本会总办事处汇交下届会员大会修改之。

原载 1924 年《中国红十字会二十周年纪念册·分会》

中华民国红十字会管理条例

（二十二年一月国民政府公布）

第一条　中华民国红十字会依军政部、海军部之指定辅助陆海空军战时后方卫生勤务并依内政部、外交部之指定分任国内外赈灾施疗及其它［他］救护事宜。

第二条　本会得募款设立医院，造就救护人才及储备救护材料，前项募款每年得举行一次，其日期及办法应呈请内政部核准备案。

第三条　本会设总会及分会。总会以内政部为主管官署，并受外交部、军政部、海军部之监督。分会隶属于总会，以所在地地方行政官署为主管官署。

第四条　本会置理事、监事各若干人，由全国会员代表大会就会员代表中举之。理事互选常务理事五人，监事互选常务监事三人，由本会呈请内政部转报行政院转呈国民政府聘任之。

第五条　分会置理事、监事各若干人，由分会会员大会选举之。分会于理事、监事选出后，应分别陈报地方主管官署及总会，俟核准及认可后始得就任，并由总会于每年一月七月呈报内政部、外交部、军政部、海军部。

第六条　前二条理事、监事之额数及任期，于本条例施行细则中定之。

第七条　本会之资产及账簿属于总会者，内政部得随时派员检查，并于必要时会同外交部、军政部、海军部行之。属于分会者，地方主管官署及总会得随时分别派员检查。

第八条　本会总会应于每年一月、七月将过去半年收支之计算、事业之成绩及将来工作进行之计划报告内政、外交、军政、海军各部。分会应于每年一月、七月，将前项所定事项报告地方主管官署及总会。

第九条　本会战时随军救护人员之待遇与军属同。救护队编制及其服装之定式，由总会呈请军政部、海军部协商核定。

第十条　本会战时随军救护人员及救护材料之载运，准用军属及军用品办。

第十一条　本会战时随军救护人员，在战地应用卫生材料、房屋、粮食、舟车、马匹、飞机，得分别呈请内政部、军政部、海军部转饬拨给。

第十二条　办理红十字会除本条例有规定者外，依其它［他］法律之规定。

第十三条　本条例施行细则由内政部、外交部、军政部、海军各部会同拟定，呈请行政院核准公布，并转呈国民政府备案。

第十四条　本条例自公布日施行。

原载《中华医学杂志（上海）》1933 年第 3 期

中华民国红十字会各地分会立案办法

民国二十三年八月国民政府内政部公布

一、各地方红十字会分会应依本办法向所在地主管官署呈请立案。

二、本办法所称主管官署如左：（一）省会为民政厅；（二）市为市政府社会局；（三）县为县政府；（四）其他行政区域之地方行政官署。

三、呈请立案时应备具正副呈请书并附呈左列各文件：（一）全体会员名册；（二）职员名册；（三）财产目录；（四）印鉴单；（五）总会承认书及其他各项足资证明之文件。

四、红十字会分会以事务所之设置或迁移立案事项之变更、消灭或废止为立案或为立案之更正及涂销者，应向原立案官署声请之。（为前项声请者，应附具声请事由之证明文件）

五、各主管官署接受立案呈请书，应于详核无误后，即行立案。其有须调查者，应于两星期内调查完毕，但有特别事由者不在此限。

六、各主管官署对于红十字会分会之呈请，查有违背法令及本办法者，应令其补正，始予立案。

七、各主管官署准许立案后，应即发给立案证书并公告之。

八、红十字会分会于呈请立案时所附呈各项证明文件及其他应行发还之文件，主管官署应盖印并记载立案号数、收件年月日、收件号数后再行发还。

九、主管官署立案完毕后，发现立案有错误或遗漏时，应即通知原立案分会于指定期限内补正之。

十、红十字会分会之主事务所或分事务所迁移至原立案官署管辖区域以外，为迁移之立案者，其原立案即行销结，立案证书应同时缴销。

十一、红十字会分会经依法解散后，原立案官署应即饬令缴销其立案证书并公告之。

十二、各地方红十字会分会立案后，主管官署应于三个月内呈转内政部备案。

十三、本办法所规定之立案证书及各项册式另定之。

附　表

全体会员名册式样　　　印鑑单式样　　　职员名册式样　　　　财产目录

姓名	别号	年龄	籍贯	职务	经历	住所或通讯处	入社年月

团体名称	印模

姓名	别号	年龄	籍贯	经历	住所或通讯处

合计		摘要	
		细数	金额
		合计	
		附注	

立案证书　　字第　　号

兹据（团体名称）依法呈请立案，经审查，结果尚无不合，应准立案。此证！

中华民国　　年　　月　　日　　　　　　（主管官署长官具名并盖章）

立案证书存根　　字第　　号

兹据（团体名称）依法呈请立案，经审查，结果尚无不合。除立案并发给　　字第　　号证书外，特此存查！

中华民国　　年　　月　　日　　　　　　（主管官署长官具名并盖章）

附注：证书与存根间加盖骑缝印

原载《河北民政刊要》1934 年第 33 期；

另见《中国红十字会月刊》1935 年第 2 期

中国红十字会总会章程草案

（第一次全国会员代表大会通过，
但尚未经内政部核准施行，特注）

第一章　总则

第一条　本章程依据《中国红十字会条例施行细则》第四十三条修订定之。

第二条　本会定名为"中国红十字会总会"。

第三条　本会设总会于首都，在未设首都以前得暂设于上海。

第二章　总会之职权

第四条　总会之职权如左：

一、执行全国会员代表大会决议案；

二、监督指导所属各分会及各直属机关；

三、统筹本会事业进行计划及养成救护人材；

四、征求会员及筹募捐款基金。

第三章　会员

第五条　本会会员分左列五种：

一、名誉会员，一次纳入会费洋五百元以上者，或募捐洋五千元以上，或办事异常出力而推赠者；

二、特别会员，一次纳入会费洋一百元以上者，或募捐洋一千元以上，或办事著有成（绩）而推赠者；

三、正会员，一次纳入会费洋拾元者；

四、普通会员，一次纳入会费洋五元以上者；

五、青年会员，一次纳入会费洋五角者。

前项各种会员，除名誉会员、特别会员、正会员为终身会员外，普通会员以十年为限，青年会员以五年为限，均由总会发给证书徽章。

第六条　会员得以动产、不动产核价作为会费，但不得以无完全所有权充之。

第七条　名誉会员、特别会员之推赠，均须经理事会之议决。

第八条　会员如受剥夺公权之处分，同时丧失其会员资格。

第九条　会员有违反本会章程及其他不法之行为，得经理事会之议决宣告除名，关于刑事部分仍依法办理。

第十条　会员经丧失资格或被宣告除名者，应追缴其徽章及证书，但所纳会费概不发还。

第十一条　本会会员应享之权利依下列之规定：

一、选举或被选举为本会理事或监事；

二、选举或被选举为全国会员代表大会出席代表；

前项被选举权以正会员、特别会员、名誉会员为限；

三、出席全国会员大会及分会会员大会；

四、会员及其子弟得免费考入本会所设学校；

五、会员及其子弟得免费考送本会医院实习；

六、会员及其子弟得由本会考送国际红十字会秘书厅实习；

七、会员及其眷属因病入本会所设医院得减免医药等费；

八、会员如受非法蹂躏者，得依法伸〔申〕理之。

第十二条　总会及分会会员如欲移转参加时，得请其原属分会函准其所愿参加之新属分会后，再行由该会员向新属分会缴验证书正式参加，并缴纳参加费洋一元。前项会员之移转应报请总会备案。

第十三条　会员对于本会捐助或经募款项，或热心会务、贤劳卓著者，得由理事会之议决分别奖励，其办法另订之。

第四章　全国会员代表大会

第十四条　本会每三年在总会所在地开全国会员代表大会一次，以是年征求会员两个月前举行之。

第十五条　有分会总额五分之一以上请求或监事会之议决应召集临时大会，于五星期内行之。

第十六条　临时全国会员代表大会须将会议之目的、讨论事项，登报通告之。

第十七条　全国会员代表大会之组织议事、选举规则另订之。

第五章　理事会

第十八条　理事会为本会最高执行机关，在全国会员代表大会开会后，依照会章执行一切会务。

第十九条　理事会以理事十五人组织之，并互推常务理事五人，组织常务理事会。前项理事遇有缺额时，以候补理事递补，候补理事额定七人。

第二十条　理事会得附设各项专门委员会，延聘专门人员组织之。

第二十一条　理事会之职权为左：

一、编制预算决算；

二、进行征求会员及审查入会会员资格；

三、议决会员之除名；

四、订定各项规则及计划；

五、选举会长、副会长；

六、议决其他重要事件；

七、刊印征信录及提出成绩报告于大会；

八、召集全国会员代表大会。

第二十二条　理事会得聘请名誉理事。

第二十三条　理事会办事规则另定之。

第六章　监事会

第二十四条　监事会为本会最高监察机关，在全国会员代表大会开幕后，依照会章监察一切会务。

第二十五条　监事会以监事十五人组织之，并互推常务监事三人。前项监事遇有出缺时，以候补监事递补，候补监事额定七人。

第二十六条　监事会组织如左：一、稽核收支；二、保管资产；三、审核预算决算；四、稽核分会收支及预算决算；五、估定物品材料购置价格。

第二十七条　监事会办事规则另定之。

第七章　会长副会长

第二十八条　本会设会长一人、副会长二人，由理事会推选之，呈请政府加以聘任。

第二十九条　会长、副会长任期三年，但得连选连任。会长职务除法规已有规定外，对内对外公文以会长名义行之。

第八章　职员

第三十条　本会职员除《中国红十字会条例》及其《施行细则》，并本章程第五章、第六章、第七章之规定外，得依事务之繁简设置职员。其职掌额数、资格、薪给、任用程序，由常务理事会同常务监事及会长、副会长会同议定之。

第三十一条　本会所属各医院及学校应设各职员，由各该院长、校长报请总会核准施行。

第三十二条　本会职员并各医院及学校职员服务及奖惩办法，均分别另定之。

第九章　附则

第三十三条　本章程经全国会员代表大会通过后，呈请内政部核准施行。

第三十四条　本章程之修改，须经全国会员代表大会之议决。

原载《中国红十字会月刊》1935 年第 1 期

中国红十字会分会章程草案

第一章　总则

第一条　本章程依据《中国红十字会条例施行细则》第四十三条修订定之。

第二条　国内各省市县得设立分会，分会之区域以其所在地之行政区域为限。同一区域不得设二分会，如同一区域已设有二分会或二分会以上者，得由总会酌量情形，分别撤销或合并之。惟特别区不在此限。

第三条　分会应以所在地之名称定名为"中国红十字会某某分会"。

第四条　筹设分会应依左列之程序：

一、由七人以上之发起人，备具申请书正副二份，并由地方法团或地方官署出具证明书，送请总会核准后先设筹备处。前项申请书式另定之。

二、发起人奉到总会转令核准先设筹备处后，遵即推举筹备处主任一员，克日成立筹备处，开具主任履历，呈报总会备案。

三、筹备处成立后，须觅定会所并征求基本会员三十名，将全数会费连同会员名册一并报解总会核收，由总会填发会员证书、徽章及会费收据，转发各会员；并将承认书连同分会图记、印旗等件一并颁发。前项所称基本会员以正会员以上为限。

四、筹备处奉到总会承认书、图记、印旗等件后，应即定期召集全体会员开分会成立大会，议定预算，照章选举理事、监事，并依《中国红十字会条例》第五条第二项之规定，列表呈报总会核准后，方得就任。

五、筹备经费由发起人自行筹措之。

六、筹备期间以核准成立筹备处之日起，至多以三个月为限。逾限不能成立分会者，总会得将该筹备处撤销之。前项筹备处经总会决定撤销时，应即将前送申请书及证明书分别发还。

第五条　分会成立后，得由总会函请当地官署依法保护之。

第六条　分会应服从总会之监督指导，于必要时得由总会派员视察或整理之。

第七条　分会于必要时，得于其区域内分设办事处，隶属于该分会，但须呈报总会核准后方得设立。前项分会办事处成立后，总会认为有撤销或合办之必要时，令分会遵照办理。

第八条　分会如有违背法令章程情事时或办理不善时，总会得令其纠正或改组之。

第九条　分会经改组后，应由该分会将分会图记、印旗等件移交新理事会接受。

第十条　分会在改组未经完竣以前，应暂停活动。

第二章　组织

第十一条　分会以会员大会为最高权力机关。

第十二条　分会会员大会之组织、议事、选举规则另定之。

第十三条　分会理事会以理事七人组织之，在分会会员大会开幕后，依照会章执行会务。

第十四条　分会理事遇有缺额时，以候补理事递补，候补理事额定三人。

第十五条　分会理事会设常务理事三人处理日常事务。前项常务理事由全体理事互选之。

第十六条　分会理事、常务理事均任期三年，但得连选连任。

第十七条　分会理事会办事规则另定之。

第十八条　分会监事会以监事五人组织之。在分会会员大会开幕后，依照会章监察会务。

第十九条　分会监事遇有缺额时，以候补监事递补，候补监事额定三人。

第二十条　分会监事会设常务监事三人处理日常事务。前项常务监事由全体监事中互选之。

第二十一条　分会监事、常务监事均任期三年，但得连选连任。

第二十二条　分会监事会办事规则另定之。

第二十三条　分会设会长一人、副会长二人，由分会理事会选举之。

第二十四条　分会会长、副会长、理事、监事均为名誉职。

第三章　职员

第二十五条　分会职员除前章各规定外，应由会长斟酌情形遣员任用。其额数、资格及薪给，应由分会理事会商同监事会议定之。

第二十六条　分会职员服务奖惩办法，由分会理事会拟订，呈报总会核准备案施行。

第四章　资产

第二十七条　分会资产得依下列之规定：

一、基金；

二、地方官署或总会之补助金；

三、分会事业上所生之收入；

四、分会所有之动产及不动产；

五、以上各项之孳息。

第二十八条　分会资产应于每年度终了时造册分报总会备案。

第二十九条　分会资产如有增损或其他变动时，应随时专案分报总会查明备案。

第五章　附则

第三十条　本章程须经全国会员代表大会之议决，呈请内政部核准施行，并分报备案。

第三十一条　本章程之修改须经全国会员代表大会之议决。

原载《中国红十字会月刊》1935 年第 1 期

中华民国红十字会管理条例

（二十四年七月十二日国民政府公布）

第一条　中华民国红十字会依内政部、外交部、军政部、海军部之指定，办理左列事务：

（一）辅佐陆海空军战时卫生勤务及平时军事人员医务及救护；

（二）国内外灾变之救护、振济及伤病之治疗；

第二条　本会应提倡服务精神，普遍征求会员并完成妇女及青年组织，实施有效之服务与训练。

第三条　本会应设立医院，充实医护设备，造就救护人才并预备各项救护材料。

第四条　本会经费除会务收入、政府辅助金外，每年得募款一次，其日期及办法应先呈请内政部核准备案。前项会务收入于本条例施行细则中定之。

第五条　本会设总会及分会。总会以内政部为主管官署，并依其事务之性质，受外交部、军政部、海军部之监督。分会隶属于总会，以所在地地方行政官署为主管官署。

第六条　总会置会长一人及副会长二人，由总会全体理事、监事推选，呈由内政部转报行政院转呈国民政府聘任之。总会置理事、监事各若干人，由全国会员代表大会就会员中选举之，理事互选常务理事五人，监事互选常务监事三人，由本会呈请内政部转报行政院转呈国民政府聘任之。

第七条　前条理事、监事于必要时，得经由国民政府遴选相当人员聘任之。但不得超过全体理事、监事人数三分之一。

第八条　分会置理事、监事各若干人，由分会会员大会选举之。分会于理事、监事选出后，应陈报总会核准聘任之，并报请地方主管官署备案。

第九条　会长、副会长之任期及总会、分会理事、监事之额数及任期，于本条例施行细则中定之。

第十条　本会之资产及账簿属于总会者，内政部得随时派员检查，并于必要时会同外交部、军政部、海军部行之。属于分会者，地方主管官署及总会得随时分别派员检查。

第十一条　总会应于每年年度开始前，将下年度进行计划及收支预算，呈请内政部查核，于必要时会同外交部、军政部、海军部行之。分会应于每年年度开始前，将下年度进行计划及收支预算陈报总会查核，并报请地方主管官署备案。

第十二条　总会应于每年年度终了后，将上年度收支细数及事业成绩编具报告，分报内政部、外交部、军政部、海军部查核。分会应于每年年度终了后，将上年度收支细数及事业成绩编具报告，陈报总会查核，并报请地方主管官署备案。

第十三条　本会战地随军救护人员之待遇与军属同。救护队之编制及其服装之定式，由总会呈请军政部、海军部协商核定。

第十四条　本会战时随军救护人员及救护材料之载运，准用军属及军用品办法。

第十五条　本会战时随军救护人员在战地应用卫生材料、房屋、粮食、舟车、马匹、航空机，得分别呈请内政部、军政部、海军部转饬拨给。

第十六条　办理红十字会除本条例有规定者外，依其它〔他〕法律之规定，订有国际公约者并准适用，但以经政府批准者为限。

第十七条　本条例施行细则由内政部、外交部、军政部、海军部会同拟定，呈请行政院核准公布，并转呈国民政府备案。

第十八条　本条例自公布日施行。

原载《中华医学杂志（上海）》1935年第8期

中华民国红十字会管理条例施行细则

案查本会《管理条例》及其《施行细则》曾蒙国民政府于民国二十四年七月二十日公布，旋于民国二十五年七月二十三日将《管理条例》修正公布（编列如上）。惟其施行细则迄未修正，仍在沿用（编列如下），但其条文与现行之管理条例不符，特此附注。

第一章　总则

第一条　本细则依据《中华民国红十字会管理条例》第十三条制定之。

第二条　《中华民国红十字会管理条例》所称地方主管官署如左：

一、省会为民政厅；

二、市为市政府社会局；

三、县为县政府；

四、其他行政区域之地方行政官署。

第三条　本会以白地红十字为记章。

第四条　本会设总会于首都，设分会于各省市县，必要时总会或分会将分设办事处。

第五条　本会因建集会所及与办救护事业需用公有土地及房屋时，得呈请主管官署核准给与或贷与之。

第二章　事业

第六条　本会应设立医院兼储备救护材料，造成救护人才，其详细计划由总会拟具大纲，呈请内政部核定施行，并分报外交、军政、海军三部备案。

第七条　本细则公布一年后，各地分会仍无相当卫生设施或未举办救济事业，应由地方主管官署呈请内政部转饬总会派员督促进行或解散之。

第八条　各地方分会得受各地方救济院之委托，协助举办各种救济事业。前项救济事业费用由救济院担负，不足时由分会酌量补助之。

第九条　本会战时卫生勤务及《中华民国红十字会管理条例》第九条第二项之办法，由军政、海军两部分别另定之。本会经军政、海军两部之核准得举行战时救护演习。

第三章　资产

第十条　本会之资产如左：

一、基金；

二、政府补助金；

三、会员之会费；

四、经募款项；

五、遗赠；

六、本会事业上所生之收入；

七、本会所有之动产及不动产；

八、以上各项之孳息。

名誉会员、特别会员所纳会费及其他不属于基金之募款，除经常费用开支暨特定用途外，一律作为总会基金。

第十一条　本会基金应存储国家银行或其他之本国妥实银行，并呈报内政、外交、军政、海军四部备案，非经四部核准不得动用。

第十二条　前条各项资产之收支及管理应由本会理事会及监事会拟具规则，呈请内政部核定施行，并分报外交、军政、海军三部备案。

第十三条　每届预算之终期，理事会应将经理出纳决算账簿附以证据，送由会长提付监事会稽核无误后，由会长编具报告书分送内政、外交、军政、海军四部备案，并刊入"征信录"。

第十四条　前条账簿证据属于分会者，由分会理事会送由分会长付分会监事会初审后，分别呈报地方主管官署及总会备案，并由总会汇报内政、外交、军政、海军四部备案。

第十五条　本会每届预算应于期前三个月，由理事会就所管事项编制送由会长审定、提付监事会同意、报告大会通过后施行，并由会长分报内政、外交、军政、海军四部备案。

第十六条　本会每届募款呈请核准后，应预定起讫日期，造成捐簿，送呈内政部盖印。募款结束后，应将募捐结果及捐簿呈部分别查核发还。分会以不募款为原则，所需一切救济费用应报由总会于募款内酌量拨给。其因灾情重大实有募款之必要者，应将事实理由报请总会，拟定募款区域暨起讫日期，并造成捐簿呈请内政部核准盖印，仍由总会将募捐结果及捐簿呈部分别查核发还。

第十七条　本会购运救护材料得分别情形，呈由内政部转咨财政部核准免征海关税及各项杂税。本会所用电报得照章免费者，应呈请交通部核准免费。

第四章　会员征求及会员大会

第十八条　本会每年征求会员一次，其期间以两个月为限，应先行呈请主管官署核准组织各地分征求会员委员会行之，并得聘请地方主管官署长官为委员长。

第十九条　本会每年于首都开全国会员代表大会一次，其期间应在征求会员二月前举行。但因战事或非常事变时，得由主管官署命令延期开会。会员大会应先分区召集之，称为"某区全国会员大会"，由区全国会员大会推选代表出席全国会员代表大会。区会员大会推选代表规则由本会另定之。

第二十条　全国会员代表大会开会日期及会议之主要事项，应于两个月前通知各分会，并于指定之报纸公布之。

第二十一条　全国会员代表大会开会时，应由总会于两星期前呈请内政、外交、军政、海军四部派员监督。

第二十二条　全国会员代表大会所议事件依左列各项行之：

一、报告会务；

二、稽核决算；

三、议决预算及其他重要案件；

四、选举理事及监事。

第二十三条　各分会每年召集所在地会员开常年大会一次。

第五章　理事及监事

第二十四条　本会置理事十五人至二十九人组织理事会，在全国会员代表大会开会期间，处理一切会务。前项理事由全国会员代表大会就会员中选举之，并得就理事中推选左列各职员：会长一人、副会长二人。

第二十五条　理事互选常务理事五人，处理日常事务。

第二十六条　本会置监事十五人至二十九人组织监事会。前项监事由全国会员代表大会就会员中选举之。

第二十七条　监事互选常务监事三人，处理日常事务。

第二十八条　理事及监事任期均为三年，但得连选连任。

第二十九条　理事及监事当选后，应由本会于五日内开具详细履历，分报内政、外交、军政、海军四部，并由内政部呈转府院备案。

第三十条　会长及副会长、理事及监事均为名誉职。

第三十一条　分会置理事及监事，除依照《中华民国红十字会管理条例》第五条之规定办理外，其组织人数、任期及待遇由本会另定之。

第三十二条　本会理事会下得特设青年部及妇女部。

第三十三条　理事会及监事会办事规则由本会另定之。

第六章　战时之特例

第三十四条　战时及非常事变之际，本会得组织临时救护委员会，在军事长官管理之下，执行救护事务。

第三十五条　战时及非常事变之际，理事及监事任期虽满，非至恢复常态时，不得改选。

第三十六条　本会于必要时，得呈请当地政府酌量征集僧道尼姑或其他团体，协助办理救护工作。

第三十七条　战时本会得呈请军事长官拨给车辆船舶，组织卫生列车及病院船。

第三十八条　战时本会应用卫生材料，于必要时得呈请军事长官酌量补充之，事后仍须据实报销。

第三十九条　其他团体担任战区卫生勤务时，须得军事长官之许可与本会协商办理，如用红十字记章者，须先得本会之同意。

第四十条　本会于恢复常态后六个月以内，解散临时救护委员会。

第七章　附则

第四十一条　本会服务人员奖励事项除法令有规定外，准用《褒扬条例》之规定。

第四十二条　本会经办赈务在未订立单行规则前，应准用赈务委员会制发之会计规程，造册呈报内政部核准备案。属于分会经办者，应造册呈报地方主管官署及总会分别备案，并由总会汇报内政部备案。

第四十三条　本会于不抵触《管理条例》及《施行细则》范围内，得另订总会及分会章程，呈请内政部核准施行并分报外交、军政、海军三部备案。

第四十四条　本细则自公布日施行。

原载《中国红十字会月刊》1940 年第 55 期

中国红十字会总会理事会及监事会组织规程

（二十四年二月一日奉内政部民字第一六四三号批示改正，
暂准备案，着先试行六个月，再行呈请备案）

第一章　总则

第一条　凡本会理事会及监事会之组织依照本规程之规定。

第二条　凡本会理事会监事会各项重要事件概由各项会议决议办理之。

第二章　理事会及监事会联席会议

第三条　理事会及监事会联席会议（以下简称理监事会联席会议）在全国会员代表大会开幕后，为本会最高权力机关。

第四条　理监事会联席会议每三个月开会一次，必要时得召集临时会议。

第五条　理监事会联席会议以会长、副会长及全体理监事三分之一以上之出席举行之，候补理监事得列席本会议，但无表决权。

第六条　理监事会联席会议由会长召集之，会长不能召集时由副会长召集之。

第七条　理监事会联席会议以会长为主席，会长缺席时，以副会长为主席。

第八条　理监事会联席会议所议事项如左：
（甲）会长及副会长、理事会或监事会、常务理事及常务监事联席会议送议事件；
（乙）关于参加国际事业及发展国内外会务等事项；
（丙）本会重要章则及会务计划；
（丁）本会预算决算；
（戊）任免秘书长；
（己）聘请名誉理事及各项专门委员会委员；
（庚）关于整理本会财政之收支等事项；
（辛）其他重要会务之审议事件。

第三章　理事会

第九条　理事会为本会最高执行机关。

第十条　理事会每三个月开会一次，必要时得召集临时会议。

第十一条　理事会会议以会长、副会长及理事三分之一以上之出席举行之，候补理事及名誉理事得列席本会议，但无表决权。

第十二条　理事会会议由会长召集之，会长不能召集时，由副会长召集之，副会长不能召集时由常务理事召集之。

第十三条　理事会会议以会长为主席，会长缺席时，以副会长为主席，副会长缺席时，就常务理事中互推一人为主席。

第十四条　理事会会议所议事项如左：
（甲）理监事会联席会议交议事件；

（乙）会长及副会长交议事件；

（丙）常务理事或理事提议事件；

（丁）监事会送请讨论事件；

（戊）本会重要章则及会务计划之拟订；

（己）本会预算决算之编制；

（庚）议决会员之除名；

（辛）其他会务应行审议事件。

第四章　常务理事会议

第十五条　常务理事得每月举行常务理事会议一次，必要时得召集临时会议。

第十六条　常务理事会会议以常务理事过半数之出席举行之。

第十七条　常务理事会会议除规定日期外，其临时会议由常务理事二人联署得召集之。

第十八条　常务理事会会议由出席常务理事中互推一人为主席。

第十九条　常务理事会会议所议事项如左：

（甲）理监事会联席会议及理事会之交办事件；

（乙）日常会务之讨论事件；

（丙）审查会员之除名。

第二十条　所有本会日常事务由各常务理事分任之。

第五章　监事会

第二十一条　监事会为本会最高监察机关。

第二十二条　监事会每三个月开会一次，必要时得召集临时会议。

第二十三条　监事会会议以监事三分之一以上之出席举行之，候补监事得列席本会议，但无表决权。

第二十四条　监事会会议由常务监事召集之。

第二十五条　监事会会议就常务监事中互推一人为主席。

第二十六条　监事会会议所议事项如左：

（甲）理监事会联席会议交议事件；

（乙）会长及副会长交议事件；

（丙）常务监事或监事提议事件；

（丁）理事会或常务理事会送请审议事件；

（戊）审核本会预算决算；

（己）其他会务之应行审核事件。

第六章　常务监事会议

第二十七条　常务监事得每月举行常务监事会议一次，必要时得召集临时会议。

第二十八条　常务监事会议以常务监事过半数之出席举行之。

第二十九条　常务监事会议除规定日期外，其临时会议得由常务监事一人召集之。

第三十条　常务监事会议互推常务监事一人为主席。

第三十一条　常务监事会议所议事项如左：

（甲）理监事会联席会议及监事会之交办事件；

（乙）日常会务之讨论事件。

第三十二条　常务监事得监察会长、副会长、常务理事所办一切会务。

第七章　常务理事及常务监事联席会议

第三十三条　凡重要事务应互相协商者，得举行常务理事及常务监事联席会议（以下简称常务理监事联席会议）

第三十四条　常务理监事联席会议无定期，依事实之需要由会长或副会长随时召集举行之。

第三十五条　常务理监事联席会议以会长、副会长及全体常务理监事过半数之出席举行之。

第三十六条　常务理监事联席会议以会长为主席，会长缺席时，以副会长为主席。

第三十七条　常务理监事联席会议所议事项如左：

（甲）会长及副会长交议事件；

（乙）理事会或监事会送议事件；

（丙）常务理事或常务监事提议事件；

（丁）任免秘书长以下职员；

（戊）提出各项专门委员会委员人选于理监事会联席会议；

（己）其他重要会务之审议事件

第八章　秘书处

第三十八条　本会设秘书处承会长副会长及常务理监事之命，综理本会内部一切事宜。

第三十九条　秘书处得设左列各股：

（甲）文书股，承办撰拟文稿、会议记录、典守关防图记、收发文件、保管档案及各项登记等事务。

（乙）编译宣传股，承办编拟各项报告、月刊、翻译及保藏各项图书及宣传会务状况，暨承办搜集材料、辅助各股办理调查统计等事务。

（丙）会计股，承办本会收支款项、登记账目、保管单据、拟具预算决算及报告经济状况、财产目录等事务。

（丁）庶务股，承办购置材料、物品管理、会内膳宿，维持会内整洁，保管本会文具、纸张、器皿、家具材料，督饬工役及其他一切修缮招待等事务。

第四十条　秘书处设秘书长一人，总理本处一切事务，设秘书一人至四人辅助秘书长办理机要及特别交办事务。

第四十一条　秘书处各股设主任一人，承秘书长之命办理本股事务；设办事员若干人，协助一切事务。

第九章　各部

第四十二条　本会理事会之下得设青年部、妇女部，受理事会之节制，处理下列各事务：

（甲）妇女部，以主持妇女义务工作、从事训练，俾养成有效之社会服务为目的；

（乙）青年部，以推广学校卫生、发展儿童博爱精神，训练公众服务并增进国际间友谊为目的。

第四十三条　各部设主任一人，主管各部一切事务，副主任一人至二人，协助主任办理一切事务并得设秘书一人、办事员若干人，协助一切事务。

第十章　专门委员会

第四十四条　本会得依事实之需要设左列各委员会：

（甲）法律委员会

（乙）经济委员会

（丙）设计委员会

（丁）救护委员会

（戊）赈灾委员会

（己）卫生医药委员会

第四十五条　各委员会设委员三人至九人，由常务理监事就理监事及其他专门人员提出人选，送请理监事会联席会议核定，由会长、副会长聘任之。

第十一章　议事日程及纪录

第四十六条　凡会议时应议事件，由秘书处先期编订议事日程，分送各出席及列席人员。前项议事日程须载明：（一）议事地点及日期（二）报告事项（三）讨论事项，并抄附有关各文件。

第四十七条　凡提议事件，须先期拟具议案，其格式另定之。

第四十八条　凡议决事件，应将左列各项载入议事录：一、会议日期；二、会场地点；三、出席人员；四、列席人员；五、主席；六、纪录；七、报告事项；八、决议事项；九、临时动议；十、散会日期；十一、其他应载入事项。前项议事录应置备专簿，于开会前由出席人员签到。俟会议终了后，将议决事项分送登录，于下次开会时宣读，无异议后再请主席签字证明。

第四十九条　每次会议终了后，应将议事日程连同议事录及应行抄附之文件于会议后一星期内分送会长、副会长、全体理事及候补理事、全体监事及候补监事备查。

第五十条　每次会议记录应于主席签字证明后一星期内，分报内政、外交、军政、海军四部备案。

第十二章　讨论及表决

第五十一条　凡议案，得先由提案人或关系人加以说明，依次讨论后由主席宣布讨论结果，提付表决。如系临时动议，至少须一人之附议，方得成立议案。

第五十二条　凡议案之表决取决于多数可否，同数时取决于主席。

第五十三条　议案表决后，不得再就该议题发言。

第十三章　审查

第五十四条　凡议案有应付审查者，由主席临时指定审查员审查之。审查员有数人时，并同时指定召集人及召集日期。

第五十五条　审查员审查完毕，应具报告书送由主席交秘书处印送各出席人员。

第十四章　附则

第五十六条　本规程自理监事会联席会议通过后呈报内政部核准施行，以后修正手续同。

原载《中国红十字会月刊》1935 年第 1 期

中国红十字会总会理事会监事会办事规则

（二十四年二月一日奉内政部民字第一六四三号批示改正，
暂准备案，着先试行六个月，再行呈请备案）

第一章　总则

第一条　本规则依《中华民国红十字会管理条例施行细则》第三十三条制定之。

第二条　本会各项事务不论其性质属于理事会或监事会者，概交秘书处办理之。

第二章　办公时间与请假

第三条　本会职员办公时间如左：甲、上午九时至十二时；乙、下午一时至五时。前项时间于事务繁剧或紧急情形时，秘书长对于职员全部或一部得指定延长之。

第四条　本会职员应将每日到会、离会时间亲署于签到簿。

第五条　本会秘书处职员因事或因病请假，应先以请假单说明事由，向秘书长申请核准，但办事员请假由本股主任核转。其因急病或临时发生事故不能预先请假者，得于事后补行请假手续。秘书长因事或因病请假，应先以请假单说明事由，向常务理事申请核准。

第六条　各部职员请假办法与秘书处同，均须申请本部主任核准。

第七条　职员请假非经核准不得离职。

第八条　职员请假期内，如在十日以内者，应自行委托同事暂行兼代；如在十日以上者，由秘书长另委本会相当人员兼代，以重职守。其代理人之薪给，满半月者由本人薪给项下拨支之。

第三章　权限与职责

第九条　秘书长及各部主任、各股主任就其主管事务，对于所属职员有监督指示之责。

第十条　各职员对于公务上有所陈述或请示，除特殊情形外，应报请其直接主管人员按级核转。

第十一条　关于章则及较为重要之文件由秘书长指定秘书拟办，其他分交各股之文件由各股主任酌定办法分别办理。如有疑难之处，仍须陈明秘书长核示后再行办理。

第十二条　本会职员于其承担事件须随到随办。如有特别情形不能即办者，须向秘书长陈明理由。

第十三条　本会职员遇有必要情形，虽无秘书长之特别指定，应临时互相补助或代理。

第十四条　本会职员对于本会机密事务及未经宣布之公文、函件，均须严守秘密。

第十五条　职员承办本会各项事务，应由秘书处各股及各部就其所管事项，每星期造具工作报告表，送请秘书长或各部主任核转会长、副会长、常务理监事核阅。前项工作报告表式属于秘书处者，由秘书长视各股所办事务之性质分别订定之；属于各部者，由各该部主任订定之。

第四章　公文处理

第十六条　本会收发文件应分别登记于收发簿。

第十七条　收发簿应编立进行号次。

第十八条　开拆文件应依左列规定：

(一) 来件标明收受之姓名者，均由本人开封。开封后如发现系关于会务者，应即送还收发员。

(二) 其来件除注明"密件"外，概由收发员开封。

(三) 文件开封后，应由收发员于文件表面登记收受之年月日时及收文号数。如有附属之文件或款项物品等，并附记其种类及数目并摘由登录收文簿送请秘书长核阅，但不由收发员开封之密件则于封面上注明收文年月日时及收文号数登记收文簿，于簿上摘由栏内注明"密"字后送请秘书长开封核阅。

第十九条　紧急文件应由收发员于文面上加盖紧急戳记。

第二十条　凡紧急文件及密件，应由收发员随到随送秘书长核阅。

第二十一条　秘书长将各项公文核阅后，应于公文上分别批注办法，并在收文簿上签字，仍将收文簿连同公文交还收发员，由收发员将各项公文送由秘书发交文书股办理。

第二十二条　本会各项公文如关于各部、各委员会者，应由秘书长于文件注明，交由收发员分别转送核办。

第二十三条　文书股办理文件，各股有互相关连［联］者，应协商办理。如彼此意见不同时，应即向秘书长请示。秘书长不能核定时，应分别性质送请常务理事或常务监事裁夺。

第二十四条　本会公文稿件由拟稿人及核稿人署名后，应即送请秘书长审核，转请常务理事核定，数员共拟之稿须公同署名。本会稿件于必要时应请会长及副会长作最后之核定。

第二十五条　本会公文稿件经裁定后，即交书记缮写。书记对于文义或字迹有不明悉时，应先请问主稿人员，再行缮写。

第二十六条　书记缮写完毕，即送交校对员核校。

第二十七条　校对无误，即由校对员送交监印员用印。用印后，送交收发员封发并于发文簿上排号摘由。

第二十八条　本会公文发出后，应由收发员将稿件送交管卷员。

第二十九条　凡未经常务理事、秘书长或各部主任核行之稿，一概不得印发。

第三十条　本会各项文件、物品、款项，于本会内部或其他处所命工役传送时，应以传送簿证明其接受。其交邮送达者，应以邮送簿证明其接受。

第五章　文书整理与保管

第三十一条　秘书处及各部应置备之簿册除另有规定外，依左列各款整理之：

一、各项簿册应按年各立一册。为便利起见，将同一事项、同一年度分立数册。

二、同一事件未能于一年度内终结者，应用原立号次编入次年度簿册之首。

三、非经秘书长许可，不得将本会簿册、文件、物品携至会外。

四、原稿应归入关系文件或簿中保管之。

第三十二条　电报应保存原稿。

第三十三条　办结文件于每年度终清理一次，分别门类，送藏档案室，交管卷员保管。

第三十四条　管卷员对于收发文件，须记明年、月、日、时、页数，分类编号。

第三十五条　除办公时间外，所有卷宗须归档封锁。

第三十六条　除本会职员外，调阅卷宗须以秘书长许可、签字据为凭。否则，应予拒绝。调阅之卷宗须订一定时间归还。

第六章　职员之考核与奖惩

第三十七条　本会各职员服务之勤惰及办事成绩属于秘书处者，由秘书长考核之。其属于各部者，由各该部考核之。

第三十八条　考核职员之标准如左：

　　一、职员于办公时间是否按时服务并有无迟到早退，或未经请
　　　　假核准而擅自不到等情事；

　　二、职员于其本身职务上是否有不称职或不尽职情事；

　　三、职员有否舞弊情事；

　　四、其他有关于考核方面情事。

第三十九条　秘书长及各部主任对于各职员，应于平时根据前条规定详加考核。每半年造具各职员考核表附加说明，分送会长、副会长、常务理监事审核，分别奖惩。

第四十条　职员之奖惩依下列之规定：

　　（甲）奖励：一、记功；二、记大功；三、晋级支薪；四、升
　　　　职；五、颁发奖状；

　　（乙）惩戒：一、记过；二、记大过；三、降级支薪；四、降
　　　　职；五、免职。

前项功过得以相抵，每记过三次等于记大过一次；记功三次等于记大功一次。

第四十一条　秘书长及各部主任由常务理监事考核之，并得适用前条之规定。

第七章　附则

第四十二条　本会职员薪额另定之。

第四十三条　本会各部、各专门委员会得另定组织细则。

第四十四条　本规程自理监事会联席会议通过后，呈报内政部核准施行，以后修正手续同。

原载《中国红十字会月刊》1935 年第 1 期

中华民国红十字会各地分会申请各地高级党部备案办法

（一）中华民国红十字会各地分会设立时，应先向总会声请核准，由总会呈请中央执行委员会、民众运动指导委员会转知该分会所在地方高级党部发给许可证，派员指导组织。并由分会将筹备情形，呈报主管官署备案（以下简称各地分会）；

（二）各地分会依照《修正人民团体组织方案》第三节、第五、第六节两项组织完成时，应将其章程呈请当地高级党部复核后，依照内政部颁《中华民国红十字会各地分会立案办法》第三项规定，一并呈请主管官署备案；

（三）中华民国红十字会总会及各地已经成立之分会，应补行备案手续。总会应备具呈文，检同各项章则，呈请中央执行委员会、民众运动指导委员会派员视察后补给许可证，并准予备案；

（四）各地分会由总会汇呈中央执行委员会、民众运动指导委员会核准，转知所在地方高级党部，发给许可证，并准予备案。

原载《民报》1935 年 7 月 20 日

中华民国红十字会管理条例
（二十五年七月二十三日修正公布）

第一条　中华民国红十字会依卫生署及内政部、外交部、军政部、海军部之指定办理左列事务：

　　一、辅佐陆海空军战时卫生勤务及平时军事人员之医疗与救护；

　　二、国内外灾变之救护、振济及伤病之治疗；

第二条　中华民国红十字会应提倡服务精神，普遍征求会员并完成妇女及青年组织，实施有效之服务与训练。

第三条　中华民国红十字会应设立医院，充实医护设备，造就救护人才并预储各项救护材料。

第四条　中华民国红十字会经费除会务收入及政府补助金外，每年得募款一次，其日期及办法应先呈请卫生署核准备案。前项会务收入于本条例施行细则中定之。

第五条　中华民国红十字会设总会于首都，设分会于各地。总会以卫生署为主管官署，并依其事务之性质，受内政部、外交部、军政部、海军部之监督。分会隶属于总会，以所在地地方行政官署为主管官署。

第六条　总会置会长一人、副会长二人，由总会全体理事推选，呈由卫生署转报行政院转呈国民政府聘任之。总会置理事、监事各若干人，由全国会员代表大会就会员中选举之，理事互选常务理事五人，监事互选常务监事三人，由总会呈请卫生署转报行政院转呈国民政府聘任之。

第七条　前条理事、监事于必要时，得经由国民政府遴选相当人员聘任之，但不得超过全体理事、监事人数三分之一。

第八条　分会置理事、监事各若干人，由分会会员大会选举之，分会于理事、监事选出后，应陈报总会核准聘任之，并报请地方主管官署备案。

第九条　会长、副会长之任期及总会、分会理事、监事之额数及任期，于本条例施行细则中定之。

第十条　中华民国红十字会之资产及账簿属于总会者，卫生署得随时派员检查，并于必要时，会同内政部、外交部、军政部、海军部行之。属于分会者，地方主管官署及总会得随时分别派员检查。

第十一条　总会应于每年年度开始前，将下年度进行计划及收支预算呈请卫生署查核，必要时会同内政部、外交部、军政部、海军部行之。分会应于每年度开始前，将下年度进行计划及收支预算陈报总会查核，并报请地方主管官署备案。

第十二条　总会应于每年年度终了后，将上年度收支细数及事业成绩编具报告，分报卫生署及内政部、外交部、军政部、海军部查核。分会应于每年年度终了后，将上年度收支细数及事业成绩编具报告，陈报总会查核并报请地方主管官署备案。

第十三条　中华民国红十字会战时随军救护人员之待遇与军属同。

救护队之编制及其服装之定式，由总会呈请军政部、海军部协商核定。

第十四条　战时随军救护人员及救护材料之载运，准用军属及军用品办法。

第十五条　战时随军救护人员在战地应用卫生材料、房屋、粮食、舟车、马匹、航空机，得分别呈请卫生署、军政部、海军部转行拨发。

第十六条　办理红十字会，除本条例有规定者外，依其它〔他〕法律之规定，订有国际公约者并准适用，但以经政府批准者为限。

第十七条　本条例施行细则，由卫生署及内政部、外交部、军政部、海军部会同拟订，呈请行政院核准公布，并转陈国民政府备案。

第十八条　本条例自公布日施行。

原载《上海市政府公报》1936 年第 172 期

中国红十字会救护委员会供应委员会简章

第一条　本委员会依据《中国红十字会救护委员会组织规程》第八条之规定产生之；

第二条　本委员会委员由中国红十字会会长聘任之；

第三条　本委员会担任储备救护材料如下：一、药品（棉花、纱布、绷带、防毒面具等附之）二、食物；三、手术用器；

第四条　本委员会担任制备救护人员用品如下：一、旗帜；二、服装；三、篷帐；四、担架；五、车辆；

第五条　本委员会担任接洽救护人员来往舟车宿舍及一切运输事宜；

第六条　本委员会设法接洽、劝募关于救护用之医药用品及食物等类；

第七条　一切用品凡非劝募能得、必须购置者所需经费另制预算表，呈报中国红十字会救护委员会核准后置备；

第八条　本委员会设主席一人，由中国红十字会会长指定为开会时之主席；

第九条　本委员会每二星期须开会一次，由主席召集之，必要时得召集临时会议；

第十条　本委员会遇必要时得雇用事务员，呈由中国红十字会救护委员会派充之；

第十一条　本简则呈由中国红十字会救护委员会、执行委员会核准施行；

第十二条　本简则如有未尽事宜得由本委员会随时修订并呈报中国红十字会救护委员会备案。

原载《中国红十字会月刊》1936 年第 13 期

中国红十字会救护委员会人事委员会简则

第一条　本委员会依据《中国红十字会救护委员会组织规程》第八条之规定产生之；

第二条　本委员会委员由中国红十字会会长聘任之；

第三条　本委员会专任调查于国家遇有战事或灾害时能为本会服务救护事宜之医药或护士人才为职责；

第四条　本委员会制有职员服务调查表，规定事项如后：一、姓名；二、年龄；三、性别；四、籍贯；五、曾在何处及何校毕业；六、现任何职；七、擅长何科；八、愿担任何种工作；九、能否往外埠服务；十、如只能本埠担任工作，注明（专任或兼任）；十一、能否尽义务，若要酬报，每月若干；十二、现在通讯处；

第五条　未曾填报志愿服务调查表之医药及护士人才，本委员会有设法劝动其填报之责；

第六条　本委员会设主席一人，由中国红十字会会长指定之为开会时之主席；

第七条　本委员会每二星期须开会一次，由主席召集之。如有特别事故，得由主席随时召集之；

第八条　本简则呈由中国红十字会救护委员会、执行委员会核准施行；

第九条　本简则有未尽事宜得由本委员会随时修订并呈报中国红十字会救护委员会备案。

原载《中国红十字会月刊》1936 年第 13 期

组织建设

中国红十字会救护委员会训练委员会简则

第一条　本委员会依据《中国红十字会救护委员会组织规程》第八条之规定产生之；

第二条　本委员会委员由中国红十字会会长聘任之；

第三条　本委员会担任训练下列课程：一、战事外科学（训练医师及医学生用）；二、实用护病学（训练女生用）；三、简易实验诊断学；四、简易药剂学；五、毒气学；六、担架学；

第四条　本委员会担任分期训练下列人员：一、医学院一二三四年级学生（四年级已往南京训练）；二、医学院四五年级（学）生；三、大学男女学生；四、高中三年级男女学生；

第五条　以团体为单位请求训练者，方得接受训练；

第六条　凡团体请求训练者应视人数之多寡及课程内容得酌收训练费，其细则另订之；

第七条　本委员会得延聘医药护专家若干人担任教学，并每课设置主任一人管理各课程之实施。上项教员及主任均为名誉职，得酌给夫马费；

第八条　本委员会训练各课所需之经费，另制预算表呈报中国红十字会救护委员会核准后施行；

第九条　凡请求训练者不拘性别，年龄须在十八岁以上并须填具本委员会制备之志愿书；

第十条　本简则呈由中国红十字会救护委员会、执行委员会核准施行；

第十一条　本简则有未尽事宜得由本委员会随时订修并呈报中国红十字会救护委员会备案。

原载《中国红十字会月刊》1936 年第 13 期

中国红十字会总会救护委员会训练班细则

（一）医学校医学生由各该校分别担任训练，不征收训练费；

（二）本委员会先行试办下列各科：

 （甲）战时外科学（约计六十小时）；

 （乙）实地护病学（约计六十小时），每班暂定三十名；

 （丙）简易实验诊断学（约计三十小时），每班暂定二十名；

 （丁）简易药剂学（约计三十小时），每班暂定二十名；

 （戊）毒气学（约计十二小时），每班暂定五十名；

 （己）担架学（约计十小时），每班暂定四十名；

（三）凡团体请求训练者，其纳费额由一元至五元（以每人为单位），视授课之时间长短及课程之性质而定；

（四）凡个人具相当程度而请求训练者先行报名登记，俟足额时开班训练；

（五）凡请求训练者须先行报名填具志愿书送会审核；

（六）训练费须于报名时一次缴清，非缴清训练费后不得上课，中途退学亦不发还；

（七）凡训练班应用之纸墨、文具及书籍等均归学员自备；

（八）凡收入之训练费皆由本委员会会计处管理之；

（九）本细则由训练委员通过，呈报救护委员会核准施行；

（十）本细则如有未尽事宜得由训练委员会随时修订，并呈报救护委员会备案。

中国红十字会总会救护委员会学员志愿书

 具志愿书人 兹因自愿遵守贵会章则，学习救护课程，以备在国家遇有非常事变或灾害时服务。特请 君为负责保证人，照章缴纳训练费 元。谨将履历开列于后，并填具志愿书，送请中国红十字会总会救护委员会察核。

附履历

学员姓名 ；性别 ；年龄 ；籍贯 ；

职业 ；住址 ；永久通讯处   ；

中华民国 年 月 日；

学员（签名盖章） ；

保证人（签名盖章）

中国红十字会总会经济委员会组织规程草案

第一章　总则

第一条　本委员会依据本会理事会及监事会组织规程第四十四条乙项之规定组织之。

第二条　本委员会直接隶属于总会，设于总会所在地。

第三条　本委员会以筹募各种款项、谋本会事业之发展并支配及监督各项经费费用及特种支出为目的。

第二章　组织

第四条　本委员会设委员若干人，除以总会正副会长及秘书长为当然委员外，聘请各界领袖组织之。

第五条　本委员会以总会正副会长为当然正副主席，并就委员中互推常务委员七人处理一切重要事务。前项正副主席及常务委员姓名应呈报总会及卫生署备案。

第三章　会议

第六条　本委员会每月开会一次，必要时得召集临时会议。

第七条　会议时以全体委员四分之一以上之出席举行之。

第八条　会议由正副主席召集之，正副主席不能召集时由常务委员召集之。

第九条　会议时以主席为当然主席，缺席时由出席委员中公推常务委员一人为主席。

第四章　附则

第十条　本规程自本委员会通过后陈请总会理监事会联席会议通过后，转呈卫生署备案。

原载《中国红十字会月刊》1936 年第 18 期

中国红十字会总会救护委员会华北临时分会章程

第一条 本会受中国红十字会总会救护委员会之托，办理华北临时救护防疫工作之补助事宜。

第二条 本会由中国红十字会总会聘请委员组织之，并以中国红十字会总会华北代表为当然委员。

第三条 本会暂设北平乾麦胡同中国红十字会北平分会会所内。

第四条 本会委员互选主席、秘书、会计各一人，常务委员若干人。

第五条 本会工作计划及预算决算均由委员议决之，议决事项由常务委员执行之。

第六条 本会常务委员互选主任一人，主持常务委员会会务，其余常务委员分总务、医务两组办事。

第七条 本会视工作之需要经常务委员会议决，得由常务主任聘请专门委员或干事加入常务委员会办事。

第八条 本会委员、专门委员及干事均为名誉职。

第九条 本会视事务之需要，经常务委员会议决议，得由常务主任委用事务员，酌给薪津。

第十条 本会会议及办事细则另定之。

第十一条 本章程未尽事宜参照《中国红十字会总会救护委员会组织规程》办理。

第十二条 本章程自议决奉准日施行。

原载《大公报》1937 年 2 月 9 日

中国红十字会新会分会办事细则

一、本细则依照万国缔盟《中国红十字会分会章程》办理之。

二、本会日常公事由正会长、副会长、理事、监事共同处理之。如遇大事或难解决之事，得提出理事会议决后执行之（紧急公事不在此限）。

三、本会依总会定章，三年开会员大会一次，选举正副会长、理事、监事及候补理事、监事，由会长召集举行之。

四、会长总理分会一切事务。

五、副会长、理事、监事辅助分会长执行日常事务。

六、理事会召集理事开会，提议办理分会应兴、应革事宜。

七、医务主任秉承会长命，处理会内一切医务及药剂事宜，对赠医期间有指挥医师、药剂师及助产士之权。

八、产科主任秉承医务主任命，料理医务及助产事宜。

九、救护部主任秉承会长命，专理会内会外一切救伤事宜，有指挥、监督救护队长/员之权，出发救护有全权管理之权。

十、救护队长秉承主任命，料理会内会外救伤事宜，有指挥队员之权。如主任不在时，得代行其职务，指挥一切。

十一、救护队员秉承救护队主任暨队长命，料理一切救护工作。

十二、宣传部主任秉承会长、理事命，前往各属宣传，有指挥、监督、宣传员之权。

十三、宣传员秉承宣传部主任命，随往各属宣传，不得懒惰。

十四、文牍员秉承会长、理事命，处理会内一切文牍事宜。

十五、会计员秉承会长、理事命，司理会内一切财政之出纳。

十六、庶务员秉承会长、理事命，料理会内伙食及整理地方什务，有指挥厨役、什役之权。

本会赠医规则

一、每日由十一时至下午一时止为赠医施药时间，逾时不赠，星期日、国庆日及夏节、秋节等日停赠。

二、麻风、花柳等病，恕不施赠。

三、未开诊前，男女均应在候诊处分坐，开诊时按报名之先后传诊，不得争先恐后，候诊时不得喧哗，不得将痰涎、鼻涕乱吐地上，以重卫生。

四、报名诊症时，每人收挂号费半毫。如需药樽以载药及药液者，酌收樽价数仙。如系赤贫者，准免各费。

五、如非在施赠时间，欲来求赠或换药者，每次收银一毫，贫者免费。

六、如请医师上门诊症者，诊金一元，药费酌收，针射另议，用手术者另议，赠医时间不暇出诊。如系会员，准免各费。所有收入、诊金、药费，概归本会所得。

七、本会赠医以救济贫病之人为宗旨，如查确非贫家之人、贪心求赠者，恕不施赠。

八、本会施赠费用统由会员及慈善家捐助之。

留医规则

一、凡欲求本会医院留医者，不论男女，入院时一次收挂号费银一元。

二、留医病人每天收回膳费四毫，入院时作一天计算，出院时未食早餐者不计。亲人陪侍者，每天膳费四毫，入院时须先期交上膳费十天，候出院时多除少补。

三、所有医药费俱由本会施赠，如确要针射，需费过多者到时酌收多少药费，以资弥补，用手术者酌收手术费。

四、留医者不得擅自出入，亦不得私自乱买食品，如欲买何种物品时，须报知看护士，转报医师许可方得购买。

五、留医者不得私藏违禁品物及有不规则行动，违者立斥出院。

六、留医房间所有睡铺、蚊帐等物，均由本会备办，如欲自行搞来备用者亦听。

七、留医院地方首贵洁净肃穆，各病人口液、鼻涕、痰沫等污秽物，不得随处乱吐乱抹，以重卫生；亦不得大声嘈杂，致碍调养。

八、本医院设备、看护士及侍役人等，不论日夜侍理病人。如病人有何事情或痛苦，可随时通知看护士传报医师，如看护士及侍役有不法时，请密报医师惩戒之。

九、本留医院以收留贫苦之人为宗旨，如查非贫寒者，即饬令回家，另觅别医生调理。如欲捐款及鸣谢等举出于病者本心，看护、什役乃其天职，毋得酬谢。

十、本留医院如有未尽事宜，得随时修改之。

特注：本会坟场设在会城猪□岭北火车路边，面积约一百井，如因留医病故或贫穷之人一时难觅山地者，商准本会同意准其寄葬。如查确因家贫无款埋葬者，本会可酌量施赠现款或施舍棺木。

原载《中国红十字会月刊》1937 年第 21 期

中国红十字会南宁分会理事会暨监事会办事规则

第一章 总则

第一条 本规则依据分会章程第十七、二十二等条订定之。

第二条 本分会办事程序须依本规则之规定执行职务。

第二章 事务分配

第三条 本分会处理事务各员须照下列分配法负其责任。

第四条 会长、副会长职务除法规已有规定外，对内对外文件以正副会长名义行之。会长有事故时，副会长得代行其职务。

第五条 理事会设常务理事一人，指挥各课部职员办理日常事务。

第六条 监事会设常务监事三人，监察日常所办一切会务。

第七条 总务课分设二组，视事之繁简设课员若干人，并在课员中指定一人为主任。

  第一组办理：一、会章、印旗之典守事项；二、保管档案、图书、契约等事项；三、整理职员考勤、请假文件事项；四、办理统计事项；五、会员户籍登记事项；六、编拟会务报告及不属于其他各课部之事务。

  第二组办理：一、撰拟缮校及收发文件事宜；二、会议记录及整理议案事项；三、临时交办事项。

第八条 财务课分设三组，视事之繁简设课员若干人，并在课员中指定一人为主任。

  第一组办理：一、本分会会计及现金出纳事项；二、预算决算编拟事项；三、中西药品购入、消耗之稽核事项；四、编制经济报告事项；五、各种证券之保管及出纳事项。

  第二组办理：照第六章规定庶务事项。

  第三组办理：关于本会营利物产之保管、租赁事项。

第九条 义会课分设五组，视事之繁简设课员若干人，并在课员中指定一人为主任。

第一组办理：一、关于日益、旬益、延龄等义会管理事项；二、日旬益义会标会事项；三、关于日、旬、延等义会款项交涉事项；四、每日召集本课各员开会，审定标会人具保事项；五、保管标会及保证单据事项；六、会户变动登记事项；七、日、旬、延等义会会计事项；八、日、旬、延等义会交收逐日稽核事项。

第二组办理：一、募集日益义会会份事项；二、收集会款事项；三、调查标会人具保事项。

第三组办理：一、日益义会交款事项；二、关于日益义会调查事项。

第四组办理：一、募集旬益义会会份事项；二、关于旬益义会交收会款事项；三、调查旬益义会标会人具保事项。

第五组办理延龄义会下列各事项：一、会员入会、退会、亡故之查验事项；二、殓葬费之发送事项；三、征求会员事项；四、会员户籍之变动登记事项；五、延会收支、登记、会计事项；六、收集赙金事项；七、加盖赙金券、印章事项。

第十条　中医部设一组，设内科医生若干人，并指定一人为主任。

第一组办理：一、内科门诊事宜；二、审核汇编医案及逐日登记事项。

第十一条　西医部分设二组，视事之繁简设医生、医佐、司药、护士各若干人，并在医生内指定二人为正副主任。

第一组办理：一、内外科、妇儿科、产科等开诊、出诊事宜；二、防疫种痘事宜；三、医事登记及汇编医案报告事宜；四、临时出勤救护事宜。

第二组办理：一、调剂事宜；二、保管药品、器械事宜；三、编制药品、器械消存逐月册报事宜；四、助理本部门诊事宜。

本部各组事务如有互相关联者，应会同办理之。

第三章　办公时间与请假

第十二条　本分会各课部办公时间得由会长暨常务理事斟酌情形随

时规定公布。

第十三条　本分会办公无星期、例假。

第十四条　本分会各课部职员因事或因病请假，应先具请假单说明事由及请假期间与职务代理人，交由主管主任转请核准方得离职。各课部主任请假应向会长或常务理事核准（请假单由总务课存查）。

第十五条　凡因急病或临时发生特别事故不能预先请假者，得于事后补行请假手续。

第十六条　非疾病及确有不得已之事者，不得请假。

第十七条　事假全年合计不得逾五十日。如超过，以旷职论。但因特别事故经核准者，不在此限。

第十八条　女性职员在产期内得给假六星期。

第十九条　凡在办公时间请假合计七小时者，即以一日计。

第二十条　职员请假期间如在十日以内者，其本人职务应自行委托同事兼代；如超过十日者，由会长另委相当人员代理，以重职守。其代理人之薪给，由请假人薪给项下拨支。

第二十一条　凡假期已满未能销假时，应补具理由续假，否则以旷职论。

第二十二条　职员在一年中请假未逾十五日者，得予以奖励。

第二十三条　旷职者按日扣薪，在二星期以上者，得核其情节分别惩戒之。

第二十四条　请假规则对本分会所属机关均适用之。

第四章　权限及责任

第二十五条　会长、副会长、理监事会，除会章规定外，有指挥监督各课部之权责。

第二十六条　主任承会长、常务理事之指挥，督率所属职员办理主管事务。

第二十七条　各员承会长或常务理事之命，受主管主任之指导，办理本组事务。

第二十八条　本分会各课部办理文件，如有互相关联，应先由各该主任会商办法，次由关系最切之课部承办后，送他课部会核盖章。

第五章　文书之处理

第二十九条　收发员每日收到文件，即拆封、粘单、摘由、编号，注明收文日期及承办课，依次登入收文部。

第三十条　凡附有现币、钞票及物品之文书，应（分）别点交会计、庶务收理，并由收理人在原件上亲书收讫盖章。

第三十一条　凡收到文件封面上有"密件"或"亲启"字样者，应即送会长或常务理事及封面收件人亲启，不得擅拆。

第三十二条　除前条文件外，其余文件须即到即送主管课部签注意见，送常务理事核定盖章后发还承办。

第三十三条　文件发还各课后，由主管课部登入本部收文簿，并在文面上编注到课日期，由主任分交各员承办。

第三十四条　承办员接到文件后，应即照核定大意叙稿送核。如另有意见仍得签注，请常务理事复核办理。

第三十五条　承办员叙稿后，应登入送稿簿，经主任核阅后，送常务理事及会长判行发回，承办员再汇交收发员发缮（凡拟稿、核稿，均须盖章负责）。

第三十六条　承办文件须随到随办，不得积压。

第三十七条　缮校员收到文稿，应即缮正校对，连同原稿登入送签簿，送收发员转送会长用印后，由收发员分别封发。

第三十八条　文件封发后，收发员应于到文簿上注明已办，随将文稿分类编号归档。

第三十九条　凡属存查文件，经送阅后，交收发员登记归档。

第四十条　专差遣送之文件收发员，应登入送文簿，请收文机关或收件人查收盖章。

第四十一条　邮寄各件须将邮局收据粘存发文簿备查。

第四十二条　各员检阅档卷，须开条向管卷员调取。交还时，将原条收回取消。

第四十三条　一切文稿非经会长或常务理事许可，不得携出会外或借阅。

第六章　会计及庶务

第四十四条　本分会每月所需经费按照核定预算数目请会长填发支单，常务理事副署，由会计向分会存款商号领款。

第四十五条　本分会每月收支款项应由财务课于每月终造具支出计算书，送理监事会审核盖章后呈报总会备案。

第四十六条　财务应备现金出纳簿，将收支数目分别登记、按月总结并于每日清算一次，详列收支对照表送呈会长及常务理事核阅。

第四十七条　职雇员薪津、夫役工食每月分十日、二十五日两期发给，不得预先透支，但有特别事故经会长或常务理事核准者不在此限。

第四十八条　本分会所有物品、器具应由庶务员分类登记，负责保管并于每月造具物品出纳报告表送核。

第四十九条　各职员领用办公物品须将名称、数量填写于领物簿，署名盖章，向庶务员领取。

第五十条　在预算范围内关于购置、修缮什费等款项，其总数未超过二十元者应由庶务员列具说帖，送由本课主任核准照办，如数目超过二十元者，并应经会长或常务理事核准方可照支。

第五十一条　每日零星用款应由庶务员具预领簿，向会计预领备用。但每日应开列实支数目连同单据送财务课核查。

第五十二条　庶务员每日应督促夫役洒扫各处，对于厨房、浴室及厕所，尤须力求清洁，以重卫生。

第五十三条　本分会夫役之进退及工作之分配，悉由庶务员执行之。

第七章　附则

第五十四条　本规则经理监事会联席会议通过后，呈报总会核准施行，以后修正手续亦同。

原载《中国红十字会月刊》1937 年第 22 期

中国红十字会南宁分会理事会暨监事会各项会议规则

第一章　总则

第一条　本规则依照总会理事会暨监事会组织规程第一章至第七章等条及分会章程第十二条各办法制定之。

第二条　理事会、监事会各项会议依本规则所定程序举行之。

第三条　凡本分会理事会、监事会各项重要事件，概由各项会议议决办理之。

第二章　理事会监事会联席会议

第四条　理事会、监事会联席会议（以下简称理监事会联席会议）在会员大会开幕后为本分会最高权力机关。

第五条　理监事会联席会议每两个月开会一次，必要时得召集临时会议。

第六条　理监事会联席会议以会长、副会长及全体理监事三分之一以上之出席举行之，候补理监事得列席本会议，但无表决权。

第七条　理监事会联席会议由会长召集之，会长不能召集时，由副会长召集之。

第八条　理监事会联席会议以会长为主席，会长缺席时以副会长为主席。

第九条　理监事会联席会议所议事项如左：

> 甲、会长及副会长、理事会或监事会、常务理事及常务监事联席会议送议事件；
>
> 乙、关于本分会重要章则之审订事件；
>
> 丙、本分会会务计划；
>
> 丁、本分会预算决算；
>
> 戊、聘请名誉会长、名誉理事及其他重要职员；
>
> 己、关于整理本分会财政之收支事项；
>
> 庚、其他重要会务之审议事件。

第三章　理事会

第十条　理事会为本分会最高执行机关。

第十一条　理事会每一个月开会一次，必要时得召集临时会议。

第十二条　理事会会议以会长、副会长及理事三分之一以上之出席举行之。候补理事及名誉会长、名誉理事得列席本会议，但无表决权。

第十三条　理事会会议由会长召集之，会长不能召集时由副会长召集之，副会长不能召集时由常务理事召集之。

第十四条　理事会会议以会长为主席，会长缺席时以副会长为主席，副会长缺席时就常务理事中互推一人为主席。

第十五条　理事会会议所议事项如左：

> 甲、理监事会联席会议交议事件；
>
> 乙、会长及副会长交议事件；

丙、常务理事或理事提议事件；

丁、监事会送请讨论事件；

戊、本分会重要章则及会务计划之拟定；

己、本分会预算决算之编制；

庚、议决会员之出名；

辛、议决办事人员之奖惩；

壬、其他会务应行审议事件。

所有理事会各项会议议决案应送交监事会审核。

第四章　常务理事会议

第十六条　常务理事每月开常务理事会议一次，必要时得召开临时会议。

第十七条　常务理事会议以常务理事过半数之出席举行之。

第十八条　常务理事会议除规定日期外，其临时会议得由常务理事一人召集之。

第十九条　常务理事会议由出席之常务理事中互推一人为主席。

第二十条　常务理事会议所议事项如左：

甲、理监事会联席会议及理事会之交办事件；

乙、日常会务之讨论事件；

丙、审查会员之除名；

丁、审查办事人员之奖惩。

第二十一条　所有本分会日常事务由各常务理事分任之。

第五章　监事会

第二十二条　监事会为本分会最高监察机关。

第二十三条　监事会每一个月开会一次，必要时得召开临时会议。

第二十四条　监事会会议以监事三分之一以上之出席举行之，候补监事得列席本会议，但无表决权。

第二十五条　监事会会议由常务监事召集之。

第二十六条　监事会会议由常务监事中互推一人为主席。

第二十七条　监事会会议所议事项如左：

甲、理监事会联席会议交议事件；

乙、会长及副会长交议事件；

丙、常务监事或监事提议事件；

丁、理事会或常务理事送请审议事件；

戊、审核本分会预算决算；

己、其他会务之应行审核事项。

第六章　常务监事会议

第二十八条　常务监事每月举行常务监事会议一次，必要时得召集临时会议。

第二十九条　常务监事会议以常务监事过半数之出席举行之。

第三十条　常务监事会议除规定日期外，其临时会议得由常务监事一人召集之。

第三十一条　常务监事会议互推常务监事一人为主席。

第三十二条　常务监事会议所议事项如左：

甲、理监事会联席会议及监事会之交办事件；

乙、日常会务之讨论事件。

第三十三条　常务监事得监察会长、副会长、常务理事所办一切会务。

第七章　常务理事及常务监事联席会议

第三十四条　凡重要会务应互相协商者，得举行常务理事及常务监事联席会议（以下简称常务理监事联席会议）

第三十五条　常务理监事联席会议无定期，依事实之需要由会长或副会长随时召集之。

第三十六条　常务理监事联席会议以会长、副会长及全体常务理监事过半数之出席举行之。

第三十七条　常务理监事联席会议以会长为主席，会长缺席时以副会长为主席。

第三十八条　常务理监事联席会议所议事项如左：

甲、会长及副会长交议事件；

乙、理事会或监事会送议事件；

丙、常务理事或常务监事提议事件；

丁、任免各课办事人员；

戊、提出重要会务于理监事会联席会议；

己、其他重要会务之审议事件。

第八章　议事日程

第三十九条　提议事件及开会日期须记载于议事日程。

第四十条　凡提议事件，其提议人须先期拟具议案并书明提出某项会议（其格式另订之）。

第四十一条　各项会议议事日程应由各项会议召集人先期发交总务课编印，分送出席及列席人。

第四十二条　出席及列席人接到议事日程后，对于议案别有意见时加签注，俟出席时携同交会讨论。

第四十三条　会议时间每次最长以三点钟为限，必要时得由主席宣布延长之。

第四十四条　会议出席人应严守开会时间，如因事不能出席时，须于开会前声明请假。

第四十五条　凡议案得先由提案或关系人加以说明，依次讨论后由主席宣布讨论结果，提付表决。如系临时动议，至少有一人附议，方得成立议案。

第四十六条　凡表决以出席过半数决定之可否，同数时取决于主席，其方式临时定之。

第四十七条　议案表决后，不得再就该议题发言。

第九章　议事录

第四十八条　议事录应记载左列各事项：一、会议之名称及其开会次第；二、会议日期；三、会议地点；四、出席者；五、列席者；六、缺席者；七、主席；八、记录；九、开会仪式；十、报告事项；十一、讨论事项；十二、临时动议；十三、散会时间；十四、其他必要事项。前项会议录应设备专簿，于开会前，由主席人员签到，俟会议终了后将决议事项分别登录，俟下次开会时宣读无异后，再请主席证明。

第四十九条　议事录及其他附件应于会议终了后，分别印送出席及列席人备查。

第十章　审查

第五十条　凡议案有应付审查者，由主席临时指定审查员审查，如审查员有数人时，并同时指定召集人及召集日期。

第五十一条　审查员审查完毕，应具报告书送由主席交总务课印送各出席人员。

第十一章　附则

第五十二条　本规则自理监事会联席会议通过后，呈报总会核准施行，以后修正手续同。

原载《中国红十字会月刊》1937 年第 22 期

汉口分会会员大会组织暂行规则

第一条　本规则根据分会章程第十二条制订之。

第二条　本分会会员大会以加入本会之名誉会员、特别会员、正会员及普通会员组织之。

第三条　本分会会员大会开会时，应呈请汉口市党部、市政府派员监视。

第四条　本分会会员大会主席团以五人至七人组织之，除本分会正副会长及理事长为当然主席外，其余就出席会员中互选之。

第五条　会员大会之职权规定如左：

甲、接纳及采行全会会员之报告；

乙、修改本会章程；

丙、决定本会会务进行之方策；

丁、审查本会预算决算；

戊、选举理事、监事及候补理事、监事。

第六条　会员大会会期定为一日至二日，依事实之必要得延长之。但至多不得逾五日。

第七条　选举理事、监事须于大会议事终了最后一日举行之。

第八条　会员大会于汉口红十字会所在地举行之。

第九条　会员大会应设筹备委员会，于召集大会前二个月，由议事会推定委员十一人至十九人组织之。

第十条　会员大会应设秘书处，于大会开幕前一星期就筹备委员改组之。

第十一条　会员大会会员资格审查由会员大会筹备委员会指定会员资格审查委员会办理之。

第十二条　会员大会应设立财政审查委员会、提案审查委员会、宣言起草委员会及决议案整理委员会，由五人至九人并选一人为主任，委员均由大会推举之。

第十三条　本规则自呈请总会核准后施行，并呈报汉口市党部、市政府备案。

原载《中国红十字会月刊》1937 年第 23 期

汉口分会会员大会会议暂行规则

第一条　本规则依据分会章则第十二条制定之。

第二条　会员出席除持有出席证外，均须悬挂会员证章。

第三条　本会议分二种，如左：

一、定期会，每年于六月中由会长、副会长会同理监事会定期召集之。

二、临时会，于理事会认为必要或全体会员十分之一以上之请求或监事会函请召集时召集之。

第四条　本会会期定为一日，必要时得延长之。

第五条　本会会议应由理事会逐将应报告及提议各事项编列议事日程，先期印刷分送各会员。

第六条　会员提议事项须有二十人以上之连署，于会期前五日送会编入议事日程。

第七条　会议日会员须携带各人之证书佩章到会，签名换领出席证。

第八条　会议日由理监事会组织主席团轮流主席。

第九条　会议日主席团查点出席会员，满足法定人数即宣告开会。

第十条　会议时除邀请或特许列席者外，不许旁听。

第十一条　会议时会员非经主席许可，不得无故退席。

第十二条　会议时无论何人，不得移坐交谈，高声喧嚷。

第十三条　讨论案件同时不得有二人以上之发言。

第十四条　凡欲发言者，须先起立向主席报告并说明号数及姓名，始得发言。

第十五条　二人以上声请发言时，主席认先起立者先发言，同时起立者则由主席所指定。

第十六条　会员于同一议题发言，不得过两次，每次以十分钟为限。但质疑问答或唤起注意不在此限。

第十七条　凡发言，不得出议题以外。

第十八条　会员有临时动议或变更议事日程，须声请主席宣告，有二十人以上之附议始得讨论，但主席认为必要宣告变更议事日程时不在此限。

第十九条　讨论案件遇有发生争议时，主席得制止之或挟令出场。

第二十条　讨论案件认为有审查必要时，得推代表审查之。

第廿一条　审查案件须由审查委员会提出报告书，连同原案并案讨论之。

第廿二条　讨论终结，经主席宣告后，无论何人，不得再就议题发言。

第廿三条　执行决议时，须由主席揭示应行决议之题目、表决之方式，检查可决人数之多寡，宣告可否之结果，可否同数取决于主席。

第廿四条　本会决议案，理事会应执行之。

第廿五条　会议记录由主席团签置并摘要，于下次会议宣读之。

第廿六条　本规则自呈请总会核准后实行并分报汉口市党部、市政府备案。

原载《中国红十字会月刊》1937 年第 23 期

汉口分会选举暂行规则

第一条　本规则依据分会章程第十二条制订之。

第二条　本会理事监事之选举均适用此规则之规定。

第三条　凡为中华民国国民，年满二十五岁，由汉口分会入会之名誉会员、特别会员及正会员均得有被选举为理事监事之权。前项理事监事之被选资格符合者，遇必要时得由本会查明编印理事及监事合格候选人名册分发各会员，以便选举。

第四条　会员选举权依左列规定：

一、名誉会员、特别会员、正会员均有被选举权及选举权；

二、普通会员仅有选举权，而无被选举权；

三、青年会员均无选举权及被选举权。

第五条　本会理事当选名额定为九人，监事当选名额定为七人，理监事候补人均定为三人。

第六条　本会选举采无记名连选法。

第七条　本会选举计票采撕票法。

第八条　本会选举以最多数为当选，次多数为候补当选，选举票数相同时以抽签法定之。

第九条　举行选举应由主席团指定发票员、收票员、监票员、唱票员等，其人数临时决定之。

第十条　会员领取选举票时，应将会员章照缴验，由监票员、发票员认为无误方得发给。

第十一条　选票字迹模糊及涂改不能辨认或错写姓名不能确定其人者，均作废票论。

第十二条　理监事当选名单揭晓后，将票封固，由主席暨监票员盖印存会，并呈汉口市党部、市政府及总会备案。

第十三条　理事监事接到当选通知，须于一星期以内表示就职，逾期即以候补当选人递补之。

第十四条　本规则自呈请总会批准施行并分呈汉口市党部、市政府备案。

原载《中国红十字会月刊》1937 年第 23 期

中华民国红十字会总会救护委员会组织暂行规程

（案查二十六年七月二十四日奉卫生署〔保〕字
第八一六七号批示暂准施行）

第一章　总则

第一条　在修正《中华民国红十字会管理条例施行细则》颁行以前，本委员会暂依本会理事会、监事会组织规程第四十四条丁款之规程组织之。

第二条　本委员会直隶于总会，设于总会所在地。

第三条　本委员会以训练救护人才、储备救护材料、组织救护队及各项救护机关办理救护工作为目的。

第二章　组织

第四条　本委员会设执行委员若干人，除以总会正副会长及全体理监事、秘书长为当然委员外，并以参加各团体推定之代表为执行委员，共同组织执行委员会处理一切会务。

第五条　本委员会执行委员会以总会会长及副会长为当然正副主席，并就执行委员中互推常务委员七人，处理日常事务。

第六条　本委员会得设顾问若干人，聘请专家担任之，并得依事实之需要设下列专门委员会，分担会务：一、训练委员会；二、供应委员会；三、人事委员会。前项专门委员会以五人至十一人组织之，各专门委员会委员由常务委员会提请主席聘任之，各专门委员会办事细则另定之。

第七条　如遇战线及灾区距离本委员（会）较远时，得斟酌情形设立救护委员会临时分会，以增效率，并协助当地依法组织之救护团体进行工作。前项分会组织规程另定之。

第八条　本委员会设总干事、副总干事各一人，干事若干人，均由常务委员会提请主席聘任，承办一切事务。

第三章　会议

第九条　本委员会每月开会一次，必要时得召集临时会议。

第十条　会议由正副主席召集之，主席缺席时，由出席委员中公推常务委员一人为主席。

第四章　经济

第十一条　本委员会一应会计事宜，均照总会会计规程办理。

第五章　附则

第十二条　本规程自本委员会通过后，陈请总会理监事联席会议通过后，转呈卫生署备案。

原载《中国红十字会月刊》1937 年第 27 期

中华民国红十字会总会首都办事处组织规程草案

第一章　总则

第一条　中华民国红十字会总会首都办事处（以下简称本办事处）依据管理条例施行细则第四条之规定设立之。

第二条　本办事处设立于中华民国首都。

第三条　本办事处直接隶属于总会理监事会。

第二章　组织

第四条　本办事处置主任一人，主持一切事务，由理监事会议推选之。

第五条　本办事处设总务股、医务股，各置股长一人，承主任之命，综理各股一切事宜。

第六条　总务股置股员若干人，分任会计、庶务、文书、编译、宣传各项事宜。

第七条　医务股置股员若干人，分任运输、院务、药械各项事宜。

第八条　本办事处经费由总会供给之。

第九条　本办事处如遇重要事项主任不能处决时，须提请理监事会核议之。

第十条　本办事处应于每届月终将工作报告理监事会查核。

第三章　附则

第十一条　本办事处及各股办事细则另订之。

第十二条　本规程由理监事会联席会议议决并呈报，卫生署核准施行，修正时亦同。

原载《中国红十字会月刊》1937 年第 28 期

中国红十字会上海国际委员会组织大纲

二十六年十一月二十三日修正

定名： 本会定名为"中国红十字会上海国际委员会"。

宗旨：本会以办理善举为宗旨，尤注重于筹募款项，用以救济伤兵难民，并协助与本会主旨相同之各种慈善事业，但各项事工以与市政当局及其他慈善团体已经实施者不相妨碍为限，并力谋与之合作。

会址：本会设会所于上海，其工作区域以上海市区、英法两租界及其附近各地为范围。

职员：本会设委员长一人，副委员长若干人，书记、司库各一人，由执行委员会每年选任之。

执行委员会：本会执行委员会定额十九人，由中国红十字会特聘之，主持各项会务。为谋会务进行顺利及办理各项善举起见，得规定章程细则，所有会员均应遵守之，执行委员会开会时以满十人为法定人数，如委员遇有缺额，得自行补充之。

财务委员会：由执行委员会推选委员三人组织财务委员会，对执行委员会负责，按月报告财务情形，必要时得随时报告之。

分委员会：执行委员会得依其需要设立各种分委员会，授权办理各项事业，在各分委员会中，本会委员长及书记为当然委员。

责任：本会会员对于本会因工作而负之债务不负任何责任。

财务：本会所收各项捐款应由司库存入执行委员会指定之银行，每月收支账目并应列表，依照财务委员会规定之办法审计后提出，月会中报告之。

会员：本会会员分下列四种：甲、特任会员，中国红十字会特许委任者；乙、基本会员，曾出席本会第一次会议者；丙、普通会员，由执行委员会认可加入者；丁、名誉会员，由执行委员会认可聘请者。

会期：本会全体会员大会经会员五人以上之请求，得由委员长随时召集之。

职权：本会章程细则之解释及一切会务，经执行委员会决定后不得再加变更。

修改：本组织大纲如有未尽事宜，经执行委员会十三人以上之同意，得修改之。

原载《中国红十字会月刊》1937 年第 30 期

上海市救护委员会章程

第一条　本章程依据《非常区域救护事业办法大纲》之规定订

定之。

第二条　本会以计划办理救护事业，并协助其他团体之救护工作，使在平时得以充分训练准备，临时得以统一调度，不致紊乱为宗旨。

第三条　本会之工作如左：

甲　关于救护物品之调查研究与征集。

乙　关于救护工作人员之征集与训练。

丙　关于救护交通地域之研究。

丁　关于救护之实际工作。

第四条　本会之组织以下列各团体机关参加，并请党政主管机关派员指导参加。

甲　医药业团体。

乙　医事教育机关。

丙　商会。

丁　中国红十字会。

戊　其他与救护工作有关系者。

以上各团体得推派代表若干人，加入本会为会员。

第五条　本会设主任委员一人，副主任委员二人，委员若干人，均由大会推选之；并聘任总干事一人，秉承正副主任委员办理会务。

第六条　总干事下设总务、医务两组。总务组掌理联络、统计、运输、材料、文书、会计、庶务等事项，医务组掌理调查、训练、医务、防疫、检验及环境卫生等事项。

第七条　会员大会每三个月举行一次，讨论本会工作大纲及其他进行事宜，必要时得临时召集之。

第八条　委员会议每月举行一次，建议并决议本会一切事务；必要时得临时召集之。

第九条　会员会费每月五元。

第十条　本会经费得于必要时临时募集之。

第十一条　本会受中央救护事业总管理处之指挥及监督。

第十二条　本会得设各项委员会，经本会之决议，聘请各界热心人士担任之。

第十三条　本章程经会员大会通过，完成法定手续后施行之；其修正手续同。

原载《中国红十字会月刊》1938年第40期

上海市救护委员会办事细则草案

第一条　本细则依照《上海市救护委员会章程》及《救护伤兵办法大纲》之规定订定之。

第二条　本委员会除分别聘任与委派委员若干组织委员会外，并选聘主任委员一人，副主任委员若干人，掌理全会事务。

第三条　本会设秘书长一人，秉承主任委员之意旨，主持本会一切对内对外事宜。又设秘书二人，襄助秘书长处理委员会一切事宜。

第四条　本委员会依照章程之规定，设总务、医务二组；每组设组长一人，副组长若干人，组以下分别设立若干课，每课设干事若干人。

第五条　各组之职掌如下：

  一、总务组组长及副组长，主持本会收发、文书、编宣、会计、庶务、车辆、交际等七课，各课办事细则另订之。

  二、医务组组长及副组长，主持伤兵一切救护工作与直属各医院之一切设施及药品采办储藏分配等事宜。本组设医院、材料、救护队三课，各课办事及细则另订之。

第六条　上项细则经本会主任委员核准后施行。

本会总务组办事细则

一、本组依照本会章程之规定订定之。

二、本组设组长一人，副组长若干人，主持本组一切事宜。

三、本组分设收发、文书、编宣、会计、庶务、车辆、交际等课，各课职务如下：

  1. 收发课　处理本会一切收发及承转文件事宜。

  2. 文书课　撰拟文稿及缮写事宜。

  3. 编宣课　办理本会宣传工作，剪贴有关系之新闻报纸及编辑报告等事宜。

  4. 会计课　办理本会账目出纳及预算决算事宜。

  5. 庶务课　办理本会采购及分配物品事宜。

  6. 车辆课　管理本会一切车辆之支配事宜。

  7. 交际课　办理本会与外界联络及调查接洽事宜。

本会医务组办事细则

一、本组依照本会章程之规定订定之。

二、本组设组长一人，副组长若干人，主持本组一切事宜。

三、本组分设医院、材料、救护队三课，各课分掌职务如下：

（一）医院课　办理伤兵之诊疗及医院内一切设施事宜。

（二）材料课　采购药品及储藏分配事宜。

（三）救护队课　办理救护伤兵事宜。

药物供应委员会办事细则

第一条　本会由上海市救护委员会推选委员组织之。本细则系单独订定，凡本委员会各职员应一体遵守之。

第二条　本会设常务委员九人，并互推主席委员一人，共同处理日常事务。

第三条　本会分设总务、文书、调查、劝募、保管等五股，其职掌如后：

一、总务股　管理会计、庶务及其他不属于各股范围内之事项。

二、文书股　管理函件及拟写文件等事项。

三、调查股　管理调查各团体、各地区、各时期需要何种救护药品等事项。

四、劝募股　根据调查，管理向各厂商洋行等劝募药物事项。

五、保管股　管理劝募所得之药物，以后随时供应事项。

第四条　本会常务委员会每星期举行。以主席委员为主席，各常务均应准时出席。于必要时，得由主席委员召开临时会议。

第五条　本会对外文件以及各股办理各项事宜，均须经主席委员及常务委员三人以上签核，方为有效。

第六条　凡外来文件，由文书股拟具办法，送经主席及常委三人以上之核准后办理之。

第七条　各股工作应按期于常务委员会议时报告之。

第八条　本会办公时间，除星期日及例假外，规定每日上午九时至十二时，下午一时至四时。

第九条　职员如遇事故请假时，须经主席委员核准，方得离会。

第十条　本细则经常委员会通过后施行之。如须修改，亦须经常会通过。

上海市救护委员会征集救护人员办法

（一）本会为准备战争发动时救护受伤将士及民众起见，特征集各种救护人员。

（二）本会兹为亟需［须］下列各种救护人员，年龄须在十八岁至五十岁之间。

（甲）内外科医师。

（乙）公共卫生人员。

（丙）吃苦耐劳的护士。

（丁）训练纯熟的急救队员。

（戊）常识经验充份［分］的事务员。

（三）凡符合第二项规定而肯牺牲服务者，可于每日（星期日除外）上午九时至下午五时到本会办公处（上海新闸路八五六号中国红十字会总会内，电话三四三六六）登记，填具登记表。

（四）登记时，须随带相当证明文件。

（五）战时服务，概属义务，不给报酬。

（六）凡已登记者，如当本会召集及派定工作时，须立即报到参加，不得借故退却。

（七）凡已登记者，有事与本会接洽，须注明本人登记号码。

（八）凡已登记而因故不能参加工作时，须立即来会声明，取销［消］登记。

（九）凡已登记者，如住址更改，须立即通知本会。

（十）战事服务规程，容后另订之。

（十一）凡有志愿服务而无救护之经验及训练者，可参加本会所办救护训练班。

慰劳伤兵办法

（一）慰劳伤兵为防止流弊起见，应采监督办法，由上海市慰劳委员会（以下简称慰劳会）主办之。（二）慰劳会得派职员若干人，为慰劳专员，每人负责一个至两个医院。（三）各团体或私人如欲慰劳伤兵，或赠送物品，须预先商得慰劳会同意，排定医院及日期，准时由慰劳专员率领，同往同返。（四）各团体或私人至伤兵医院慰问时，须绝对听从慰劳专员及医师之指导监督。（五）各团体或私人赠送慰劳物品，如系自办者，慰劳专员有检验之权；必要时，得令赠送人试服之。（六）慰劳人员不得对伤兵高声谈话或演说，并不得探询作战情形及隶属部队。（七）慰劳时间，规定为下午二时至四时。（八）重伤病院，或对重伤官员，暂停慰劳。

上海邮务工会代伤兵写信办法

一、本会为便利伤兵代写书信及汇寄钱物起见，并应上海邮务工会之请，在本会各救护医院内派员义务办理邮信工作。

二、每日自下午二时起至五时止为办公时间。

三、凡属于下列事项，伤兵均可请求办理：

甲、代写信札；

乙、汇寄银钱；

丙、寄递衣物；

丁、其他属于邮务范围以内之工作。

四、每医院由邮务工会派定职员一人至六人，办理一切上述工作。

五、所有银钱衣物等责任，均由邮务工会负责之。

六、办公用具及地点，由院供给。

七、派往各院之工作人员，须由邮务工会备证明卡，以便各医院有所根据。

八、凡愿照本办法接受代写书信工作之院医，即可函会转请邮务工会，派员前往工作。

中国红十字会
上海救护委员会　同订

本会服务人员因公殉难恤金表

类　别	数　目（单位）	备　注
医　生	六〇〇——一二〇〇	
看　护	三〇〇—　六〇〇	
职　员	二〇〇—　三〇〇	
担　架	二〇〇——　三〇〇	
工　友	二〇〇——　三〇〇	
司　机	二〇〇——　五〇〇	

救护队人员之收殓费及养伤费，规定如下：

1. 医生、队长二百元，看护、童子军、汽车夫一百五十元，担架工人一百元；

2. 队员受伤，由本会供给医药，并随时加以慰劳。

上海市救护委员会救护人员应征登记表	
姓名	年龄
籍贯	性别
履　历 （注明有否 救护训练 或经验）	
现任职业 （注明地点及电话）	
能 担 任 何 种 工 作	
愿在何处服务 （本埠或外部、 前线或后方）	
住　址 （电话）	
备　注	

登记号码　　　　　　　　　　　　　　　　　年　月　日

（请用毛笔或钢笔在每项内详细填明）

上海市救护委员会工作人员服务志愿书

立志愿书人　　　兹因国难益亟，余义属国民，救死扶伤，责无旁贷。志愿加入本会参加救护工作，并于非常时期服从本会调遣，忠实服务，艰苦不辞。倘有意外事件发生，皆出自愿，与会无涉。谨此签立志愿书存照。

中华民国　　年　月　日

立志愿书人

上海市救护委员会救护工作人员保证书

今保到　　　确实热心为国，人品忠实，愿参加贵会担任救护工作，于非常时期绝对服从调遣，忠实服务，艰苦不辞。倘有不检行为，或发生其他意外等情，皆由本人负责，谨此签立保证书存照。

| 被保证者粘照片处 | 立保证书 | 店铺
店主（或经理） | 盖章
盖章
签名 |

中华民国　　　　　　　　　　　　　　　　年　月　日

保　证　者　履　历　单	
店号	
开设地点	
电话	
店主（或经理）姓名	
性别	
年龄	
住址	
电话	
备注	

原载《中国红十字会月刊》1938 年第 40 期

中华民国红十字会总会救护委员会干事室办事细规

总则（乙一至乙三）

（乙一）干事室由总干事一人，副总干事一人，干事若干人组成之，（内有各区大队长、中队长）并设司书与其他助理人员。

（乙二）干事室职务分为外勤与内勤二组。

（乙三）内勤组由副总干事负责办理，外勤分为若干区，每区由大队长一人，负责主持一切，每区内设中队长一人至数人，由医疗队队长或特别指定人员充任之，各中队长直接负责指导中队工作。

职务（乙四至乙五）

（乙四）内勤组之执掌：

（甲）规定与推行医务计划。

（乙）贯连各股工作，并联络后方勤务部、军医署及卫生署与分派医务队工作，解决外勤各种问题与颁发本会各项命令。

（丙）订定各股办事规程。

（丁）指导工作与维持纪律。

（乙五）外勤组之执掌：

（甲）经由各区大队长、中队长就地指挥各医务队外勤工作。

（乙）监督本会一切救护工作、各区大队部材料库与汽车站等。

（丙）联络本会及当地军医机关并建议医务队工作之调派。

人员之责任（乙六至乙一〇）

（乙六）总干事对中华民国红十字会总会负责，指导医务总队一应工作，核定一切规章命令与办法。

（乙七）（甲）副总干事秉承总干事负责主持内勤组日常事务，并于总干事缺席时代行其职权。（乙）保管救护委员会与医务总队印章。（丙）负责与后方勤务部、军医署及卫生署维系联络。

（乙八）干事：各干事由总干事指派，担任各股事务或主管各区工作，或专协助总干事办理事务。

（乙九）各区大队长

（甲）各区大队长秉承总干事，负责主持各该区内工作，大队长缺席时，得指派中队长一人代行其职务。

（乙）各区大队长遵照本会规章命令与总干事之一切指示，代理总干事执行职务。如遇交通阻隔时，各大队长得直接指挥其区内工作。

（丙）各大队长须时常与当地各军医机关维持密切之联络。

（乙一〇）各中队长秉承大队长，指导各中队工作。

本会颁发规章命令与文件之办法（乙一一至乙一三）

（乙一一）医务总队颁发一切规章与命令，须有救护委员会与总干事之印章。

（乙一二）各股发出之文件，须有各股主任及救护委员会之印章，经总干事核准后施行。

（乙一三）本会工作月报图表等，须经总干事核定后方得公布。

工作视察（乙一四至乙一五）

（乙一四）干事室之干事，得随时被派前往视察各区工作。

（乙一五）各区大队长及中队长每月至少须视察区内各医务队及其他组织一次。

原载《中国红十字会月刊》1940 年第 55 期

中华民国红十字会总会救护委员会医务股办事细则

总则（丙一至丙二）

（丙一）本会医务股因总队部医务股人员、医务队及各种技术队与外勤人员组成之。

（丙二）总队部医务股设主任一人（由干事任之）、指导员及股员与司书若干人，主任秉承总干事，负责训练医务人员及督促工作之进行。

总队部医务股之执掌（丙三至丙四）

（丙三）股主任

（甲）（一）按照医务队经费各部分预算之规定任用人员（参看甲一二至甲一六）。（二）医务股人员之资格。医师：立案及备案之医学校与医科大学校毕业生、同等学校之毕业班学生。医护员：已立案之护士学校毕业生、正式医院护士部之毕业生、已立案之护士学校毕业班学生、医学校之四、五年级学生。卫生技士：卫生稽查员或同级人员。医护助理员：已受训练之助理人员及低年级之医学生与护士学生。卫生技工：卫生助理人员。（三）各人员薪资之规定，按其资历、经验、现行薪率或受聘人员原薪减去百分之二十并能符合各队所有预算数。（四）会同总务股将所有任用、调派、辞职或撤职人员登记。（五）呈请总干事批核关于医务人员之晋升、辞职或撤职。

（乙）按照干事室规定，组织或解散各医务队，其医务队之组织与职务参照（丙五至丙一〇）。

（丙）（一）拟定各医务队之体育、医务军训及技术训练之课程。（二）督率编订训练手册与大纲。

（丁）组织专门技术人员以事改进外勤医务工作。

（丙四）指导员及股员协助股主任编订训练课程大纲及训练手册，将各专科课程施教，并负责其他派定之工作。

医务队之组织与职务（丙五至丙一〇）

（丙五）每队技术人员不过十五人，事务人员五人，由队长负责管理一切，副队长一人辅助之。医务队分下列各种：

（丙六）医疗队：

（一）医疗队设医师五人、医护员五人、医护助理员五人、事务人员五人。

（二）各队分六组，其人员分配及职责如下：

医务队

组别	职别	职务
一	主任外科医师 主任外科医护员★ 高级医护助理员	外科手术与换药 ★（管理器械与敷料）
二	外科医师 医护员 医护助理员	同上
三	药师 医护员 医护助理员	小手术与换药
四	医师 医护员 医护助理员	同上
五	主任内科医师 主任内科医护员★★ 医护助理员	内科、卫生、换药 ★★（管理药品）
六	事务员 厨夫 勤务三人	处理事务、运输、账务及庶务等事宜

（三）每队设队长一人，由主任外科或内科医师任之，另一主

任医师任副队长。各组人员之工作由各该组医师负责指导，一切普通事务如管理队内账务、器械、行李、运输及宿舍之清洁事宜，由事务员秉承队长之意旨负责处理之。

（四）医疗队应能在军医院为重伤病人施行大手术或充任验伤所人员。

（丙七）医护队：

（一）医护队设医师一人（在可能时），医护员七至八人，医护助理员七人，事务人员五人。共分六组，有医师时，由医师任队长，否则由主任护士任之，另一主任护士任副队长，事务人员之职务与医疗队同。此种医护队或纯由女职员组织之，以担任后方救护工作为主。

（二）此种医护队为补充医院护士人员，协助收容所或从事防疫工作，每队可分为五组（每组三人）或七组（每组二人），以事换药或预防工作，其分配及职责如下：

医护队

组别	职别	职责
一	医师（甲） 医护员 医护助理员	换药医疗，预防工作
二	主任医护员★ 医护员 医护助理员	同上 ★（管理器械与敷料）
三	医护员 医护员 医护助理员	同上
四	医护员 高级医护助理员 医护助理员	同上
五	副主任医护员★★ 医护助理员 医护助理员	★★（保管药品）
六	事务员 厨夫 勤务	处理事务、运输、账务及庶务各事宜

（三）无医师时，由主任护士任之。

（丙八）医防队：

（一）由医师二人、医护员四人至六人、医护助理员六人至八人、卫生技士二人至四人、卫生技工二人至四人组织之，医师任队长及副队长，并充任各分队主管人员。

（二）医防队从事预防接种及卫生工作，必要时充任传染病医院或□药所人员并协助急救工作。

医防队

组别	第一分队	第二分队	职责
一	医师 医护助理员	医师 医护助理员	预防工作，卫生教育，传染病隔离及急救工作
二	医护员 医护助理员	医护员 医护助理员	同上
三	医护员 医护助理员	医护员 医护助理员	同上
四	卫生技士 卫生技工	卫生技士 卫生技工	卫生工作，传染病隔离或急救
五	卫生技士 卫生技工	卫生技士 卫生技工	同上，兼办普通事务

（丙九）爱克司光队：

（一）由爱克司光医师一人主持对内一切事宜，技士及技术生若干人协助之，以爱克司光医师任队长。在可能范围内，每医疗队各配置爱克司光机一架与技术生一人、爱克司光技士一人，在各区大队部之材料库负责管理机件。

（二）爱克司光医师，兼任医疗队爱克司光指导员，从事爱克司光诊断事宜。

（丙十）救护队：

（一）设队长一人、副队长一人、担架组长五人、担架夫一百二十人、事务员一人、厨夫七人、传令夫一人。

（二）每队分事务组一组、担架组五组与运输队共同担任兵站医院、野战医院及师部验伤所间之伤兵运输（或医药材料），并得派司后方伤兵运输事宜。

救护队

组别	职别	职责
甲一	队长★ 副队长★ 传令夫	管理一切行政事宜
甲二	事务员 厨夫七人	处理事务、账务、庶务各事宜
一	担架组长★★ 担架夫（二四人）	每组担架八架，每架担架三人，运送受伤者及急需急救事宜
二	担架组长★★ 担架夫（二四人）	同上
三	担架组长★★ 担架夫（二四人）	同上
四	担架组长★★ 担架夫（二四人）	同上
五	担架组长★★ 担架夫（二四人）	同上

★可能时由医护员任之。

★★可能时由医护助理员任之。

医务队每月经费预算（丙一一至丙一七）

（丙一一）医疗队：

医师五人（最高薪额二百元）：五〇〇.〇〇—六〇〇.〇〇

医护员五人（最高薪额五十元）：一一六.〇〇——一七四.〇〇

医护助理员五人（最高薪额三十元）：九四.〇〇——二五.〇〇

事务人员五人（最高薪额三十元，厨夫一人、随行勤务三人合支四十八元）：七八.〇〇

★特别费：六〇.〇〇

★★办公费：二〇〇.〇〇

共计一.二〇〇.〇〇

（丙一二）医护队：

医师一人（按医师等级给薪）

医护员七人至八人（队长五十元，副队长四十五元，其余人员四十元或四十元以下）：四五〇.〇〇—四八二.〇〇

医护助理员七人（最高月薪三十元）

事务人员：七八．〇〇

★特别费：四〇．〇〇

★★办公费：一〇〇．〇〇

共计：七〇〇．〇〇

（丙一三）医防队：

医师二人（最高月薪一二〇元）：二四〇．〇〇

医护员四至六人：一四〇．〇〇—二〇〇．〇〇

医护助理员六至八人：一〇〇．〇〇——一七五．〇〇

卫生技士二至四人：七〇．〇〇——一四〇．〇〇

卫生技工二至四人：二四．〇〇—八〇．〇〇

工友（就地雇用）：五〇．〇〇

★特别费：五〇．〇〇

★★办公费：二〇〇．〇〇

共计：一．〇〇〇．〇〇

（丙一四）爱克司光队：

爱克司光医师一人：二五〇．〇〇

技士一人：五〇．〇〇

技士一人：五〇．〇〇

技佐一人：三五．〇〇

技术生二十一人（平均每人每月廿五元）：五二五．〇〇

★★办公费：二九〇．〇〇

汽油：六〇〇．〇〇

共计：一．八〇〇．〇〇

（丙一五）救护队：

队长：四二．〇〇

副队长：三二．〇〇

事务员：三〇．〇〇

担架组长（第一第二每月每人十六元）：三二．〇〇

担架组长（第三四五每月每人十四元）：四二．〇〇

担架夫一二〇人（每人每月十二元）：一．四四〇．〇〇

厨夫七人（每人每月十元）：七〇．〇〇

传令夫一人：一二．〇〇

伤兵饮食费：二四〇．〇〇

担架夫伙食费（出发途中）：四〇〇．〇〇

★★办公费：六〇．〇〇

共计：二．四〇〇．〇〇

（丙一六）★特别费一项，由队长斟酌情形，按照一切有利于队务之正当开支支配。

（丙一七）★★办公费一项，系充各队在当地之运输、房租、灯油及随时增雇夫役等之用。

一切开支，须尽量掣取收据，向总会呈报。

人员训练（丙一八）

（丙一八）各队人员须经下列各种训练：（一）教育训练；（二）军医人员须知之军事训练；（三）技术训练。

队长与队主任人员均担任训练教席，在特种情形下，由本股派遣教师，各种手册与大纲亦由本股编制，以利训练工作。

医务技术组织与改进事项（丙一九）

（丙一九）随时以训令、技术协助与咨询等，改进各医务队服务能力，于必要时，增设专门技术组以补助之。

原载《中国红十字会月刊》1940 年第 55 期

中华民国红十字会总会救护委员会材料股办事细则

总则（丁一至丁二）

（丁一）材料股由总队部材料股人员、材料总库一所、材料库及材料分库若干所组成之。

（丁二）总队部材料股设主任一人（由干事任之），股员一至数人，司书若干人。主任秉承总干事之命，负责指导股内一切事务。

总队部材料股之执掌（丁三至丁五）

（丁三）股主任

（甲）在预算范围内购买当地材料，并向总干事建议购买国外材料，依照标准表，使时时储足本会各医务队三个月应用之材料。

（乙）股内人员之任用（须经总干事批准，参阅甲五至甲二〇）及管理。

（丙）组织监督并视察材料库及材料分库，尤须注意库内材料之分配及补充。

（丁）将库内存余材料（系指本会各队应有之储存而有余者）于必要时应编制详表，呈报总干事核阅。认为可分发时，依下列次序供给各机关：（一）伤兵医院、裹伤所及伤兵收容所；（二）收容空袭或其他敌人炮火受伤之平民医院或裹伤所；（三）战区难民医院或诊疗所。

（丁四）材料股职员由股主任指派为总队部材料股股员或为材料库主任，材料库主任得代表股主任行使一切职权，但大量材料之购买及分配须经股主任核准方得执行。

（丁五）司书保管簿记、合同、购货单、收据及各库储存材料之支发及结存事项。

材料库及材料分库（丁六至丁一三）

（丁六）材料库之执掌：（甲）材料之收入、保管及支发；（乙）制备标准包并分发于材料分库及各队。

（丁七）材料分库之执掌：（甲）标准包之保管及支发；（乙）大宗材料之储存。

（丁八）材料库分二部：（甲）保管组；（乙）制备组。材料分库则只设保管组一组。

（丁九）材料库之保管组人员由本股职员充任之，向材料库主任负责，由主任分派，职务如下：

（丁一〇）收受材料。（甲）材料运到时，保管组人员须负责至火车或轮船或汽车，按规定手续将材料卸下，转运至材料库内。（乙）记录表（共四联）内载收到日期、捐助人姓名或寄发人特别标记、总件数、内容之性质、有无损坏及缺少等情。记录表一联保存库内，一联寄往香港办事处，一联交大队长，另一联交总队部。

（丁一一）分发材料。各种材料须经请求后，方由材料库保管组人员分发（请求手续参阅丁一四至丁一九）。每次分发后，将请求单之一联存库（或分库）作为收据，一联退还原请求人存查，另一联寄交总队部。

（丁一二）材料之守护，乃保管组人员之职责。（甲）库内大宗或原包之材料，须排列有序并易于搬取，宜置于冷处之材料尤须特别注意。易于爆发之药品，须远离火源另行储藏。（乙）有标准药品包，一经开启，即须送交制备组。

（丁一三）制备组人员由总干事就医护队指派之，秉承材料库主任负责一切材料，其工作则秉承医务股之指导办理之。（甲）按照标准材料表制备标准包，并依照总干事之指示制备特种包。（乙）包制材料及包制方法之改进。（丙）应备记录册，详记雇用之人数、领用原料及包装料，并制就标准包之数量。（丁）制作材料领到后，须负责保守并给收据与材料库主任，已制就之包件交与保管组人员时，亦须擎取收据。

领用材料手续（丁一四至丁一九）

（丁一四）各医务队领用材料以标准材料表所载者为限，该项材料皆制成轻便之标准表分发。每包重量约为三十市斤，除合于（丁一八）规定外，不发给零星材料。

（丁一五）标准材料分为三类如下：

（C）药品：分为外科用药、内科用药及血清数包。

（D）敷料：分为敷裹材料及手术材料包。

（E）器械：分为敷裹器械、手术器械及蒸锅等数包。

（CD）两类均为消耗品，可以继续领用。

（E）类仅能发给一次。

医疗队可领取标准材料表内所列一切材料，医护队只能领取未经 X 标记之器材。

（丁一六）领用材料必须填写特备之三联请求单（一联由请求者留存，一联给材料库，另一联给材料股），由请求者或其负责代理人署名盖章。

（丁一七）材料应按标准包请求，填写各该标准包之记号及数量。如有空白，应用直线划去。各队材料应于将用罄前两星期请求补充。

（丁一八）领用零星材料应符合下述条件：（甲）"C"、"D"两类材料包内数种已将用罄，而用包之其他材料尚余存甚多者。（乙）"E"类材料包中之材料偶有不堪使用、破损或失落者。（丙）"K"类材料包中之缝合线及橡皮制品亦可零星请求。请求零星材料，均应由各队队长附具说明，声明理由。

（丁一九）三联请求单应先送交总队部或最近之大队部，经总干事或其代理人核准，由总队部或大队部转至材料库，请求人或其负责代理人应会同经发人员将物件详细点清，并共同在请求单上署名盖章，方得将物件取出库外。如请求人因特别情形，不能派员至库领取材料，得将请求单邮寄至附近大队部，经大队长核可后，由附近材料库检齐交邮寄发。

报告（丁二〇至丁二三）

（丁二〇）各库及分库应按月造具材料出纳月报表，记明新收、支出及结存，并汇寄各该月收存之请求单，黏贴单据本内，一并于次月十日以前寄到材料股，以备查核。

（丁二一）材料股应按月根据各库材料出纳月报表编制本会材料现存数一览表，于每月十五日以前编竣，送请总干事查核。

（丁二二）各库制备组应按月缮具制作月报表，详记各该月原料及包裹材料之消耗及结存数量、制就标准包之数量、工作人数，于次月十日以前送交材料股查核。

（丁二三）各医务队应按月造具药品、敷料收支月报表，详记各该月"C""D"两类材料包之新收、消耗及结存数量，于次月十日以前，送请总队部查核。但该月份并无新收、消耗时，得由队长备文声明。"E"类材料如有新收及消耗，亦应于次月初造具报告表，若不报告，则总队部认为所有器械并无缺损。

原载《中国红十字会月刊》1940 年第 55 期

中华民国红十字会总会救护委员会运输股办事细则

总则（戊一至戊二）

（戊一）运输股由总队部运输股人员、汽车队及其他运输队、汽车站及汽车分站组成之。

（戊二）总队部运输股人员设主任一人（由干事任之）、副主任数人，主任机师、运输队队长、站长、机匠、司机及童子军各若干人。股主任秉承总干事，指导运输股事宜。

总队部运输股之执掌（戊三至戊五）

（戊三）股主任：

（甲）（一）关于购置汽车、配件、机器零件、汽油以及其他需用品（在规定范围以内），并充分筹备各项应用品，以供给各路汽车队之用。（二）秉承总干事购办或租用其他交通工具与其他运输应用品（如舟船货车等）。

（乙）关于股内人员之任用（经总干事核准参阅甲五、甲二〇）及人事管理事宜。

（丙）（一）编组汽车队，视察汽车路、计划行程表，依照医务队分布及材料库所在地设置总站与分站。（二）编组其他运输队与行程表等。

（丁）计划运输材料及接送医务队。

（戊四）运输股职员可在总队部协助股主任办理一切事务，或由主任指派管理一区，秉承股主任之命，在该区内执行一切职权，但购置机件事宜须由股主任批核，方可进行。

（戊五）机师负责管理本会所有车辆及机件，并受指派管理其他运输工具，当每次车辆开驶前及到站后，负检查各机件完整之责，并保管存储各项应用之零件，以供修理之用。遇有零件缺乏者，应呈报股主任购办之。凡车辆机件因司机驾驶欠佳而致损坏者，即应报告股主任惩办。

汽车队（戊六至戊一一）

（戊六）汽车队之职务：

（甲）由材料库运输材料至医务队或运往他库。

（乙）运送本会人员，尤以移动时为要。

（丙）该队所在地之重伤官兵运输事宜。

（戊七）每一汽车队由四辆至六辆卡车或包车组成之，设队长一人，秉承股主任之命，管理队内一切事宜。

（戊八）汽车队队长负责管理该队之车辆及人员，随同汽车队参加外勤工作，秉承主任之命负责办理指定工作，（参阅戊二四），运输材料或人员时，应仔细选择应行路线，每次出发时，须逐日填具工作报告表。

（戊九）机匠已派定为某队工作者，须秉承汽车队队长之命，负责保管该队车辆之安全。

（戊一〇）司机负责所驾驶车辆之安全，并处理该车及其他机件之清洁与维护。

（戊一一）童子军得被派随汽车队出发，负责记载燃料之消耗、探询路线、传递信息及看管车内所押物件。遇有司机及汽车队或其他人员犯违法行为时，负责向本股主任报告与奉行本股主任一切命令。

汽车站与汽车分站（戊一二至戊一三）

（戊一二）各汽车站与分站之任务：（甲）修理及查视汽车；（乙）供给燃料。

（戊一三）各站长管理该站燃料之储存及登记其出纳之账目，发给与收集请求车辆单，于每月底呈请本股主任鉴核。汽车队队长缺席时，各站长代行负责及管理停留该站之车辆，传达本股主任命令于各队，并随时报告各汽车队在该站附近之行踪。此外每星期缮具周报表，呈寄股主任备查。

请求运输手续（戊一四至戊一六）

（戊一四）本会总队部、各医务队或各库需要运输时，应由负责人员呈请总干事或该区大队部批准后转交运输股。至于车辆之开行，须得运输股主任或其指定代表之命，方得开行。

（戊一五）请求运输单可向本股领取，请求运输前须照格式填写，经大队长、中队长核准后，方交本股。

（戊一六）大宗药品材料请求运输时（标准包在外），须附有材料股主任之函件。

紧急时之移动（戊一七至戊二二）

（戊一七）紧急时期之定义如下：在敌人逼近时，且不能在相当时间内以电报或电话向各该区大队部、中队部或本会请示者，则为紧急时期。

（戊一八）在紧急时期，适遇总干事或其代理人缺席时，运输股主任有权迁移本会人员及各项材料。

（戊一九）紧急时期移动时，以人员为先，器械次之，其他材料又次之。如车辆装载不过重时，每人得携行李两件。

（戊二〇）移动时须依照计划将路程分段进行，每段不得超过三百公里，在安全范围内须尽量缩短每股路程，以便搬运材料。

（戊二一）除因军事关系、桥梁毁坏或船渡缺乏而交通断绝者，车辆不得中止开往危险地带。

（戊二二）当车辆前去移动人员被阻于途，不能到达所在地时，须将车辆在附近安全地点等候，由汽车队队长或童子军前往引领该人员等至车辆停留处。如车辆于人员等未到之前必须向后迁移时，应将去向地点之详情留在原处。

（戊二三）本股主任得指派汽车队或汽车，由各区大队长、副大队长或医务队队长代其管理一切。

汽车损坏（戊二四）

（戊二四）汽车损坏时，而离本股各站过远者，汽车队队长须在附近设法修理。

附则（戊二五）

（戊二五）本规则如有未尽事宜得随时修改增减，呈请总干事核准后施行。

原载《中国红十字会月刊》1940 年第 55 期

中华民国红十字会总会救护委员会
总务股办事细则

总则（己一至己二）

（己一）总务股由总队部总务股职员及其三组即医务记录、管理及会计等组成之。

（己二）总队部总务股主任一人（由干事任之）、股员及司书各若干人，主任秉承总干事意旨，指导办理本股一切事宜。

总队部总务股之执掌（己三至己五）

（己三）股主任：

（甲）股主任兼任救护委员会审计之职。

（乙）本股人员之任免（须经总干事批准，参阅甲五、甲二〇）及管理。

（丙）组织并监督股内各组，以办理救护委员会各项事宜。

（己四）主任得指派股员为各组组长或其他职务。

（己五）总务股之司书秉承主任意旨，处理股内一切事务。

各组之执掌（己六至己八）

（己六）医务记录组之执掌：

（甲）收集一切医务队工作报告，由各队按第一、二种报告表，每星期填写一次寄会，经由本组负责分析、统计与归档，以供编制月报之用。

（乙）本组兼为本会分析有关经费之各种工作报告。

（丙）本组负责制备本会各种报告与图表。例如：

一、周报：（子）各医务队爱克司光机及汽车队分布表；

（丑）图示上列各项分配情形。

二、月报：（子）医务报告；（丑）会计报告；（寅）材料报告；（卯）运输报告。

（己七）管理组之执掌：

（甲）管理本会办公处、宿舍及司书人员。

（乙）司理本会文件之收发事宜。

（丙）司理本会一切卷宗档案事宜。

（丁）分配办公处值班人员，使时时得收发本会一切电信。

（己八）会计组之执掌：

（甲）编制本会预算及发给总干事批准预算内各种款项。

（乙）各队经常费于每月第一周内，按照规定预算款额准备发给，并妥办汇款挂号及获取收据等事宜。

（丙）审核各种账目及报销，并保管其他一切有关于经费之表册及账目等事宜。

账目：

一、各队所领经常费计分薪金、特别费及办公费三项，每项报销时须分别填入规定表格第三各格内。

二、各项单据须编号贴入特备之粘存簿内。每张单据须具备以下各款：

（子）付款之性质及用途；

（丑）队长核发签章；

（寅）收款人或经手人签章；

（卯）单据须写明机关名称（例如第一医疗队）；

（辰）价目数字应缮写清楚。

三、各队每月经常费报销，应于次月七日内编造完竣，呈会
核销。

（丁）保管人员登记表格卷宗，如志愿书、体格检查表等，或
负责核发与收回符号、臂章及证章等事宜。

原载《中国红十字会月刊》1940 年第 55 期

中华民国红十字会总会分办事处组织通则

民国二十八年三月六日核颁

一、本会为推行事业便利起见，得就事实需要之地点，酌设分办
事处。

二、分办事处遵奉总会命令处理总会交办事件及就近分会事宜，并
代总会经收捐款及宣传等事项。

三、分办事处由总会指派秘书一人为驻该分办事处主任，处理一切
分办事处应办事宜。

四、分办事处酌设办事员若干，辅助主任分任各项事宜。

五、分办事处办事手续应参照总会各项章则办理之。

六、本通则经总会常务理监事会核准后先行试行三个月。

原载《中国红十字会月刊》1940 年第 55 期

中华民国红十字会总会驻海防专员
临时办事处组织条例

一、本会奉二十八年五月二十三日第十二次常会核准海防设立机
构，定名为"中华民国红十字会总会驻海防专员临时办事处"。

二、驻海防专员临时办事处遵奉总会命令，受总会之监督指导，处

理本会在海防一切运输、经募、购置、通讯、保管事宜。

三、由总会委派专员一人主持该处事务，得雇用办事员及临时雇员，由专员酌定之，并由总会颁发"中华民国红十字会总会驻海防专员临时办事处图记"一颗。

四、经费由总会预算拨付之，关于运输、购置、保管费用属于临时救护总队部者，通知该总队部支付之。

五、办事细则另定之。

六、本条例呈奉会长、常务理监事核准施行。

原载《中国红十字会月刊》1940 年第 55 期

中华民国红十字会总会临时救护委员会组织规程

民国二十八年三月六日核颁

一、本委员会依据《总会管理条例施行细则》第六章第三十四条之规定组织之。

二、本委员会直隶于总会，设立于办事重心所在地。

三、本委员会处理非常时期一切救护事宜。

四、本委员会设委员七人，除正副会长为当然委员外，更就理监事中推选四人为委员并以会长为主席。

五、本委员会设立救护总队部并指派总干事一人，受本委员会监督指导，执行救护事业。

六、本委员会随时召集会议，日常事务由主席处理之（秘书事宜由总会秘书处办理之）。

七、救护总队部组织规程另订之。

八、本规程呈由总会常务理监事会核准施行之。

原载《中国红十字会月刊》1940 年第 55 期

中华民国红十字会总会购料委员会组织规程

一、本会为统一各处属采购一切所需材料用品，特组织购料委员会办理之。

二、购料委员会秉承会长、理监事会接受各处属采购国内外各种需用物品审查、评价、采购事宜。

三、购料委员会设委员三人至五人，指定本会秘书长为当然委员，驻香港办事处总干事、救护委员会总干事为委员，其他委员由本会遴选。在香港，对于购料事宜有专门学识技术经验者，聘请之（五月廿三日第十二次常会议决"秘书长毋庸兼购料委员会委员"）。

四、购料委员会之权限，办理需要物品之审查、评价、采购外，对于该项代购物品并无处分与支配之权，但认为有参加意见之必要者，得向会长、理监事会请示办理。

五、购料委员会设秘书一人，干事三人，秉承主席委员办理会务。就本会原有职员中调用兼充之，惟不兼薪给，办理采购运输事宜者核给车马费。

六、购料委员会接受各处属请求购物之申请，照需物处属之意旨，由主席委员征询各委员意见后办理之。

七、向国外购物所需外汇，凭各处属汇呈单据转请会长、理监事会核准，用总会名义向财政部请求之。

八、购料委员会代购各处属物品之运输事宜，由各处属照向例办理。遇必要时加以援助价银，由各处属先行交付或得由购料委员会在各该处属预算项下报请会长或常务理事会核准垫付之，惟以不超过各处属预算经费为限。

九、购料委员会暂设香港。

十、各处属申请购料规定办法另订之。

十一、购料委员会将按月工作，于月终列表报告会长及常务理事会备查。

十二、本规程呈请会长、理监事会核准施行。

原载《中国红十字会月刊》1940年第55期

中华民国红十字会总会最近组织系统表

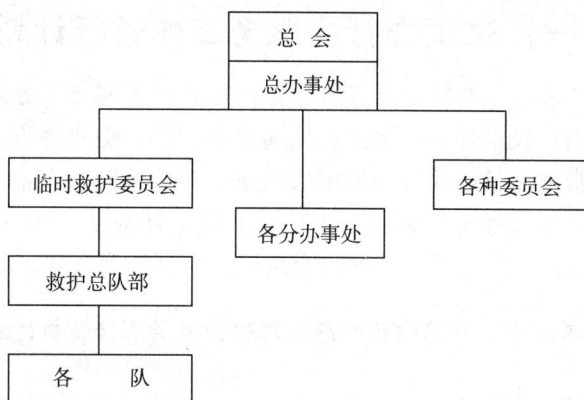

```
                    ┌──────────────┐
                    │    总  会     │
                    ├──────────────┤
                    │   总办事处     │
                    └──────┬───────┘
        ┌──────────────────┼──────────────────┐
   ┌─────────┐        ┌─────────┐        ┌─────────┐
   │临时救护委员会│        │ 各分办事处 │        │ 各种委员会 │
   └────┬────┘        └─────────┘        └─────────┘
   ┌─────────┐
   │ 救护总队部 │
   └────┬────┘
   ┌─────────┐
   │  各   队  │
   └─────────┘
```

附注：分办事处现计设有重庆、昆明二处

原载《中国红十字会月刊》1940 年第 55 期

中华民国红十字会总会总办事处内部组织表

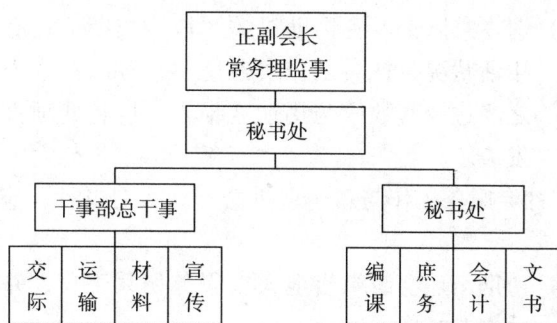

```
              ┌──────────┐
              │  正副会长  │
              │ 常务理监事  │
              └────┬─────┘
              ┌──────────┐
              │   秘书处   │
              └────┬─────┘
        ┌──────────┴──────────┐
   ┌─────────┐          ┌─────────┐
   │ 干事部总干事 │          │   秘书处   │
   └────┬────┘          └────┬────┘
   ┌─┬─┬─┬─┐          ┌─┬─┬─┬─┐
   │交│运│材│宣│          │编│庶│会│文│
   │际│输│料│传│          │课│务│计│书│
   └─┴─┴─┴─┘          └─┴─┴─┴─┘
```

原载《中国红十字会月刊》1940 年第 55 期

临时救护委员会章则之核订

（一）准试办社会服务工作暂行计划

救护总队部二十八年七月五日呈称，总队部所属各医务队救护伤病将士，对于治疗技术外，尚须注意伤兵整个问题，促进各方面注意，不仅有利本会常务，且可间接增加抗战力量。只以各队分布地区辽阔，是拟遴选人员，指定办理社会服务工作，藉应上述需要，拟订暂行计划，请予鉴核备案。经于七月二十四日令准试办，其计划全文如下：

中国红十字会总会救护总队部社会服务工作暂行计划

第一条 工作范围

中国红十字会救护总队部社会服务工作应办理左列各项事宜：

（甲）增进本总队部同仁社会服务精神；

（乙）设计及推进本总队部对于沿交通线各院站及后方医院之伤兵服务工作，关于伤兵之迫切需要，如衣被、住所、饮食遇有缺乏时，设法予以补救；

（丙）为各地军医院与地方人士间之一联系机构；

（丁）沟通中央及地方民众团体，通力合作，俾各后方伤兵院、站、所获得经济物质以及当地人力之援助；

（戊）对本总队部及各捐助机关团体，按期造送有关伤病兵之生活状况、社会工作实践情形、各队经手外界指助财物之经过及其数字与用途之报告，再将此项报告择要对外发表。

第二条 社会服务工作与新运促进会、伤兵之友社，应维持下列之联系：

（甲）协助新运会组织当地人士服务伤兵工作，并随时协同伤兵之友社成立新社；

（乙）随时以各地伤兵之迫切需要报告新运会及伤兵之友社；

（丙）协助伤兵之友社筹划服务伤兵之工作计划；

（丁）征求本总队部同仁参加伤兵之友社，为赞助或普通会员。

第三条 本总队部社会服务工作设社会服务指导员一人，又干事数人，分驻各大队部。关于推进各项社会服务工作，各队应协同办理之。

第四条　人员职掌

（甲）指导员

1. 依据伤病兵之实际需要，筹划服务方针；

2. 秉承总队部、总队长监督指导社会服务工作；

3. 召开及主持有关会议；

4. 谋取本总队部与新运会及伤兵之友社间之联系关系；

5. 编制报告及计算书。

（乙）大队部干事

1. 秉承大队长处理大队部事务，尤须特别注意社会服务工作；

2. 与当地人士保持密切关系，俾随时获取援助进行工作；

3. 详细调查伤病兵情形，并以调查所得公诸当地社会人士；

4. 随时协助伤兵之友社发展组织并设法推动其工作；

5. 关于伤兵之生活实况及服务经过，按期呈报总队部。

附则　本计划自核准之日起施行。本计划如有未尽事宜，得随时修改之。

（二）核准各队接受伤兵之友社协助款项及收转物品办法

本会各队自理灭虫治疗暨特别营养工作以来，深获社会人士之赞许。各地伤兵之友社鉴于上项工作，对伤病兵卫生方面功效至巨，极愿协助本会推广其工作，而资普遍。经救护总队部拟定《中国红十字会总会救护总队部接受各地伤兵之友社协助经费及收转物品办法》一种，呈由本会核准备案，并令知将收付报告表按期汇呈备核，办法全文刊后：

中国红十字会总会救护总队部接受各地
伤兵之友社协助经费及收转物品办法

第一条　伤兵之友社推行任务与中国红十字会总会救死扶伤宗旨完全相同，是为彻底解除受伤官兵痛苦起见，双方特订定本办法，以资合作。

第二条　中国红十字会总会接受外界捐款、药械、车辆及其他物品等等，向系通盘筹划，统收统支，订有规程。该各地伤兵之友社为维护中国红十字会总会主办之救护事业以外，并就当地伤兵收容运送情形予以立刻有效救助，特委托办理各项指定工作，另行协助经费或物品收转，将在不抵触红会规程原则下，变通办理，但以下列用途为限：

（甲）经费部分

1. 伤兵特别营养费；

2. 防疫费（包括灭虫、治疗等等）。

（乙）物品部分

1. 衣被、服装、鞋袜等；

2. 其他日用品等。

第三条　中国红十字会总会救护总队部领发所属各队特别营养费及防疫费原有预算及专款指定，各该队办理时因限于经费额定数目，深恐未能充分运用，故各地伤兵之友社应就近考核实际情形，立即予以有效协助。

第四条　各地伤兵之友社及救护总队部拨发各队特别营养及灭虫费或物品等件，相互书面通知，以备查考，书式附后。

第五条　红会各队接受所在地之伤兵之友社协助特别营养费及灭虫费或经发物品事项，除救护总队部发给款项依照向例办理外，应于每月终了后填送左列各表：

1. 特别营养费支出报告表；

2. 灭虫费支出报告表；

3. 转发受伤官兵衣被服装及其他用品收付报告表。

前项各表式附后，各队注意：1. 表内"伤兵之友社"字样前之空白地位应注明地名；2. 各表寄送救护总队部时，应连同同月份之各队经费报销表据一并挂号邮寄，免有散失且便存档。

第六条　红会各队报支特别营业及灭虫费，伤兵之友社认有问题时，得经函该队查询，同时将原函抄送救护总队部参阅。

第七条　红会各队办理特别营业及灭虫，应先就救护总队部所发款项支用，如无余存，始准动用伤兵之友社协助款，但单据粘送须完全分割，不得掺杂致碍勾［钩］稽。

第八条　红会各队接受伤兵之友社协助款项或收转物品，遇有该队队长人事异动时，该队新任队长应就近书面通知伤兵之友社查照。

第九条　红会各队领有伤兵之友社款项或物品遇有队长移交时，应由前任队长将收付结存数目造具清册移交继任队长接收，并分报伤兵之友社及救护总队部查核，其有延不交代或首尾不清情事，由救护总队部会商伤兵之友社另案办理。

第十条　红会各队队长得应当地伤兵之友社邀请列席报告工作，各该主管大队部、中队部暨大队部干事、救护总队社会服务指导员应随时调查各该队工作状况，并沟通双方，增强工作效能。

第十一条　本办法未尽事宜得由救护总队部与伤兵之友总社会商修改之。

第十二条　本办法自分别呈送中国红十字会总会及伤兵之友总社核准备案之日施行。

（三）核示工作人员行李物品被毁补偿办法

日机滥施轰炸，本会各队工作处所时遭波及，公物既时有被毁，工作人员之私物亦常遭损失，请予酌予贴偿，自为情理所许。是经救护总队部拟具《补偿工作人员物品损失津贴暂行办法》请示前来，请予采纳或另颁办法。经本会审核后，以为原拟办法尚多窒碍难行。业于十二月八日令知救护总队部准参照中央《公务员雇员公役遭受空袭损害暂行救济办法》第七条甲项及第十九条第一项办理，其条文如下：

第七条甲项及第十九条第一项全文：

七、公务员雇员私物被毁者由本机关查明情形，依左列规定酌给救济费。

（甲）公务员雇员无家属在任所，一身财物遭受损失者，得按损失轻重依左列标准分别核给救济费：1. 月俸实支在二百元以内者，酌给五十元至二百元；2. 月俸实支在二百〇一元至三百元者，酌给五十元至一百五十元；3. 月俸实支超过三百元者，不另给救济费。

十九、公役无家属在服务机关所在地，一身财物遭受损失者，得按损失轻重分别核给三十元至六十元之救济费。

（四）颁发战时工作员役因公伤亡给恤办法

查本会工作人员因公伤亡给恤办法前经廿八年一月十一日香港常务理监事联席会议讨论议决："残废及死亡悉照政府颁布《战时雇员公役因公伤亡给恤暂行标准》办理，惟规定恤金最低额至少一次付予三百元，所有医疗事宜须由本会规定办理，不另给医药费"在案，现即遵照此项决议办理。至于棺殓及运柩费，既无规定，自难照给。廿八年六月廿七日第五次临时救护委员会会议议决，则始扩充规定抚恤费不论因病因伤致死，一概照给。兹附录该办法如后：

战时雇员公役因公伤亡给恤暂行标准

一、抗战时期各机关雇员公役因公伤亡，依左列标准给恤：

（甲）雇员公役在办公场所或因公出差遭遇意外事变以致受伤残废或心神丧失不能服务者，得按其最后薪资给予十个月薪资之一次恤伤费，其受伤未达残废或心神丧失程度者，得酌给一个月至三个月之一次医药费。

（乙）雇员公役在办公场所或因公出差遭遇意外事变以致死亡者，得按其最后薪资给予十四个月薪资之一次抚恤费。

二、雇员公役恤金得在各机关原有经费内按照前项标准支给，但原服务机关裁撤或经费困难者，得由其上级机关支给，均作正报销。

文牍人员经中央最高军事机关核定认为合于《战地守土奖励条例》第一条第三（因守土死亡者）、第六（因守土受伤残废者）两款之规定，应依《公务员恤金条例》给恤者，得按现职级俸分别加叙，以凭计算恤金。其加叙标准如下：（一）委任十六级至十级人员，得加叙六级；（二）委任九级至五级人员，得加叙五级；（三）委任四级至荐任一级人员，得加叙四级；（四）简任人员得加叙三级，如加叙最高级不及三级时，得按其级差加叙之；（五）特任以上人员得按其月俸四分之一或二分之一加叙之。

原载《中国红十字会月刊》1940 年第 59 期

中华民国红十字会总会驻沪办事处组织简则

（一）中华民国红十字会驻沪办事处（以下简称本处）由在沪常务理事直接主持一切事务。

（二）本处设秘书二人，并设文书、编宣、会计、庶务四股，各股设股长一人，办事员若干人，秉承在沪常务理事办理各该主管事务，前项各职员由在沪常务理事派充之。

（三）本会设在上海之各医院均属于本处，就近由在沪常务理事指挥管理之。

（四）本处其他应办事务及职权，依据总会章程所规定者办理之。

（五）本处办事细则另订之。

（六）本简则经常务理事会通过施行。

原载《上海总会改设驻沪办事处经过概况》，《中国红十字会月刊》
1940 年第 60 期

总会迁渝办法

（二月二十日第三十七次常会通过）

（一）总会地址已在重庆城外小龙坎租得洋房一所，刘副会长约于三月初赴渝主持，秘书长应先期到渝筹备，拟定四月一日正式办公，另在城内假青年会重庆市分会地址设收发处。

（二）重庆分办事处自总会正式办公之日起归并，改派唐承宗为总会主任秘书，分办事处全部职员调派总会各股办事，添派人员除由沪港酌调外，得在重庆遴选、呈核，分别聘委。

（三）请核拨迁会临时经费五千元，所有经常预算筹备完竣，编造呈核。

（四）拟请扩充本会重庆医院，由秘书长赴渝后拟具计划呈核（以会同渝市各医务卫生机关会办为原则）。

（五）总会在渝照救护川队部编制，设置救护队一中队，计医疗四队、卫生三队、医防一队，以应付空袭时救护暨平时川省各地巡回治疗及重庆医院事业，需用人员可与救护总队部商调，由秘书长遴选，组织经费另拟呈核中队，由秘书长指挥执行工作。

（六）总会迁渝后，拟请核派救护车若干辆，常川驻渝。

（七）推进川康分会事宜，仍由唐主任专责办理。

（八）总会秘书处暂设文书、会计、庶务、宣传四股办事。

（九）总会与总办事处行文办事，须取得密切联络，随时互相交换一切纪录，办法由秘书长与主任秘书拟定办理。

（十）总会关防由秘书长带渝，正式办公时启用，上海存留预印关防之空白文纸，应即缴送总会。

（十一）在总会所在地有设材料库之必要，材料分配请核示办法核定，由秘书长酌量办理之。

原载《上海总会改设驻沪办事处经过概况》，《中国红十字会月刊》
1940 年第 60 期

总会迁渝后内部组织暂行办法

第一条　本会设秘书长，秉承会长、副会长、常务理事之命综理本会一切事务，设主任秘书一人，秘书若干人辅助之。

第二条　总会事务分设第一、二、三处，各设处长一人，办事员若干人，分配处理之。

第三条　第一处办理左列事项：（一）本会经费之保管及支付事宜；（二）本会财产之保管及物品之购置事宜；（三）办理一切文件及收发管卷等事宜；（四）交通运输事宜；（五）办理所属附属机关事宜，不属于第二、第三两处经营之事宜。

第四条　第二处办理左列事项：（一）处理分会各项请求事宜；（二）增设并健全分会事宜；（三）视察分会事宜；（四）办理会员入会及发给章证事宜；（五）统计事宜；（六）宣传编译及印发月刊事宜。

第五条　第三处办理左列事项：（一）本会各医疗队之管理及工作之调遣事宜；（二）本会医务事业之管理及指挥事宜；（三）本会卫生材料之配发及保管事宜；（四）重庆医院管理事宜；（五）四川全省空袭救护事宜。

第六条　第一处依事务之繁简酌设会计、助理会计、出纳监印、庶务、收发管卷文书、译电兼校对事务员、司书各若干人。

第七条　第二处依事务之繁简酌设视察、文书、编辑、统计各若干人。

第八条　第三处依事务之繁简酌设医务行政医师、内科外科医师、护士、主任、药剂师、文书事务员各若干人。

第九条　本办法经本会理事会核准后施行。

第十条　本办法如有未尽事宜，得签请理事会修订之。

原载《中国红十字会会务通讯》1941 年第 1 期

中华民国红十字会战时组织大纲草案

第一条　战时中华民国红十字会之组织依本大纲之规定。

第二条　中华民国红十字会办理左列事务：

一、辅佐陆海空军卫生勤务；

二、国内外灾变之救护振济及伤病之治疗。

第三条　中华民国红十字会应设立医院及救护总队、充实医药设备、造就救护人才并预备各项救护材料。

第四条　中华民国红十字会设总会于国民政府所在地，设分会于各地。

第五条　总会以卫生署为业务主管官署并依其事务之性质分受主管都会之监督，分会隶于总会，以所在地地方行政官署为主管官署。

第六条　中华民国红十字会总会设会长一人、副会长二人、理监事各十五人，其中常务理事五人、常务监事三人。前项人员均由军事委员会委员长令派之，卫生署署长及军政部、军医署署长为当然理事。

第七条　中华民国红十字会经费除会务收入及政府补助金外，得以募捐充之。

第八条　总会应于每年年度终了后、将上年度收支细数延请会计师查核，报请主管官署备案。

第九条　派赴战区救护队应受各战区司令长官之指挥。

第十条　总会及所属各单位之组织，由总会呈请军政部及卫生署备案。

第十一条　战时救护人员及救护材料之载运准用军属及军用品办法。

第十二条　战时救护人员在战地应用卫生材料、房屋、粮食、舟车、马匹、航空机，得分别呈请主管机关转行酌拟。

第十三条　总会办事细则另定之。

第十四条　本大纲自公布日施行。

原载《中国红十字会会务通讯》1943 年第 15 期

中华民国红十字会总会救护总队部组织规程

第一条　救护总队部依照《中华民国红十字会战时组织大纲》第三条之规定组织之。

第二条　救护总队部隶于中华民国红十字会总会，直接受其监督指挥。

第三条　救护总队部依照《中华民国红十字会战时组织大纲》第二条之规定，组织办理下列事务：一、辅佐陆海空战时卫生勤务；二、国内外灾变之救护及伤病之治疗。

第四条　救护总队部设总队长一人，副总队长二人至四人，总队长由总会秘书长兼任，综理部务，监督指挥所属职员及附属单位，副总队长辅助总队长处理部务。

第五条　救护总队部设秘书二人至四人，分掌机要文电及总队长、副总队长交办事件。

第六条　救护总队部设科长六人，室主任二人，承总队长、副总队长之命分掌各科室事务；组长（股长）十五人，组员（股员）七十至一百人，承主管之命分掌各组（股）事务。

第七条　救护总队部设顾问六至十人，指导员十二至十八人，均属聘任无给职，分任本部业务设施及技术事务等之设计咨询事宜。

第八条　救护总队部设专员视察二至三人，隶技术室，承主管之命办理技术事务及视察事宜。

第九条　救护总队部置左列各科室：一、医务科；二、材料科；三、运输科；四、人事科；五、文书科；六、事务科；七、技术室；八、会计室。

第十条　医务科掌左列事项：

一、关于医疗单位之编组配设及业务监督指导事项；

二、关于医药护理及其他卫生技术人员资历之审定事项；

三、关于战时军阵营舍及地方卫生防疫之协导事项；

四、关于医疗统计及报告事项；

五、关于战时卫生勤务机关之联络事项。

第十一条　材料科掌左列事项：

一、关于医疗单位应需卫生器材之供应事项；

二、关于非本属机关请求补助卫生器材之核发事项；

三、关于卫生器材收支审核统计及报告事项；

四、关于卫生器材包装制式之研究改良事项；

五、关于卫生器材之捐募之采购事项；

六、关于损失及剩余卫生器材之稽核处理事项。

第十二条　运输科掌左列事项：

一、关于运输单位之编组配设及业务监督指导事项；

二、关于运输技术人员资历之审定事项；

三、关于运输器材车辆之保管及修理事项；

四、关于油料之收发、保管、登记、造报事项；

五、关于运输统计及器材油料消耗、损失之稽核事项；

六、关于运输作业之设施改进事项。

第十三条　人事科掌左列事项：

一、关于职员之任免及考核事项；

二、关于员工薪津之签拟事项；

三、关于职员之铨叙事项；

四、关于员工抚恤之签拟事项；

五、关于人事管理调查统计及差假核转事项；

六、关于员工福利之规划筹办事项。

第十四条　文书科掌左列事项：

一、关于文件收发、分配、缮校及译电事项；

二、关于撰拟不属其他各科室主管之文电事项；

三、关于典守印信事项；

四、关于档案之整理、保管事项；

五、关于本部法规之编订及刊物之发行事项；

六、关于图书之保管事项。

第十五条　事务科掌左列事项：

一、关于公物之采购、分发、登记、保管、造报事项；

二、关于财产之登记、分配、保管、造报事项；

三、关于服装及其材料之保管、收发及监制事项；

四、关于军米领发、保管、造报事项；

五、关于公役之开辅、管理、训练事项；

六、关于膳食、宿舍之管理及一切庶务管理；

七、关于警卫、清洁、消防、修缮等事项。

第十六条　技术室掌左列事项：

一、关于救护技术之设计研究事项；

二、关于险情单位之业务视察及技术指导事项；

三、关于战时卫生勤务之检讨改进事项；

四、关于战时兵食营养之调查改善事项；

五、关于各项卫生技术上之检验鉴定事项；

六、关于救护人员之训练事项；

七、关于卫生宣传事项。

第十七条　会计室掌左列事项：

一、关于编造收支预算书类事项；

二、关于收支审核事项；

三、关于收支账务事项；

四、关于报销簿册、单据之保管事项；

五、关于有关会计之统计事项；

六、关于其他物品会计之稽核事项。

第十八条　救护总队部视军事情况之需要，以每一战区设置医疗大队一个为原则，并酌配属医疗中队及区队，其编组办法另订之。

第十九条　救护总队部视战区及地方卫生情况之需要，酌设战区医院及诊疗所，其编组办法另订之。

第二十条　救护总队部为便于分区管理，辅助推行业务，得选择适宜地点设置办事处，指派副总队长一员主持，其编组办法另订之。

第二十一条　救护总队部设材料总库，并酌设分库，办理卫生材料制造、分装、出纳、保管等事宜。

第二十二条　救护总队部设汽车修理厂及零件库，办理车辆修理、保养及零件保管等事宜。

第二十三条　救护总队部由中央派设政治部及特别党部，办理本部政训及党务等事宜。

第二十四条　救护总队部部务规程于呈奉总会核准或备案后施行之。

第二十五条　本规程自呈准公布之日施行。

贵阳市档案馆：《战地红十字——中国红十字会救护总队抗战实录》，贵州人民出版社 2009 年版

中华民国红十字会总会救护总队部组织规程草案

第一条　救护总队部依照《中华民国红十字会总会临时救护委员会规章》第四条之规定组织之。

第二条　救护总队部依照《中华民国红十字会管理条例》第一条之规定办理左列事务：一、辅佐陆海空战时卫生勤务；二、战时国内外灾

变之救护；三、战时民众医药之救济。

第三条　救护总队部置左列各处室：一、总务处；二、业务处；三、技术室。

第四条　总务处掌左列事项：

一、关于文件之收发、分配、撰拟事项；

二、关于典守印信事项；

三、关于档案之整理保管事项；

四、关于本队之法规汇编及刊物之发行事项；

五、关于本部及附属各单位职员之任免及成绩考核及员工福利、抚恤事项；

六、关于本部财产公物及图书管理事项；

七、关于交际事项；

八、关于本部庶务及其他不属各处室事项。

第五条　业务处掌左列事项：

一、关于医疗、运输单位之编组配设及业务监督指导事项；

二、关于医疗、运输、技术人员资历之审定及考核事项；

三、关于各种救护设施之督促事项；

四、关于战区军阵营舍及地方卫生指导事项；

五、关于救护业务之统计及报告事项；

六、关于卫生器材之征募、供应及审核事项；

七、关于输送伤病及救护器材事项；

八、关于其他有关医药救护业务事项。

第六条　技术室掌左列事项：

一、关于救护技术之设计研究事项；

二、关于本部所属各单位之业务视察及技术指导事项；

三、关于战时卫生勤务之检讨改进事项；

四、关于战时兵食营养之调查改善事项；

五、关于各项卫生技术上之检验鉴定事项；

六、关于救护人员之训练事项；

七、关于卫生宣传事项；

八、关于其他有关医药救护技术事项。

第七条　救护总队部设总队长一人、副总队长二人，总队长由临时救护委员会总干事兼任，综理部务，监督指挥所属职员及附属单位；副总队长辅助总队长处理部务。

第八条　救护总队部设处长二人至四人，分掌机要文电及主管交办事件。

第九条　救护总队部设处长二人，分掌各处事务。

第十条　救护总队部设科长六人，组长十二人，组员若干人，承主管之命分掌各科事务。

第十一条　救护总队部设指导员八人至十二人，聘任其中一人兼任技术室主任，并设视察四人，隶技术室，分承主管之命办理技术事务及视察指导事宜。

第十二条　救护总队部由中央派政治部及特别党部办理本部政训及党务等事宜。

第十三条　救护总队部由中华民国红十字会总会派设会计处，受总队长及副总队长之指导办理本部岁计会计事宜，但直接对总会负责。

第十四条　救护总队部由中华民国红十字会总会派设材料总库及分库，承总会之命受总队长及副总队长之指导，办理卫生材料制造、分装、出纳、保管等事宜。

第十五条　救护总队部部务规程以部令定之。

第十六条　本规程自呈准公布之日施行。

原载《中国红十字会会务通讯》1943年第13期

中华民国红十字会总会救护总队部部务规程

第一章　通则

第一条　本规程依《救护总队部组织规程》第十五条之规定订定之。

第二条　救护总队部（以下简称"本部"）职员，除经总队长特别聘任者外，应依本规程分掌业务。

第三条　本部各科室职员按照业务之繁简，另订编制分配之。

第四条　本部各科室主管人员，依职掌规定，指挥监督所属业务及职员。

第五条　本部职员承办事件，必须随到随办，但因手续繁重或有特别情形，经主管许可者不在此限。

第六条　本部职员对于承办或预闻事件，未经公布者，有保守秘密之义务，违者分别轻重惩罚之。

第七条　本部职员处理业务时，应服从上级主管之命令，如遇两上级同时发出命令时，应服从较高级主管之命令。

第八条　本部各科室应备下列各簿：一、划到簿；二、请假簿；三、收文分簿；四、送稿簿；五、工作日记簿；六、文件编存簿；七、法规编存簿；八、其他因所掌业务性质，将所管增置应用之簿册。

第二章　职务分掌

第九条　救护总队部置下列各科：

医务科掌下列事项：

一、关于医疗单位之编组配设及业务监督指导事项；

二、关于医药护理及其他卫生技术人员资历之审定事项；

三、关于战时军阵营舍及地方卫生防疫之协导事项；

四、关于医务统计及报告事项；

五、关于战时卫生勤务机关之联络事项。

材料科掌下列事项：

一、关于医疗单位应需卫生器材之供应事项；

二、关于本属机关请示补助卫生器材之核发事项；

三、关于卫生器材收交审核统计及报告事项；

四、关于卫生器材包装制式之研究改良事项；

五、关于卫生器材之捐募、采购事项；

六、关于损失及剩余卫生器材之稽核处理事项。

运输科掌下列事项：

一、关于运输单位之编组配设及业务监督指导事项；

二、关于运输技术人员资历之审定事项；

三、关于运输器材车辆之收发、保管及修理事项；

四、关于油料之收发、保管、登记、造报事项；

五、关于运输统计及器材油料消耗、损失之稽核事项；

六、关于运输作业之设施改进事项。

人事科掌下列事项：

一、关于职员之任免及考核事项；

二、关于员工薪津之签拟事项；

三、关于职员之铨叙事项；

四、关于员工抚恤之签拟事项；

　　五、关于人事管理调查统计及差假之核转事项；

　　六、关于员工福利之规划筹办事项。

文书科掌下列事项：

　　一、关于文件收发、分配、缮校及译电事项；

　　二、关于撰拟不属其他各科室主管之文电事项；

　　三、关于典守印信事项；

　　四、关于档案之整理、保管事项；

　　五、关于本部法规之编订及刊物之发行事项；

　　六、关于图书之保管事项。

事务科掌下列事项：

　　一、关于公物之采购、分发、登记、保管、造报事项；

　　二、关于财产之登记、分配、保管、造报事项；

　　三、关于服装及其他材料之保管、收发、造报及监制事项；

　　四、关于军米领发、保管、造报事项；

　　五、关于公役之开补、管理、训练事项；

　　六、关于膳食、宿舍之管理及一切庶务事项；

　　七、关于警卫、清洁、消防、修缮等事项。

技术室掌下列事项：

　　一、关于救护技术之设计研究事项；

　　二、关于附属单位之业务视察指导事项；

　　三、关于战时卫生勤务之检讨改进事项；

　　四、关于战时兵食营养之调查改善事项；

　　五、关于各项卫生技术上之检验鉴定事项；

　　六、关于救护人员之训练事项；

　　七、关于卫生宣传事项。

会计室掌下列事项：

　　一、关于编造收支预算决算书类事项；

　　二、关于收支审核事项；

　　三、关于收支账务事项；

　　四、关于报销簿册、单据之保管事项；

　　五、关于有关会计之统计事项；

　　六、关于其他物品会计之稽核事项。

第十条　各科室因处理有关事项意见不同时，秉承总队长决定之。

第三章　文书处理

第十一条　本部一切文件之收签，统由文书科主办，收签人另办理之。至各科室文件之收签，由各主管派员办理。

第十二条　本部处理公文，应依下列程序表办理之：

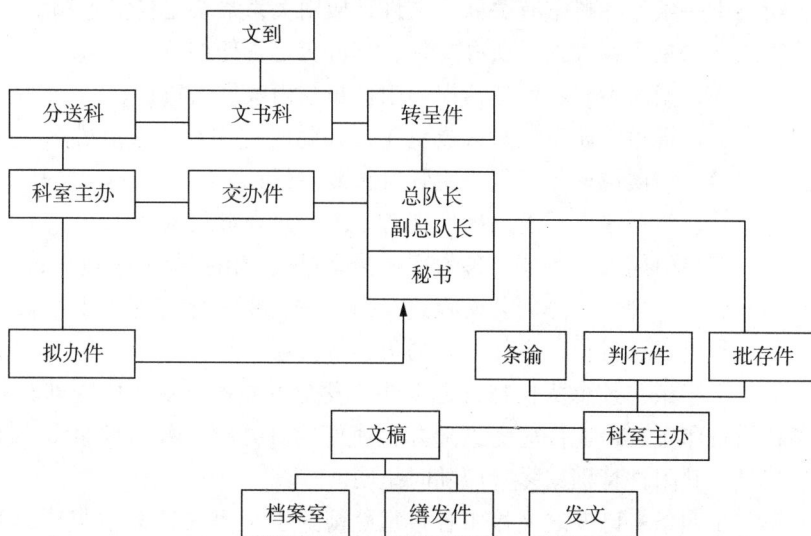

文到
分送科　—　文书科　—　转呈件
科室主办　—　交办件　—　总队长　副总队长　秘书
条谕　判行件　批存件
拟办件
文稿　—　科室主办
档案室　缮发件　发文

第十三条　凡收到文件封面有"密件"字样者，收发员不得拆阅，应即送呈秘书转呈核办。

第十四条　到文如有附件，均须随文附送，不得遗漏、散失。如附有现金或证券，送会计室主办，出纳人员于原件上盖章注明收到数目及月日，再分送办理。

第十五条　明密电报均由译电员译出后送呈秘书核阅，分别转呈或送由各主管科室办理。

第十六条　凡文件到部，随时由文书科摘由、编号、登簿，依照本规程第十二条之程序分送各科室或送呈总队长。

第十七条　到文由文书科按其性质分为下列三项：

一、最速件应用红色文夹持别，提呈总队长核办，或送承办人员随到随办，不得延搁。

二、速件应由承办人员于一日内办结。

三、普通件应由承办人员于二日内办结。繁复件经主管许可者，不在此限。

第十八条　各科室办理收发人员将收到文件登记后，应即呈主管核阅，分交所属人员主办。

第十九条　拟稿人员拟稿签名后，由上级主管次第审核，并须于添注涂改首尾，加盖私章，以明责任。

第二十条　机要文件得由总队长指定秘书办理。

第二十一条　各科室有关联之文件，应由关系最要之科室主稿。

第二十二条　各级人员所办文件，其分负之责任如下：

　　一、摘由不确、送达错误、附件短缺由收发人负责；

　　二、誊写错误由校对人员更正，并随时记注承办人员姓名，各错误情形每日报告主管科长或主任；

　　三、誊写错误经发出后发现者，由校对人员负责；

　　四、引用人、各地、各数字、错字错误，由拟稿人员负责；

　　五、文理、文法、公文程式及引用法规例案之错误，由组长负责，科长、主任、秘书负连带责任。

第二十三条　凡总队长判行之文件，发交主办各科室后应随即转送文书科缮校印发，最速件应随到随办，速件当日办出，普通件至多不得超过三日，其附件特别繁多者应随时呈明。

第二十四条　已发之文稿由各科室登簿送交文书科档案室归档，关于档案之管理，应另订详密办法，以便检查。

第二十五条　本部档案集中文书科档案室保管，检阅时均须开具调令证调取，待原卷送还，再将调令证取回。

第四章　经费、公物之出纳、保管及购置

第二十六条　领取经费、事业费及其他公款之收入，应依照公事法之规定由会计室办理。

第二十七条　本部各科室随文附收之公款，由收发之来文到达时，照本规程第十四条之规定办理。

第二十八条　本部职员薪给每月终由人事科编列名单，送交会计室编制薪给表，呈经总队长核阅盖章后，分别支发职员，领薪时应在表上盖章。

第二十九条　本部工友之工饷，每月终由事务科编列名单，送交会计室编制工饷表，呈经总队长核阅盖章后，仍由事务科代领转发。

第三十条　本部日常一切用品及器具由事务科按照需要情形填列请购单，依序送请核定后，会同会计室指派稽核人员随同购办。各科室所

需非常备物品及印刷品，得经填请求购物单，送呈总队长核定，交科购办。事务科购到后，连同原批件暨单据，由会计室派员会同点收登记，由点收人员在单据上盖章注明保管组，签记字据方可支付款项。各科室请购物品，购到后由事务科填购物回单，通知原请购科室。

第三十一条　本部职员因公出差旅费应由出差人员填具旅费报告表或车膳费证明单，送经主管查核盖章并送至会计室复核后请领之。

第三十二条　本部各附属单位请领经费除适用公库法者外，须经总队长核定后方可汇付。

第三十三条　各科室领用办公物品，由领用人填领物单，经主管核明盖章，送事务科就保管组所有者照发，如所领非常备物品或印刷品之必须付印者，依第三十一条规定请购后发给之。

第三十四条　事务科库房收签之物品，临时登记账册，每月终将物品收发余存数量编制报告表送科长依序呈核。

第三十五条　本部各科室之器具公物，由事务科登记并编号粘签，印制清单，分交各科室保管，如有移动、损毁时，应由各科室随时通知事务科登记，其公用场所（如会客室、膳堂、宿舍等）之公物器具，由事务科负责保管。

第三十六条　本部财产（即永久性之公产、公物），由事务科每月将坏损情形查明报上，并送会计室随同计算汇报，年终时会同会计室编制财产目录。

第五章　会议及会报

第三十七条　本部业务检讨会议每月举行一次，业务会报每星期举行一次，遇有特别紧要事项，由总队长临时召集之。

第三十八条　本部各科室、组（股）长以上人员得出席业务检讨会议，科长以上人员得出席业务会报，其与本部有关之政治部、特别党部、材料总库的材料审检委员会等主管均得出席。

第三十九条　业务检讨会议及业务会报由总队长主持，总队长因事不能出席，由副总队长主持。

第四十条　业务检讨会议及会报讨论事项如下：

一、本部暨附属单位之重大事项；

二、依法令应行办理之重大事项；

三、各科室相互关涉事项；

四、其他有关救护技术事项。

第四十一条　业务检讨会议及会报决定事项由总队长核定，交主管科室办理。

第四十二条　业务检讨会议及会报讨论事件，有须承办人员出席说明，须得主持之许可者得列席。

第四十三条　业务检讨会议及会报记录由秘书担任，会议及会报后均应将记录册送出席人员。

第六章　服务纪律

第四十四条　本部职员应各依所学之技能分别组织读书会（为医学读书会、党政读书会等），每星期举行一次，其办法另订之。

第四十五条　本部职员除依公务员服务法之规定办理外，应依本章各条之规定确实遵守。

第四十六条　本部职员应按规定办公时间到部、离部，不得有迟到早退情形。

第四十七条　本部职员除例假日循例休息外，星期日下午休息，其值日办法另订之。

第四十八条　各科室划到簿于办公时间开始后二十分钟内，送呈各该主管人员核阅后，交人事科登记。

第四十九条　办公时间除商洽公务外，以不接见贵客为原则，于必要时以二十分钟为限。

第五十条　本部职员应按期出席纪念周、国民月会、小组会议及其他规定之某会。

第五十一条　本部职员请假规则另订之。

第七章　附则

第五十二条　各科室办事细则得由主管人员拟定签字，请总队长核定施行。

第五十三条　本规程如有未尽事宜，得以总令修正之。

第五十四条　本规程自公布之日施行。

贵阳市档案馆：《战地红十字——中国红十字会救护总队抗战实录》，贵州人民出版社2009年版

中华民国红十字会救护总队部
各级医事人员进修暂行办法

本会救护总队部兹为工作人员进修起见，拟订办法一份，凡在该部服务满三年，最后二次成绩分数均满八十分以上之医事人员，均可得赴国内外医务机关或学习进修。

第一条　凡在本部服务满三年，最后二次考核分数均满八十分以上之医事人员，得层级保荐，呈由总队部核准后，予以进修，其人员以医师、药铺护士、助产士为限。

第二条　保荐进修人员每医疗大队（或单位）每次最多为二人，此项进修人员甄审选送得每年办理一次，其日期于决定后通令之。

第三条　进修处所以本会重庆医院总院、分院、其他公立医院以及有关各卫生人员训练所班为限。其年资悠久、成绩优异者，并得保送国外进修，办法另订之。

第四条　进修人员应受所在地主管之指挥监督，并服从一切规则。

第五条　进修时间分发医院者，以六个月为限，训练班（所）者以该班（所）修业期限为限，并自报到之日起算。

第六条　进修期限在六个月以内者，支领原薪津，逾限者即支原薪津百分之六十发给津贴。

第七条　进修人员派往各地进修时所需之旅费，依照本部工作人员出差旅费规则办理。

第八条　进修人员之服装依照本部制服给予办法办理。

第九条　进修期满应由所在单位主管填发或填证明书，交进修人员呈部备查。

第十条　进修期间应将进修程序及经过以日记簿逐日详细记载，连同进修成绩、证明书一并呈核。

第十一条　进修期间不得申请事假，亦不得藉〔借〕故延长进修时间。

第十二条　进修成绩优良而使从事之职务获益者，得按本部工作人员考核办法予以奖励。

第十三条　进修人员进修期满后，应继续仍在本部服务两年。凡服务期限未满而离职者，得按进修期间本部给予一切待遇之两倍赔偿，其有特殊情节而经本部查明核准者不受此限制。

第十四条　进修人员应填具志愿书及保证书（书式另订）。

第十五条　第一次进修后服务三年以上，得依照第一条办理第二次进修。

第十六条　本办法如有未尽事宜，得呈请修正之。

原载《中国红十字会会务通讯》1944 年第 26 期

中华民国红十字会总会救护总队部医事人员国外进修及考察选送暂行办法

第一条　本办法依据《中国红十字会总会救护总队部各级医事人员进修暂行办法》第三条之规定订定之。本部选送医事人员赴国外进修或考察，依本办法行之。

第二条　凡在本部继续服务五年以上之现任医师护士，最后三年考绩分数均在八十分以上，并未受过惩戒，而合下列规定者，得选送国外进修或考察：对于所任工作有特殊表现、学识堪资深造、品性优良、体格健全、通晓该国文字、经教育部自费留学考试及格。

第三条　选送国外进修或考察之医师护士，每年暂以二人为限。

第四条　选送国外进修或考察之医师护士，由总队长就所属各科室及附属单位中依据第二条之规定选拔，呈由总队派送之。

第五条　国外进修医事人员进修学科得就医学及护理范围内选拟，呈由总队长核定。

第六条　国外进修期间暂定为二年，考察期间暂定为一年。如遇交通阻碍或为完成学科上之必要，得呈请本部酌予延长，但最多不得超过一年。

第七条　国外进修或考察医事人员于每满一年，应就所研究学科或考察事项提出报告，呈送本部备核。研究期满者，应由本人请求进修处所给与［予］证明，呈送本部审核；考察期满者，应将考察结果呈送本部备查。

第八条　选送国外进修或考察之医事人员，其出国旅费、治装费及进修或考察期间所需之规定费用，由本部节约经费内支给之。

第九条　选送国外进修或考察之医事人员，于进修或考察期满后仍回本部继续服务至少三年。凡进修考察或服务期限未满、中途离职者，追偿进修或考察期间本部所给予一切费用，但经总队长核准者不在此限。

第十条　如遇本部经费不充裕或交通阻碍时，得停止选拔。

第十一条　本办法自呈准公布之日施行。

民国三十四年六月十五日

贵阳市档案馆：《战地红十字——中国红十字会救护总队抗战实录》，贵州人民出版社 2009 年版

国民政府军事委员会战时监督红十字会暂行办法

（民国卅二年四月八日公布）

第一条　中华民国红十字会（以下简称红十字会）战时事业之监督依本办法行之。

第二条　红十字会举办战时事业，由军事委员会核定并监督之。

第三条　红十字会应将左列各项报告军事委员会：

一、战时机构组织；

二、年度工作计划；

三、年度中心工作项目；

四、工作进度月报表、年度政绩比较表；

五、某种事业进度表；

六、工作人员履历表；

七、直属各医疗队材料库运输队等位置表；

八、核算预算经费收支报告表；

九、财产目录表；

十、其他有关事项。

第四条　红十字会卫生器材依左列各款办理之：

一、红十字会于本办法公布之月应将现存卫生器材分饬各保管库或使用单位分别造具品量清册，转报军事委员会。

二、国内外捐赠红十字会之卫生器材应逐批造具品量清册并注明存储地点，具报军事委员会。

三、红十字会直属各医院诊所、医疗队等单位需用器材，应依

照实际需要按月报由总会或救护总队部饬库补给并按月造具月报表，送总会核销。

四、红十字会所属各库卫生器材应按月造具图柱清册，呈报军事委员会。册内如有新收，应注明来源；支出，应注明领用单位名称。

五、红十字会卫生器材以供应直属各院所、队为原则，除军事机关之经呈军事委员会核准者外，其他机关或团体可先行斟酌情形核拨，按月造具月报表，请军事委员会备案。

六、补充各库或直属医院所队等卫生器材运输时，应领取军事委员会赠献器材内地转运执照。

七、红十字会卫生器材之保管、核销应参照军政部颁布各有关法规办理。

第五条　红十字会战时办理陆海空军救护事业应分别受军政部、海军总司令部、航空委员会之指示。

第六条　红十字会救护总队部关于所属各陆海空军救护单位之使用，应分别受军政部、海军总司令部、航空委员会、各军医主管等处之督导。

第七条　红十字会救护总队部派驻各战区、兵站区服务之救护单位，应分别受所在区内最高军事机关之督导。

第八条　军事委员会得随时派员查核红十字会及其所属各单位之工作及财产。

第九条　本办法自军事委员会公布之日施行。

原载《中国红十字会会务通讯》1943 年第 18 期

复员期间管理中华民国红十字会办法

第一条　复员期间管理中华民国红十字会依本办法之规定。

第二条　中华民国红十字会业务参照日内瓦红十字会协会之规定及中国社会实际需要，就其人力、物力、财力之可能，随时决定之。

第三条　中华民国红十字会设总会于首都，以行政院为主管官署，并依其业务性质，受社会部、卫生署、善后救济总署之指挥监督。

第四条　总会置会长一人、副会长二人、理事十五人至二十一人，组织理事会，并就理事中指定七人为常务理事，均由行政院聘任之。秘书长一人、副秘书长一人或二人，由会长遴请行政院聘任之。其他办事人员，由总会派充并报行政院备案。

第五条　理事会每三个月开会一次，常务理事会每月开会一次，均由会长召集，以会长为主席，秘书长、副秘书长均列席，其他主管人员讨论有关业务时亦得列席。

第六条　总会得分处室办事，并设所、队、库等机构，其办法另定之。

第七条　总会应按月编造工作报告，呈送行政院备案，并按业务之性质分送有关主管机关备案。

第八条　总会经费除政府补助及业务收入外，得以募捐方式征集之，按月终造收支，请会计师查核，报主管机关备案。

第九条　中华民国红十字会各市县分会之调整管理办法由总会拟呈行政院核定后施行。

第十条　总会得派员出国考察红十字会业务，并欢迎友邦红十字会派员联络指导或协助等工作。

第十一条　本办法自公布日施行，至复员业务终了时，以命令废止之。

原载《中国红十字会月刊》1946年第1期

复员期间中华民国红十字会总会调整及管理分会办法

三十五年八月修订

第一条　本办法依据《复员期间管理中华民国红十字会办法》第九条订定之。凡中华民国红十字会各地分会在复员期间之一切设施，悉依照本办法之规定。

第二条　分会以总会为主管机构，并在法令规定范围内受所在地政府之监督。

第三条　分会以市（院辖及省辖）县为设立单位，每市县限设一分会，其已设二分会或二分会以上者，由总会酌量情形分别裁并之。分会以下得于乡镇指导组设支会，其办法另订之。

第四条　分会以所在市县之名称定名为"中华民国红十字会　市（县）分会"。

第五条　战时后方曾由总会核准设立并相与经常保持联系之各市县分会，除照本办法之规定，并须参酌当地环境之需要，计划原有及新兴会务之开展，以奠定平时永久事业之基础。

第六条　收复区内战前原有各市县分会得进行恢复，除先行填送总会制定各项调查表外，一面应将抗战期间经过情形及会务近况详［翔］实呈报总会核备，一面规划有关人事、经费及其他一切事项以为今后推行会务之准备。

第七条　复员期间分会暂分为甲、乙、丙三级，以征求会员之多寡为标准。其规定如下：

　　　甲级分会　征得会员在三万人以上

　　　乙级分会　征得会员在一万人以上三万人以下

　　　丙级分会　征得会员在一千人以上一万人以下

第八条　复员期间分会设会长一人、副会长二人。会长除综理一切会务外，并于召开理事会或常务理事会时为当然主席。理事会设理事十一人至十五人，其中常务理事五人，必要时理事名额得增减之。

分会于必要时得设名誉会长一人、名誉副会长二至四人，但须对国家或地方具有信望者，并须列具事迹，转请总会聘任之。

第九条　凡未成立分会之市县，由当地各界领袖及热心社会事业之人士发起，得筹组分会。其筹备程序规定如下：

　　甲、由发起人至少七人备具申请书正、副二份，连同发起人名单（分别姓名、年龄、籍贯、学历、经历、现职等栏）一份，呈请总会核准后成立筹备处。

　　乙、发起人于奉到总会指令核准设处后，应即推举筹备处主任一人，尅（克）日成立。随将主任履历及筹备处地址呈报总会备案，并请颁发筹备处图记及许可书。

　　丙、筹备处成立后，应尽速进行，征求当地公正人士至少二百人为基本会员（应包括地方之金融、工商业、宗教、慈善、教育及其他各界）。征求足额时即觅定会址、造具会员名册，连同全部会费一并呈报总会核备，以凭填发会员证。

　　丁、筹备处于上项规定各项事竣后，应即定期召集全体会员开分会成立大会，并呈请当地政府指派代表莅会指导暨进行选举候聘理事十一人至十五人，在可能范围内应包括地方之金融、工商业、宗教、慈善、教育及其他各界，造具详细名单一份，呈请总会核定之。

戊、总会核定理事后，由理事互推常务理事，再由常务理事互推会长、副会长，一并造具名单，呈请总会核备，并请颁发聘书、分会图记及立案证书。但本项于必要时得并丁项一次办理。

己、筹备处于奉到总会颁发分会图记及立案证书后，即行撤销，分会始告成立。并应分别将图记启用日期及印模分报总会备案，随将筹备处图记截角缴销。

庚、筹备处于奉准设立日起，如三个月内不能依法成立分会者，总会得将该筹备处撤销之。

辛、筹备处经费由发起人筹措之，分会经费由会长及理事筹措之。

壬、筹备处申请书及许可书格式另订之。

第十条　复员期间各市县分会理事会之整理办法规定如下：

甲、战时后方各市县分会应依照本办法第八条之规定进行改选并应尽量参加，当地各界领袖及热心社会事业人士选举候聘理事十一人至十五人，即由理事互推常务理事，再由常务理事互推会长、副会长，一并造具名单呈请总会备案，并请颁发聘书及立案证书。

乙、收复区各市县原有分会之恢复，应依照本办法第八条之规定进行改组。由仍留所在市县之原任理监事而确无附逆行为者，负责征得当地各界领袖及热心社会人士之同意，选举候聘理事十一人至十五人，即由理事互推常务理事，再由常务理事互推会长、副会长，一并造具名单，呈请总会备案，并请颁发聘书及立案证书。

收复区各市县分会，如原任负责人附逆影响团体行动，或其存立之基本要件已不具备，或内部发生纠纷者，得由总会予以解散或整理之。

收复区各市县分会如图记遗失，须经当地政府之证明，得呈请总会补发。

本项理事等人选如经检举有附逆行为者，应由总会予以解聘，并依法追究理事会之责任。

第十一条　前条改选或改组理事会，均应呈请当地政府指派代表莅会指导。

第十二条　分会中心工作分别规定如下：

甲、征求会员。本会会员现分五种，其类别与收费规定如下：

会员类别　　　　　　收费办法

团体会员　　　一次缴纳会费国币十万元以上

名誉会员　　　一次缴纳会费国币五万元以上

特别会员　　　一次缴纳会费国币一万元

普通会员　　　一次缴纳会费国币一千元

青年会员　　　一次缴纳会费国币五百元

以上会费数目规定，得按实际情形由总会斟酌变更公布施行。分会收入会费应以半数解缴总会充作备用金，并留半数充作分会备用金。应依照复员期间本会资产管理办法之规定办理之。

乙、筹募基金。分会为谋经费之独立，应充分筹募基金，但在社会经济状况未安定前，得以捐款充作兴办各项服务事业之用，应依照复员期间本会资产管理办法之规定办理之。

丙、分会展开事业应有实际之工作表现，除办理医药卫生及一般救济外，更需配合当地环境之需要，展开新兴之事业，以发扬社会服务之精神。

第十三条　分会资产依下列之规定：

甲、现金及银行存款（基金及结余）

乙、所有动产

丙、所有不动产

本条各项来源为补助金、会员会费、经募款项、遗赠、分会事业上所生之收入及基金等之孳息。分会资产应依照《复员期间本会资产管理办法》之规定，呈报总会备案。

第十四条　分会对内、对外公文，概以会长及副会长之名义行之。

第十五条　分会各项工作须按照总会规定之表式，按时呈报核备。

第十六条　凡收复区分会已经恢复工作及新组分会经总会核准后，由总会按月列表呈报行政院备案。

第十七条　本办法如有未尽事宜，得呈请修订之。

第十八条　本办法呈请行政院核定施行，依照《复员期间管理中华民国红十字会办法》至复员业务终了时废止之。

原载《中国红十字会月刊》1946 年第 2 期

复员期间中华民国红十字会总会组织规程

三十五年八月修订

第一条　本规程依据行政院《复员期间管理中华民国红十字会办法》第六条订定之。

第二条　复员期间中华民国红十字总会（以下简称总会）之组织依本规程之规定。

第三条　总会在复员期间办理左列事务：

一、辅佐社会安全设施，推行健康保险及青年、妇女、退役军人等福利工作；

二、国内外灾变之救护、振济及伤病之治疗；

三、训练从事红十字会工作之各种专业人员；

四、策划红十字会永久事业并奠定其基础。

第四条　总会设会长一人，副会长二人，综理一切会务。

第五条　总会设秘书长一人，副秘书长一人或二人，承会长、副会长之命掌理日常会务。

第六条　总会置左列各处室，并依事务之需要分课办事：

第一处下设人文、事务两课；

第二处下设分会、编宣两课；

第三处下设青年、妇女两课；

第四处下设医务、材料两课；

秘书室下设机要、视导两课；

会计室下设账务、审计两课。

各处室设处长四人，主任二人，秘书及视导各二人至四人，课长十人，课员及助理课员各若干人，其编制另订之。

第七条　总会设会务顾问委员会，下设社会服务、青年工作、妇女工作、医药卫生、征求会员、筹募基金等小组委员会为设计、咨议之机构，其组织另订之。

第八条　总会视业务之需要，分区设办事处及服务实验区，并分地设各种工作及训练单位，其组织另订之。

第九条　总会办事细则、调整管理分会办法暨分会组织规程另订之。

第十条　本规程如有未尽事宜，得随时呈请修订之。

第十一条　本规程呈请行政院核定施行，依照《复员期间管理中华民国红十字会办法》至复员业务终了时斟酌变更之。

原载《中国红十字会月刊》1946 年第 1 期

复员期间中华民国红十字会
总会区办事处组织规程

三十五年八月修订

第一条　本规程依据《复员期间中华民国红十字会总会组织规程》第八条之规定订之。

第二条　区办事处承总会之命，辅导分会会务及筹办服务实验区等事宜。

第三条　区办事处分区设置，视其工作之范围分甲、乙两级。

第四条　区办事处设主任一人，综理处务；干事及助理干事各三人至五人，必要时得增减之，承主任之命分理各项事务。其编制作甲、乙两级，另定之。

第五条　主任由总会派任，干事及助理干事由主任遴请总会派充。

第六条　区办事处视其业务之需要，得由总会延聘友邦红十字会派员协助工作。

第七条　区办事处办事细则另订之。

第八条　本规程如有未尽事宜，得修正之。

第九条　本规程自公布之日施行并呈报行政院备案。

原载《中国红十字会月刊》1946 年第 2 期

复员期间中华民国红十字会
总会区办事处办事细则

三十五年八月修订

第一条　本通则依据《复员期间中华民国红十字会总会区办事处组

织规程》第七条之规定订定之。

第二条　区办事处主任承总会之命，综理处内外有关事宜。

第三条　区办事处得就干事及助理干事分为总务、业务两组。总务组办理人事、文书、事务、会计；业务组办理医药及社会服务等工作。

第四条　区办事处须与当地有关机关取得联系，并受当地政府之指导。

第五条　区办事处得视必要，协助该区分会联络当地名流及热心人士，组织各种委员会，以为推动业务、健全会务之基础，并随时呈报总会备案。

第六条　区办事处应发动该区各分会，作征求会员、筹募基金及各种工作之活动。

第七条　区办事处得视必要，派员协助该区各分会工作。

第八条　区办事处应就该区未设分会之县份，发动组织并力使健全。

第九条　各分会呈报总会公文与区办事处有关者，由区办事处签注承转，其能解决者得秉承总会意旨就地处理并呈报总会备案。

第十条　区办事处及分会间来往公文为平行。

第十一条　区办事处经费开支须按月呈报总会审核，其临时事业费须经呈准后动支。

第十二条　区办事处得受命就地审议该区各分会财产账目及经费预算决算。

第十三条　区办事处工作报告、经费出纳等须按月呈报总会备案。

第十四条　本细则如有未尽事宜，得随时修订之。

第十五条　本细则自公布之日施行。

原载《中国红十字会月刊》1946年第2期

复员期间中华民国红十字会分会组织规程

三十五年八月修订

第一条　本规程依据《复员期间中华民国红十字会总会组织规程》第九条之规定订定之。

第二条　复员期间分会办理之事务，以征求会员、筹募基金为中心工作，其服务事项依总会之规定执行。

第三条　分会以总会为主管机关，并在法令规定范围内受所在地政府之监督。其所在地设有总会办事处等单位者，应予密切联络。

第四条　分会以所在市县之名称，定名为"中华民国红十字会　市（县）分会"。

第五条　复员期间分会暂分为甲、乙、丙三级，以征求会员之多寡为标准。其区分如左：

甲级分会　征得会员在三万人以上者

乙级分会　征得会员在一万人以上三万人以下者

丙级分会　征得会员在一千人以上一万人以下者

第六条　分会设理事九人至十三人组织理事会，并由理事中互选常务理事五人为分会最高之权力机构，必要时理事名额得呈请总会增减之。理事会每三个月召开一次，常务理事会每月召开一次，必要时得临时召集之。

第七条　分会设会长一人、副会长二人，由常务理事中互选之，综理一切会务。并于召开理事会及常务理事会时由会长主席，会长因故不能出席时，由副会长代理之。前条及本条会长、副会长、常务理事及理事等，均呈请总会聘任之。

第八条　分会设总干事一人，承会长之命与常务理事会之决议，掌理日常事务，呈请总会聘任之。

第九条　分会于总干事下设总务、业务两组。总务处办理文书、人事、事务、会计等；业务组办理医疗及社会服务等工作。各组设组长一人，干事及助理干事各若干人，视工作之需要决定之。组长、干事暨助理干事均由分会任用，转报总会备案。

第十条　分会视所办业务之性质得设各种委员会，负责办理各部门之业务，所用经费悉以筹募自给为原则。

第十一条　分会各项工作及经费收支情形须按照总会各种规定，按月呈报总会备案。

第十二条　本规程依照行政院《复员期间管理中华民国红十字会办法》之规定，至复员业务终了时斟酌变更之。

第十三条　本规程自公布之日施行。

原载《中国红十字会月刊》1946年第1期

复员期间中华民国红十字会分会工作纲要

三十五年八月修订

（一）征求会员

依照总会《调整及管理分会办法》第十二条甲项办理之，除经常征求外，应于红十字宣传周期内扩大征求之。

（二）筹募基金

依照总会规定或公告筹募之，但在社会经济状况未安定前，得先进行捐款，以充事业之用，其办法另订之。

（三）会员联系

分会与会员应经常取得密切联系，藉〔借〕以共同力量推进会务。此项联系办法，可采用下列方式办理之：

（甲）召开会员大会。分会应于每年春季召开会员大会一次，由分会会长报告上年度各项工作及今后实施之工作计划，并鼓励会员建议对会务改进之意见，期能得真正密切之联系；

（乙）举行会员联欢大会。分会每年应举行会员联欢大会一次，其期间由分会酌定之。大会时，除由分会会长报告会务外，可举行游艺或茶会，以资助兴，并利用此种机会，使出席会员努力征求新会员；

（丙）会员俱乐部。分会于会所内应专开一室，成立会员俱乐部，办理书报，供应会员交谊及其他有益身心之活体。

（四）社会服务

分会应视当地环境之需要及经费之情形，次第举办下列事项：

（甲）保健工作。分会应以推行保健工作为应办业务项目之一。设有医院者，头二等病房可酌收费用，三等病房应酌设免费病床；设有诊疗所者，可酌收挂号金，并每年举办免费预防接种，如遇当地传染病流行时，应配合地方筹设临时防疫医院，免费救治患者，并举行巡回预防接种；

（乙）经常救济。分会推行救济工作，亦为应办业务项目之一。以儿童、青年、妇女、荣军、平民为对象，以灾难伤害贫困疾苦愚弱为范围，自行酌定之；

（丙）临时救济。分会如遇当地临时发生之水旱火兵等意外灾害时，应临时募捐，酌情办理救济，但须事先报告总会备案。

（五）训练工作

分会应开设各种卫生常识训练班、救护常识训练班，召集青年予以短期训练，作储育救护人员之用。

（六）宣传工作

分会经办之各项工作，如当地发行有报纸者，应依照总会供给之宣传资料，发表新闻或专刊，发动会员随时从事广泛之口头宣传。

（七）青年妇女工作

分会应特别注意对青年妇女之服务工作，其项目属于青年方面者，如补助营养、健康检查、缺点矫正、康乐服务、书报供应等；属于妇女方面者，如生育指导、儿童保育、家庭访问等，可专设服务站主办之。

（八）其他

其他未经规定而分会办理尚有成效或当地确有需要者，仍应继续办理。

复员期间中华民国红十字会总会顾问委员会组织简则

三十五年八月修订

第一条 本简则依据《复员期间中华民国红十字会总会组织规程》第七条之规定订定之。

第二条 总会依各种专门问题及技术上之研究，暂置左列各种顾问委员会为设计、咨询之机构：社会服务顾问委员会、灾难救济顾问委员会、卫生福利顾问委员会、基金筹募顾问委员会、会员征求顾问委员会、分会业务顾问委员会、妇女组训顾问委员会、青年训导顾问委员会、编印事业顾问委员会、法规编订顾问委员会。

第三条 顾问委员会各设主席一人，副主席一人或二人，由会长提请理事会通过后聘任之；委员若干人，由委员会主席、副主席商定，请由总会聘任之。

第四条 顾问委员会每月召开会议一次，必要时得临时召集之。

第五条 顾问委员会议案均咨送或建议总会执行，并由总会将办理情形送达各种会议检讨之。

第六条　顾问委员会必需办公人员，由总会指派兼任之。

第七条　本简则依照行政院《复员期间管理中华民国红十字会办法》，至复员业务终了时斟酌变更之。

原载《中国红十字会月刊》1946年第3期

中华民国红十字会筹组资料室办法

一、征集资料之范围

1. 有关红十字会之国际法规及约章；

2. 国际红十字会大会、红十字会联盟、国际红十字会及英美加等先进国家红十字会出版之书刊、会议记录、研究报告及其他图书照片统计等资料；

3. 本会及各地分会已经编印或出版之书刊、照片、图画及统计等资料；

4. 国内外有关社会事业之图书及杂志；

5. 国内外各种主要日报及地方新闻纸；

6. 一般有关本会业务及参考价值之图书杂志，如医药学、卫生学、社会学、心理学、教育学等。

二、搜集资料之方法

1. 函索；2. 交换；3. 订购

筹办开始时，请由第一处通知本会各单位及全国同人遵守下列简约：

1. 自即日起人文课经收图书杂志，均送资料室。

2. 公文中附带有资料者，由各主管人批明。于公文办理完毕后，将资料抽出移送资料室。

3. 每日事务课所收报纸，以一份迳送资料室，其他于传阅完毕后，汇交资料室。

4. 各同人向外索得资料时，可交资料室登记保管。

三、资料室之工作及人员

1. 资料工作可分为征集、整理、保管、利用四种。征集应尽力为之，函索交换之外，并可酌量备款购取。整理保管则又有分类、装订、制卡、编号等数步骤，担任此项工作者，最好为图书管理专门人才。如目前不可能添用，则须用头脑清晰、工作勤敏、略识英文并能打字者一人为妥。利用方面则有编目、介绍、编译等工作，除编目与整理工作同其性质外，介绍编译均可视本会需要再定。

2. 除主持人员负责征集及利用两项外，整理保管最好用一专门人员，前条业已述及。此人于整理保管工作之外，又可担任阅报、划线，以备剪贴之用。

3. 为资料保管起见，须随时加以装订或表糊，若能添雇装订工一人最为相宜。但如目前不能专用，则调年青有耐心、清洁、安静之识字工人一名，可任剪报、贴报及整补等之工作。

四、资料室之设备

1. 资料室一间；

2. 除一般办公用具外，开始时需制资料框两只、书架两只、卡片箱一具、打字机一架、卡片及贴报本多册。

五、资料室与本会其他各处室之联系

1. 其他各处室应将原存各处之资料，即送资料室登记保管；

2. 资料室应于收到后，即行分类制目，以便查阅；

3. 新到资料应由资料室每周公告一次，（制一公告板，定每星期二将上周新到图书资料开列公告）；

4. 特别富有价值之图书或论文，或消息，由资料室译送红十字月刊选登；

5. 本会其他各单位应随时协助资料之征集及保管，如有值得征集之图书资料，均得向资料室推荐征集。

六、最近期间资料室编纂工作

1. 红十字社会事业概观；

2. 红十字会工作人员参考手册；

3. 红十字会各种训练教程；

4. 红十字会丛刊。

原载《中国红十字会月刊》1946 年第 3-4 期

复员期间中华民国红十字会
台湾分会所属支会暂行组织规程

第一条　本规程依据《复员期间中华民国红十字会支会组织规程》

订定之。

第二条　支会以台湾分会为主管机关，其设立范围限于各县市或县与市。

第三条　支会以所在名称，定名为"中华民国红十字会台湾分会市/县支会"，但县与市合办创设者，在县名下附加县市两字定名之。

第四条　支会以协助台湾分会征求会员、募集资金，其服务事项依台湾分会指导推行社会福利及医药救济为中心。支会为适应地方特殊情形，得自筹谋资金创办社会福利事业，惟事前须呈请分会核备。

第五条　复员期间支会之设立以征得会员三百名为标准，而以会员数额分为三级：征得会员一万以上者为甲级支会，征得会员三千以上一万以下者为乙级支会，征得会员三百名以上三千名以下者为丙级支会。

第六条　甲级支会设理事九名至十五名，乙级支会设理事七名至十三名，丙级支会设理事五名至九名，组织理事会。并由理事中互选常务理事，即甲级支会互选七名至九名、乙级支会互选五名至七名、丙级支会互选三名至五名，组织常务理事会为支会最高权力机构。理事、常务理事任期各二个年。

第七条　支会设会长一名、副会长一名，由常务理事互选之，任期二个年，为各种会议之主席，处理一切会务。干事一名至四名，助理干事若干名，承会长、副会长之命办理事务。

第八条　支会设立筹募委员会及事业委员会，各置委员五名至九名，分掌筹募资金及计划地方社会福利事业。

第九条　前项之理事、常务理事、会长、副会长、委员呈请分会聘任之。干事、助理干事由支会常务理事会遴选任用，呈报分会备案。

第十条　理事由会员大会（选）任之，常务理事会对会员大会负责。

第十一条　会员大会每年开一次，理事会每三个月开一次，常务理事会每月开一次，皆由会长召（集）之。

第十二条　支会经收所属区域会费除扣留百分之五十为支会经常费外，余款悉数呈缴分会。如遇有临时特别开支时，得请分会据情酌量拨助之。

第十三条　支会筹组程序规定如下：

（甲）由发起人至少五人备具申请书，连同发起人名单二份（姓名、年龄、学历、现职等栏）报请分会核准。

（乙）发起人奉准成立筹备处，即开始征求会员五十人，造具会员名册，连同会费报请分会转呈总会核发章证。

（丙）支会于奉准成立后，即由分会颁发图记，撤销筹备处，正式成立支会。

（丁）支会启用图记日期及印模二份，分别报请分会转呈总会备案。

（戊）筹备处奉准设立日期，如在三个月内不能依法成立支会时，分会得将筹备处撤销之。

第十四条　支会于适宜之乡镇可设办事处，其规程另订之。

第十五条　支会征求会员、募集基金，悉依总会规定办理。

第十六条　支会对内、外行文，概以会长、副会长名义行之。

第十七条　本规程自公布之日施行。

原载中国第二历史档案馆第 476 宗第 2183 卷

职员管理

内政部派遣专员长期驻沪指导全国红十字会

内政部对于中华民国红十字会有指导监督之权，经与外交、军政、海军三部会商决定："由内政部遴派相当人员前往驻会指导"。遂由部制定《部派中华民国红十字会指导员暂行服务规则》，明令公布，定自本年九月一日起施行，同时并派该部科长曹钟麟为指导员前往该会指导。兹将《服务规则》录后：

第一条　指导员依部令之指示办理左列各事项：

一、关于红十字会第一次全国会员大会之督促进行事项；

二、关于红十字会各项款产收支之稽核及预算决算之督促办理事项；

三、关于红十字会内部规章之督促拟定事项；

四、关于红十字会内部文卷之督促整理事项；

五、关于其他之兴革拟议事项。

第二条　依《中国红十字会会计规程》第十四条、第十六条"支出之款"项及依同规程第二十四条售出之物品须送请指导员审核签章，指导员不同意时得斟酌情形，叙明理由，呈部核示。

第三条　指导员应逐日填写工作日记，每星期呈部一次，工作日记内应填项目如左：一、事由；二、处理情形；三、备注。

第四条　本规则施行日期，以部令定之。

原载于《内政消息》1934-1935 年第 1-10 期

中华民国红十字会救护总队部
任用工作人员暂行办法

第一条　本部工作人员之任用，除总会对于本部高级主管人员另有规定者外，悉依本办法之规定办理之。

第二条　凡参加本部工作人员具有下列资格之一者，方得任用：1. 经登记审查合格者；2. 曾在卫生机关或其他机关工作满一年以上，确有成绩者；3. 有专长学识技能，适合实际需要者；4. 品行纯正，具有相当经历，确能为红十字会带来奋斗者。

第三条　有下列情事之一者，虽具有前条资格，亦不得任用：1. 违反国民党言论或行动，确有实据者；2. 被剥夺公权或停止公权，尚未复权者；3. 无原服务机关离职证件者；4. 有精神病或体力衰弱不堪任事者；5. 有不良嗜好者。

第四条　凡属任用之职员得先行试用，俟审查其能力后再定去留，但试用期间最多不得超过三个月，试用认为合格者应由主管单位执部给予任用书。在试用期内，其他遵守之服务纪律与任用者同。

第五条　任职分下列三种：1. 实任资历技能与职务相称，主为适任者；2. 兼任以原有职务之人员而派兼他职者，但以不妨碍其本职之事务为限；3. 代理原有职员因故离开而未开缺时，派其次级职员资深者或资历相当之职员代理其职务。

第六条　本部工作人员之任用，须填具登记表、调进表、健康记录、保证书各一份，随同证明文件呈本部核委，其格式另定之。

第七条　本部工作人员之薪给，依照本部工作人员薪额标准表及卫生人员薪额比照表核定之。

第八条　本部工作人员于接奉委派通知后七日内未呈报赴职，亦未申述理由呈准缓期赴职者，以不就论，由本部撤销其任用。到职后不即开（始）工作者，以旷职论。

第九条　本部工作人员在职时应有下列之义务：1. 绝对服从上级命令；2. 恪守一切规则，对于工作不得废弛或敷衍，应按照规定报告工作；3. 遵照规定出席各种会议，并服从一切决议案；4. 对于该管或预闻事件，未经公布者，应保守机密，不得私自宣示；5. 对于公共款项、文书册据及其他应保存之救护器材、物品，不得私擅支用、变更或遗失毁弃。

第十条　本部工作人员非经本部之特许，均不得兼任其他机关。兼职者除依法得支领一职之薪给外，不准兼职。

第十一条　本部工作人员违反本办法第九条各款及第十条之规定者，视其情节之轻重分别惩处。其触犯刑律者，并送交法办。

第十二条　本部所属各单位主管人员对于所属工作人员违反服务纪律情事疏于督察或知情故纵者，由本部加重惩戒之。

第十三条　本部所属各单位主管人员辞职，须经本部之核准。至工作人员之辞职，须经各该主管人员签具意见，转呈本部核准。但办事处主任及医疗大队长对于所属工作人员之退职，于必要时得直接处理，同时呈报本部备案。

第十四条　本部工作人员未经核准退职者，不得离职，其负有交代任务者并须交代清楚后始得离职。

第十五条　退职分下列三种：

1. 免职，改任待命、退除或因疾病事故呈准辞职者属之。

2. 停职，因疾病事故连续请假达三个月以上者（或予留职停薪）、因过犯尚不须撤职，而非他种惩罚所可满足者、犯罪嫌疑或被劾而须查办或受审理未决者、因失踪在三个月以内尚不能判明者等属之。停职后三个月内，其停职之原因终止者得核令回职；届限尚不能回职，或虽未届限而职务重要不便久停者，得核令免职。

3. 撤职，过犯较重者，或触犯刑律者属之。

第十六条　本部工作人员因缩减员额或因组织变更而去职者，得给遣散费，其办法临时以命令行之。

第十七条　本部工作人员因受处分被撤职者，非依法不得再予任用。

第十八条　本部工作人员无故不得免职或降职。

第十九条　本部工作人员在职受伤或患病者，依照伤病救护办法办理之。

第二十条　本部工作人员因公伤亡残废或积劳病故者，依照抚恤暂行标准抚恤之。

第二十一条　本办法如有未尽事宜，得呈请修订之。

第二十二条　本办法自公布之日施行，并呈报总会备案。

贵阳市档案馆：《战地红十字——中国红十字会救护总队抗战实录》，贵州人民出版社 2009 年版

职员管理

中华民国红十字会总会救护总队部
工作人员任免规则

第一条　本规则凡本部各股室暨所属各大中队、各队库所站之工作人员均适用之。

第二条　任免由总队部或由总队部呈请临时救护委员会核准行之。

第三条　各级内外勤工作人员，除大队长及同等阶级人员由总队部荐呈临时救护委员会转请总会核委、中队长及同等阶级人员荐请临时救护委员会核委转请总会备案、中队长以下由总队部分别委派外，各级主管人员得荐请总队部分别核转与任用之。

第四条　各级主管人员推荐人员参加本部工作时，须先将推荐人员志愿书（本部制发）寄呈总队部，经审查合格后，分别核转与任用。

第五条　驻外大中队部及各队库所站，如编制内有缺额并因事实上之需要不及待总队部派员补充时，得先遴员暂派工作，一面速具报告，述明到职日期，连同志愿书、相片（二寸半身，贴志愿书用）暨出身、任职之证明文件或其影片，呈部核办。

第六条　各级主管人员对于前项暂派人员在本部人事通知书未到以前，不得确定薪水。

第七条　前项暂派人员如经审查不合格者，不予任用。所有已工作之期间，得不给薪水。

第八条　各级工作人员非万不得已情形，不得辞职。

第九条　呈请辞职人员须详述缘由，报请直接主管人员转请总队部分别转呈与核办，如不经直接主管人员核转而自行报部者，本部不予批复。

第十条　辞职在未奉总队部核准以前，不得离职。否则，以擅离职守论。

第十一条　各队库所站所属工作人员擅离职守者，主管人员应立即呈报总队部述明离职停薪日期及曾否携走公物公款，以凭核办（必要时应用电呈）。

第十二条　辞职奉准及撤职、免职人员于离职前必须将证书、证章、帽徽、制服（自制者不在内）等一切公物缴交直接主管人员，报部注销。

第十三条　本规则如有未尽事宜，得随时修改之。

第十四条　本规则自呈奉临时救护委员会核准之日起施行。

原载《中国红十字会月刊》1940年第55期

中华民国红十字会总会救护总队部
工作人员奖惩规则

第一条　本总队部为提高各级工作人员工作效率起见，特订奖惩规则。

第二条　本规则凡本总队部各股室及所属各大中队、各队库所站之各级工作人员均适用之。

第三条　应受奖励者如左：（一）发扬光大本会精神事业者；（二）成绩优异者；（三）应变适宜，处置得当者；（四）公物保管有方，不损失遗弃者；（五）忠勤职守，恪守规则纪律者；（六）冒险在火线工作者；（七）进退绝对服从命令者；（八）服务期间长久者；（九）从未请假或请假极少者。

第四条　奖励之种类如左：（一）晋级；（二）加薪；（三）嘉奖；（四）记功。

第五条　应受惩罚者如左：（一）妨害本会名誉者；（二）假公济私者；（三）亏空公款，盗窃公物者；（四）弃职潜逃或擅离职守，久假不归者；（五）不守规则纪律者；（六）不听指挥，不受约束者；（七）藉〔借〕端要挟，意图捣乱者；（八）言行不检者；（九）管理无方，处置失当者；（十）放弃职责，怠于工作，废弛公务者；（十一）损失遗弃公物者；（十二）进退不服从命令或故意推托延缓者。

第六条　惩罚之种类如左：（一）撤职查办、通缉；（二）撤职；（三）停职；（四）罚薪；（五）记过；（六）申诫；（七）检束。

第七条　罚薪数额以月薪百分之十至百分之三十为限，期间至多以两个月为限。

第八条　记过分大过、小过二种，小过三次等于大过一次；如记功，可以抵销。记大过三次者，得予以撤职处分。

第九条　申诫以书面或言词行之。

第十条　检束期间为一日以上、一星期以内。在检束期内，除工作外，不得外出及接见宾客。

职员管理

第十一条　各级主管人员（例如各股室主任、各大中队长、各队库所站长等）对于直属人员及大队长对于各队库所站长均有施行罚薪、记过、申诫、检束之权，但事后应即报本总队部备案。

第十二条　各级主管人员对于直属人员，除前条规定外，在必要时并得先予以停职处分，一面速报本总队部核办。

第十三条　本总队部接据前条停职报告后，按其情节轻重予以撤职或停职若干日之最后决定。

第十四条　本总队部最后决定停职之期限不给薪水。

第十五条　本规则如有未定事宜，得随时修正之。

第十六条　本规则自民国二十九年一月一日起施行。

原载《中国红十字会月刊》1940 年第 55 期

中华民国红十字会总会救护
总队部工作人员请假规则

第一条　本规则凡本总队部各股室及所属各大中队各队库所站之各级工作人员一律适用之。

第二条　在此战事紧张时期，各级工作人员以不请假为原则。

第三条　工作不满三个月者，一律不得请给事假。但如有婚丧大故，有亲属电函证明并经调查属实者，不在此例。

第四条　工作满三个月以上者，事假至多以一星期为限；满半年以上者，得请两星期；九月以上者，得请三星期；一年以上者，得请一个月。

第五条　请假在一星期以内者，由其直接主管人员核定（如医务队之队长）；一星期以上、二星期以内者，由直接主管人员转呈上级主管人员核定（如医务队之大中队长），惟事后均应由直接主管人员呈报总队部备案。

第六条　请假在二星期以上者，概须呈由总队部核定。对于外勤人员，为便捷起见，得由直接主管人员迳电总队部，而可不由其上级主管人员层转。

第七条　驻外之材料库、修理所、汽油站、汽车队、船舶队、骡马队、输送队等，如同一驻地设有大中队部者，其工作人员如请假在一星期以上、二星期以内，可由直接主管人员转请大中队部核准之。

第八条 事假最多以一个月为限，病假最多以两个月为限，逾期即以久假不归论。如有特殊情形，须于假期未满前呈报总队部，叙明理由，请求续假，但续假至多不得超过一个月。

第九条 事假在一个月以内、病假在两个月以内者，得照给薪金；超出以上规定者留职停薪。

第十条 凡请给事假、病假，均须具报告说明缘由、期限及起讫时日。请病假并须附具医师诊断书。

第十一条 请假未经核准，不得离职，否则以擅离职守论。

第十二条 凡假期在二十四小时以上者，其直接主管人员均须随时专报总队部，以便统计考勤。

第十三条 各股室及各队库所站应具备规定格式之四联假单，备请假、销假之用（假单格式另附）。

第十四条 各级主管人员即将假单之请假、准假、销假各联分别呈送核批或备案，不必备文。

第十五条 本规则如有未尽事宜，得随时修改之。

第十六条 本规则自二十九年一月一日起施行。

原载《中国红十字会月刊》1940 年第 55 期

规定服务人员恤金

本会服务人员如因公殉难者，得下列之恤金：

医生六百元至一千二百元，护士三百元至六百元，职员二百元至三百元，司机二百元至五百元，担架二百元至三百元，工友二百元至三百元。

救护队人员之收殓费及养伤费：

医生队长二百元，护士、童子军、汽车夫一百五十元，担架工人一百元。队员受伤由本会供给医药，随时加以慰劳。

原载《中国红十字会月刊》1940 年第 57 期

红会职员缓役办法

关于红十字会职员及救护队员缓役办法，总会于廿九年四月十七日奉到内政部渝号字第一九五八号、军政部渝役号字第三九九〇号，廿九年四月，筱，代电，规定办法如下：

关于红十字会职员及救护队队员系以该项职务为专业者，可准予缓役一案。前经本部等会同解释，并分行在案，上项解释，原系按照《兵役法施行暂行条例修正草案》第三十条一项四款上半段"因担任官公事务"规定办理。现《修正兵役法施行暂行条例》第三十条一项四款上半段已修改为"主任官公事务"。前项解释自应依□更正为"凡红十字会总会、分会会长及救护队队长、分队长属于主任官公事务者，一律予以缓役，其余职员会员、各救护队队员，概不予以缓役，以符法令"。除分电外，希即遵照转饬所属一律遵照。

原载《中国红十字会会务通讯》1941年第1期

总会职员入会规定推赠办法

总会于元月七日电令各办事处及救护总队部云：查《红十字周工作大纲》规定，凡本会工作人员未经入会者，应一律加入为会员，经呈奉会长及常务理监事会批准，以本会工作人员年来服务本会，无论从事战地救伤及后方救护工作，均极辛劳，特准照章予以推赠，以示奖励。章照费仍照章缴纳，并规定推赠办法如下：

（一）总会秘书长推赠为名誉会员；

（二）总会主任秘书、各处处长、总办事处主任、秘书、各办事处主任、救护总队部总队长推赠为特别会员；

（三）总会各办事处、救护总队部、救护事业会计课职员一律推赠为正会员，各医疗队、材料库、汽车队、油站等队长、库长、站长以上，一律推赠为正会员；队、库、站长以下服务满一年以上者，一律推赠为普通会员等因，奉此，合行电达查照，即希将未入会工作人员造册，注明职别、姓名、年龄、籍贯，随同章照费（名誉会员十元，特别会员五元，正会员二元，普通会员一元）送会，以凭发给徽章证书。对于普通会员并希注明至会服务时间，备查为要。

中国红十字会渝总二处印

原载《中国红十字会会务通讯》1941 年第 2 期

中国红十字会总会职员守则

一、到职须知

1. 本会人员于接到委令，应即办理到职手续。

2. 凡报到人员，向第一处主管人事部分办理报到手续。

3. 职员到职办理下列手续：（甲）缴最近二寸半身照片两张（乙）填职员详况表（丙）填送保证书。

4. 到职手续办妥后应领取下列各物：（甲）证章或符号（乙）工作证明书（丙）职务上需要用具（丁）制服。

二、服务须知

1. 恪守本会一切服务规则。

2. 不可利用地位营私图利。

3. 未得本会同意，不可在外兼职。

4. 须依照规定办公钟点准时到值办公，不得迟到早退。非因接洽公务，不得擅离职守。

5. 每日上、下午到值，须分别在签到簿上亲自签到。

6. 工作繁忙，经主管人员指定须延长工作或例假日及办公时间以及经指定须轮值者，不得藉词推诿。

7. 在办公时间内，非因公务最好不接见宾客，以免妨碍公务。

8. 对于一切公物及水电，均须爱护节用。

9. 因私事使用长途电话，其电话费应由本人缴纳。

10. 承办文件无论明密，绝对不得对外泄露，非经主管人员许可，不得以任何消息供给任何机关或个人。

11. 在办公室内不可高声谈话，以免妨碍他人工作，非接洽公务，不可任意交谈。

三、出差须知

1. 出差前应详阅本会出差旅费规则，办理一切手续。

2. 旅费须尽量节省。

3. 到达出差地点须立将住址报告到会。

4. 如与本会有通电必要者，可于出差前请主管人员发给密码本、印电纸。

5. 出差任务完毕后，须立即回会并将出差经过正式报告及依照规则报销旅费。

四、请假须知

1. 请假须依照本会请假规则之规定办理。

2. 请假须填请假单，待主管人员批准后方可离职。

3. 请事假须有正当理由，请病假须呈缴本会认可之医师诊单。

4. 请假需委托职务相当之代理人，其职务重要而假期长久者，应陈明主管人员指派代理人。

5. 假满不能到职时，须先妥办续假手续。否则仍应准时到值，违者以旷职论。

6. 请假单批准后，应送交人事主管部分登记。

五、离职须知

1. 职员离职，视其工作性质办理交代。

2. 离职必须缴还本会发给之证章及工作证明书、制服等。

3. 交代不清者不给领最后应得薪津，亦不发给服务证明书。

4. 保证书在离职三个月后方得领还。

六、给假规则

第一条　本会暨直属各部分职员请假悉依本规则办理。

第二条　职员请假分下列三类：甲、事假；乙、病假；丙、特假。

第三条　职员因不得已事故须请假时，应填具请假单，声叙确切事由，经主管人员核准并将经办事务交人代理后，方可离职。如理由不充足或妨碍工作时，得不准请假或令延期请假。

第四条　凡因急病或重病不能自行到会请假时，应于当日以书面或电话委托其他职员代理职务并代填请假单，向主管人员陈明请核给假期。

第五条　事假每年不得过三十日，逾限按日扣薪。

第六条　因病请假在三日以上者，须缴附本会认可之医师证明书，否则不认为病假，作事假计算。请给病假不满三日者，得免验证件，但如发现托病请假情事，亦作事假计算。

第七条　病假每年积计不得逾一月。逾限得以规定事假之未满日数抵补，但患重大病症，医师证明确非短期所能治愈者，得于上项规定外再给一个月以内之假期，逾期以留职停薪论。

第八条　遇有左列各项者得请特假：甲、本人婚嫁，最多不得逾十五日；乙、承重祖父母、父母、翁姑、配偶之丧，最多不得逾十五日；丙、分娩前后合计以二月为限。

第九条　请假在三日以内者，由直接主管人员核准；逾三日者，由上级主管人员核准。

第十条　未经请准给假、先行离职及未经请准续假、延不到值者，以旷职论，旷职者按日扣薪。

第十一条　每服务满两年，绝未请假，经主管人员认为勤劳称职者，得给优待假一月，照支原薪。如本人不愿请假或因职务关系未便给假时，得由主管人员呈请秘书长转呈会长酌给奖励。

第十二条　病假、事假日数得除去星期及例假计算（特假不除星期及例假）。每年自一月一日起至十二月三十一日止，按年截计，如假期涉及两年，应分别计算，不得以前年或次年未请假日数互相抵补。年中到职者，其应得假期按服务之日数比例扣算。

第十三条　凡请假、旷职各项登记均由主管人事部分办理，列表呈报主管人员核阅。

第十四条　本规则呈奉秘书长核准施行。

七、值日值夜值星规则

第一条　本会职员除主任秘书、秘书及各处长视察员外，均须按本规则之规定担任值日、值夜、值星工作。

第二条　值日、值夜除星期日外，每天各一人值星，每星期三人为一组。

第三条　值日人工作起讫，规定为上午八时至下午五时。值夜人工作起讫，规定为下午五时至下午十时。值星人工作起讫，每一组分为三班，第一班规定为上午八时至十二时，第二班规定为中午十二时后至下午五时，第三班为下午五时后至晚间十时。此值星分班由同组值星者自行会商分任之。

第四条 值日、值夜、值星人员（以下简称轮值人员）轮流。轮值表由第一处主管人事事务人员每三个月编排一次，油印分发各职员知照。

第五条 轮值人员之任务分别规定如次：

1. 以规定格式之通知簿查照轮值人员轮流表，通知翌日轮值人员按时到值。轮值人员因事或因病请假不能到值者，概由主管人事事务人员支配递补。

2. 来会接洽公务，其不须由主管处延见者，概由轮值人员接见转报核夺。

3. 轮值人员有相机处理一应临时偶发事项之权。其手续如事属紧急不及请示者，得进行负责审慎处理后呈报。

4. 值夜员、值星员均应负收受邮电之责，其收到电报并应随时翻录呈送核阅。

5. 值夜员、值星员到值时，应考查轮值工友是否在值。

6. 本会各室所阅报纸之收存应由轮值人员饬知轮值工友收齐交到，于翌日转交第一处经管收藏报纸之经管员。

7. 夜晚不须开放之电灯有未关闭者，均归值夜或值星人员督率轮值工友巡视关闭之。

8. 将前一日轮值记事簿送第一处转呈核阅。

9. 各处事先预为知照交办事项。

10. 填写轮值记事簿。

第六条 轮值人员收受邮电或写发文件时，由本会备置值日员条戳，交轮值员轮流备用。前项条戳逐日移交盖印时，条戳之下加盖轮值员私章为有效。

第七条 值日员各在原办公室内工作，值夜员、值星员之办公地点规定租用收发室为办公处。轮值员必须在前述指定地点办公。

第八条 轮值员轮值后，应将轮值员条戳、电码本、轮值记事簿、通知轮值簿于翌日移交第二日之轮值员。

第九条 轮值员轮值时，在假者仍须补值□配，另由主管人事事务人员补行编配。

第十条 本规则呈奉秘书长核准后施行。

原载《中国红十字会会务通讯》1941 年第 2 期

中华民国红十字会总会职员值日规则

（卅二年三月修订）

一、本会职员除各处处长、秘书、视察员外，均须按本规则之规定担任值日员工作。

二、值日每天各派职员二人、工友一人担任。

三、值日人员工作起讫时间规定为上午十二时至翌日上午十二时。

四、值日人员轮值表由第一次每三个月编排一次，油印分发各职员知照。

五、值日人员之任务规定如次：

1. 凡来会接洽公务，其不须由主管处室延见者，由值日人员接见、转报核夺。

2. 相机处理一应临时偶发事项，其手续如事属紧急不及请示者，得迳行负责审慎处理后呈报。

3. 凡遇星期日或例假日均应负收受邮电公文之责。其收到文电有紧急性者，并应临时送译电人员译录呈送核阅。

4. 于空袭时，应督率工友搬运公物、调度车辆出发并听取情报、指挥救护事宜，非至紧急警报不会离会进入防空洞。

5. 夜晚不须开放之电灯有未关闭者，均归值日人员督率工友关闭之。

6. 各处室预先交办事项。

7. 物品外运填发放行证。

8. 每晚集合工友点名。

六、值日人员收受邮电、公文或填发放行证时，由本会备置值日员条戳，交值日人员轮流备用。前项条戳逐日移交盖用时，条戳之下加盖值日人员私章为有效。

七、值日人员应以规定格式之通知簿，通知翌日轮值人员按时到值。轮值人员公差或因事因病请假不能到值者，依次递补，差假满后补行值日。

八、值日人员必须在指定地点办公并填写值日记事簿。

九、值日人员轮值时，如玩忽职务或擅离职守者，得按情节之轻重，分别予以罚薪或停职。

十、本规则自卅二年四月一日施行。

原载《中国红十字会会务通讯》1943 年第 17 期

中华民国红十字会总会职员给假规则

（卅二年三月修订）

一、本会暨直属各部分职员请假，悉依本规则办理。

二、职员请假分下列三类：1. 事假 2. 病假 3. 特假。

三、职员因不得已事故须请假时，应填具请假单，声叙确切事由，经主管人员核准。请假在二小时至四小时以内者，由股组长批准；在一日以内者，由处长批准；一日以上者，由秘书长批准并将经办事务交人代理后方可离职。如理由不充足或妨碍工作时，不准请假或令延期请假。

四、凡因急病或重病不能自行到会请假时，应由当日以书面或电话委托其他职员代理职务并代填请假单，向主管人员陈明，请核给假期。

五、事假每年积计不得逾三十日，逾限按日扣薪，至两个月者停职。

六、因病请假至三日以上者，须缴附本会认可之医师证明书。否则，不认为病假，作事假计算。请给病假不满三日者，得免验证件。但如发现托病请假情事，亦作事假计算。

七、病假每年积计不得逾两个月，逾限得以规定事假之未满日数抵补。但患重大病症经医师证明确非短期所能治愈者，得于上项规定外，再酌给一个月以内之假期，逾期以留职停薪论。自留职停薪日起，逾四个月者停职。

八、遇有左列各项者，得请特假：1. 本人婚嫁最多不得逾十五日。2. 承重祖父母、父母、翁姑、配偶之丧最多不得逾十五日。3. 分娩前后合计以二月为限。

九、凡特假逾期不到者，停薪；停薪后满一月仍不到者，停职。

十、本会直属各单位职员请假在三日以内者，由直接主管人员核准，逾三日者由上级主管人员核准。

一一、未经请准给假先行离职及未经请准续假延不到值者，以旷职论。旷职者，按日扣薪。

一二、每服务满两年绝未请假，经主管人员认为勤劳称职者，得给优待假一月，照原薪给。如本人不愿请假或因职务关系未便给假时，得由主管人员呈请秘书长转呈会长酌给奖励。

一三、病假、事假日数得除去星期及例假计算（特假不除星期及例假）。每年自一月一日起至十二月卅一日止，按年截计。如假期涉及两年，应分别计算，不得以前年或次年未请假日数互相抵补。年中到职者，其应得假期按服务之日数比例扣算。

一四、凡请假旷职各项登记，均由主管人事部分办理，列表呈送主管人员核阅。

一五、本规则呈奉秘书长核准施行。

原载《中国红十字会会务通讯》1943 年第 17 期

中华民国红十字会总会任用工作人员暂行办法

三十五年八月公布

第一条　本办法参照《复员期间管理中华民国红十字会办法》第四条之规定订定之。

第二条　本会工作人员之任用除行政院对于本会高级主管人员另有规定外，悉依本办法之规定办理。

第三条　凡参加本会工作人员，具有左列资格之一者方得任用：

　　1. 经登记审查合格者；

　　2. 曾在其他机关工作满一年以上确有成绩者；

　　3. 有专长、学识、技能适合实际需要者；

　　4. 品行纯正，具有相当经历，确能为红十字会事业奋斗者。

第四条　有左列情事之一者，虽具有前条资格亦不得任用：

　　1. 被剥夺公权或停止公权尚未复权者；

　　2. 无原服务机关离职证件者；

　　3. 有精神病或体力衰弱不堪任事者；

　　4. 有不良嗜好者。

第五条　凡属任用之职员得先行试用，俟审查其能力后再定去留。但试用期间最多不得超过三个月，试用认为合格者应由主管单位呈请本会给予任用书，在试用期内其他遵守之服务纪律与任用者同。

第六条　任职分左列三种：

1. 实任　资历、技能与职务相称，认为适任者；
2. 兼任　以原有职务之人员而派兼他职者，但以不妨碍其本职之事务为限；
3. 代理　原有职员因故离职而未开缺时，派其次级职员、资深者或资历相当之职员代理其职务。

第七条　本会工作人员之任用，须填登记书、保证书各乙（一）份，随同证明文件及照片两张，呈请本会核任，其格式另订之。

第八条　本会工作人员之薪给依照本会《工作人员薪额标准表及卫生技术人员薪额比照表》核定之。

第九条　本会工作人员于接奉派任通知后七日内呈报到职。如未申叙理由呈准缓期到职者，以不就任论，由本会撤销其任用。到职后不即开始工作者，以旷职论。

第十条　本会工作人员在职时应有左列之义务：

1. 绝对尊重上级决定；
2. 恪守一切规则，对于工作不得废弛或敷衍，应按照规定报告工作；
3. 遵照规定出席各种会议，并服从一切决议案；
4. 对于该管或预闻事件未经公布者，应保守机密，不得私自宣示；
5. 对于公共款项、文书册据及其他应保存之器材、物品，不得私擅支用、变更或遗失、毁弃。

第十一条　本会工作人员非经本会之特许，均不得兼任其他机关职务。兼职者除依法得支领一职之薪给外，不准兼薪。

第十二条　本会工作人员违反本办法第十条各款及第十一条规定者，视其情节之轻重分别议处。

第十三条　本会所属各单位主管人员对于所属工作人员违反服务纪律情事，疏于督察或知情故纵者，由本会加重议处。

第十四条　本会所属各单位主管人员辞职，须经本会之核准。至工作人员之辞职，须经各该管人员签具意见，转呈本会核准。但区办事处主任或其他直属总会之单位主管对于所属工作人员之退职，于编制范围内得直接处理，同时呈请本会备案。

第十五条　本会工作人员未经核准退职者，不得离职。其负有交代任务者，并须候交代清楚后始得离职。

第十六条　退职分左列三种：

1. 免职　改任、待命、退除或因疾病事故呈准辞职者属之。
2. 停职　因疾病、事故、连续请假三个月以上者（或予留职停薪）、因过犯尚不须撤职而非他种惩戒所可满足者、因犯罪嫌疑而需查办或受审理未决者、因失踪在三个月以内尚不能判明者等属之。停职后二个月内，其停职之原因终止者，得核予回职。届限尚未能回职或虽未届限而职务重要不便久停者，得核予免职。
3. 撤职　过犯较重者或触犯刑律者属之。

第十七条　本会工作人员因受处分被撤职者，非依法不得再予任用。

第十八条　本会工作人员无故不得免职或降职。

第十九条　本会工作人员在职受伤或患病者，其医药补助办法另订之。

第二十条　本会工作人员因公伤亡、残废或积劳病故者，其抚恤标准另订之。

第廿一条　本会工作人员因年老退休，其退休办法另订之。

第廿二条　本办法如有未尽事宜，得修订之。

第廿三条　本办法自公布之日施行并呈报行政院备案。

原载《复员期间中华民国红十字会法规辑要》1946年8月

中华民国红十字会总会工作人员考核办法

三十五年八月公布

第一条　中华民国红十字会总会（以下简称本会）工作人员考核依照本办法之规定办理之。

第二条　各级工作人员每年年终举行考核一次，均由各该主管人就思想、学识、体魄、品行、服务五目，课其经过、优劣之点，判定分数、绩等，填具考核表，层呈覆〔复〕核之。

本条主管人以秘书长、副秘书长为处长室主任、区办事处主任及秘书视导等之主管人；处长室主任、区办事处主任为课长干事之主管人；课长干事为课员助干之主管人；余类推。

秘书长及副秘书长之考核不依本办法之规定。

第三条　各课目给分以百分为满点，其分配如次：

一、思想，占百分之二十。

二、学识，占百分之十五。

三、体魄，占百分之二十。

四、品行，占百分之十五。

五、服务，占百分之三十。

第四条　各科目平均分数加减功过分数为考核成绩之绩分。在八十分以上者为甲等，七十分以上者为乙等，六十分以上者为丙等，不满六十分者为丁等。绩等为丁者作不及格论。

第五条　凡记功一次者加给总平均分数三分，嘉奖一次者加二分，半年不请假者加二分，半年不迟到早退者加一分。每记过一次者扣除总平均分数三分，警告一次者扣二分，半年请假逾一月者扣二分，半年迟到早退过十次者扣一分。

第六条　年终考核之结果于翌年一月公布，并分别奖惩。

第七条　奖励分为记功、晋薪、升职或给予奖章四种。

一、有左列情事之一者记功：

（甲）对于本职有特殊贡献或有劳绩者。

（乙）办事迅速，确实从未延误者。

（丙）按时工作，从未请假者（以服务满一年以上者为限）。

二、左列情事之一者晋薪，以一级为限：

（甲）具有前项成绩二款以上者。

（乙）受记功二次以上者。

（丙）年资届满工作努力者。

三、有左列情事之一者升职或给予奖章：

（甲）已支原职一级薪仍应受晋薪之奖励者。

（乙）具有第一项甲款情形实堪升任者。

（丙）遇无缺可升职时，除存记尽先升任外，并给予奖章。

第八条　惩戒分为警告、记过、降级、停职、撤职五种。

一、有左列情事之一者，视其情形轻重予以警告、记过或降级：

（甲）不接受指导及违反上级决定者。

（乙）工作不力，废弛职务者。

（丙）办事疏忽，泄露机密者。

二、有左列情事之一者，视其情节轻重予以停职或撤职：

（甲）行为不检，违背纪律者。

（乙）学识经验对于本职难胜任者。

（丙）曾受警告三次、记过二次以上者。

第九条　各级工作人员平日工作有无成绩，除临时或特殊事件得由各级主管人专案呈请核定外，均应于年终考核时办理之。

第十条　各级工作人员于一年中业经核定之功过，得于年终考核时视其平日工作有无成绩，斟酌抵销之。

第十一条　办事处主任之考核，除由本会派员考察外，并按规定之工作是否如期完成及处理公务是否缜密为标准，以凭奖惩。

第十二条　凡新进工作人员，到职不满三个月者不予考核。

第十三条　各级工作人员之考核成绩得依其参加会议或读书会之成绩暨考核表所列特殊记载情形，核予加分或扣分。

第十四条　凡本会工作人员服务满三年以上确具有成绩者，由本会给予奖章；服务满五年以上、其堪深造者，得由本会奖助进修。其办法另订之。

第十五条　本办法如有未尽事宜，得修订之。

第十六条　本办法自公布之日施行。

原载《复员期间中华民国红十字会法规辑要》1946 年 8 月

中华民国红十字会总会选送国外考察
及进修人员暂行办法

第一条　总会选送人员赴国外考察或进修依本办法行之。

第二条　凡在总会继续服务五年以上之现任人员，前后三年考绩分数均在八十分以上并未受过惩戒而合于左列规定者，得选送国外考察或进修：一、对于所任工作有特殊表现；二、具有专门学识，堪资深造；三、品性优良；四、体格健全；五、通晓该国文字；六、或经教育部自费留学考试及格。

第三条　国外考察或进修之人员学习与红十字会业务有关之学科为限，凡考察国外红十字会设施之人员得优先选送。每年总额暂定二至四人，但得酌情变更之。

本条与红十字会业务有关之学科以社会学及医学之范围为主。

第四条　国外考察或进修之人员，由会长就总会各单位及区办事处中依据第二条各项之规定选拔派送之。

第五条　国外进修之人员，其进修学科得依其志愿选拟，呈由会长核定。

第六条　国外考察期间暂定为半年，进修期间暂定为一年。如为完成学科上之必要，得呈请总会酌予延长。

第七条　国外考察或进修之人员于期满后，均应提出报告，呈送总会备查，但进修人员并应呈送进修处所之证明。

第八条　国外考察及进修人员之出国旅费暨其他规定费用，其支给办法另订之。

第九条　国外考察或进修之人员，考察期满者仍应回总会工作，但经会长核准者不在此限；进修期满者，须回总会继续服务至少三年。凡考察进修或进修回会服务期限未满而中途离职者，追偿考察或进修期间总会所给予一切费用。

第十条　本办法自公布之日施行。

原载《中国红十字会月刊》1946 年第 8 期

物 资 筹 措

本会会计规程

第一章 总则

第一条 凡本会关于会计上一切事宜，均应依照本规程办理。本会附属机关之会计规程另订之。

第二条 本规程所定各种收支程序、会计科目及另订之账簿式样及登记方法，各主管职员应一律遵行，不得擅自更改。

第三条 本会会计年度定为每年七月一日开始，至次年六月三十日终止，每月结算一次，造具月报，每年总决算一次，编制全年收支报告。

第四条 本会记账以国币银元为单位，所有银角、铜元等辅币及外国货币之收支，应照当日进出市价，折合银元入账，但补助簿得以原币记账。关于规元之收支往来，按七二定价折合入账，记账小数至分位为止，分位以下，四舍五入。

第二章 收入现款

第五条 本会收入各项会费、捐款等均须各别填具二联收据，以一联交付款人，一联存根。上项二联收据，应用订本并编定字号。

第六条 本会收据上应盖用本会会章，并由理事长及经济委员会长签字盖章，方为有效。

第七条 本会会费、捐款概由收捐员经收。每日下午四时，收捐员应将本日填用各项收据之张数、起讫号数及其金额填制收据日报，加盖图章，连同收入之款项上交与出纳员检收。出纳员检收济 [既] 讫，即在收捐日报盖章，并即将收捐日报交与会计员登报。

第八条 会费、捐款等以外各应收款项，由出纳员经收填制收入传票，连同凭证单据交会计员登账。

第九条 本会每日收入款项应□次日上午悉数存入银行。

第十条 本会所收各种款项，应用本会名义存放殷实银行。前项银行由会长及经济委员提出，执行委员会拟定之。

第十一条 收据苟有误填、取消等情事，应将误填或取消之收据附黏原号存根上，注明"作废"字样。苟有遗失，或未曾收回取消等情事，经管员应负其责。

第十二条 本会收入之会费、捐款等项，每隔十日应发报征信一次。苟捐款在一百元以上者，即在翌日特登，并在各该存根上注明登载报纸名称及日期，以备复核。

第三章 付出现款

第十三条 本会所有付款，除规定得由他部代付外，一律由本会会计处支付之。

第十四条 本会支付款项，凡在五十元以上，应先由会计员开具审核单，详填用途及数额，送交执行委员审核，照准后再签发支票。

第十五条 本会支票，由理事长及经济委员会长共同签字。

第十六条 五十元以下之付款，由理事长核准支付。前项付款得以零用现金支付之。

第十七条 本会存储零用现金不得过四百元，每月用去之款额，在月底将零用现金支付之账目，送交经济委员复核，照开支票，补足原款。

第十八条 本会付款概须取得正当领款人之收据，或由领款人在凭单上签字盖章作为收据，并由出纳员于付款后，在凭单或发票上盖印某年月日付讫戳字。

第十九条 每月经过后，会计处应将各种收据、发票等单据按照审核单号数、日期，顺次编号，黏入单据粘存簿。

第二十条 支付各医院经费，应根据各医院之预算。如有超出预算，应由理事长提交执行委员会，转送常议会请求核准后，再行支付。

第二十一条 各医院经费，概由各医院支付。本会除整数支与经费外，不得迳行代为付款。如有特种原由，由本会代付者，仍作为付各该院之经费，开单连同收据发单，知照各院转账，并由各该医院补填领据。

第二十二条　自办赈务救护队、掩埋队及其他临时开支，须预拨整款者，其拨付应按照付款核准及支付手续办理，并应由主管经手职员填具领款收据。前项支款只能作为预付费用性质，其收据不能□作报销之用，应由经手职员将该款实际用途详细记账，待该事全部或一部结束后，另开清册连同各项原□单据、有余款者并将其余款送交理事长、经济委员核准后，方得作为开支出账。

第四章　买卖物品

第二十三条　本会收入各项捐助物品，应照本规程第五条至第七条及十二条办理，捐助物品收据簿及收捐日报应与现款收据簿及收据日报各自划分，以备检点，并应另立收入捐助物品簿，由会计员执据，收捐物品日报登账。

第二十四条　本会出资捐助物品时，理事长应先得经济委员之同意，其售价亦须经济委员之认可，并应请购物者签具认购单，以资证明。

第二十五条　本会购买日常使用之物品，其数额在事务费用预算以内者，应由理事长核准，方得购买。至于特别物品，不在预算之内者，应照本规程第二十七条追加预算程序办理。

第五章　预算及决算

第二十六条　下列各项经费，应在每年度开始时，由理事长造具预算提交执行委员会，转送常议会议决通过，以为该年度支款之标准：一、各医院经费；二、本会开支。

第二十七条　各项经费如因临时发生特别情形，必须超出预算时，应由理事长将理由及超出金额提出执行委员会，转送常议会，请求追加预算。

第二十八条　下列各项用费在应行支拨之前，由理事长造具预算，提交执行委员会，转送常议会议决通过，再按照支款手续支付之：一、赈款在五十元以上者；二、补助费；三、救护队；四、掩埋队；五、补助分会经费；六、其他临时开支。

第二十九条　每月经过后五日内，会计员应将上月收支账目结算完毕，制成某月份收支月计表三份，送交理事长及经济委员备查，并由理事长报告于执行委员会。

第三十条　每会计年度开始后二十日内，会计员应将上年度账目实行结算完毕，并制成收支决算表及财产目录，送交理事长及经济委员督核，并由理事长报告于执行委员会，由执行委员会委托会计师检查出具证明书或报告书。前项会计师之查账证明书或报告书，经常议会督核后公布之。

第三十一条　每年收支决算表中，应将预算数目列入对照。如有不符之处，并应加注说明。

第六章　会计科目

第三十二条　本会会计科目暂定如下：

（一）收入之部

会费、捐款、补章及奖章费、赈捐、指赈灾童、时疫医院捐款、捐助物品售价、息金收入、兑盈、杂项收入、其他临时收入。

（二）支出之部

甲、事业费：

一、医院经费

总医院经费、南市医院经费、北市医院经费、时疫医院经费、吴淞防疫医院经费、伤兵医院经费。

二、赈济

赈款、补助费、救护队、掩埋队、灾童留养院经费。

三、分会经费

分会基本金。

乙、事务费：

一、本会开支

薪俸、公费、伙食、房地租捐、文具、印刷、广告、邮电、购置物品、消耗、修缮、保险、旅费、车资、交际、抚恤、兑损、杂项。

二、其他临时开支

（三）资产

现金、银行往来存款、定期存款、公债、股票、地产房屋、暂记付款。

（四）负债

基金、借用基金、收支剩余金、暂记收款、未付款项。

第七章 附则

第三十三条 本规程由执行委员提交常议会议决通过。

第三十四条 本规程于民国十九年七月一日起施行。

第三十五条 本规程如有应须修改增订之处，应由执行委员会提交常议会议决。

原载《中国红十字会月刊》1931 年第一卷第二号

本会附设各医院及其他机关会计规程

第一条 本规程根据本会会计规程第一条订定之。

第二条 凡本会附设各医院、各机关（以下诸称各机关）关于会计上一切事宜，均应依照本规程办理。

第三条 本规程所定各种收支程序及另订之会计科目、账簿式样及登记方法，应一律遵行，不得擅自更改。

第四条 各机关之会计年度及记账单位，照本会规程办理。

第五条 各机关之会计各自独立，其经费由本会拨付。

第六条 各机关不得用本机关名义向外界募款，外界捐助款项应直接交付本会，各机关不得收存。

第七条 各机关于每年度开始前，应造具详细收支预算，送由本会提交执行委员会转送常议会审议通过。

第八条 各机关向本会领款，在核准预算数额以内，应先填请款单。俟本会支付时，再填领款收据支领。

第九条 各机关领款，如因临时发生特别情形，必须超出预算，应先将理由及超出金额详陈本会，请求追加预算。俟核准后，再按规定手续支领。

第十条 各医院收入挂号、医疗、住院等费，均应分别填具订成编号之二联收据，一联交付款人，一联存根。前项二联收据应由各该院长核准签字盖章，方为有效。

第十一条 各医院及各机关支付款项，应将各项单据送请各该院长核准签字盖章，方可支付。

第十二条 各机关每届月终，应将本月份收支账目，制具收支月结

物资筹措

表，报告本会备查。

第十三条　各机关应于每会计年度开始后两星期内，将上年度账目全部结算完毕，造具该年度收支决算表，连同账册单据送交本会，依照《本会会计规程》第三十条办理。上项决算表内，应将预算数目列入对照。如有重大不符之处，应加注说明。

第十四条　《本会会计规程》中第十一条、第十八条、第十九条、第卅四条至第卅六条之规定，各机关均适用之。

原载《中国红十字会月刊》1931年第一卷第二号

内政部检查中华民国红十字会会计办法

（一）内政部为巩固中华民国红十字会之财政基础起见，特制定本办法。

（二）本办法所定关于检查该会一切会计事宜，由部另派特约会计师办理之。

（三）检查时期每年度暂分四期，每期三个月，在各该期间内施行继续检查，至每一期终了后一个月内，出具全年度详细报告书，分别送部核办。

（四）检查范围包括该会所有之动产及不动产、账簿单据以及有关之各项文件，其临时由部令指定者，应专就指定分（别）施行，详细检查。前项检查包括该会总会及其附属之第一、第二、第三各医院，并其他临时机关。

（五）施行检查时，应特别注意之点如左：

（甲）该会会计上一切文书账册制作是否适当，能否显示该会全部真实财政状况。

（乙）该会会计上一切记账计算有无舞弊或谬误。

（丙）该会一切收支有无浮滥或不当，对于政府法令及该会会计规程有无违背或隐饰。

（丁）该会会计组织是否健全。

（六）特约会计师经部令之指定，或该会之委托，得办理左列各项事务：

（甲）各项调查证明及鉴定。

（乙）编制预决算之方法及程式。

（丙）会计事务处理之方法，及会计科目之分类。

（丁）一切会计账簿表、单票据之格式。

（七）报告书内除该会全部财产收支状况外，对于本办法第五项所列各款须有详细之说明。前项报告书非经本部之准许，不得宣示其内容。

（八）特约会计师检查公费，由中华民国红十字会支付，其款额另定之。

（九）凡关于该会之会计法令案件，均随时由部或该会抄送特约会计师知照。

（十）本办法制定前所有该会二十三年度会计检查事宜，均依本法办理之。

原载《申报》1934 年 11 月 1 日

中国红十字会会计规程

第一次全国会员代表大会通过，内政部核准，定于七月一日施行

第一章　总则

第一条　凡本会关于会计上一切事宜，均应依照本规程办理。各分会及本会附属机关之会计规程另订之。

第二条　本规程所定各种收支程序、会计科目、账簿式样及登记方法，各主管职员应一律遵行，不得擅自更改。

第三条　本会会计年度定为每年七月一日开始，至次年六月三十日终止，每月结算一次，造具月报表，每半年编制半年收支报告书。每年总决算一次，编制全年收支总报告书。

第四条　本会记账以国币银元为单位，所有银角、铜元等辅币及外国货币之收支，应照当日进出市价，折合银元入账，记账小数至分位为止，分位以下四舍五入。

第五条　本会每日收入付出各账及库存银数，应制就日报表，由主管各员盖章负责送常务理事、常务监事备查。

第二章　收入款项

第六条　本会收入各项会费、捐款等，均须各别填具二联收据，以一联交付款人，一联存根。上项二联收据，应用订本并编定字号。

第七条　本会收据上应盖用本会会章，并由常务理事、常务监事及会长各一人签字盖章，方为有效。

第八条　本会会费、捐款概由收捐员经收。每日下午四时，收捐员应将本日填用各项收据之张数、起讫号数及其金额填制收捐日报，加盖图章，连同收入之款项交与出纳员检收。出纳员检收清讫，即在收捐日报上盖章，并即将收捐日报交与会计员登账。

第九条　会费、捐款等以外各应收款项，由出纳员经收，填制收入传票，连同凭证单据交会计员登账。

第十条　本会每日收入款项，应□次日上午存入银行。

第十一条　本会所收各种款项，应用本会名义存放殷实银行。前项银行由常务理事会择定之。

第十二条　收据苟有误填、取消等情事，应将误填或取消之收据附黏原号存根上，注明"作废"字样。苟有遗失或未曾收回、取消等情事，经管员应负其责。

第十三条　本会收入之会费、捐款等项，每月终应登报征信一次，并在各该存根上注明登载报纸名称及日期，以便复核。收入之捐款等项，每户输捐数在十元以上者，对于捐户应逐户由会函谢，以昭郑重。

第三章　付出款项

第十四条　本会所有付款，一律由本会出纳员支付之。

第十五条　本会支付款项，应先由会计员开具审核单，详填用途及数额，送请秘书长依第十七条之规定转请常务理监事审核照准后再签发支票。

第十六条　本会支票由常务理事、常务监事及会长各一人共同签字。

第十七条　五十元以上之付款，除额定开支外，可无须追加预算者应送请常务理事及常务监事各一人核准支付之；五十元以下之付款，由常务理事核准支付，此项付款得以零用现金支付之。

第十八条　本会存储零用现金不得过四百元，每月用去之数额，在月底将零用现金支付之账目送交常务监事复核，照开支票，补足原数。

第十九条　本会付款概须取得领款人本人之收据，或由领款人在凭单上签字盖章作为收据，并由出纳员于付款后在凭单或发票上盖印某年月日付讫戳字。如有单据及手续不完全者，一律不准核销。

第二十条　每月经过后，会计股应将各种收据、发票等单据，按照审核单号数、日期，顺次编号，黏入单据黏存簿。

第二十一条　支付各医院经费，应根据各医院之预算。如有超出预算，依第三十条之规定办理。

第二十二条　各医院经费，概由各医院支付。本会除整数支与经费外，不得迳行代为付款。如有特种原由，由本会代付者，仍作为付各该院之经费，开单连同收据发单知照各院转账，并由各该医院补填领据。

第二十三条　本会职员因公出差旅费规则另订之。

第二十四条　自办赈务救护队、掩埋队及其他临时开支，凡已经监事会核准追加预算而须预拨整款者，其拨付应按照付款核准及支付手续办理，并应由主管经手职员填具领款收据。前项支款只能作为预付费用性质，其收据不能即作报销之用，应由经手职员将该款实际用途详细记账，待该事全部或一部结束后，另开清册连同各项原始单据（有余款者并其余数）送常务理事转请常务监事核准后，方得作为开支出账。

第四章　买卖物品

第二十五条　本会收入各项捐助物品，应照本规程第六条至第八条及第十三条办理，捐助物品、收据簿及收捐日报应与现款收据簿及收据日报各自划分，以便检点，并应另立收入捐助物品簿，其有关于现金性质者，如股票、公债等类，应由会计员根据收捐物品日报登账。其他物品如施衣、施药等类，应由物品保管员根据收捐物品日报登账，并负保管之责。

第二十六条　凡经核准购买之医具、家具等，由庶务股办到后，其单据交会计股登账，其物品交物品保管员登账编号，其购入及使用手续另订之。

第二十七条　本会出售捐助物品时，常务理事应先得常务监事之同意，其售价亦须经常务监事之认可，并应请购物者签具认购单，以资证明。

第二十八条　本会购买日常使用之物品，其数额在事务费用预算以内者，应由常务理事核准，方得购买。至于特别物品不在预算之内者，应照本规程第三十条追加预算程序办理。

第五章　预算及决算

第二十九条　在每年度开始前三个月，由理事会就总会及所属各医院、各附属机关造具总会预算，提交监事会核定后，送请会长转呈内政部备案，以为该年度收支之标准。前项预算应根据本会之财政计划及事业计划编定之，此项计划须于每年度开始前六个月拟定公布，各分会预算应由总会于每年度开始前两个月分别核准，汇送内政部备案。

第三十条　各项经费如因临时发生特别情形必须超出预算时，应由理事会将理由及超出金额提出监事会请求追加预算，经核准后请会长转送内政部备案。

第三十一条　下列各项用费在应行支拨之前，由理事长造具预算，提交监事会审核，经核准追加预算后，再按照支款手续支付之，并请会长转送内政部备案：一、赈款；二、补助费；三、救护队；四、掩埋队；五、补助分会经费；六、其他临时开支。

第三十二条　每月上旬五日内，会计员应将上月收支账目结算完毕，制成某月份收支月报表，分送会长、理事及监事备查，并须分呈四部备案。

第三十三条　每会计年度开始后一月内，会计员应将上年度账目实行结算完毕，并制成收支决算表及财产目录，送交会长、理事及监事督核后，并由内政部令派会计师检查证明无误后，分送四部备案并列入征信录。前项会计师之查账证明书件由内政部核定后发交理事会公布之。

第三十四条　每年收支决算表中，应将预算数目列入对照。如有不符之处，并应加注说明。

第六章　会计科目

第三十五条　本会会计科目暂定如下：

（一）收入之部

政府补助金、会费、捐款、补章及奖章费、赈捐、时疫医院捐款、捐助物品售价、息金收入、杂项收入、其他临时收入、捐助物品。

（二）支出之部

甲、事业费：

一、医院经费

常设医院经费、临时医院经费。

二、赈济

赈款、补助费、救护队、掩埋队。

三、分会经费

分会基本金、分会补助费。

乙、事务费：

一、本会开支

薪俸、伙食、公费、房地租捐、文具、印刷、广告、邮电、购置物品、购置药具、消耗、修缮、保险、旅费、车资、交际、杂项。

二、其他临时开支

（三）资产

基金、现金、银行往来存款、定期存款、公债、股票、地产房屋、暂记付款、药具家具。

（四）负债

借用基金、收支剩余金、暂记收款、未付款项。

第七章 附则

第三十六条 各分会、各医院及其他所属机关之各种会计科目、账簿式样另订之。

第三十七条 本规程由第一次全国会员代表大会通过后，由会长呈请内政部核准施行。

第三十八条 本规程以后如有应行修改增订之处，应俟下届全国会员代表大会议决通过，复由会长呈请内政部核准。

原载《中国红十字会月刊》1935 年第 1 期

中国红十字会分会会计规程

第一条 本规程根据《总会会计规程》第一条订定之。

第二条 凡分会关于会计上一切事宜，均应依照本规程办理。

第三条 本规程所定之各种收支程序、登记方法及另订之会计科目、账簿式样，应一律遵行，不得擅自更改。

第四条 分会之会计年度及记账单位，照总会会计规程办理。

第五条 分会不得自由向外募捐，如有自愿捐助者，应由分会会长、常务理事及常务监事各一人共同签字盖章，出具正式收据，收入账册，就地登报志谢，并须呈报总会，由总会逐户函谢，以昭郑重。

第六条 分会于每年度开始前四个月，根据各该分会财政计划及事业计划，由分会理事会造具详细收支预算七份提交分会监事会审核，五份由会长呈送总会，一份由分会迳送当地主管机关备案，其余一份留会存查。

第七条 分会报解会费与总会时，可在会费内留存半数作为分会经费，同时应填具领证，随同半数会费送交总会，由总会出具正式收据，发给会员凭照。

第八条 分会支付款项应将各项单据送请分会常务监事核准签字盖章，方可支付。

第九条 分会如因临时发生特别情事，必须超出预算时，应先将理由及超出金额详呈总会核准后，再按照规定手续办理。

第十条 分会附设之医院及其他所属机关之会计均应参照总会附设各医院及其他所属机关会计规程办理，由分会监事会负审核之责。

第十一条 分会每届月终，应将本月份收支账目，制具收支月结表，报告总会审查。

第十二条 分会应于每半年，编制半年收支报告书。每年总决算一次，编制全年收支总报告书各七份，由分会理事会提交分会监事会审核，五份由会长呈送总会，一份由分会迳送当地主管机关备案，其余一份留会存查。

第十三条 分会之收支报告，总会认为有不明了处，得吊〔调〕阅账簿单据之一部或全部详细核对，或由总会派员会同当地主管官署共同审查。

第十四条 《总会会计规程》中第十二条、第十九条、第二十条、第三十七条、第三十八条之规定，各分会均适用之。

原载《中国红十字会月刊》1935 年第 1 期

中国红十字会附设各医院及其他所属机关会计规程

第一条 本规程根据《本会会计规程》第一条修订之。

第二条　凡本会附设各医院、各机关关于会计上一切事宜，均应依照本规程办理。

第三条　本规程所定各种收支程序、登记方法及另订之会计科目、账簿式样，应一律遵行，不得擅自更改。

第四条　各机关之会计年度及记账单位，照本会规程办理。

第五条　各机关之会计各自独立，其经费由本会拨付。

第六条　各机关不得用本机关名义向外界募款，如外界捐助款项、物品应直接交付本会。

第七条　各机关于每年度开始前四个月根据各该机关事业计划，造具详细收支预算，送交本会审核。

第八条　各机关向本会领款，在核准预算数额以内，应先填请款单。俟本会支付时，再填领款收据支领。

第九条　各机关领款，如因临时发生特别情形，必须超出预算，应先将理由及超出金额详陈本会，请求追加预算。俟核准后，再按规定手续支领。

第十条　各医院收入挂号、医药、住院等费，均应分别填具订成编号之三联收据，一联交付款人，一联存根，一联送交本会备查。前项三联收据应由各该院长签字盖章，方为有效。

第十一条　各医院及各机关支付款项，应将各项单据送请各该主管人员核准签字盖章，方可支付。

第十二条　各机关每届月终，应将本月份收支账目，制具收支月结表，报告本会备查。

第十三条　各机关应于每会计年度开始后两星期内将上年度账目全部结算完毕，造具该年度收支决算表，连同账册单据送交本会，依照《本会会计规程》第三十三条办理。上项决算表内，应将预算数目列入对照。如有不符之处，应加注说明。

第十四条　《本会会计规程》中第十二条、第十九条、第二十条、第卅七条、第卅八条之规定，各机关均适用之。

原载《中国红十字会月刊》1935年第1期

中华民国红十字会总会暨所属各单位
战时会计规程

第一章　总则

第一条　总会暨所属各单位之会计事务除法令另有规定者外，均须遵照本规程办理。

第二条　总会暨所属各单位照国民政府预算法之规定，自一月一日起至十二月三十一日止为一会计年度。

第三条　本规程所定会计科目、凭证、账簿及表报等格式，不得自行变更。如所属各单位因事实上之需要可照实际情形酌量增减变更，但须事前拟定呈报备案。

第四条　凡遇收付凭证，必须查核清楚合法手续，核定后方可办理收付。

第五条　各项传票、表报，在总会应由会计主任出纳、复核、记账、制表，各经办人员盖章；在所属各单位应由单位主管人员主办、会计人员出纳复核记账制表以及其他有关人员盖章，以明责任。但由总会送政府机关或其他机关之表报，应由会长、常务理事、秘书长、会计主任盖章。

第六条　总会暨所属各单位之账簿、传票及表□报应照国民政府会计法所定之年限妥为保存。

第七条　总会暨所属各单位各种账簿应由各该主办会计人员按日或随时审核之。

第八条　总会及所属各单位会计人员交代办法应照国民政府会计法第九章办理。

第二章　会计科目

第九条　会计科目分收入与经费两类，如左：

甲、收入类

（一）资产

1. 现金（收入存留数）：凡收入类之库存现金及银行存款皆属

之。（上项收入之数记入债方，支出之数记入贷方，其借方余额表示收入类之现金结存总额）

2. 专户存款：凡收入款项专户存储银行之数均属之。（上项存储之数记入借方，提取之数记入贷方，其借方余额表示存储尚未提取之净额）

3. 垫付其他账类款、收入类：凡其他账类向收入类借用之款项皆属之。（上项垫付之数记入借方，收回或冲转之数记入贷方，其借方余额表示收入类垫付其他账类之款项尚未收回或冲转之总额）

（二）负债

1. 收入款：凡本会或直辖各单位经收之款项，如会费收入、捐款收入、诊所及医院收入、运输费收入等皆属之。（上项收入之数记入贷方，退还或误收之数记入借方，其贷方余额表示实收之总额）

2. 预收款：凡期前预先收纳之款项皆属之。（上项收入之数记入贷方，退回或冲转之数记入借方，其贷方余额表示尚未退回或冲转之预收款总额）

3. 代收款：凡受其他机关或私人团体委托代收之款项以及所得税等皆属之。（上项代收之数记入贷方，交付之数记入借方，其贷方余额表示已收未付之代收款总额）

4. 暂收款：凡收入来源尚未确定之收款，皆属之。（上项暂收之数记入贷方，发还或冲转之数记入借方，其贷方余额表示尚未发还或冲转之暂收款总额）

5. 应解缴款：凡应解缴回库或应缴上级机关或收支机关之收入类及其他机关拨交转解国库或解缴上级机关或收支机关之收入款、经费剩余款及剔除经费款皆属之。（上项收入之数记入贷方，解缴划拨及其他奉准支付之数记入借方，其贷方余额表示已收未缴之收入款及已拨入尚未转解缴之其他机关收入款、经费剩余数及剔除经费款余额）

乙、经费类

（一）□力及资产

1. 现金（经费存留数）：凡经费类之库存现金及银行存款皆属之。（上项收入之数记入借方，支出之数记入贷方，其借方余额表示经费类之现金结存总额）

2. 零用金：凡交与庶务人员充作零星开支之定额现金皆属之。（上项交付或增加之数记入借方，收回或减少之数记入贷方，其借方余额表示经费类之零用金总额）

3. 周转金：凡交与所属各单位备充经费周转之款皆属之。（上项交付或增加之数记入借方，收回或减少之数记入贷方，其借方余额表示尚未收回之周转金总额）

4. 现金（所属单位经费存留数）：凡所属单位（在总预算内有法定预算者）经费类之库存现金及银行存款皆属之。（上项收入之数记入借方，支出之数记入贷方，其借方余额表示经费类之现金结存总额）

5. 预付经常费：凡预付各直辖单位经常费预算数之全部或一部之款皆属之。（上项预付之数记入借方，收回或冲转之数记入贷方，其借方余额表示尚未收回或冲转之预付经常费总额）

6. 预付临时费：凡预付各直辖单位临时费预算数之全部或一部之款皆属之。（上项预付之数记入借方，收回或冲转之预数记入贷方，其借方余额表示尚未收回或冲转之预付临时费总额）

7. 垫付其他账类款（经费类）：凡其他账类之借用款项皆属之。（上项垫付之数记入借方，收回或冲转之数记入贷方，其借方余额表示经费类垫付其他账类之款项尚未收回或冲转之总额）

8. 核发经费：凡依核定经常费预算按月或分期汇发各单位之经费皆属之。（上项核发之数记入借方，收回或冲转之数记入贷方，其借方余额表示核发经费之总额）

9. 押金：凡存出充保证金额之现金皆属之。（上项存出之数记入借方，收回之数记入贷方，其借方余额表示已存出尚未收回之押金总额）

10. 暂付款：凡经费支出数额未定而先行估付或支出数额已定而预付一部分之款项皆属之。（上项暂支之数记入借方，收回或冲转之数记入贷方，借方余额表示尚未收回或冲转之暂付款总额）

11. 应收剩余经费款：凡所属各单位经费实领数超过经费实付之数额皆属之。（上项剩余经费之数记入借方，收回或抵解

之数记入贷方，其借方余额表示尚未收回之剩余经费总额）

12. 应收剔除经费款：凡经剔除所属各单位已支用经费之款皆属之。（上项确定剔除之数记入借方，收到或冲转之数记入贷方，其借方余额表示已确定尚未收回之剔除经费总额）

13. 应领经常费：凡依核定经常费预算得向政府或主管机关领取之本年度经费皆属之。（上项核定之数及核准追加之数记入借方，核准追减及具领数记入贷方，其借方余额表示在本年度内尚可向政府或主管机关领取之经费余额）

14. 应领临时费：凡依核定临时费预算得向政府或主管机关领取之本年度临时费皆属之。（上项核定之数及核准追加之数记入借方，核准追减又具领之数记入贷方，其借方余额表示在本年度内尚可向政府或主管机关领取之临时费余额）

15. 经费亏绌（待拨补部分）：凡经费支出超过预算之数皆属之。（经费分配之年结借方余额记入借方，拨补或核准抵解之数记入贷方，其借方余额表示经费亏绌之余额）

（二）负担及负债

1. 经费应付数：凡年度结账或到期未付之经费皆属之。（上项应付之数记入贷方，实付及注销之数记入借方，其贷方余额表示应付未付之总额）

2. 代领经费：凡代所属（在总预算有法定预算者）或其他机关向国库或其他机关领到经费皆属之。（上项领到之数记入贷方，转发之数记入借方，其贷方余额表示尚未转发之代领经费总额）

3. 借入其他机关款：凡借入垫充经费之款项皆属之。（上项借入之数记入贷方，偿还或冲转之数记入借方，其贷方余额表示尚未偿还或冲转之借入款总额）

4. 应解剔除经费款：凡应解缴之剔除经费皆属之。（上项剔除之数记入贷方，解缴之数记入借方，其贷方余额表示尚未解缴剔除经费之总额）

5. 借入其他账类款（经费类）：凡向其他账类借入垫充经费之款项皆属之。（上项借入之数记入贷方，偿还或冲转之数记入借方，其贷方余额表示经费类借入其他账类之款项尚未偿

还或冲转之总额)

6. 经常费预算数：凡核定本年度经常费预算数皆属之。(上项核定之数及核准追加之数记入贷方，月份或分期分配数及核准追减数记入借方，其贷方余额表示本年度尚未分配之经常费预算数额)

7. 临时费预算数：凡核定本年度临时费预算数皆属之。(上项核定之数及核准追加之数记入贷方，月份或分期分配数及核准追减数记入借方，其贷方余额表示本年度尚未分配之临时费预算数额)

8. 经常费分配数：凡依据常务理监事会议或主管机关经常费预算数及其追加与追减而核定之分月或分期经费分配数皆属之。(上项核定之数核准追加数及本年度实付经费之退还数或应付经费之注销数记入贷方，核准追减数及各项费用支出数记入借方，其贷方余额表示本年度尚未支出之经常费分配数，其年结贷方结余转入经费剩余——待解缴部分之贷方)

9. 临时费分配数：凡依据常务理监事会议或主管机关核定临时费预算数及其追加与追减而核定之分月或分期临时费分配数皆属之。(上项核定之数核准追加数及本年度实付临时费之退还数或应付临时费之注销数记入贷方，核准追减数及各项费用支出数记入借方，其贷方余额表示本年度尚未支出之临时费分配数，其年结贷方余额转入经费剩余——待解缴部分之贷方)

10. 经费剩余（待解缴部分）：凡经费预算数或实领数超过支出之数以及收回或注销以前年度经费支出之款皆属之。(经常、临时费分配数之借方余额收回以前年度实付经费数或注销以前年度应付经费数及收回以前年度支付押金之数记入贷方，应领经临费之年结借方余额〔因年度终了经费尚未领到而停止使用部分〕解缴划拨经费剩余之数及本年度支付押金之净数记入借方，其贷方余额表示尚未解缴之经费剩余总额)

11. 经费剩余（押金部分）：凡因支付押金无款解缴之经费剩余皆属之。(年度终了查明本年度付出押金之净额记入贷方，收回以前年度支出押金之数记入借方，其贷方余额表

示因支付押金无款解缴之经费剩余总额）

（三）费用

1. 薪工津贴：（1）薪金（2）工资（3）战时津贴（4）生活补助金（5）特别办公费。凡支付职员及工役上列之款项皆属之。（上项支付之数记入借方，收回或冲转之数记入贷方，其借方余额表示经费支出之薪工津贴等总额，月终结转经费分配数之借方）

2. 办公费：（1）文具（2）消耗（3）邮电（4）印刷（5）租赋（6）修缮（7）旅运费（8）交际（9）杂支（10）购置。凡支付办公上必须之上列费用皆属之。（上项支付之数记入借方，收回或冲转之数记入贷方，其借方余额表示支出经费之办公费总额，月终结转经费分配数之借方）

3. 特别费：凡不属于上列一二两项之经费支出而其性质不固定者，皆属之。（上项支付之数记入借方，收回或冲转之数记入贷方，其借方余额表示支出经费之特别费总额，月终结转经费分配数之借方）

原载《中国红十字会会务通讯》1943 年第 16 期

救护药品进口免税暂行办法

本市全国新药业公会联合会昨接奉卫生署（护）字第一〇三二二号通知书云：查本署为减低救护药品价格，便利各地方乘时巨量购进、分别储用起见，曾商请财政部将急需之救护药品免税进口。兹经会同拟定《救护药品免税暂行办法》，除呈报行政院备案及转请卫生勤务部详拟稽核手续并印制免税证明书外，合行检发原办法一份，并附表两份，通知该会即便知照，转知各会员踊跃乘时购进，以宏治疗为要。特此通知。

《救护药品免税暂行办法》

（一）关于救护药品之进口税及证明、稽核等事项，概照本办法办理。

（二）本办法所称之救护药品，系以附表所载各药品为限。

（三）中央或地方政府及合法社团购办附表所载救护药品，应免纳进口税。

（四）本办法实施后，由卫生署分咨各省市政府，促令各地药房从速购办附表所载救护药品以应需要，所有药房购进表列之救护药品，准其免税进口。

（五）各省市药房免税购办之救护药品，其售价最高限度不得超过进价（包括成本、运费、息金、杂费、利益）百分之八，应由当地政府及卫生勤务部派驻各该地方之专员监督稽核其售进、存储、售卖之价值及数量，并按月分别呈报卫生勤务部及财政部备核。

（六）所有购办免税进口之救护药品，在中央应由卫生勤务部填发免税证书，在地方应由当地省市政府向卫生勤务部预领空白免税证明书，随时慎用，但必须由省市政府主管长官及卫生勤务部专员共同签字，方为有效。其免税证书之式样，由卫生勤务部订定之。

（七）进口救护药品持有免税证明书者，应由海关依据附表查核品目，并验明货、书相符，即予免税放行。

（八）国外捐赠本国中央或地方政府及合法社团之救护药品，得照本办法第六条规定之手续予以免税进口。其药品免税范围，不受附表之限制。所有捐赠之医药器械及与救护有关之用品，并准一律免税。

（九）专供外科手术用之主要器械，为附表二所载者，准其依救护药品例，一并免税进口，并照本办法第五条及第六条之规定办法。

（十）本办法附表所列药名如有同物异名之疑问时，准其暂缴押税或具保证，由关先予免税放行，仍候卫生勤务部解释决定之。

（十一）本办法附表未列之救护药品，经卫生勤务部认为必要时，得随时商请财政部审核补列。

（十二）本办法由财政部、卫生署会同呈报行政院备案施行，其终止日期得由财政部体察情形，随时与卫生署商决定之。

原载《中国红十字会月刊》1937年第30期

中华民国红十字会总会购置物品暂行办法

一、本会各处属购置需用物品自九月份起照本办法行之。

二、凡购置物品区别为二种：一须向国外购置者；一在国内购置者。在国内购置物品价值在二百元以下者，由秘书长或各处属主管人员在核准预算中核定采购之；二百元以上者，将物品名称、数量、金额、品质牌号等列表申请购料委员会代办之，向国外购买者（包括香港在内）一律申请购料委员会办理之。

三、各处属请购料委员会购置物品，不得超过各该处属预算购置经费之外，对于请购物品得有指定合乎何种需要不得易以代用品之权，并可向购料委员会介绍出品厂肆或声明对于该项代购物品需要之意见。

四、各处属请购料委员会代购物品，所有运输事宜由各处属自行照向例办理。然遇困难时，得请购料委员会加以援助。关于物品价银，须先缴购料委员会代付或请购料委员会在该处属预算经费项下报请会长或常务理事会核准垫付者，须预先声明之。所有单据仍交原处属存查。

五、急需物品得请购料委员会限期办理。

六、向国外购物所需外汇，各处属得汇集单据送由购料委员会转呈会长、理监事会，用总会名义向财政部请求批准之。

七、自本办法施行之日起，除救护委员会特准派员一人驻港协助购料外，各处属毋须各自派人订购货物，俾得统筹办理。

八、购料委员会组织规程另订之。

九、本暂行办法呈请会长、理监事会核准施行，其修改时亦同。

原载《中国红十字会月刊》1940 年第 55 期

中华民国红十字会总会救护事业
会计课组织系统表

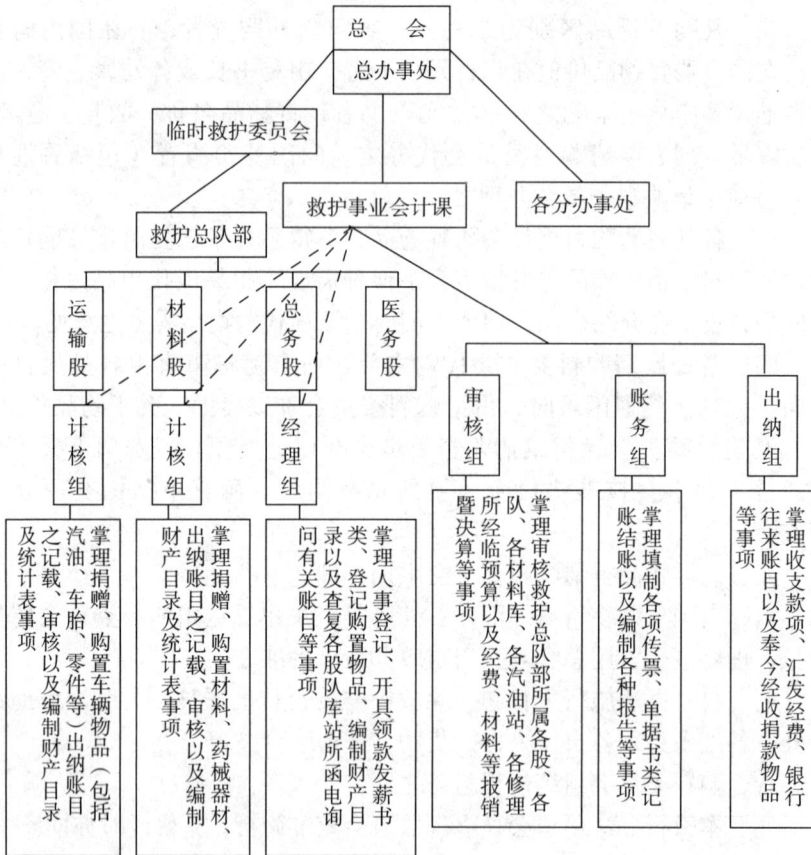

总　会
总办事处

临时救护委员会

救护事业会计课　　各分办事处

救护总队部

运输股　材料股　总务股　医务股

审核组　账务组　出纳组

计核组　计核组　经理组

运输股—计核组：掌理捐赠、购置车辆物品（包括汽油、车胎、零件等）之记载、审核以及编制财产目录及统计表事项

材料股—计核组：掌理捐赠、购置材料、药械器材、财产目录及统计表事项 出纳账目之记载、审核以及编制

总务股—经理组：掌理人事登记、开具领款发薪书类、登记购置物品、编制财产目录以及查复各股队库站所函电询问有关账目等事项

审核组：掌理审核救护总队部所属各股、各队、各材料库、各汽油站、各修理所经临预算以及经费、材料等报销暨决算等事项

账务组：掌理填制各项传票、单据书类记账结账以及编制各种报告等事项

出纳组：掌理收支款项、汇发经费、银行往来账目以及奉令经收捐款物品等事项

原载《中国红十字会月刊》1940 年第 55 期

中华民国红十字会总会救护事业会计课组织规程

（一）本会为适应战时环境并使救护事业会计工作便利起见，特设救护事业会计课，直隶于总会，驻在救护总队部所在地办事。

（二）救护事业会计课承总会秘书处之命，综理本会临时救护委员会救护总队部收支款项、登记账目、审核报销、保管账据、拟具预算决算及报告经济状况、财产目录等事务，并总会指令办理之其他事件。

（三）救护事业会计课得依事实上需要，分设出纳、账务、审核三组，必要时并得派员分赴各处实地稽查账目。

（四）救护事业会计课设课长一人，主持本课事务；设会计员、审计员、出纳员、事务员若干人，协助课长分任各组事务。

（五）本规程经本会理监事会核准施行。

原载《中国红十字会月刊》1940 年第 55 期

中华民国红十字会总会救护事业会计课办事细则

第一章　总则

第一条　救护总队部为战时特设之机关，于会计上一切事宜均应依照本细则办理。

第二条　本细则所定各种收支程序、各主管职员应一律遵行。至于会计科目、账簿式样，得由救护事业会计课因地制宜，以应环境需要。

第三条　救护总队部为适应战时环境编制预算，以数个月为一时期，预算时期终了，开始办理决算，一俟事业告一相当段落，应即办理总决算，编制收支总报告书。

第四条　本会记账以国币为单位，外国货币之收支应照当日市价折合国币。入账小数至分位为止，以下四舍五入。救护总队部为应事实上需要，请求外汇拨款补充药械材料时，得以外汇记账。惟编制总报告时，应于收付外汇数目之外折算相等于国币之价值，以便查核。

第五条　救护总队部每日收入、付出各账及库存银数应制就日报表，由主管员盖章，送请临时救护委员会核转。

第二章　收入款项

第六条　救护事业会计课得奉命代表总会就近收受捐款，填发总会颁印之二联收据，以一联交捐款人，一联存根。此项捐款应存入指定之银行，另立总会结存专户，并由秘书长向总会负责管理之。

第七条　救护事业会计课并得奉命代表总会收入其他款项，除掣给收据外，均应存入指定之银行，与上条同。

第八条　救护总队部收入、总会拨发救护事业经费，应由救护事业会计课分别性质填具领据正副本各二份，请秘书长签字盖章后呈转存查。前项拨款应即存入指定之银行备用，并得由秘书长委托就近负责人员分别管理之。

第九条　救护总队部收入、各股各队逐月缴回经费余款，除由救护事业会计课填发收据交各该队长收执外，应即如数解存银行。

第十条　救护总队部所收各种款项，一律由救护事业会计课出纳员经收，除依照上开各项规定填发收据外，并应填制收入传票，连同凭证单据交会计员入账。

第十一条　奉命经收之捐款及物品，每月终应汇报总会，并同时由总会登报征信一次，并在各该存根上注明登载报纸名称及日期，以便复核收入捐款。每户输捐数在十元以上者，对于捐户应逐户由总会函谢，以昭郑重。

第三章　付出款项

第十二条　救护总队部支付经费概须填具领款通知单，交由救护事业会计课长或于驻在地代表加以事前审计。如与预算规定符合，然后开具支出传票，或于领款通知单加签，送经秘书长或其受委之主管人员签章核准，方得由出纳员签发支票。

第十三条　救护事业经费支票应由秘书长或救护总队部总干事及救护事业会计课长共同签字。因紧急用途而由总会拨给之紧急费项下支付者，其手续同。

第十四条　救护事业会计课得暂时奉命，代表总会保管总会在内地银行之结存专户款项。惟遇支付款项之时应查明原案或例案，然后呈请秘书长核准支付之。

第十五条　本会付款以签付支票为原则，惟如各队提早出发不及向银行兑现或其他紧急用途签发支票已迟或驻在地距离银行较远，得由救护事业会计课另以库存现金内支付之，库存现金不得超过三千元。前项付款事后仍须依照规定请签支票，补足原额库存现金，并不得私人借宕或另作其他用途。

第十六条　救护总队部为便利支付零星用款起见，另拨零用预存金一百元备用，每旬由管理零用之庶务员再将零用现金支付之，账目单据依照十二条规定请求核销，照开支票补足原数。

第十七条　救护总队部付款概须取得领款人本人收据或由领款人在凭单上签名盖章作为收据，并由出纳员于付款后在凭单上或发票上加盖付讫戳记。如有单据及手续不完全者，一律不准报销。

第十八条　每月经过后，救护事业会计课应将各种单据分别按照支出传票日期编号，顺次黏入单据黏存簿。

第四章　收付物品

第十九条　奉命经收各项捐助物品，应照本细则第六条、第十一条办理，并应另立物品收据簿及收入捐助物品簿，以便查考。其有关现金性质者，如公债票等类应由救护事业会计课根据收据存根入账。

第二十条　直接运送至救护总队部之捐助医药器材，由该队部材料股验收后开具库据，除以存根入账外，另以二份送存救护事业会计课，以便照给正式收据。

第二十一条　凡经核准购置之医具、家具等，由负责人员办到后，其单据交救护事业会计课登账，其物品应交材料股或其他主管人员编号备查。大宗购料应由本会香港购料委员会集中办理，购料委员会章程另订之。

第二十二条　救护总队部出售物品，应呈由秘书长转报总会核准备案。

第二十三条　救护总队部材料股、运输股、医务股以及各队逐月结存材料、药品、器械应根据收支账目编制报告，分别送核。

第五章　报销送核

第二十四条　救护总队部各股各队每月支领经费应依照报销须知及其他规定办法如期报销，送由总务股转送救护事业会计课加以审查。

第二十五条　救护总队部各股队报销，如有应行补正、剔除各事项，应由救护事业会计课开具审核通知书，送经总务股寄交各股各队照办。

第二十六条　救护总队部各股队报销，如有迟到情事，由救护事业会计课会同庶务股催促之，必要时并得呈准秘书长及总干事停发次月经费。

第二十七条　各股队报销经审核后，认为手续齐备、数目符合者，应送经总干事核签后退还救护事业会计课入账保存。

第六章　预算决算

第二十八条　救护总队部各项经费如因临时发生特别情形，必须超出预算或其他非常支出当时未经列入预算且亦不能包括于临时费项下者，应申叙理由，请由秘书长呈明理事会，请求追加或追认。

第二十九条　救护总队部每月经费在旧预算终了、新预算未能核定以前，得呈明理事会延长旧预算。

第三十条　救护总队部每月经费预算有余时，应请由秘书长呈明理监事会核准后方得另作他项用途。

第三十一条　每月中旬救护事业会计课应将上列各种收支账目编制月报表，除分送各关系处外，另以三份分呈秘书长核转上级机关备查。

第三十二条　救护总队部每月各股队报销经审核完竣后，应由救护事业会计课加以整理，重行编制收支报告表，送总会审核办理。

第三十三条　每月收支报告表或每一期决算报告表中，应将收支预算数目列入对照，如有不符之处并应加注说明。

第七章　附则

第三十四条　本细则未尽事宜悉参照《总会会计规程》及《总会附设各医院暨其他所属机关会计规程》办法。

第三十五条　本细则自理事会、监事会核准之日施行，修改时亦如之。

原载《中国红十字会月刊》1940年第55期

中国红十字会总会救护事业会计课驻外
会计审计人员工作大纲

第一条　本课为便利各地救护事业会计工作并实施就地审核起见，根据本课组织规则第三条，酌派人员驻在各大队部所在地办理会计审计事宜。

第二条　本课驻外人员除受驻在地大队长监督指导外，应依照《会计规程》暨《报销须知》及各项规则，秉承本课意志，执行一切有关会计审计上事务。

第三条　各大队部预备费以及逐月由本课划汇大队部所属各队库站所经费，各大队长应会同本课驻外人员按照核定预算数分别发放并登记账簿。

第四条　各大队部所属各队库站所报销，应按依限编造，就近送请本课驻外人员审核。

第五条　本课驻外人员关于报销上一切事宜，应依照各项章则，就近指示编造方法。

第六条　凡报销上应行注意更正及剔除等事项，本课驻外人员得就近全权处理并须缮写审核通知书三份，除抽存一份备查外，一份寄呈本课，一份通知报销人。

第七条　本课驻外人员审核报销书类，对于不合规定之支出，得驳复之。

第八条　各队库站所报销，驻外人员审核后认为手续完备，数目相符，即加签证，连同审核通知书等附件，一并寄呈救护总队部核转。

第九条　本课驻外人员对于会计审核上如遇有不能解决之问题，应迅行请示本课核办，并即通知有关各股查照。

第十条　本课为考核驻外人员工作并明了各地会计审计上实况起见，本课课长审核组组长或其他特派人员得随时分赴各地加以查察。

第十一条　本大纲自呈准主管人员之日起施行，修改时亦如之。

原载《中国红十字会月刊》1940 年第 55 期

物资筹措

中华民国红十字会总会因公出差旅费规则

第一条　本规则根据《总会会计规程》第二十三条订定之。

第二条　凡因公出差时，应按照左列格式于公毕后十五日内填具出差旅费报告表，连同出差工作日记呈请核销，附入单据粘存簿内备查。出差旅费报告表式样如下（长三十四厘，宽三十厘）：

中国红十字会总会出差旅费报告表

姓名		职务	
出差事由			

中华民国　年　月　日起至　年　月　日止共计　日附单据　张

日期		舟车费			膳宿杂费	特别费			总计	备考
月	日	起讫地点	火车费	轮船费	车舟轮马费	依照规定数额	摘要	金额	单据号数		

主管人员　　　　　　　　　　　　　出差人

第三条　上表所列之火车、轮船等位及膳宿杂费，得依下列等级数额支付，由出差人员依照规定数额报销。

	依照薪给表			
甲级	一级至二级	火车轮船	一等	膳宿杂费每日十元
乙级	三级至六级		二等	七元
丙级	七级至十级		三等	五元
丁级	十一级至十五级		三等	三元

上列所支膳宿杂费之金额得依照到达地点通用币制支付之，但应申合国币并须取得银行或钱庄之水单。

第四条　舟车费悉依定价或据实□□开列，其领有免票车票或由公家专备交通工具者不得照表列数字报销。

第五条　特别费指出差期间办公必须之邮电（电报须附电文）及其他特别费用，支出性质须逐笔记入摘要栏内，支出金额逐笔记入金额栏内，证明单据之号数于编定后填入单据号数栏内。

第六条　出差人员如有乘坐飞机之必要时，必须事前呈准，方得开支。

第七条　到达之当地出差人员服务机关设有办事处供给膳宿者，或由公家专备可供膳宿者，不得开支膳宿杂费；坐船车期内，不得开支宿费；供膳者，不得开支膳费，但杂费得按每日旅费额定数三分之一支给。上下舟车时力钱、赏钱，并在所驻地每日开支之车马费及其零星费用，均应列入膳宿杂费项下，不得另行列报。

第八条　出差一切用费，除舟车费无从取得单据及膳宿杂费依定额无须单据外，其他支付应随时索取单据，连同出差旅费报告表报销。倘有应可取得之单据竟不附送或称遗失者，概不得核销。

第九条　旅费自起程之日起，至差竣日止。除患病及因事故阻滞仍按照计算外，其因私事休假式延滞者不得支给。

第十条　旅费按照出差必经之顺路计算之。其有特别情形者，非经主管人员核准，不得支给。

第十一条　出差人员填制出差旅费报告表完毕后，应即签名盖章，连同出差工作日记呈送主管人员核阅批准核销后，会计股根据此表编制支出传票入账。

第十二条　本会临时救护委员会救护总队部出差旅费规则另订之。

第十三条　本规则经理监事会通过后施行，修改时亦如之。

原载《中国红十字会月刊》1940 年第 55 期

中华民国红十字会总会第一期
会计人员训练班组织规程

第一条　本班由总会视需要会计工作人员实际情形，饬由救护事业会计课主持设立。

第二条　本班以训练素有会计资历，愿在本会及所属各单位办理会计事宜之人员及调训原任会计及事务人员，俾增进工作效能为宗旨。

第三条　本班视受训人员程度，分设甲乙两级训练，以救护事业会计课所在地为地点。

第四条　本班设主任一人，由总会会计主任兼任；副主任一人，由救护事业会计课长兼任，承总会之命，主持本班一切事务。

第五条　本班设教务、训练、总务三组，各设组长一人，襄助主任及副主任处理各该组一切事宜，其人选由主任遴派，报请总会备案。

第六条　教务组掌理拟订课程、编排教材、编纂讲义、保管图书、甄试注册、成绩考核及其他关于教务各事宜。

第七条　训导组掌理品行考查、生活指导、思想纠正、请假奖惩及其他关于训导事宜。

第八条　总务组掌理文书、庶务、会计、卫生及不属于其他各组事宜。

第九条　各组得视事务之繁简，酌设组员若干人，由组长遴请主任派充之。

第十条　本班设教授若干人，除由主任就救护事业会计课及救护总队部职员聘请兼任外，得延聘当地有名之士担任教授。

第十一条　本规程呈由总会核准施行。

原载《中国红十字会会务通讯》1941年第4期

复员期间中华民国红十字会资产管理办法

三十五年八月公布

第一条　复员期间本会资产之管理依本办法行之。

第二条　本会之资产分类如左：

一、现金及银行存款（基金及结余）

二、所有动产

三、所有不动产

本条各项来源为补助金、会员会费、经募款项、遗赠、本会事业上所生收入及基金等之孳息。

第三条　本会之资产报告除医药事业另有规定外，每三个月（三月、六月、九月、十二月）应造具财产目录及资产负债表。总会由会长提交理事会通过，转行行政院备案。分会由会长提交理事会通过，分别呈报地方主管官署及总会备案。

第四条　本会之资产得设财务委员会管理之，如经设财务委员会者，其资产报告之程序须先通过财务委员会依前条规定办理之。

第五条　复员期间本会对于战前资产必须调查与清理者，得组织资产整理委员会负责处理。至任务终了时撤销之，并将整理结果呈报总会备案。

第六条　本会资产之移转或变更，均须通过总会理事会核定之。

第七条　本会资产之增加依下列规定办理：

一、募集基金

二、接受遗赠及补助

三、征求会员及捐款

第八条　前条规定三项，除第一项由总会公告、第二项随时办理须由总会最后决定外，第三项以分会办理为原则，统应由总会出具正式凭执。但分会经征会员之会费及经募之捐款，应留半数充作分会备用金，其余半数应缴总会为备用金。至捐款方针，分会得视其每年经费之需要，以每年捐款一次为原则，造具概算书，呈报总会核定后发给捐册，须定期办理结束呈报总会，按捐册分别出具正式收据。

本条捐款如不能一次定期结束或不在规定捐款期间收到捐款者，得酌情办理，但应随时呈报总会，按捐册分别出具正式收据。

第九条　分会如需特别救济费用，应报请总会于捐款内酌量拨给。其因灾情重大实有另行捐款之必要者，应将事实理由呈请总会，拟定捐款区域暨起讫日期。仍由总会发给捐册，结束后呈报总会，出具收据，并转报行政院备案。但此项捐款得专作指定之用途。

第十条　本办法如有未尽事宜，得修订之。

第十一条　本办法自公布之日施行，至复员业务终了时斟酌变更之。

原载《中国红十字会月刊》1946 年第 8 期

复员期间中华民国红十字会
医药事业资产管理办法

三十五年八月公布

第一条　复员期间本会医药事业资产之管理依本办法行之。

第二条　本会医药事业以分会主办为原则，必要时得与有关机关合作办理，准适用本办法之规定。

第三条　本会医药事业之种类如左：一、医院；二、诊疗所；三、传染病防治所；四、产院；五、急救站；六、其他有关医药或医护训练之机构。

第四条　本会医药事业之资产分类如左：一、现金及银行存款；二、动产及不动产（包括医药器材及设备）。本条各项之来源为补助金、捐款、遗赠、事业上所生之收入及以上各项所生之孳息等。

第五条　本会医药事业除由分会主办者应于分会衔名下冠以某种事业之名称外，凡分会与其他有关机关合作者，应并列分会及与合作机关之衔名，其下冠以合办某种事业之名称。

本会医药事业如属于总会创办，具有历史规模及成绩，而与有关机关合作办理者应保持总会原有之名称。其有关机关之标识应居客位，得附加于门首。

第六条　本会医药事业之资产，每半年应造具财产目录、资产负债表，呈报总会备案，但不得自由移管或变更。

第七条　本会医药事业凡属合办性质者，依以下之原则另订合约：

一、补助医药器材及设备，但应完全属于本会所有。至其他遗赠与〔予〕募捐之财物，亦应属于本会所有，于必要时得由本会派用会计，对本会负责；

二、技术人员视总会经济状况，得酌予奖励年金或月金；

三、凡医院或产院，得由总会酌情补助，设置三等免费病床，其办法另订之；

四、重要人员及技术人员之异动，须按月呈报总会备查；

五、添置、修缮、改装、拆除或变更房屋、地皮及固定之设备等，须事先呈报总会核议后施行；

六、供给一切有关宣传及学术文献之资料，随时呈报总会，以广宣扬；

七、接受总会委托，办理各种急救、护理或其他有关医药之训练；

八、接受总会有关医药问题之咨询或研究。

第八条　本会医药事业之单位应于每月造具工作月报，附具各种统计，并应于每年年终详具工作年报，呈报总会备查。

第九条　本办法如有未尽事宜，得修订之。

第十条　本办法自公布之日施行，俟复员业务终了时斟酌变更之。

原载《中国红十字会月刊》1946 年第 8 期

中华民国红十字会统一募捐办法

一、中华民国红十字会（以下简称本会）为筹集经费及临时灾害救济费，得举行定期及不定期之统一募捐（包括现金与物资）。

二、本会一切募捐统以总会名义举行，分会不自行筹募。

三、定期统一募捐，于每年十月举行红十字周时由总会通知全国分会一致举行，不定期统一募捐于遇国内外发生重大灾害及特殊需要时随时由总会通知分会举行。

四、分会所在地如发生意外灾害须举行募捐赈济时，该分会应将灾害情形、赈济最低款额及募捐方式用最迅速方法呈报总会核准后，方得以总会名义就地捐募，或由总会通知适当分会协助筹募，其协助筹募所收捐款，统交由总会转发灾区所在地分会。

五、分会经募统一捐款（包括定期与不定期），应随时送存当地银行或妥实钱庄，专户储存，不得动用，俟捐募结束时将捐款及利息总数用最迅速方法报告总会决定分配解缴办法。惟不定期捐款，灾害发生地之分会得先将经募捐款动用救济，并一面呈报总会。如救济完竣，剩余捐款仍交总会。

六、本会每年统一募捐目标，除不定期募捐由总会临时决定外，定期统一募捐以总会与分会全年经费预算数额为募捐总目标，分会以其本身全年经费预算加上总会经费预算分配担负之总数为募捐目标，其分配及解缴比例另订之。

七、本会除举行定期及不定期之统一募捐外，并得随时接受社会人士及本会会员之自动捐献。此项捐献如未经捐献人指定用途或为不动产，应列收定期捐款项下，如为不动产，其产权仍属总会。

八、本会统一募捐所需捐册及正式收据，均由总会制发。如因时间仓猝［促］或邮寄不便，捐册及临时收据由总会斟酌情形授权分会就地照样印制。

九、总会得设征募顾问委员会，经常研究设计，并倡导捐募工作，顾问委员会之下得调派总会职员若干人，分组办事。

十、本会募捐以自由乐助为原则，并得配合各地实际情形举行义卖、影剧义演、球类义赛、音乐会、展览会、舞会及娱乐附加。

十一、本会为加强募捐运动，得作普遍一宣传，宣传品由总会统筹印发。

十二、国内外人士或团体对本会之捐赠，其合于总会给奖之规定者由总会给奖，合于政府《褒扬条例》之规定者由总会转请政府褒扬。

十三、本办法经总会理事会通过后施行，并呈报行政院备案。

十四、本办法如有未尽事宜，得随时提请修正之。

附定期统一捐款分会解缴比例说明

一、分会捐募届满规定期限已达目标，即按总会经费预算分配担负数汇缴总会。如未达目标，则按总会经费预算分配担负数与其本身全年经费预算数之比例汇缴总会，（如总会分配担负数为一亿元，分会全年预算为二亿元，则分会募捐目标为三亿元，设只捐得一亿五千万元，则按比例应汇缴总会五千万元）。

二、分会捐募超出预定目标时，其超出数额百分之四十由分会截留，百分之六十汇缴总会。此项超出数额，总会及分会均作为基金，只许将所收利息列入常年收入项下，在准动用基金，以备募捐发生极度困难时发补经费。

三、分会截留捐款，不论系本身经费预算或超额分配所得，应一律呈送领据，以凭转账。

原载《中国红十字会月刊》1948 年第 28 期

会 员 工 作

会员入会志愿书

今愿遵守博爱恤兵宗旨及连［联］络世界青年情感，发展实业文化以解除人类之痛苦，促进永久之和平，特纳会费　　元，希给正式收据并　　特别/名誉/正/普通/青年　　会员证书，寄　　省　　县/市　　路　　街　　号门牌为盼。此致！中国红十字会台鉴

　　　　　　中华民国　　年　　月　日立志愿书人

原载《中国红十字会月刊》1931年第一卷第一号

征求会员奖则

（一）凡个人独捐洋五万元以上者，在本会新建之礼堂或议事厅，即以捐者之台衔为堂名或题名。另赠有功章一枚，并赠会徽悬挂，均志景仰而留纪念。

（一）凡个人独捐洋一万元以上者，除赠有功章外，在本会新会所之中央，特建磐石纪念碑一座，上刊捐者姓名及肖像，并捐款数，以扬仁风，藉留纪念。

（一）凡个人独捐洋五千元以上者，本会在新建之会所内，将捐者之姓名及捐数刊入纪念铜碑，悬挂壁间，永留纪念，并赠名誉会员，以志酬谢。

（一）凡个人独捐洋一千元以上者，除推赠名誉会员外，并奖给匾额一方，大号银盾一座，以酬荣誉。

（一）凡个人独捐洋五百元以上者，推赠特别会员，并将中号银盾一座，纪念绸旗一面，

（一）凡个人独捐洋二百元以上者，推赠特别会员外，并奖小号银盾一座，奖状一纸；捐款在百元以内、二十五元以上者，除推赠正会员外，并奖泥金颂词一纸；其在十元以上者推赠普通会员，一元以上者推赠学生会员。

（一）凡经募款洋五万元以上者，除赠有功章外，并在磐石纪念碑上，刊刻姓名及肖像，永志纪念。

（一）凡经募款洋一万元以上者，除推赠名誉会员外，并将姓名刊入纪念铜碑，藉资纪念。

（一）凡经募款洋五千元以上者，除推赠名誉会员外，奖给匾额一方，大号银盾一座。

（一）凡经募款洋一千元以上者，除推赠特别会员外，并奖中号银盾一座，纪念绸旗一面。

（一）凡经募款洋五百元以上者，除推赠特别会员外，并奖小号银盾一座。

（一）凡经募款洋百元以上者，推赠正会员，并奖状一纸，颂词一纸。

（一）凡经募款洋在五十元以上者，推赠正会员；二十元以上者，推赠普通会员。

原载《中国红十字会月刊》1931年6月第一卷第二号

内政部颁发红会征求会员章则

中国红十字会奉内政部明令，于三月一日开始征求会员，并批示各项办法先后到会，计学生会员每人一元，普通会员十元，正会员二十五元，特别会员二百元，名誉会员一千元。各省市长、县长，因所辖地境有分会者，概为委员长。其给奖办法，一百分以上者推为普通会员；五百分以上者推为正会员；一千分以上者推为特别会员；五千分以上者推为名誉会员；一万分以上者推为名誉会员，并呈请内政部褒扬。凡能建筑会所、医院、学校之全部或一部分者，得分别勒石铸象［像］，以垂不朽；凡分会及各队总分在一千分以上者，赠奖旗；

五千分以上者，赠匾额；一万分以上者，赠奖旗及匾额；五万分以上者，呈请内务部褒扬。

原载《申报》1934 年 2 月 25 日

中华民国红十字会第二次征求会员章程

第一条 本会征求会员依据《中华民国红十字会管理条例施行规则》第十八条之规定举行；

第二条 征求会员由本会组织征求会员委员会，以全体理监事为委员，由正副会长为正副委员长，常务理事为常务委员，负责办理征求会员事宜；

前项委员会应于筹备期内组织成立，至征求期满后一月内结束之；

第三条 征求会员预备期定于二十四年五月一日起至六月三十日正式举行，期间定于七月一日至八月三十日止；

第四条 征求会员由总分会同时举行，但分会征求会员区域以各该分会地方主管官署之行政区域为限；

第五条 征求会员办法如下：

甲　总会

一、由本会设立若干总队，每队各设总队长一人，分队长若干人；

二、本会正副会长暨全体理监事为当然总队长；

三、国府主席、军事委员会委员长暨中央各院部、会长官均得由本会聘为总队长；

四、其它［他］各队总队长由本会分别聘请之，分队长由各该总队长自行聘请之；

五、各队队名即以各队队长之姓氏名之；

六、征求会员之种类如下：

甲　名誉会员一次缴入会费洋五百元

乙　特别会员一次缴入会费洋一百元

丙　正会员一次缴入会费洋十元

丁　普通会员一次缴入会费洋五元

戊　青年会员一次缴入会费洋五角

前项甲、乙、丙三种会员均为终身会员，丁种会员以十年为限，戊种会员以五年为限。

除上项各级会员外，在征求会员期间，本会特设赞助捐款一项，无论是否会员，每一人得捐洋一元，由本会填给赞助证一纸，以资凭信，其捐款分数得与征求会员分数同等待遇；

七、征求会员应用之各种宣传品及入会志愿书等件，由本会送交各总队长分别转送各分队长；

八、各分队征求所得之各种会员，应将会资连同志愿书送由总队长转交本会核收，由本会填发会员证书、章程及正式收据，送请各队长转送各分队长转给各会员；

九、各总队长收到会员会费，应即将志愿书连同会费缴会，由会填发会员证书、徽章及正式收据；

十、各总队征求会员成绩在正式举行期内每旬报告一次；

乙　分会

一、各分会所在地由各该分会组织中华民国红十字会某省市县征求会员委员会，于筹备期内组织成立，征求期满后半月内结束之；

二、前项委员会设立委员九人至十一人，以各该地方主管官署长为委员长，各该分会正副会长暨常务理监事为当然委员，其它〔他〕人选由主管官署会同分会聘请之，均属名誉会员，办事规则得酌量情形自行订定之。前项委员会附设分会工作人员，亦以分会职员兼充，不另支薪；

三、未设分会之各该地方，前项委员会由各该地方行政官署组织之，以各该地方主管官署长官为委员长，由各该委员长聘请当地各界领袖为委员，其委员会附设于各该地方行政官署内，一面函知总会，俟结束后准由征得各会员依照会章组织分会；

四、前项委员会得设若干征求队，以委员会委员长及全体委员为当然队长，并得聘请当地党政军商学等各界之热心善举者为队长，各队组织由各该委员会自行酌量订定之；

五、凡同一市县内设有二分会或二分会以上者，前项委员会委员名额得增加之，但至多以二十一人为限。委员会应附设于地方主管官署所在地之分会内，会同办理征求会员事宜；

六、征求会员应用之各种宣传品及志愿书等件，由本会制发，各委员转送各队长；

七、各队长征求所得之各种会员应将全数会费连同志愿书送交各该委员会，由委员会将志愿书连同全数会费送请本会核收，由本会填发会员证书、徽章及正式收据，寄交各该委员会转送各队分送各会员，但已设分会之各该地方委员会得截留半数扩充分会基金，未设分会之该地方如已依照会章报经总会核准进行组织分会时，亦得截留半数作为该分会之基金并得由各该地方主管官署于缴解总会会费项下至多百分之五留作征求期内各项开支；

　　八、本条甲款五、六两项办法，各该委员会均适用之，其它〔他〕各项办法得按照当地情形由委员会酌量办理；

　　第六条　总会征求会员，各总队长暨各地方征求会员委员会委员长均应由本会于征求会员筹备期内分别聘请之；

　　第七条　总会暨各地方征求会员委员会各队征求成绩优良者，依本会另订《酬赠给奖办法》分别奖励之，征求会员完毕应造具报告书呈请内政部备案；

　　第八条　本章程经本会理监事联席会议之决议，呈请内政部核准备案施行之；

原载《上海市政府公报》1935 年第 157 期

中华民国红十字会第二次征求会员酬赠给奖办法

　　一、本办法依据《第二次征求会员章程》第七条规定之；

　　二、凡各总队长暨各该地方委员会委员长在征求会员期内，对于征得会员之成绩分别酬赠给奖办法如下：

　　（甲）总分在一百分以上者赠给奖状一张；

　　（乙）总分在五百分以上者赠给奖旗一面；

　　（丙）总分在一千分以上者赠给银盾一座；

　　（丁）总分在三千分以上者赠给敕银宝塔一座；

　　（戊）总分在五千分以上者赠给银鼎一座；

　　（己）总分在一万分以上者赠给匾额；

　　（庚）总分在五万分以上者呈请内政部依照《褒扬条例》转呈奖给匾额；

（辛）总分在十万分以上者呈请内政部依照《褒扬条例》转呈奖给褒章；

　　前项总分以每一总队或每一委员会征得之分数合并计算，分数均以会费一元作一分计算，其各地方委员会委员长如非本会会员并得比照第四项之规定推赠为会员；

　　三、凡征得分数足能建筑会所、医院、学校之全部或一部者，除照章给奖外，即以经征人之姓氏为此项建筑物之名称并勒名铸像，以志纪念；并另立名碑刊立各应征会员之姓名，以垂不朽；

　　四、凡各总队之各分队长暨各委员会之委员或其它［他］个人在征求会员期内，对于征得分数之成绩分别给奖如下：

　　（甲）五十分以上者推赠为普通会员；

　　（乙）一百分以上者推赠为正会员；

　　（丙）五百分以上者推赠为特别会员；

　　（丁）一千分以上者推赠为特别会员并给丙等奖状、奖章；

　　（戊）二千分以上者推赠为特别会员并给乙等奖状、奖章；

　　（己）三千分以上者推赠为特别会员并给甲等奖状、奖章；

　　（庚）五千分以上者推赠为名誉会员；

　　（辛）一万分以上者推赠为名誉会员并给匾额；

　　（壬）五万分以上者推赠为名誉会员并呈请内政部依照《褒扬条例》转呈奖给匾额；

　　（癸）十万分以上者推赠为名誉会员并呈请内政部依照《褒扬条例》转呈奖给褒章；

　　五、凡合于前条得推赠为会员者，如本身已为会员，得晋级推赠或赠给奖章。如欲将此项会员或奖章转赠亲属或友人，亦得照办；

　　六、凡合于呈请内政部依照《褒扬条例》转呈奖给匾额或褒章者，应备具清册三份，详载经征会员姓名暨会费数目，以凭查核；

　　七、凡合于前项规定之各总队及地方委员会办事出力人员，得由各该地方委员会及总队开具名单报请本会核奖；

　　八、凡在本届征求会员（委员）会之各项职员于期满结束后各赠纪念章一枚，以志纪念；

　　九、本办法经理监事联席会议之决议，呈请内政部核准备案施行之。

　　　　　　　　　　原载《上海市政府公报》1935 年第 157 期

征求会员各项表格、聘书、赞助证式样

（1）总队长聘书

中国红十字会总会聘书

兹聘请

先生为本会第　次征求会员委员会总队

总队长

此聘

中国红十字会

会　长　王正廷

副会长　杜月笙

副会长　刘鸿生

中华民国　年　月　日

（2）入会志愿书
（正面）

字第　　号

具入会志愿书人　兹因赞成贵会博爱恤兵宗旨并愿恪遵红十字会国际公约及中国红十字会各项法令规程章则，照章缴纳会费国币　元入会为会员，特将履历开列于后，填具志愿书，送请察核。此致！中国红十字会

附履历

入会人姓名　别字　现年　岁　性别

入会人籍贯　省　市、县

入会人职业（请详细填明）

入会人住址、通讯处（请详细填明）

介绍人姓名　别字　现年　岁　性别

介绍人籍贯　省　市、县

介绍人职业（请详细填明）

介绍人住址、通讯处（请详细填明）　入会人（请签名盖章）

中华民国　年　月　日　介绍人（请签名盖章）

（背面）

（3）赞助证

按：赞助证之式样采用白道林纸，三色套印，文字用黑色，十字用红色，中印绿色之博爱恤兵篆文，图文并用，硬印加盖，以昭郑重。每十张订成一本，每本列号码，每张俱有存根以备查核。

中国红十字会赞助证

今承

　　君赞成本会宗旨捐助大洋一元，

合给此证为据。

年

月

日

（赞助证式）

赞助证说明

一、此项赞助证可向已入会之会员或非会员，请其捐助。凡捐洋一元者，即给此证一张为凭。

二、捐助者之姓名应随时填入此证及存根内。

三、结束时应将所收捐款连同存根一并解会核收，以便登报征信。

四、此证如未用完，应将原证连同存根一并缴会核销，否则应照数缴款。

五、此证应请郑重保管，倘有遗失，须照数缴款，不得申请作废。

六、此证每本十张，计洋十元。

（赞助证封面说明书）

(4) 基本金领证

（正面）　　　　　　　　　（背面）

中国红十字会　分会 基本金领证	基本金收证填注规则
今领到 中国红十字会总会拨给本分会基本金银 除登记外，特具领证，陈请核存。 计开 中华民国　年　月　日 会长	一、基本金领证为一种收支上必需之证据，各分会汇解会费时，务将所留基本金掣具领证，随同款项及会员名册、志愿书同时邃送。 二、关于所领基本金项之会员类别、名数，应于计开栏内详细注明，譬如内有名誉会员一名、特别会员五名、正会员十名，均应分别注明。 三、领证除盖分会图记外，必由会长署名盖章。 四、凡领证内应行填写名字之处，切须楷书。

原载《中国红十字会月刊》1935 年第 3 期

会员题名录变更办法

本会成立迄今已经三十四年，会员总额亦达十四万余。历年编印题名录，截至二十五年十二月三十一日止，已十八届。现由秘书处议决，自二十六年一月一日起，入会之各级会员不再另刊专录。每月改登本月刊，另辟"题名录"栏，以资简捷。决定于第二十三期月刊中起登本年一、二月份会员姓氏，嗣后按月继续，分别登载云。

原载《中国红十字会月刊》1937 年第 23 期

中华民国红十字会总会第三次征求会员章程

第一条：本会征求会员依据《中华民国红十字会管理条例施行细则》第十八条之规定举行；

第二条：征求会员由本会组织征求会员委员会，以全体理监事为委员，由正副会长为正副委员长，常务理事、监事为常务委员，负责办理征求会员事宜。前项委员会应于筹备期内组织成立，征求期满后一月内结束之；

第三条：征求会员筹备期定于二十五年十二月一日起至十二月三十一日止，正式举行期间定于二十六年一月一日起至二月二十八日止；

第四条：征求会员由总分会同时举行，但分会征求会员区域以各分会地方主管官署之行政区域为限；

第五条：征求会员办法如下：

（甲）总会

一、本会设立征求队若干队，每队各设队长一人，副队长二人，并由本会聘请总队长一人、副总队长二人主持之；

二、各队正副队长除本会正副会长暨全体理监事充任外，余由正副总队长聘请中央各院部、会长官暨各省市长官担任，其队名即以各队队长名字或所属机关名之；

三、各队队员由各该队队长自行聘请之；

四、征求会员之种类如下：

甲、名誉会员一次缴入会费国币五百元

乙、特别会员一次缴入会费国币一百元

丙、正会员一次缴入会费国币十元

丁、普通会员一次缴入会费国币五元

戊、青年会员一次缴入会费国币五角

前项甲乙丙三种会员均为终身会员，丁种会员以十年为限，戊种会员以五年为限。

五、征求会员应用之各种宣传品及入会志愿书等件，由本会送交各队长分别转送各队员；

六、各队员征求所得之各种会员，应将会费连同志愿书送由队长转交本会核收，由本会填发会员证书、徽章及正式收据，送请各队长转送各队员转给各会员；

七、各队长收到会员会费应即将志愿书连同会费缴会，由会填发会员证书、徽章及正式收据；

八、各队征求会员成绩在正式举行期内，每月报告一次；

（乙）分会

一、各分会所在地由各该分会组织中华民国红十字会某县分会征求会员委员会，于筹备期内组织成立，征求期满后半月内结束之；

二、前项委员会设委员九人至十一人，以各该地方主管官署长官为委员长，各该分会正副会长暨常务理监事为当然委员，其它〔他〕人选由主管官署会同分会聘请之，均属名誉职。委员会办事规则得酌量情形自行订定之；

三、前项委员会得设若干征求队，以委员会委员长及全体委员为当然队长并聘请当地党政军商学等各界之热心善举者为队长，各队组织由各该委员会自行酌量订定之；

四、征求会员应用之各种宣传品及志愿书等件由总会制发，各委员会转送各队长；

五、各队征求所得之各种会员应将全数会费连同志愿书送交各该委员会，由委员会将志愿书连同会费（分会得截留半数掣具领证拨充分会基金）送请总会核收，由总会填发会员证书、徽章及正式收据寄交各该委员会转送各队分送各会员；

六、各队队名即以各队队长之姓氏名之；

七、本条甲款第五项办法，各该委员会均适用之；

第六条：总会征求会员正副总队长暨各队长均由本会于筹备期内聘请之，各地方分会征求会员委员会委员长及各队队长由各该分会聘任报请总会备案；

第七条：总会暨分会征求会员委员会各队征求成绩优良者，依本会另订《酬赠给奖办法》，分别奖赠之；征求会员完毕，应造具报告书呈报卫生署备查；

第八条：本章程经本会理监事会联席会议之决议，呈请卫生署核准备案施行之。

原载《中国红十字会月刊》1937 年第 19 期

会员工作

中国红十字会总会第三次征求会员酬赠给奖办法

一、本办法依据第三次征求会员章程第七条规定之；

二、凡各征求队暨各地分会委员会，在征求会员期内，对于征得会员之成绩分别酬赠给奖如下：

（甲）总分在一百分以上者赠给纹银杯一座；

（乙）总分在五百分以上者赠给奖旗一面；

（丙）总分在一千分以上者赠给银盾一座；

（丁）总分在三千分以上者赠给银宝塔一座；

（戊）总分在五千分以上者赠给银鼎一座；

（己）总分在一万分以上者赠给匾额；

（庚）总分在五万分以上者呈请内政部依照《褒扬条例》转呈奖给匾额；

（辛）总分在十万分以上者呈请内政部依照《褒扬条例》转呈奖给褒章。

前项总分以每一征求队或每一委员会征得之分数合并计算，分数均以会费一元作一分计。

三、凡征得分数足能建筑会所医院学校之全部或一部者，除照章给奖外，即以经征人之姓氏为此项建筑之名称，并勒石铸像以志纪念。并另立石碑，刊立各应征会员之姓名，以垂不朽；

四、凡各征求队队长、队员暨各委员会之各委员或其它［他］个人，在征求会员期内对于征得分数之成绩，分别给奖如下：

（甲）五十分以上者，推赠为普通会员；

（乙）一百分以上者，推赠为正会员；

（丙）五百分以上者，推赠为特别会员；

（丁）一千分以上者，推赠为特别会员并给丙等奖状奖章；

（戊）二千分以上者，推赠为特别会员并给乙等奖状奖章；

（己）三千分以上者，推赠为特别会员并给甲等奖状奖章；

（庚）五千分以上者，推赠为名誉会员；

（辛）一万分以上者，推赠为名誉会员并给匾额；

（壬）五万分以上者，推赠为名誉会员并呈请内政部依照《褒扬条例》转呈奖给匾额；

（癸）十万分以上者，推赠为名誉会员并呈请内政部依照《褒扬条例》转呈奖给褒章。

五、凡合于前条得推赠为会员者，如本身已为会员，得晋级推赠或赠给奖章，如欲将此项会员或奖章转赠亲属戚友，亦得照办；

六、凡合于呈请内政部依照《褒扬条例》转呈奖给匾额或褒章者，应备具清册三份，详载经征会员姓名暨会费数目以凭查核；

七、凡合于前项规定之各征求队各该分会委员会办事出力人员得由各该队会开具名单报请本会核奖；

八、凡在本届征求会员之各项职员于期满结束后各赠纪念章一枚，以志纪念；

九、本办法经理监事会联席会议之决议，呈请行政院卫生署核准备案施行之。

原载《中国红十字会月刊》1937年第19期

本会添设团体会员

总会第十七次理监事会联席会议决议添设团体会员二种，一次缴纳会费五百元以上者为永久会员，每年缴纳会费一百元者为维持会员。其入会之资格以法定团体为限，证书、徽章式样与各级会员有别，现已着手征求矣。

原载《中国红十字会月刊》1937年第25期

中华民国红十字会团体会员暂行规则

一、本会依照第一届理监事会第十七次联席会议之决议案，添设团体会员。

二、团体会员分下列二种：甲、永久会员，一次缴纳会费五百元以上；乙、维持会员，每年缴纳会费一百元。

三、团体会员之入会资格，以法定团体为限。

四、团体会员之入会手续与个人会员同。

五、团体会员之入会志愿书及其证书徽章另定之。

六、团体会员之代表人得代表其本团体。

七、征求团体会员及其酬赠给奖办法，概照本会征求会员章程及其酬赠给奖办法之规定。

八、本规则经本会理监事会联席会议通过施行。

九、本规则一俟全国会员代表大会修改会章时，将"团体会员"一项明文规定后，即废止之。

原载《中国红十字会月刊》1937 年第 25 期

青年会员会费改订

本会青年会员（学生会员）会费奉第五十二次常务理监事会议决议，修正一次交纳会费一元，自去年十二月起实行。

原载《中国红十字会会务通讯》1941 年第 1 期

会员入会分区办理

抗战期间，交通不便，关于各县分会会员入会、报解会费及发给徽章证书等事项，为办事简捷起见，经本会第四十三次常务理监事会议决暂依下列分区办法办理：

（一）福建、广东两省，归本会香港总办事处办理。（地点在香港九龙柯士甸道一百十一号）

（二）江苏、浙江、上海、安徽、江西、山东、河北及东四省归本会驻沪办事处办理。（地点在上海麦根路新闸路八五六号）

（三）云南一省，暂归本会驻昆明办事处办理。（地点在昆明翠湖南路肴美巷四号）

（四）四川、贵州、广西、湖南、湖北、河南、山西、陕西、甘肃、察哈尔、绥远、宁夏、西康、青海，归总会办理。（地点在重庆小龙坎梅园新村三号）

原载《中国红十字会会务通讯》1941 年第 1 期

中国红十字会民国三十一年第二届
红十字周征求会员章程

第一条 本会征求会员依据《中华民国红十字会管理条例施行细则》第十八条之规定举行。

第二条 征求会员由本会组织征求会员委员会，以全体理监事为委员，由正副会长为正副委员长，常务理事、监事为常务委员，负责办理征求会员事宜。前项委员会应于征求期满后一月内结束之。

第三条 本届征求会员定于三十一年十月一日至十月十日举行。

第四条 征求会员由总分会同时举行，但分会征求会员区域以各分会地方主管官署之行政区域为限。

第五条 征求会员办法如下：

（甲）总会

一、本会设立征求队若干队，每队各设队长一人；

二、各队队长除由本会正副会长暨全体理事充任外，得聘请全国各界热心慈善人士为队长，其队名即以各队队长名号名之。

三、本届征求纪念会员目的为十万人，每一纪念会员收会费国币五元，力求简捷起见，由各征求队队长于收费时即填发收据及徽章。

四、在征求会员期内，如有自愿加入各级会员者，仍照新订会费规定，直接向总会或各地分会办理。

五、征求会员应用各种宣传品及纪念会员收据证章，先由本会送交各队队长。

六、各队长收到纪念会员会费，应即将收据证章填发，事后将会费及收据存根连同剩余收据证章，一并送交本会。

（乙）分会

一、各分会所在地由各该分会组织中华民国红十字会某某县分会征求会员委员会，于征求期满后半月内结束之。

二、前项委员会设委员九人，以分会会长为委员长，各该分会全体理监事为委员，其他人选由分会聘请之，均属名誉职。

三、前项委员会得设若干征求队，以委员会委员长及全体委员为当然队长，并聘请当地各界之热心善举者为队长。

四、征求会员应用之各种宣传品及纪念会员收据徽章，先由总会制发，各委员会转送各队长。

五、各队征求所得之纪念会员，应将全数会费连同收据存根送交各委员会，由委员会将收据存根及会费（分会得截留半数，掣具领证，扩充分会基金），连同剩余收据徽章，一并送请转收。

六、各队队名即以各队队长之姓氏名之。

第六条　总会征求会员各队长均由本会聘请之，各地分会征求会员委员会委员长及各队队长，由各该分会聘任，报请总会备案。

第七条　总会及分会征求会员委员会各队征求成绩优良者，依本会另订给奖办法，分别奖励之。

第八条　本章程经本会常务理监事会联席会议之决议施行之。

原载《中国红十字会会务通讯》1942 年第 9 期

中国红十字会民国三十一年第二届
红十字周征求纪念会员给奖办法

一、本办法依据《征求会员章程》第七条规定之。

二、凡各征求队长暨各地分会委员会委员或其他个人，在征求会员期内，对于征得纪念会员之成绩分别给奖如下：

　　甲、总分在五百分以上者，赠给奖状奖章；

　　乙、总分在一千分以上者，赠给题字挂屏一幅；

　　丙、总分在五千分以上者，赠给奖旗一面；

　　丁、总分在一万分以上者，赠给匾额一方；

　　戊、总分在五万分以上者，呈请内政部依照《褒扬条例》，转呈奖给匾额；

　　己、总分在十万分以上者，呈与内政部依照《褒扬条例》，转呈奖给褒章。

前项总分以征得之分数合并计算，分数均以会费一元作一分计。

三、凡合于呈请内政部依照《褒扬条例》转呈奖给匾额或褒章者，具清册三份，详载经征纪念会员人数暨会费数目，以凭查核。

四、凡合于前项规定之各征求队，各该分会委员会办事出力人员，得由各该队会开具名单，报请本会核奖。

五、本办法经本会常务理监事会联席会议之决议施行之。

原载《中国红十字会会务通讯》1942 年第 9 期

中国红十字会纪念会员入会简章

一、本会于每年红十字周征求纪念会员一次。

二、纪念会员一次交纳会费国币五元。

三、纪念会员入会，向征求队队长或总会、分会交纳会费后，由征求队队长或总会、分会发给徽章一枚、会费收据一纸，不发证书。

四、纪念会员有效期间为一年。

五、纪念会员得享受下列各权利：

1. 参加各地分会常年会员大会，有选举理事之权，但无被选举权。

2. 会员如因病入总会、分会所设医院住院或诊所诊病，除普通照例半费外，得享受特等及头二等应缴各费八折之权利。

原载《中国红十字会会务通讯》1942 年第 9 期

改订会员入会收费办法

卅二年七月一日起施行

本会各级会员会费，经第二五次理监事联席会议决，新订收费办法，定于七月一日起实行……东南办事处、救护总队部、各分会均鉴，奉第一届理监事第二五次联席会决议，本会会员入会收费办法自本年七月一日起另行改订……

中国红十字会会员入会收费改订办法

一、名誉会员：一次纳入会费国币二千元；

二、特别会员：一次纳入会费国币五百元；

三、会员：一次纳入会费国币廿五元；

四、青年会员：一次纳入会费国币一十元；

五、团体会员：一次纳入会费国币一千元；

（一）前项各种会员，除名誉会员、特别会员均为终身会员，如青年会员以年在二十五岁以下，在学校求学之学生为限。

（二）所有正会员、普通会员、纪念会员名义，嗣后统称为会员。

原载《中国红十字会会务通讯》1943 年第 16 期

第三届红十字周征募委员会章程

第一条　本会征求会员、募集捐款依据本会《战时组织条例》第七条之规定。

第二条　本会组织征募委员会，由正副会长为正副主任委员，常务理事、监事为常务委员，负责办理征募事宜。前项委员应于征募期满后一月内结束之。

第三条　本届红十字周定于民国三十二年十月一日起举行至十月十日止。

第四条　此项征求会员、募集捐款由总会分会同时举行，但分会以当地主管官署之行政区域为限。

第五条　征募办法如下：

甲、总会

1. 本会设立征募队若干队，每队各设队长一人。

2. 各队队长由本会正副名誉会长、正副会长暨全体理监事充任外，得聘请全国各界热心慈善人士为队长。其队名即以各队队长名号名之。

3. 本届征求会员种类如下：A、名誉会员，一次交纳会费国币二千元；B、特别会员，一次交纳会费国币五百元；C、会员，一次交纳会费国币二十五元；D、青年会员，一次交纳会费国币十元；E、团体会员，一次交纳会费国币一千元。

4. 征求会员应用各种宣传品及会员介绍书先由本会送交各队队长。

5. 各队队长征到会员后，应即详填入会介绍书。事后将会费及介绍书一并送交本会，由本会掣具正式收据，发给会员证书、徽章，送请征募队长转交各会员收执。

6. 募到捐款，其数不论多寡，应开列捐款人名单连同捐款一并送交本会，由本会掣就正式收据后再送请经募人转交捐款人，以清手续。

乙、分会

1. 各分会所在地由各该分会组织中华民国红十字会某某县（或市）分会征募委员会，于征募期满后半月内结束之。

2. 前项委员会设委员九人，以分会正副会长为正副主任委员，全体理监事为委员，其他人选由分会自行聘请之，均属名誉职。

3. 前项委员会得设若干征募队，以委员会正副主任委员及全体委员为当然队长，并聘请当地各界热心慈善人士为队长。

4. 征募时应用各种宣传品及会员入会介绍书由总会发给各委员会，再转送各队长。

5. 所征会员种类与总会同，各队长征得会员后应详填会员入会介绍书，连同会费一并交委员会，募得捐款应开列捐款人名单连同捐款一并送交委员会，由该委员会先掣给临时收据。以上不论所征会员会费及捐款，分会征得后得截留半数充作分会基金，备具半数基金领证，连同会费或捐款半数汇解总会，由总会发给会员证书等或正式捐款收据，仍由各该分会分别转发会员或捐款人。

第六条　总会及分会征募委员会各队征募成绩优良者本会另订给奖办法，分别奖赠之。

第七条　本章程经本会常务理监事联席会议决议后施行之。

原载《中国红十字会会务通讯》1943 年第 18 期

第三届红十字周征募委员会给奖办法

第一条　本办法依据本会《征募委员会章程》第六条规定订定之。

第二条　凡各征募队队长暨各地分会征募委员会所属各征募队队长及其他个人在征募期内（十月一日至十日）征得之会费或捐款，按其成绩分别给奖如下：

甲、总分在五千分以上者，赠给奖状；

乙、总分在一万分以上者，赠给名人题字一幅；

丙、总分在五万分以上者，赠给名人书画一幅；

丁、总分在十万分以上者，赠给匾额一方。

前项总分以征得会费或捐款合并计算，分数均以一元作一分。

第三条　凡合于前项规定得奖者，总会、分会及各征求队一律适用之。

第四条　本办法经本会常务理监事会联席会议决议后施行之。

原载《中国红十字会会务通讯》1943 年第 18 期

本会各级会员收费办法

中华民国三十三年七月一日起实行：

名誉会员，一次交纳入会费国币五千元；

特别会员，一次交纳入会费国币一千元；

会员，一次交纳入会费国币一百元；

青年会员，一次交纳入会费国币五十元；

团体会员，一次交纳入会费国币一万元。

原载《中国红十字会会务通讯》1944 年第 27 期

复员期间中华民国红十字会征募会员办法

一、各种会员之征募，均由总会及所属各分会主持办理。

二、各种会员证均由总会制备并编号、盖印，发由各分会具领，备填发入会会员之用。

三、征募会员得由各主持机构聘请名流担任队长，均为义务职。

四、各种会员除发给会员证外，须将会员姓名、职业等，按式分填会员名册存查。

五、征募运动应力求扩大，但以节省经费及不在会费项下开支为原则。

六、各分会收入会费时，经收人应于证面盖章，并应于征募会员截止后半个月内，造具应征会员名册，连同应征会费呈缴总会。

七、各分会暨聘请各队长于征募完毕后，须即将未用之会员证缴回。如仍需保留备用者，得临时声请之。

八、未用之会员证，如有损失情事，应即登报声明作废，并剪□呈请备案。

九、本办法自公布之日施行，如有未尽事宜，得随时修正之。

原载《中国红十字会月刊》1946年第2期

中华民国红十字会南京市分会
玄武湖服务站组织规程

第一条　本会依据《复员期间中华民国红十字会总会工作计划》展开社会服务工作，发扬红十字会精神，特在玄武湖设立服务站，定名为"中华民国红十字会南京市分会玄武湖服务站"。

第二条　服务站之主要工作暂定如左：

一、发动玄武湖区环境卫生工作；

二、办理诊疗及各项卫生指导工作；

三、举办急救训练及水上安全训练；

四、举办儿童会、母亲会、座谈会及各种团体活动；

五、举办其他与本会宗旨符合之社会活动。

第三条　（一）服务站设主任一人、副主任一人，综理一切事务；（二）主任由分会会长兼任，副主任由分会聘任。

第四条　服务站设干事二人至四人、医务人员若干，承主任、副主任之命办理日常事务。

第五条　服务站之经费最初三个月至六个月由分会请准总会补助，按月编造预算呈核。

第六条　服务站得设指导委员会，由分会会长担任主任委员，聘请委员九人至十一人，负责设计指导业务进行。

第七条　服务站视业务需要得设各组委员会，由主任聘定委员，分别负责指导各种业务。

第八条　服务站办事细则另定之。

第九条　本规程有未尽事宜，得随时呈请修订之。

第十条　本规程呈请分会核定，自三十五年七月施行。

原载《中国红十字会月刊》1946年第11期

会员工作

南京市分会组织红十字青年服务团暂行办法

一、本团为训练青年会员养成服务社会能力，培育博爱人群精神，特组织服务团，定名为"中华民国红十字青年服务团"。

二、本团事属创办，故首先由本市内各中学校、高中一二年级学生已入本会为会员者选送若干人，再由团甄选男女各半，共为四十人组织之。

三、本团以团员五人为一服务小组，二小组为一服务队。平时学习与服务活动均以小组及队为单位，其组长及队长均自选充，由团加委。

四、服务团团长由分会会长担任，下设副团长一人，由理事中推选之，总教练由总干事担任。

五、服务团之实际训练，除设总教练外，其下设教练若干人，均以义务担任为原则。

六、服务团得设团务委员会，聘请本市各界专家及总会处长以上人员担任委员，策划团务活动。

七、团员之训练项目暂以公共卫生、急救训练、药物常识、社会服务项目为限。每周定星期四晚集合一次，星期日全日活动，其社会服务项目另行规定之。

八、团员服装暂用蓝色布制短装长裤，女用蓝衣连裙。团徽暂用红十字白梅花底缀右胸袋上，左臂上另佩橄榄形白底红十字臂章。

九、本团团旗以蓝色底内嵌白梅花，上加红十字并用白色字本团全衔。

十、服务团之口号暂用"服务"两字，必要时并可将此两字嵌制臂章上白底黑字。

十一、本团团址暂设本京太平路四十二号本分会内。

十二、本办法如有未尽善处，得随时呈请修正之。

十三、本办法自呈准公布之日施行。

原载《中国红十字会月刊》1946 年第 11 期

中国红十字会总会红十字少年
委员会组织暂行简则

第一条　总会为发动红十字少年组训工作起见，特组织红十字少年委员会（以下简称本委员会）。

第二条　本委员会之职掌如左：一、拟定红十字少年规章方案；二、指导分会组织红十字少年工作；三、提倡红十字少年各种训练并编译教材；四、筹措发展红十字少年工作经费。

第三条　本委员会设立主任委员一人，委员九至十一人，均由总会指派职员兼任之。

第四条　本委员会设总干事一人，由主任委员指定委员一人兼任之，下设干事若干人，执行日常事务。

第五条　本委员会为集思广益，得请由总会聘请顾问及技术指导各若干人，襄助设计及技术指导。

第六条　本简则自奉核准后施行。

第七条　如有未尽事宜，得随时呈请修正之。

原载《中国红十字会月刊》1948 年第 25 期

中华民国红十字会各地分会推行
红十字少年工作办法

一、中华民国红十字会为辅助少年公民教育会增进其身心健康、培养其服务能力、发扬其博爱精神，特提倡红十字少年工作，由各地分会发动组织红十字少年会。

二、各地分会应在理事会之下设立红十字少年委员会，由理事一人或数人并聘请当地社教机关团体领袖、富于少年工作兴趣者七人至十一人组织之。由理事一人担任主席，以分会总干事或业务组长兼任委员会总干事。

三、各地分会红十字少年委员会之任务如左：（一）拟订推进当地红十字少年工作计划；（二）指导当地红十字少年会之组织；（三）协助当地红十字少年会训练工作；（四）倡导各种红十字少年业务与活动。

四、凡各学校团体有红十字会少年会员二十人以上、有确定之导师及活动场所，得向当地分会申请组织红十字少年会。由分会派员视察认可后，组织之。

五、各地分会红十字少年委员会应按月开会讨论工作进行事宜，日常业务交由该委员会总干事执行。

六、各地分会红十字少年委员会得建议分会理事会聘请热心人士担任该委员会事务干事及各科指导，协助推动有关业务。

七、各地分会应将所收少年会员会费除以半数呈缴总会外，其余半数专户存储，备作发展红十字少年工作之需，不得移作他用。

八、各地分会应按照总会法令规章，切实推行红十字少年工作并按月报告。

原载《中国红十字会月刊》1948 年第 25 期

学校团体组织红十字少年会办法

一、中华民国红十字会为辅助少年公民教育，增进其身心健康，培养其服务能力，发扬其博爱精神起见，特提倡红十字少年会组织。

二、凡各学校团体有红十字少年会员二十人以上并有合格之指导人员及活动场所，经申请当地分会认可后，得依法组织红十字少年会。

三、各学校组织红十字少年会，定名为中华民国红十字会〇〇市县分会〇〇学校红十字少年会，简称为〇〇学校红十字少年会。

四、各学校红十字少年会由会员中推选干事五人至九人（男女同校者男女生各半），组织干事会并由干事中互推一人为主席。

五、干事会工作包括事务、文书、会计、康乐、服务、卫生等项，由各干事依照干事会之决议并秉承指导人员之指导推行会务。

六、各学校红十字少年会以校长为指导员，教师一人至三人为导师，与红十字会合作，经常负责辅导。

七、各学校红十字少年会为促进会务、加强指导，举办各种活动作业，得聘请学生家长及校外人士担任顾问或技术指导。

八、各学校红十字少年会所需经费以自筹为原则。

原载《中国红十字会月刊》1948 年第 25 期

红十字少年会训练实施办法

一、红十字少年会以达成下列目的之训练及活动为经常工作：（一）红十字博爱人道事业之宗旨及历史；（二）卫生健康及急救知识之推进；（三）家庭儿童协助及其他社会服务知识之充实；（四）国际情谊及合作精神之培养。

二、红十字少年会之训练方式以定期举行之课外讲演、实习及活动为主，规定读物及初步必需设备应接受当地分会之指导，参照总会规定实行。

三、红十字少年会讲演内容着重精神训练，其科目为红十字会史、国际红十字会组织、中国红十字会概况、基本卫生知识、社会服务知识及红十字少年之使命等。

四、红十字少年会之专科学习着重自助助人之知识、技能训练，其科目为急救、家庭护理、公共卫生、意外预防、水上安全及营养指导等。

五、红十字少年会之活动着重服务实习。其服务对象为家庭、学校、医院、军人、贫苦儿童、老弱残病及难民等，量力为之。

六、红十字少年会积极提倡健康活动、社会服务与国际交谊工作，以达成红十字少年之使命并光大红十字会服务社会、博爱人群之理想。

原载《中国红十字会月刊》1948 年第 25 期

中华民国红十字会第七届红十字周征募办法

征募现况

一、自本年一月至九月底，共计征收各种会员统计如下：团体会员一五四个，名誉会员一三五五人，特别会员二〇九五九人，会员一三八四五人，青年会员二九八一六人，共计六六一二九。

二、自复员以后至九月底止，各种会员统计如下：团体会员五〇四个，名誉会员三七五五人，特别会员四五二〇九人，普通会员一一〇四七四人，青年会员一八三八五九人，未分类者三二三一五，共计三七六三一五。

三、本届红十字周，根据《统一募捐办法》所规定之原则，决定筹募三十八年度经费金圆券十圆元，分由全国分会分担筹募，其方式系以一人一元初为基础。现已由总会拟定征募办法通令全国分会遵照施行。

中华民国红十字会第七届红十字周征募办法

一、本会为宣传会务加强征募工作，以期发展社会福利及医药救济工作，特依例于本年十月一日至十日举行第七届红十字周。

二、本届红十字周除依例举办各项宣传及征求会员运动外，并筹募三十八年度事业经费金圆券十万元。

三、前条所订金圆券十万元由总会视各分会征募能力及各地经济状况，分级分配全国各地分、支会分担筹募之。

四、各分会就分担数额发动一人一元运动，每人经募十人，其满十人者赠与［予］特别会员。

五、各分会募得款项在规定数额以内者，呈缴总会半数，自留半数，超增规定数额以外者，全部扩充分会经费。

六、筹募期间暂定为三个月，自三十七年十月一日起至十二月底止，但视实际情形得提早或延期结束之。

七、所有募得款项应每半月结算一次，并以半数呈缴总会。

八、热心捐助巨款之团体及个人，其所捐款项合于本会奖励办法之规定者，由本会发给奖章或奖状，合于政府《褒扬条例》之规定者，特请政府褒扬。

九、筹募期间所需宣传文件及捐册，由总会印制发给，邮运不通者由总会授权当地分会就地印制，至所有正式收据统由总会填制。

十、筹募工作结束后，由总会登报并印具征信册，以昭信实。

原载《中国红十字会月刊》1948 年第 33 期

医疗卫生

九江红十字医院简章

一、本院定名为九江红十字会第一医院。

二、本院一以治疗军民、强健种族为宗旨。

三、每天上午八时三十分起，至十一时止诊内号（病人住院者为内号），下午二时至四时诊外号，星期停诊。

四、新号每名收挂号钱四十文，初次为新号；旧号收挂号钱二十文，续诊为旧号。

五、随号收钱四百文，随到随诊，并不挂号。

六、住院病人每天收伙食钱二百文，入院时预付五天。

七、上等病人欲住本院头二等房者，须照章纳费。

八、住院病人如系重症暨须麻醉药者，均须出具愿书、保证书各一份，方准如法医治。

九、本院西药暂不取值，惟鱼油及治花柳病各种药品须酌收药本。

十、无论何人入院就医，不得携带武器。

十一、住院病人亲友携物来院探视，须受看护员之检查。

十二、凡军人因公受伤或患病住院或不住院，药料、伙食概不取资。其患花柳病者，不在此例。

十三、本院中医生只诊病开方，中药概不设备。

十四、设有甲乙两人斗殴，乙被甲殴伤身死或未死而甲实为凶手，甲亦受伤，自投医院求治，因而官差来院拘拿，但差人不得擅入搜索，须禀明监院暨理事，方可随将该凶手交差带去，或候伤痊再交该家族领去，临时再酌。

十五、住院病人倘因病重不测，由理事照会监院，传知该家属或保证人，限于五点钟内领出，或迟延不领，则由本院代为收殓掩埋。事后，仍追缴一切费用。

十六、妇女小孩患病，概不住院。

十七、请求医员出门诊病，每病每次取挂号及夫马费洋三元，军人减半。

十八、出门救吞鸦片烟及一切毒药，每次取洋三元，贫户减半，赤贫不取分文。

十九、医生出门诊病，严寒、酷暑、深夜取费加倍。

二十、出门接生，每次取洋五元。

二十一、引种牛痘，每名取钱二百文。

二十二、本院所有一切收入，概充本院经费。

原载《医学世界》1912 年第 17 期

中国红十字会时疫医院简章

第一章　总则

甲、时疫医院系临时筹办，归红十字会管理，定名曰"中国红十字会时疫医院"。

乙、时疫医院赁屋公共租界天津路三百十六号。

丙、医院设头二等男女仕商养疴室，三等男女病房并男女候诊室、男女诊病室，男女异处。

丁、由红十字会募捐筹办，总办事处节制之。

戊、医院中推定医务主任及理事分任医务及院务。

第二章　宗旨

甲、照《中国红十字会章程》第二章乙条"在平时应筹募款项，设立医院，造就医学人才，置办医务材料，振济水旱偏灾、防护疫疠及他项危害"，时疫为夏令最危险之症，传染最速，募款筹办，自夏令开院，至秋冬时疫肃清闭幕。

乙、时疫医院专治急痧、吐泻之症，无论如何危险，随到随治，由医院主任责任之，不涉别项症候。

丙、医院就医者不论中外，不拘贫富，不论本埠外埠，男女老幼随时施治，病人入院后除头二等酌收病费外，三等一律免费并无号金等各项名目。

丁、病人医愈后如自愿出资酬谢，悉充医院捐款，不得私相授受。又并无别项需索，设施治无效身故，立即迁入殡殓所，报知家属，听其自由入殓（欲抬回家中者听），如实系贫苦者，由医院施送普通棺木，抬送保安堂义冢暂厝。

戊、贫病治愈后，如实在无力还乡，由医院理事查明实在报告本会酌送船票。

己、时疫医院纯乎慈善事业，劝募绅商捐款开办，不涉他事。

庚、救护汽车、橡皮病车专为救护病人、抬运病人而设，不论远近概不取资，该车等不得指作别用。

第三章　职务

甲、医务主任管理医药事宜，医生、看护人等由主任督责之，不分昼夜轮流值班，如有延误，主任担其责任。

乙、凡遇急痧及危险不治之症，果病极危险，气尚未绝者，一经入院随到随治，设病人无多，时疫未盛，医生他出，一经接到电话应即赶到施治。

丙、病房、候诊室、诊病室等虽分头二三等及男女病室，应一律平等诊治。

丁、医院理事督率司事、看护、仆役、车夫不分昼夜，轮流值宿，如有延误，理事担其责任。

戊、本埠病人不论远近，一经病人家属报告，立遣病车，由家属伴送来院。

己、病人一经入院，不论重轻，不得提前拔号，除头二等病人逐日收费外，并无酬劳及额外开支名目，如有私相授受，当以违背章程论罚。

庚、如病家邀请医士出外赴诊，所需诊费由病家直接与医生自由论价，与医院无涉。

辛、医院自医务主任以下，或送薪水，或赠津贴，如有托故不到、办事因循者，当以违背章程论罚。

壬、医务主任与院务主任各分责任，另由医务主任等妥订《医药规则》《病人规则》《办事人应守规则》，通知本会择要宣布，如至时疫极盛时病房设有不敷，当随时通知本会，商请中国公立总医院运送该医院养病，所需费用由本会核价。

癸、病人施救无效，富者任其自由殡殓，贫者由本会给以相当之棺木代为殡殓掩埋，一切不取价值，应由理事会同家属妥为办理。

第四章　报告

甲、每日将号簿、日记、收支大略、医愈姓氏逐日开单报告，由本会汇报。常议会闭幕后，当刊印征信录、成绩表，分送捐户、病家。

乙、将夏令卫生大意演成白话文，布告本、外埠人事前留意，并劝告抱病人勿事挑痧及乱投医药等事。

第五章　捐款优待券

甲、不拘中外，绅商各界巨细捐款悉用红十字会正式收条，加盖"指捐时疫医院"字样为据。病人治愈后，如自愿捐助，亦以本会正式收条为凭，一面登报征信。

乙、凡捐时疫医院捐款逾五十元以上，预送头等优待券一纸，许由捐款人介绍亲族朋友上等人病者一位，凭券入头等室，免收病费；捐廿五元以上者，预送二等优待券一纸，准入二等病室，免收病费。惟非上等人（如仆役、车夫之类）虽有优待券，只能入三等病房，以符医院定章。

丙、头等仕商养疴室每日收回医药费三元，二等每日收回医药费一元，给以收条并入捐款项下作正开支。

第六章　附则

甲、此项简章经常议会通过后实行。

乙、此项简章经常议会三分之一请求，即可改修。

丙、《医务规则》《院务规则》《病房规则》《看护司事应守章程》，《茶房侍役告诫规条》由管理医院院务者订正，交本会宣布。

丁、此项简章于常议会通过后，交医务主任照章执行。

原载《人道指南》1913年第2号

中国红十字会市医院南市医院施诊养病规则

（注：此处的市医院即为北市医院）

（市医院）在英大马路后面天津路八十号，（南市医院）在十六铺南首。门诊：每日晨九时开诊，下午五时止，风雨不更，星期不停。不拘贫富，不论何种症候，随到随诊，每人收挂号费铜元五枚，概不收取医药瓶钱。如遇重伤、服毒、急症、危险重病，无论何时，即深夜黎明，随到随治，概免号金，悉照定章不取分文。住院养病，头等病室每人一间，每日收医药饭资洋二元；二等二人一室，每日每人收医药饭资一元；三等不收医药资，每日每人收饭资二角。入院之日先收五天，计洋一元，如实系贫病，一律免收。除照额定住院养病费外，概免一切额外费用，至徐家汇路红十字会总医院门诊住院另订章程外，特此布闻。

上海二马路中国红十字会总办事处启

原载《申报》1913 年 11 月 22 日、23 日

中国红十字会防疫保赤机关开种牛痘

去岁秋冬，亢旱不雨，隆冬亦无雨雪。赣皖宁沪喉痧、天花业已发现。疫疠之来，在在可虞。爰于沪地先设防疫保赤机关四五处，除配置防疫药物、喉痛药、辟瘟药水等平价出售外，兹就于各该机关开种牛痘，于旧历正月十六日实行。时间：除星期停诊外，每日下午一时起挂号，二时开种，四时止。地点：二马路望平街东首中国红十字会总会总办事处；天津路八十号中国红十字会市医院；南市十六铺外滩南市医院。再：闸北沪宁车站相近为防疫保赤第四机关，现正赁屋布置，定旧历二月初一日开种。附简章：

——天花为最危险之症，为防疫保赤计，亟应开种牛痘。兹先于沪地南、北市租界等处设机关四五处；

——除本会会员捐户有优待券者免取号金外，无论何人来种牛痘，均须遵章纳挂号费铜元五枚，并无别项费用；

——施种牛痘除星期日休息外，每日下午一时挂号，二时至四时开种；

——施种牛痘时先仅优待券号数挨次就种，次及挂号者，幸勿争先拥挤；

——本会医生种痘，于选苗、消毒及种种卫生之法，无不格外谨慎，决无流弊；

——种痘者悉应听医生指导，幸勿疏忽；

——甲寅年春季开种，日期自旧历正月十六起至三月底止。惟二月十二日俗名百花生日，特于是日全日开种，自上午九时至下午四时止，随到随种，庶免拥挤；

——种痘之后应食鲜鸡，发物泡浆后即须停止；

——泡浆之时如须来会覆［复］诊，仍须挂号。本会医生慎重卫生，切戒于人身上收取牛痘浆苗，杜绝流弊；

——从前种过牛痘之人必须再种，以免传染天花，且能消除血毒；

——二马路望平街东首中国红十字会总办事处为防疫保赤第一机关，请王陪元医生主任，沈石农君副之；

——天津路八十号市医院为第二机关，请郁君燕生主任；

——十六铺外滩中国红十字会南市医院为第三机关，请陈杰初、李达夫医生主任，江伟豪女士副之；

——闸北沪宁车站对面为第四机关，请□□□君主任；

——防疫保赤总机关请本会理事长江趋丹君主任，吴敬仲君为总稽查；

——如添设分机关及推广至内地等处，随时酌定；

——每逢星期六，由各该机关将逐日开种号数、号簿送交总稽查查核，并将所发牛痘苗核对，以昭慎重；

——种痘者如须请医生出外种痘，不拘远近，应纳诊费、车费洋二元四角，以三成充本机关捐项，七成为医生酬劳；

——本会刊送防疫卫生白话文及发行喉痛、红痧等经验药片，辟瘟药水等平价出售；

——如遇天花、喉痧等传染病，报告各该机关后，由本会送公立医院医治；

——此项简章系临时订定，经本会常议会通过实行，并可随时修改。

上海二马路望平街东首中国红十字会总会总办事处沈敦和启

原载《申报》1914年2月10日、11日

中国红十字会驻淮施药处简章

第一条、本处系红十字会会员捐资创办，专为救济贫病而设，纯乎慈善性质，得总会之允许，定名为"中国红十字会驻淮施药处"。

第二条、本处应夏季需要，所施皆时症要药，其它［他］无关紧要或必须诊断而复可服之药，概不具备。

第三条、本处所施诸药经红会监制者居其大半，即另购药品亦必经其遴选，故取材精严，收效甚易。

第四条、凡来本处索药者，无论何人，不取分文，惟须服从规则，声明所索何药，由办事人次第授与［予］，勿得越次争吵，任意滥索。

第五条、凡施诸药，悉由病家指名索取，自愿服食，□使一剂霍然，顿庆复生，本处固不欲贪天之功，纵或病入膏肓，药物无灵，本处亦不任无妄之咎。

第六条、本处经费皆由创办人自行捐助，并不向人募化，在事诸人亦系义务从公，概不支薪。

第七条、本处以本年阴历五月初二日开幕，七月十五日截止。

第八条、本章程有未尽事宜，经总会承认得随时修正之。

主任吴范民中侠，文牍潘曾衍著存，干事许寿柏新甫、潘爕伯和

原载《申报》1915 年 8 月 14 日

湖州救疫事务所章程

（一）本事务所由辅善会电办上海中国红十字会遣派医生来湖救治，全属义务性质，定名曰"红十字会救疫事务所"；

（二）本所门诊上午九时开诊，下午五时停止，重症不在此例；

（三）本所医药不取分文，只取号金，门诊四十八文，出诊小洋一角，舟舆均由病家酌给；

（四）患病者求医须先挂号，挨次诊医，不致紊乱；

（五）患病者受诊后持方，挨次向给药处领药；

（六）患病人须听医生所嘱服药，不得私自更变，庶免致误；

（七）出诊须俟门诊毕后随时出门，如有紧急等症，随时酌议；

（八）如有未尽事宜，临时增订，并乞同好指示。

原载《申报》1918 年 11 月 11 日

承办红会北市医院之草章

红十字会北市医院现由龚子英、杨翼之二君担任承办，其所订草章披露于后：

（一）中国红十字会北市医院因总办事处兼顾不周，商请本会特别会员龚子英、杨翼之二君担任全权承办，院名照旧（中国红十字会北市医院）；

（二）院内所有医药器具残缺不全，除点交可用各物登记外，另须添配应用各件，为数甚巨。先由红十字会赞助，以三千元为限，其余不敷之数请由承办人自行筹助，添置之件随时登簿造报，以示大公；

（三）红十字会总办事处补贴全年房金外，另助常年经费洋一万元，所有院内一切开支及药品等费如有不足之处，均请承办人自行酌筹。至贴助常年经费，由红十字会指存永亨银行，以便承办人随时支取，以清界限，存息归红会算取；

（四）院内雇佣人员本承办人负完全责任；

（五）院内现存药品全归红十字会收回，惟空瓶留交承办人接用；

（六）承办人每逢月终，将院内出入账款及经过情形用红十字会名义登入《申》、《新》两报，以昭征信；

（七）院中登报费由红十字会担任，凡有印发传单等件，归承办人自理；

（八）订定合约日起，先行试办一年，如果满意则续办二年，嗣后两方同意，准照原约蝉联办理；

（九）承办人现就北市医院试办，实为协助进行，专济贫病。而局面太小，时前先于红十字会言定日后总医院合同期满，如仍拟委人代办，须先仅承办人接办，以达推广慈善之意；

（十）自承办人接办后，设有战事发生，有应尽襄助救护之职，当由总办事处指挥，如款项不敷，当由总办事处临时酌助；

（十一）红十字会总办事处函送三等病人到院医治，不取医药膳宿等费，不限人数，如指定头二等住院病人，每人每日须贴膳费洋一元，医药照免，其门诊号金归承办人补助开支；

（十二）此约经两方签字盖章后即生效力。

原载《申报》1918 年 8 月 24 日

上海吴淞两口防护染疫章程

十年十二月中国红十字会吴淞防疫医院抄稿

分解本章

（一）凡章内所列"医员"字样，乃即系指江海关监督聘定，专办本口防疫医员之或正或副并或暂由他医所派充者而言。

（二）凡有来船驶至吴淞口外，之先在十日内或于抵口之时，该船上人如有患过霍乱、发痧以及黄症并痒子瘟等类之病，抑或有患疑似以上各类之病，并或有已死尸首而疑是染疫致毙者，则其船俱为染疫之船。

（三）凡来船抵口，而该船上人内有传染痒子瘟者，不论其在抵口以前所染或即抵口之时所染，应俱为有痒子瘟之船。

（四）凡所谓可疑之船者，乃即来自有疫口岸之船，不论其系一径直走到口或系转由别埠至口。但计其自彼开船至此，尚在十天之内，应即为可疑之船。

（五）凡所称崇宝沙防疫医院，因该院系在崇宝沙西南尽头地方，故以是称。注："崇宝沙被风浪冲崩入海，因将医院迁至吴淞黄埔江东，故名吴淞防疫医院。嗣又分出华人一部分归上海华商经办，故有防疫华医院名称。后更归中国红十字会经理，因即为中国红十字会吴淞防疫医院矣"。崇宝沙海面计有白色浮筒两个，乃即系为停泊疫船之界限而设。

总　章

（一）凡染疫以及可疑船只驶近吴淞之时，务须即在船首前桅悬上黄旗，必俟至医员上船检验毕后，给有准单，方可下旗进口。

（二）凡染疫以及可疑船只，无论何人，或上或下，均须执有防疫医员之准单方可。至若此外之起卸货物、行李等项，亦俱照此办理。

（三）凡引水之人，带领染疫以及可疑之船者，非得有医员准单，不能擅自离船。至若该船如须轮船拖行，则必得在该船之前，断不可在两旁并拖，以防致相传染之患。

（四）凡船只抵口，医员到轮验疫，所定时刻，早自六点钟起，晚至六点钟止，而其间船多候久，总以愈速开验为愈妙，而该船主务须准如医员所嘱，令凡在船之人，自大副以至水手并各搭客等，均须出立舱面，一同候验。所有船内各段房间等处亦准听由医员遍加察看，一若医员问及船上一切或自开行暨至本口一路之前后情形，皆应详细一并答复为要。

（五）凡遇吴淞防疫医院，因各别口已无瘟疫停止办防之时，而如有他口来船，或到上海，或进吴淞，除即遵此总章外，并须按其后列之"专章"办理。

（六）凡遇防疫医院举办验疫之时，而如有他埠染疫之口来船，或到上海或进吴淞，抑或欲往长江，除即遵此总章外，并须按其后列"另章"办理。

（七）凡遇他口疫起之后，而所有防疫医院一切防疫事宜均应由监督与各国领事会同察核情形，斟酌定夺出示施行，即如何埠因已患疫，应即预防作为有疫之口，此其一也。又何埠因已疫净，应即免防，作为无疫之口，此其二也。又吴淞防疫医院应于何时为始，必须开办防疫并于何时为止，即须停办防疫，此其三也。又其四，办防之法，或各别口有疫之时，则防其传染进口，致碍本口，或本口有疫之时，则防其传染出口，致碍各别口。是以凡有应行禁止进口及出口之各种货物，自当随时格外小心，设法会禁，以全保护，而免彼此传染之患。一面即由本口税务司转饬理船厅传谕周知，一体遵行，并由本口税务司通知该疫口税务司查照。至若该疫口系属外洋，则即通知该地方官办理可也。

（八）凡在上海吴淞停泊之船，除患痧子瘟及疑是痧子瘟外，如患似"分解本章"第二款所载各种疫症者，应即报明理船厅转嘱医员到船检验。该船倘在上海，则须酌令驶至泊船界外，即耶松引翔港船厂下首停泊；倘在吴淞，则应令与他船远离停泊，以便按照后列之"专章"办理。

（九）凡进口船只而有患痧子瘟及疑是痧子瘟者，应立即报知理船厅转嘱医员到船检验，酌令该船驶至崇宝沙停泊，以便按船后列之"另章"办理。

（十）凡有疫之口来船不准进口之货，如各种皮货、皮张、毛发、破烂纸币、鲜果菜蔬，以及沾有泥土之花草，并沙泥杂土，又植物化之泥块沙屑，兼如尸棺等类，一概不得运进本口。

（十一）凡华洋人等，如有违背以上各款者，华人则送地方官，洋人则交该国领事官，分别罚办。

专　章

（一）凡来船有患痒子瘟者，概不准其驶进吴淞、上海两处停泊，必得在吴淞口外之船路红浮筒以外，停俟，医员上船验明属实，乃由理船厅饬令该船移往崇宝沙泊船界内停泊，以便按照后列之"另章"办理。

（二）凡驶抵吴淞之船，除痒子瘟及疑是痒子瘟外，如或有患别种疫症而并非痒子瘟者须听该处指泊人员指定泊处停泊。该船倘赴上海，则应驶至泊船界外，即耶松引翔港船厂下首停泊，务照医员所嘱将病人与人离开，或设法令人离开病人，并须在船上熏除净尽之后，方可给予准单进口。

（三）凡染疫之人离船之时，必须凭有医员在船照料，且须处处格外小心，即如该病人大小便所遗，并其用过浴水、脱下衣履、在床被褥等类，倘犹未经熏过，不得遽弃江中。此外又有例应用火焚毁之件，则亦不得遽弃于江也。

另　章

（一）凡来船之染有瘟疫以及形有可疑而似乎染疫者，均须在崇宝沙之泊船界内，照章停泊办理。

（二）凡有疫之船一切办法，必须悉遵防疫医员指示而行，或须将患疫暨疑疫之各病人离去此船，或须将此船上人离开该病人，又或须将疫死之尸移埋他处，均惟听候斟酌办理，以便将其船身如法照熏。至该船于病人起净之后，总不过再扣十天而已，但若该船尚在未经熏透之时，不得遽予放行，必俟医员给有准单，方可进口。

（三）凡形有可疑染疫来船，一俟验明实属，并无传染瘟疫情事，而业已悉如理船厅定章遵办完毕者，应即给予准单放行进口。惟若该船倘果查有可诉之处，则即作为染疫之船。

（附释）以上防疫医院章程与各处设立医治普通病症之医院性质不同，故不合用。盖防疫医院专收患传染疫症之病人，而诊治普通病症之医院，不能收容染疫病人者也，中国红十字会吴淞防疫医院谨识。

医疗卫生

237

原载 1924 年《中国红十字会二十周年纪念册·章程》

中国红十字会时疫医院规则

一、本医院专治急痧、霍乱、吐泻、绞肠、吊脚、瘰疬等症，不诊别项。

二、凡来院就诊病人先赴挂号处报告姓名、年岁、籍贯、住址、门牌号数，领取号票，陪送诊病室诊治。

三、凡住院病人应将号票系在手腕，以防病人与诊候表移动讹错。

四、凡割诊病人气血亏弱，胃中消化无力，七十二分钟内不能饮食，由医生制有滋养药水调补气血，俟可以饮食时，由医生签字后注明"可以食米"字样，方可进食。

五、凡割诊病人七十二分钟内不能饮食，虽觉饥饿，万不可食，如亲友探访及陪伴者，切勿私赠食物，致误本人生命。

六、诊病室看护凡见有挂号病人，不论轻重，立刻知照医生诊治，随到随看，至交班、接班时，若遇重症，切勿推诿，病人性命攸关，稍延时刻，施救不及，均应以慎重人命为主义。

七、本院病房分头、二、三等，男女各别。经常议会议决：凡住头等养病者，每人每日收养病费洋三元；住二等养疴者，每人每日收养病费洋一元；住三等病房免费。

八、凡住二等养疴室者，本院病房极为清洁，饮食完美，侍役、女佣服侍无不周到，但亲友来院陪伴者只可一人，以免拥挤，有碍卫生。

九、头二等病人养疴以静养为主，无论亲友前来探访者，只可稍谈片刻，即行退出。

十、凡病人穿来衣服及银洋物件，须交明帐［账］房编号存储，免致遗失。

十一、凡头二等陪病人之伙食，照本院定章，头等每人每日收洋四角，二等每人每日收洋二角，三等陪病人者概不预备。

十二、本医院雇佣男女侍役之亲友，一概不准到病房接洽，以免传染，如违，罚辛工一月。

十三、诊病室看护、男女病房侍役，凡接班时延宕迟误者，罚薪水一月。

十四、本院特备橡皮救护病车，如有重症病人不能来院，可用电话通知，本院即行往接，极为便捷。

十五、凡遇病人痊愈出院，如自愿略赏酒资，随时送交帐［账］房收存，月底按份分派，不准向病人争论多少，亦不得向病人私索分文，倘隐匿不报者，查出议罚。

十六、本医院中西医生专任院内职务，如各界延聘出诊，请向医生直接诊费若干，医生另有章程，与本医院不涉。

原载 1923 年《中国红十字会时疫医院征信录》

中国红十字会建瓯分会临时医院规则

第一条　本会限于经济，现设医院系附在英国济世医院，崭为军官军士临时预备，他界人士恕不接待；

第二条　各军伤病官兵由各军长官函送，均须先到本会，经医员验明系须留医者，然后给送条，送院留医。如各室住满时，须暂停收，星期日停止门诊；

第三条　留医本院者于每日上午十时至下午三时诊视进药。至来院门诊者，定每日上午九时至十二时半诊视，并须先行挂号领籤，依次就诊，不得争先滋闹；

第四条　留医及送院之门诊挂号应依照济世医院章程办理，惟门诊挂号全由本会负担（在本会诊视开给中国药方者，亦不取挂号费），留院挂号费由各军长官自行担任交接；

第五条　留医、门诊两种所有西医员及看护员均由本会认纳济世医院补助金，共同行使职务，至留医官兵应用服侍使役，除本会已派两名住院听候指挥外，如不合用，应由各本军自行觅雇；

第六条　来院留医官兵入院之时，即由看护员生指定住室，立簿登记，住定之后，非得看护员生许可，不得任意迁移；

第七条　在院留医官兵无论何人，均不得携带军械凶器及违禁物品，以免滋事。如入院时查有军械凶器及违禁物品，即交还来人带返或由本会函送该官兵本营长官；如本营长官现未在瓯，即送当地最高级军官收存；

第八条　留医官兵如有银钱或重贵器物，须交存庶务，掣取收条，一俟出院或应用时得持收条领回，以免疏虞失漏；

第九条　留医官兵不得任意出外游玩致妨害伤病，如须购物，可令看护丁役于规定时间代办，倘系饮食物品须经医员认可，方得饮食，以期速愈；

第十条　来院留养官兵所须医药之费完全由本院担任，至所须灯油、茶水、棉被、伙食等项均由各本军派员直接经理。到会门诊者，中药费自备；送院门诊及留医者，西药由本院施用。至留医者倘有不测，殓葬各费由各本军担任；

第十一条　本院办事各员役均须佩章、出入证。至留医官兵如有事外出，须到看护处请领出入证方得出院，至回院时仍将缴回原处，以便稽核；

第十二条　本院每晚十时闭门后，非有特别事故不得出入；

第十三条　在院留医官兵如有长官或亲友来院省视，须先在守卫处挂号，注明姓名、军籍、探视何人，方得入内，由看护处派人引往探视。倘赠饮食物品，并须经医员查验，始可赠送；

第十四条　留医官兵每日上午九时开早膳，十二时开午膳，下午五时开晚膳，每饭前预发饭筹，以便凭筹分送，每晚十一时息［熄］灯；

第十五条　院内员役及留医官兵均不得饮酒、赌博及喧哗滋闹。如交接事件，须平心静气商办，不得悉言暴动致伤和气；

第十六条　本院办事员役及留医官兵如有亲友前来探视，无论何人，至迟须于下午五时退出，不得在院宿食；

第十七条　本院为招待军界伤者病者而设，如系花柳病症者，概不接待医治；

第十八条　本规则自呈报粤军军长备案后即生效力，如在院者违反，不听制止，得令其出院，如来宾违反不听劝止，得函请当地军事长官维持；

第十九条　本规则如有未尽事宜得随时增修函请备案。

原载《中国红十字会月刊》1923年第15期

中国红十字会西安分会妇婴收养院办法

一、本分会以孤儿寡妇老弱残疾贫极无养者日来求救，无法应付，特设妇婴收养院，以资救济，藉渡灾况；

二、本院地址暂以本会附属医院后边安架房十间，大厅三间，耳房两间充之，如收养过多，不能容纳时当另择适宜地点；

三、本院开办期间暂定三月，自本年四月一日起至六月底止；

四、收养妇婴暂以各二百人为度，若不及或超过此数，当斟酌办理之；

五、所收妇婴三月，平均每人以十元计算照定额共需四千元，暂由会中垫出若干，余由全体会员分任募集；

六、本院设男经理一人，女管理四人，其他职务由会院职役兼办，一切薪工经常议会通过，由会中开支；

七、所收妇婴能作工者可假本会女子职业学校纺车、织机等械另筹资本，使其作工；

八、工作之外，每日教授识字、演讲、常识各一点钟，由职员或其他热心慈善家担任，概不支薪，应需公费，由会中开支；

九、本会不分宗教、中外种族一切界限，纯以救灾恤贫为天职；

十、如有义振机关振款相助或个人捐资襄理者，均按款之多寡分配收养人数，揭示门首，曰某机关某善士托收养妇婴若干，助款若干，其不满十元者概作义捐，亦贴条公布，以彰善举；

十一、本院一切办法概由本会常议会议决施行；

十二、本办法如有应行增改之处，由职员多数提议得交本会常议会修正之。

附妇婴收养院女生每日教授各科要旨

第一条，教授总旨以施行常识教育，俾能助贫人生活为主；

第二条，根据前条总旨，所授之科学为修身、国语、识字、心算、家事、公民、常识六项；

第三条，为贫民迫于生活不能继续求学以完成长期教育，故缩短毕业时期，以一小时为单位；

第四条，"修身"教授之要旨以孝敬、诚信、勤洁、礼让、知耻、守法十目，涵养其德行，教授方法以恳切之谈话训练之，并讲演故事，实习礼仪；

第五条，"国语"教授之要旨在能认识注音字母病熟习其用法、书法，以养成发表语言之能力，教授方法注意发音并练习语言；

第六条，"识字"教授之要旨在能辨认简单浅近固定之文物并了解其意义，其教授方法专采切于平民生活所必需之具体教材，如钱票、铜币、门牌、印花、邮票之类，使习其文字之读法、讲法，并说明其用法，遇必要时并练习其写法；

第七条，"心算"教授之要旨在使熟习日常简单之计算，增长生活之智能，教授方法用直观主义，采用实物，练习十数至百数以内之数法，加减乘除之算法及各种度量衡之用法，遇适当时兼以注音字母教授简单账簿之记法算法；

第八条，"家事""公民""常识"教授要旨在能略识治家之要务，国家与社会之情形，国民共有之责务，女子特有之责务，教授方法略如修身，以能激发独立之精神，引起互助之同情为贵。

西安红十字分会女婴收养院女生每日授课表

	月曜	火曜	水曜	木曜	金曜	土曜	日曜
午后四钟至五钟	识字	心算	识字	心算	识字	心算	识字
五至六	家事、常识	修身	家事、常识	修身	家事、常识	修身	常识、常识
六至七	国语	国语	国语	国语	国语	国语	国语

原载《中国红十字会月刊》1923 年第 17 期

西安红十字会分会贫民医院办法

一、本分会以一般贫民偶患疾病，糊口不暇，无力医疗，日久不治，成为残废或因而毙命者不少，特设贫民病院以资救济；

二、本院地址暂以本分会附属医院后边大厅三间充之，如病人过多，不能容纳时亦可向附属医院三等病室安置，以重卫生；

三、本院诊疗贫民，原无定额，凡实系贫民来本分会时，当即分别医治，轻者每日或隔日来院诊疗一次，重者留院诊治；

四、本院留院医疗之贫民于饮食、衣服、被褥及一切用品皆由本院购备，如病过重在院死亡者，每由本会备棺葬埋；如病轻不留院而每日或隔日来院医治者，医药等费亦不取分文；

五、本院经费均由本分会垫出，若有慈善家或其他慈善机关愿以资相助者亦可受领。登诸报端，以彰"善与人同"之义；

六、本院设院长一人，医师一人，庶务、会计各一人，看护四人均由本分会附属医院职员兼顾，不另支薪，以成善举；

七、本院不分宗教、中外宗族一切界限，纯以救济贫民性命为宗旨；

八、本院一切办法概由本分会常议会议决施行；

九、本办法如有应行增减之处，可由多数职员提出，本分会常议会修正；

十、贫民医院自二月七日起，暂完全代华洋义振会办理，嗣后由本分会继续办理，以该会闭会日为止。

原载《中国红十字会月刊》1923 年第 17 期

中国红十字会重庆分会常设医院章程

第一章　总则

一、本医院为中国红十字会重庆分会筹款设立，归本分会办事处节制管理之；

二、平时专治普通病症，战时兼疗伤病军民；

三、设男女病房以供病人住院养疴。至施治门诊，另设有治疗所于城内九尺坎本分会办事处内；

四、设院长、医长、医员管理，司帐［账］、药剂、看护等各职员由院长督率之。

第二章　宗旨

一、照本会章程第二章"甲项战时协助医队救护病者伤者，乙项平时筹募款项设立医院"，除传染及疯病外，其余普通病症概行收治；

二、除例假日及星期日停诊外，医长每日午前八时至十一时在治疗所施治门诊，城外医院得随时亲到诊察；

三、设特别并头二三四各等病房，治病人自请住院养病外，如有门诊病人，查其病状有必须住院治疗者，应劝其住院；

四、本院以慈善为主体，病家治愈出院，除照章应纳各费外，并无酬谢等项名目，如其自愿捐助本院经费，交由本分会办事处，掣照正式收据为凭。

第三章　职员职务

一、设院长指挥督率各职员办理一切院务；

二、设医长一员，其余医员管理司账、药剂、看护、挂号、录事、学生、工役人等随时酌量任用；

三、院务划分两课，医药及医员、学生看护等归医长专责；银钱器物、司账、庶务等项，专归管理专责，均商承院长之指挥办理；

四、各职员服务勤惰由院长随时监察，惟医员、药剂、看护须商准医长意见外，其余各项职员院长得以全权黜陟之。

第四章　治病规则

一、门诊规则另订之；

二、住医房食费特等每日二元，头等一元，二等五角，如有食西餐者每日另加一元，至开刀药费另算，三等只收食费，每日二角，药资免收，四等药食费均免；

三、住院病人每诊察时间由医长员按照病状随时酌定，但无论病人轻重，每日至少必须诊察两次；

四、病人卧处必须备具症候单，注明病人进院日期，每次诊察之状况以及其他关于病人服药食物等事项；

五、住院病人必须先经医长员察验，其确有住院之必要，取具保单，经院长核准方得挂号入院，照所住房间之等次，预给住院费半月，贫苦住四等者免费；

六、住院病人应每半月预给住院费一次，如住院未满半月，则已缴之费当照算退还；

七、医长员应各备诊察簿一册，将每日住院病人之名姓、病情详细记载；

八、如有住院病人病情危险，不克治疗者应通知病人家属或就[担]保人到院及时筹备一切，倘无家属在渝，除设法致信外，应即妥由院为料理；

九、住院病人如须家属陪伴或自带仆人者，应随时由医长员斟酌病情，陈请院长核夺，如在院寄食者，另缴火[伙]食费；

十、住院病人如系本会出力会员、职员，持有本会会长凭证者应纳例费得减百分之二十，惟住二等病房者不在此例；

十一、如有病家延请本院医长或医员出外诊治，须在本院诊察时刻之外，其应纳医费另订之。

第五章　附则

一、本章程由常议会之认可得以随时修改之。

治疗所规则

一、每星期一、四、六等日珍〔诊〕治贫民，免收诊费并免药资。是日如有愿意出资诊病者，每位二元，其取二元之意并非利其资，以免富者分占时间故也；

二、每星期二、五等日到所求诊者，每人收诊费银五角，药资照算；

三、每星期三医长到本医院剖解停诊；

四、每日自午前八钟起至十一钟止为看病挂号时间；

五、凡到所看病者，依所领票签号数挨次入诊；

六、凡看到时间不分日期有欲随到随看者，备有优先票，每次费银一元正；

七、凡患急病求诊者，不分贫富。时间随到随治，普通人照收诊费药资，病〔贫〕者诊药各费均免收取；

八、星期日停诊。

以上八条恐有未尽之处得随时修改。

原载《中国红十字会月刊》1923 年第 21 期

中国红十字会蚌埠分会皖北
联合救护队临时医院通则

总　则

一、本院遵守《万国缔盟红十字联合会条约》"博爱、恤兵"宗旨，依据大总统府院核准颁布施行第二届全国会员大会《修正中国红十字会章程》第十条"（一）战时得经军事长官及战地司令官之同意救护伤兵；（二）平时请地方官厅之协助振灾施疗"，又第十一条"（甲）平时得设分医院于分会之所在地；（乙）临时特设救护队及疗养院等专以辅佐中国红十字会医队，协助分会，施行会务"。

二、本院前经蚌埠分会陈请总办事处认可，转请安徽省长令由财政厅拨助出发费，又令蚌埠分会医队往皖北阜、太、蒙、亳、涡五县组织救济妇孺会及临时医院，并分行该各县知事协酌办理，妥为保护，各在案。已经前往该各五县组设临时医院十处，先行呈报，均蒙照准备案并奉到省长指令，内开：呈暨附件均悉，所送章则尚属妥善，应准照办，此令，等因！奉此，应即遵照前令。及蚌埠红会医队章程查照，同各县红十字分会会员联席议决通则，按期临时开幕施诊。

三、本院前由蚌埠红十字分会接蒙、亳、阜、涡、太五县会员公民被灾报告，鉴于皖豫毗连数县，常有豫匪侵劫，兵变掠烧，兼常发生疫疠，伤病甚多，邀往救治等情。据此，惟因蚌埠分会屡次出发医队，无暇销职。又奈蚌埠分会基金缺乏，屡陈总办事处无金可拨，故特组织皖北联合救护医队，俾得各县红十字分会同仁协助进行，并于各县需要地方组设临时医院，以为联合医队巡驻就近施疗地点。

四、本院按分三个时期临时开幕：（甲）春季临时；（乙）夏季临时；（丙）战事临时。

五、本院每年春季临时出发医队一次，查有皖北境内某处发生春瘟、白喉、天痘、猩红痧、瘟疹、丹毒等症及各传染类病流行时，即派医队往驻该县临时医院施诊救治。若无以上等症传染流行之处，各县临时医院均得按照时期开幕，施种牛痘，注射白喉血清，宣布预防传染，其期限自二月十日起至四月十日止，但于疫病传染未息之处不在此限。

六、本院每年夏季临时出发医队一次，查有皖北境内某处发生时疫、虎列剌、肺炎、鼠疫、瘰癧痧、脑膜炎、大头瘟、天行、赤痢、疟疾等症及各传染类病流行时，即派医队往驻该县临时医院施诊救治。若无以上等症传染流行之处，各县临时医院均得按照时期开幕施疗，偶得疫症、霍乱、翻痧、泻痢及误食不洁生物、毒物、胃滞消化不良，宣布卫生，免起传染，其限期自六月十日起至九月十日止，但于疫病传染未息之处，不在此限。

七、本院遇有战事发生即时出发医队一次，但此无一定期限。惟于查有皖北境内偶发战事时，预先陈报总办事处转电双方军民长官，各给保护执照，俾资医队出发，救治受伤兵民并届时通知各处临时医院同时预备开幕，以便前往战地救护受伤兵民，抬送就近各该县临时医院疗养，须俟战事了结，伤症痊愈，方能报告临时开幕期终止。

院址及定名旗帜门牌标记制

八、本院暂就需要地点先设临时院址十处，其定名第一临时医院，应当设立蚌埠。惟因前奉省长指令，准往组织蒙城、阜阳、太和、亳州、涡阳五县临时医院，俾资出发医队往该各灾区救济等情，故暂将定名第一临时医院移驻灾区适中地点，附设于小涧镇红会医队制药部内，其各定名院址如左：

甲　驻蒙小涧镇第一临时医院制药部，暂设小涧镇华祖庙内

乙　驻蒙城县第二临时医院施疗部，暂设蒙城僧王府英公祠内

丙　驻涡阳县第三临时医院施药部，暂设山西会馆内

丁　驻涡义门集第四临时医院施疗部，暂设河南岸邓公馆右间壁

戊　驻亳县第五临时医院施疗部，暂设东门内李公馆右间壁

己　驻亳龙台区第六临时医院施药部，暂设龙台寺区高公庙内

庚　驻太洮河集第七临时医院施疗部，暂设太和红十字分会内

辛　驻太和县第八临时医院施疗部，暂设山西会馆内

壬　驻阜北四区第九临时医院施疗部，暂设吕家集古梅桥寺内

癸　驻阜阳县第十临时医院施药部，暂设中鼓楼上

九、本院旗帜门牌、各职员袖章、医院看护制服及各种标记得用白地红十字，须由完备联合医队规定式样。惟临时应用印旗则由各红十字分会陈请总办事处发给，并须请县查验注册，以防伪造。

职　员

十、本院各应推举正副院长各一名，担任筹募开幕及临时报告，筹备接洽事务，其文牍、庶务、书记则由红十字分会临时酌派，皆得参加皖北联合救护医队中。

十一、本院施疗部各应聘请中医员一名、西医员一名、救护医药学校毕业医士二名，担任施疗时疫、注射药针及救治受伤兵民、割疗、急救手术等科。但其学术手术优劣难知，必须经同皖北联合医队检验认可，或由医队代为聘请委任，方能合适。并须招选看护学生四名，其施药部应聘中医员一名，救护医药学校毕业医士二名、看护生二名。惟制药部应由联合医队聘请调剂师中西药科各一名、司药员二名、采办输送员二名，以上各员平时由各红十字分会开支，惟于临时则由联合医队规定酌予津贴。

十二、本院医员皆得服从救护医队指挥，遇有某处急需多用医员时，无论何处医院之医员皆得听从联合救护医队调遣。

十三、本院之保护及奖劝惩罚各则应依照《中国红十字会章程》第十三、四章及《分会通则》十六至二十五条遵行之。

<h1>疗 规</h1>

十四、本院临时遇有救护队出发战地，救出受伤兵民或在疫疠流行处救得旅客、游民受染疫毒者，准送本院疗养，免出诊金、药资、号费，并得商同红十字分会及救济会，酌给伤者病者饮食费用，以俟痊愈，给予出院回家川资及沿途保护执照。

十五、本院临时诊疗，不限钟点。

十六、本院遇有居民误遭匪伤、兵伤、火伤、跌损、中毒及水溺、自缢、受电未真死者等症来院求治，门诊须收挂号费二角，出诊只收挂号费一元，免出诊金、药资。如有需用割疗接补探洗手术者，须缴朦药及麻药费一元，惟赤贫者亦得免出手术麻药费及免出号费。

十七、本院遇有居民受染时疫及传染类病者来院求治，门诊须收挂号费铜元八枚，出诊号费三角，免出诊金、药资。如有需用注射血清及注射药液者，须缴注射药液费一元。如系兵士或赤贫者或系红会会员，均得免出以上各费。

十八、本院遇有平常类病如内科、妇科、儿科、喉科、眼科、疮科等症，门诊、出诊号费同上，免出诊金、药资。俟病见效后，得由本院募化捐款，多寡随便，赤贫者免捐不募。

十九、本院遇有花柳、梅毒病，须派照第十六条挂号，如要求注射六零六或九一四者必须自备射药价资并须先缴注射手术看护费三元。惟系红会会员只出射药价资，免出手术看护费。

二十、本院医生不得私自收取诊金、药资费，查出，按照违章罚之。

原载《中国红十字会月刊》1923 年第 23 期

<h1>万国缔盟中国红十字会贵阳分会附设医疗所简章</h1>

一、本所系查照《中国红十字会章程》，由贵阳分会会员捐助办理，定名曰"中国红十字会贵阳分会附设医疗所"；

二、本所设立贵阳大南门外观音寺内；

三、本所内设候诊室、诊病室，男女异处，每日诊脉时间自午前十时起至午后三时止；

四、本所暂由贵阳分会理事部办理；

五、就医者不论中外贫富男女老幼，随时医治，一律免费，并无号金等名目；

六、本所自民国十二年六月初四日开幕，有愿来所医治者即行招待，毫无需索；

七、本所聘请内外科医员四人，专司诊治事宜，每月酌送夫马费，所有职员纯尽义务；

八、如病家邀请医士出外赴诊，由病家与医士直接交涉，但须过本所规定时间，赤贫无力者或酌送药费及随时施送各种时症丸、膏药等物；

九、本所每日将号簿日记、医愈姓名开单报告本会，由本会汇报总会总办事处，以备采择成绩登附月刊；

十、不论会内会外诸君，如承捐款赞助，悉用中国红十字会贵阳分会正式收条，加盖"捐助医疗所"字样为据，一面登报志谢，若有在外招摇私收捐款，一经查觉，即视事之轻重议处。

本简章自开办日施行，如有未尽事宜得随时修改增入之。

原载《中国红十字会月刊》1924 年第 27 期

中国红十字会市医院章程

第一章　总则

一、本医院为中国红十字会筹款设立，归总办事处节制管理之。

二、战时疗治病伤军民，平时兼治普通病症。

三、设男女病房，除定时施治门诊外，并供人住院养病。

四、设医长、医员、会计、药剂、看护、庶务等各职员，由医长督率之。

第二章　宗旨

一、照本会章程第二章甲项"战时协助医队救护病者、伤者"、乙项"平时筹款设立医院"，除传染病症及疯病外，其余普通病症概行收治。

二、除例假日及星期日下午停诊外，每日上午九时至十二时，下午二时至四时施治门诊，夏秋间则至四时为止。

三、本院以慈善为主体，病家治愈出院，除照章应纳各费外，并无酬谢等项名目，如其自愿捐助本会经费，照掣正式收据为凭。

第三章　职员职务

一、设监院一员，经常议会之认可，由董事会举任之，督率各职员办理一切院务。

二、设医员二员，收支一员，药剂、看护、庶务、学生工役人等随时酌要委用。

三、各职员服务勤惰由监院及医长随时监察之。

第四章　治病规则

一、门诊应纳挂号金五十文，先行挂号，挨次就诊，凭方配药。

二、门诊如系服毒、急痧等危险之症，应准其提前诊治，除贫病照常例只收号金外，其余应加纳医费洋一元。

三、门诊只取号金，不收医药费，所给药瓶每次复诊应随带至院。

四、住院医药饭食费等，头等每日一元，二等每日半元，三等每日二角，特别房间每日二元。

五、住院病人每日诊察时间由医员按照病状随时酌定，但无论病之重轻，每日至少必须诊察两次。

六、病人卧处必须备具症候单，注明病人进院日期、每次诊察之状况以及其他关于病人服药食物等事项。

七、住院病人必须先经医员察验其确有住院之必要者，方得挂号入院，照常例收取号金，并照所住房间之等次预缴住院费七日。

八、住院病人应每七日预缴住院费一次，如住院未满七日，则已缴之费当照算退还。

九、诊察室内应置诊察簿，两医员各备一册，将每日门诊及住院病人之名姓、病情详细记载。

十、如有住院病人病情危险不克治疗者，应通知病人家属到院及时筹备一切，倘无家属在申，除设法致信外，应即由院妥为料理。

十一、住院病人如须家属陪伴或自带仆人者，应随时由医员陈请医长核夺，其在院宿食亦照住院人例收费。

十二、如就诊病人系本会会员，持有总办事处之凭证者，门诊得免挂号金，住院者应纳例费得减百分之三十分，惟三等病房者不在其列。

十三、如有病家延请医员出外诊治，应照本会向章纳费。

（甲）普通症：初次会员三元，非会员五元；复诊每次会员二元，非会员三元。

（乙）急救生烟服毒等症每次十元，贫苦不计。

（丙）时疫及传染症用注射法施治者每次十元，贫苦不计。

第五章　附则

一、本院管理规则另订之。

二、本章程由常议会之认可得以随时修改之。

原载 1924 年《中国红十字会二十周年纪念册·章程》

中国红十字会总会致京内外各机关公函（附章程）

敬启者，本会筹设北京医院，前经函国务院，准予拨给养蜂夹道前上驷院旧址为永久医院之用，并经召集董事会议定章程，积极筹划，略具规模，业已开诊施治并于本年二月二十五日启用关防，以资办公。除分行外，相应检同章程并董事院长衔名清册，函送查照备案可也。此致！

中国红十字会北京医院组织章程
（十六年一月四日议订）

第一条　中国红十字总会依本会条例第二条之规定设立北京医院，以为平时治疗人民疾病及造就救护人才之所。

第二条　本院除平时医疗外，遇有军事、灾荒时得依总会条例第一条之规定增拨经费，担任临时后方卫生勤务及赈灾施疗救护事宜。

第三条　本院设置职员如下：（一）院长一员；（二）医长若干员；（三）医员若干员；（四）看护长一员；（五）事务长一员；（六）药剂员若干员；（七）助手看护若干人；（八）事务员视事务之繁简定其员额。此外，遇有本章程第二条所载临时救护事项发生时，得增加临时员司助理一切。

第四条　院长综掌全院医务事务。

251

医疗卫生

第五条　医长承院长之命分掌医务。

第六条　医员承院长暨医长之命辅助医务。

第七条　看护长承院长之命分掌看护事务。

第八条　事务长承院长之命分掌院中事务。

第九条　药剂员承院长之命管理药局事项。

第十条　助手、看护承院长暨看护长之命助理诊疗及病室勤务。

第十一条　事务员承院长暨事务长之命，帮同办理文牍、庶务、会计事项。

第十二条　本院于医务、院务，为协助进行及筹款咨询便益起见，得由总会聘请中外热心慈善暨医学专家组设董事会及顾问会。

第十三条　院长由本院董事会推举，陈请总会聘任并报由内务、陆军、海军三部备案。

第十四条　本院职员由院长遴派充任，但医员、看护长、事务长及药剂员之选派须得董事会之同意并须具报总会备案。

第十五条　本院图记应由总会制发并报内务、陆军、海军三部备案，以资法守。

第十六条　本院资产基金及各项补助捐赠收入各款概由总会另案保管，一切收支应由董事会负责经理。

第十七条　本院依总会条例《施行细则》第五条第三款之规定，附设看护养成班，由院长酌定名额，其教育细则及教程悉依总会所订办理之。

第十八条　本院于未经筹备成立之前，得提前暂设诊疗所以树基础。

第十九条　本院依总会条例《施行细则》第十条之规定，凡来院就诊患者除确系赤贫得完全免费外，余则酌收挂号费。惟花柳病患者并应收取药品□置等费，以示区别。

本条收费办法应否适用，诊疗所须察酌情形办理。

第二十条　本院俟经费充裕时，得于京师需要之区，酌设诊疗所，以宏施济。

第二十一条　本章程应由总会报由内务、陆军、海军三部备案。

第二十二条　本章程自公布日施行，但得由总会与董事会随时互商修正之。

中国红十字会北京医院董事会章程
（十六年一月四日议订）

第一条　本院依组织章程之规定，为协助院务进行起见，设立董事会。

第二条　董事无定额，由总会函聘，均为名誉职。除总会正副会长、理事长因职兼任执行董事外，由董事互推九人组织执行董事会，于董事不开会时，代表董事会执行职务。董事长一人、副董事长二人、司库一人，由执行董事互推担任之。

第三条　董事会之任务如左：一、关于院务之计划及执行事项；二、关于审核本院各项资产经费出纳及筹款事项；三、关于本院预算决算之稽核事项；四、关于临时发生事项。

第四条　董事之任期无定期。

第五条　执行董事会出席人数非过半数，不得开议，取决权应在出席人数三分之一以上。

第六条　董事会至少每年开会一次，但遇临时发生事项，总会会长或董事长得召集临时会议。执行董事会开会无定期，由总会会长或董事长召集之。

第七条　本章程及董事职名应由总会报明内务、陆军、海军三部备案。

第八条　本章程自公布日施行，但得由总会与董事会随时互商修正之。

中国红十字会北京医院顾问会章程
（十六年一月四日议订）

第一条　本院依组织章程之规定，为医务上咨询便益起见，设立顾问会。

第二条　顾问会之任务如左：一、关于医务之协助合作事项；二、关于药械医务人员之补助事项；三、关于医务之提议及筹议咨询事项；四、关于临时发生事项。

第三条　顾问均为名誉职，由总会聘请中外热心公益人士及医学名家充任。

第四条　顾问之任期无定期。

第五条　顾问会出席人数非过半数，不得开议，取决权应在出席人数三分之二以上。

第六条　顾问会常会会期于每年至少订期开会两次，但遇临时发生事项，得由院长召集临时会议。

第七条　本章程应由总会陈请内务、陆军、海军三部备案。

第八条　本章程自公布日施行，但得由总会与董事会随时互商修正之。

原载《政府公报》1927 年第 3909 号

中国红十字会第一医院章程

一、宗旨：本院以诊治疾病、救护伤兵、宣传卫生并促进医学教育为宗旨。

二、组织：本院于民国十七年八月一日改组，由国立上海医学院与中国红十字会合办，全院共设五科，并附属各科如下：

内科：附设小儿科、神经科、梅毒科、皮肤科、肺痨科等；

外科：附设骨节科、泌尿生殖科；

妇科；产科；

眼科；耳鼻喉科；

爱克司光；电疗；并镭锭治疗部。

三、诊治：本院因病室有限，目下只收容急病、亚急症、伤寒及痢症等数种传染病，并急救服毒、接产等。其它［他］烈性传染病如痧痘、天花、猩红热、白喉以及疯癫、麻风病暨慢性弗药诸症，概不收纳。

四、住院。甲：凡欲住院治疗，须先经本院医师认为有住院需要而对于本院其它［他］病人不致发生危险者，方得由本院医师填写入院单入院。乙：病人入院时间除星期日外，每日从上午九时至下午四时止，但有意外急症以及生产等皆可随时入院。丙：本院因所有病床每致不敷应用，故对于远道来函请求住院者恕不预定床位。

五、探望：为病人静养及医师护士等之工作起见，对于病人亲友探望时间不得不严格规定如左：（甲）：头等自上午十时至下午六时半；（乙）：二等自上午十一时至十二时，下午二时至五时半；（丙）：三等自下午二时至五时；（丁）：每次会客以二人为限并请先至事务室取得探病证始，始可凭证入视；（戊）：除右列规定时间外，如遇病人病势沉重者，由本院通知家属俾其亲友得来院探望；（己）：凡亲友带来物品非先经医生或主任、护士检查许可者不得给与［予］病人；（庚）：凡来院戒烟者不得有亲友探望；（辛）：凡在十岁以下之儿童，除经本院特别许可者，不得入院探望病人；（壬）：非经本院负责医师许可，不得临请其他医师在院诊治。

六、衣物：（甲）：病人入院时务必将衣服物件交与护士保管，出院时如数取回，凡病人出院六个月后不来领取所存衣物，本院即行充慈善事业之用。（乙）：病人入院时如有贵重物品务必交与本院会计处保管，领取收条。出院时，凭条取件，否则如有损失本院概不负责。

七、陪侍：头等病室及小儿二等病室可带陪客一人，其余二等以及三等因空间有限而对于秩序诊治并护士、工役之工作诸多妨碍，即对于其它［他］病人亦诸多不便，故不能增置陪客，祈谅之。

八、酬赏：本院不准工役直接收受病人酬赏，倘病家因本院工役服务认真自愿给与［予］赏金时，请将此项赏金交本院账房，领取收条。此种赏金由本院于月终按照各工役勤务分别支配之。

附注：如本院各部员役对于病人有无礼行为、不听呼唤等情，请病家随时直接报告事务主任。

九、收费：

（一）门诊：（甲）：普通挂号。各科一律初诊铜元三十枚，复诊铜元十枚。附注：一、赤贫免费；二、本院门诊均有记录以作参考，故如复诊不带诊卷者须另收号金二角。以上诊金不包括他种用费，如换药、小手术药费以及特别治疗等均须另行计费。（乙）：特别挂号。特别挂号时间除星期日外，每日从上午十时至十二时，下午二时至四时止，每次收号金二元，逾时号金加倍，星期停诊，检验体格及产科检验须另行付费。（丙）：急症。凡中毒、服毒、创伤、跌伤，一切意外急症随到随诊，急诊、手术等费自一元至五元，由就诊医师规定之，赤贫仍免。

（二）出诊：（甲）：诊金每次十元。（乙）：倘系由院外其它［他］医师议诊而请本院指定之医师特往者，则以议诊论计，每次二十五元。接产请参考本院产妇科家庭接生部章程，至多一百元，至少十五元。

（三）住院：头等病室分十元及六元二种，二等每日二元，三等每日五角。附注：一、以上所收住院费包括伙食费、看护费及普通针药费在内，但特别手术及特种饮料、特种药品、爱克司光检验等在外。二、在本院新生婴儿凡属头等、二等者每日五角，三等免费。三、三等病室病人如有特别情形者得减费或免费。

医疗卫生

（四）预缴：凡住院者头等病人入院时，须先预付洋一百元；二等病人入院时，须先预付洋四十元；三等病人入院时，须先预付洋十五元。附注：一、预缴费于出院时有余找还，不敷照补。二、住院费用每十天一结，如有超出预缴费时即须继续缴付。注意：凡缴付一切账项或病房费用，请直交本院账房，取得本院正式收据为凭，否则本院概不负责。

（五）戒烟：住院戒烟者按照普通住院例收费外，并须预缴戒烟药费及押金。如烟癖未断、中途出院者，押金不还。若用其它［他］特种药品者，另外收费。戒烟费及押金规定如左：

	戒烟费	押金
头等	五十元	五十元
二等	三十元	三十元
三等	十五元	十五元

（甲）在戒烟时间，亲友致送物品须经医生验明后方能送入病室。（乙）在戒烟时间不得借故请假。（丙）在戒烟时间亲友不得来院探视。

（六）特别收费：

（甲）特别看护。在院内看护每十二小时六元（膳由病家供给），到家中看护每十二小时六元（膳宿由病家供给）。

（乙）手术。住头等病室大手术不过三百元，小手术不过五十元；住二等病室大手术不过一百元，小手术不过二十五元；住三等病室大手术不过二十五元，小手术不过五元。

（丙）手术室费，包括麻醉手术与麻醉药品，并用具之消耗及一切所需材料，住头等病室者每次十五元至二十五元；住二等病室者每次五元至十五元；住三等病室者每次二元至五元。

（丁）生产。住头等病室者不过三百元，住二等病室者不过一百元，住三等病室者不过二十五元；倘须施用特种手术，请参阅六条乙项。

（戊）电疗或按摩。院内：每次五角至三元，院外：每次六元。

（己）爱克司光。

种类	普通检验	泌尿检验	肠胃检验
头等	二十元至三十元	三十元至四十元	四十元至六十元
二等	较头等减半	同上	同上
三等	较二等减半	同上	同上

（庚）陪侍者膳宿费。只限头等病室，每日一元。小儿科二等每日五角。

（辛）试验室各费。一、门症病人另有规定，二、头等病室十元，二等病室五元，三等病室二元。以上收费包括血、痰、粪、华氏康氏血清反应等项，以普通检验为限，特别检验按照规定另行收费。孙得爱克亨氏检验即用尿为生物学法检验妇女之有无受孕。病者将早晨第一次所解小便存在一干净小瓶，写明姓名、住址，并验费十元送到本院妇产科公事处，八天后可得化验结果。

（七）镭锭治疗。头等每觉厘每小时二角，至多三百元，预缴五十元；二等每觉厘每小时一角，至多一百元，预缴二十五元；三等面议。

（八）救护车。一、凡在租界内或接或送，每次收费洋四元；二、凡至南市与闸北或接或送，每次收费洋五元；三、凡至江湾龙华引翔港真茹等处或接或送，每次收费洋六元；四、凡至吴淞、大场、闵行等处其路程较远者，车资另议；五、如须本院救护车等候者，每二十分钟收费洋一元，每小时三元；六、如救护车所过之汽车路遇有征收捐费者，概由病家自理。

（九）诊断书。本院乃治病机关，纯以治病为主旨，除治病外，不负任何书面报告之责任。倘有病家或其服务机关需要该病者之诊断或治疗报告时，须另纳大洋十元。如由院外医师介绍来院或指定医师诊治而需要诊断书者，则以"议诊"论计算，每次另纳大洋二十五元。

十、星期与假期：凡星期日及例假日，除急症及接产外，其它〔他〕门诊及特别挂号概行停止。

十一、出院：（甲）病愈仅需休养者、半愈而可在门诊处治疗者、慢性而认为无所增益者，本院得随时请其出院。（乙）不守本院及病室规章者、不遵守本院医师吩咐者以及违反本院医师之劝导强行出院者，本院除随时令其出院外，并酌取诊治金：头等每日二元以内、二等每日一元以内，三等每日五角以内。（丙）倘对于本院医师、护士、工役或其它〔他〕职员有认为渎职或疏忽者，请随时将事实报告各该上级职司。倘在报告后未得圆满解释者或以为事实上无须解释者，务请即直接报告院长。

十二、门诊时间：（一）普通挂号。内科外科：每日下午一时至三时；眼科：每日上午十时至十一时；肺痨病科：每星期二、六上午十时至十一时；皮肤花柳科：每星期一、三、五上午九时至十一时；耳鼻喉科：每星期一、三、五上午十时至十一时；妇产科：每日上午十时至十一时；生育科：每星期二下午二时至四时；节制生育科：每星期四下午二时至四时；妇女瘤癌科：每星期五上午九时至十一时；泌尿生殖科：

每日下午四时至六时，星期六下午一时至二时；小儿科：每日上午九时至十一时；神经科：每星期一、三、五下午一时至三时；骨科：每星期一、四下午一时至三时；小儿保健科：每星期二、五下午二时至四时；爱克司光：每日上午十时至十二时，下午一时半至四时，惟须得本院医师许可并在必要时间内随到随摄。（二）特别挂号。每日上午九时半至十一时半，下午二时至四时，逾时号金加倍，星期停诊。（三）电疗。每日上午九时至十二时，下午二时至五时。附注：星期及假期日，除急症随请随到随诊外，其余一律停诊。以上之规定如有变更得临时通告。

原载《中国红十字会月刊》1935 年第 1 期

寿县分会兵灾临时医院简章

一、本院定名为"中国红十字会寿县分会临时医院"。

二、本院推举院长一人，副院长一人，医长一人，副医长一人，医员及办事员若干人。

三、院长、副院长主持院中一切事务，凡院中办事各部，得以酌量情形临时定之。

四、医长、副医长督率医员救治受伤兵民，施以割疗、急救手术，关于院中事项应与院长、副院长商酌办理。

五、受伤兵民来院，须先挂号，按号之先后疗治，不得紊乱。

六、院中诊病舍不多，凡来伤病兵民，经医生诊断后，重者住院。

七、凡受伤兵民，若须开刀、割症，必须先通知其长官或亲属之人，填写保证书，然后施治。

八、院中治疗时间，上午九时至十二时，下午三时至五时为限。若遇险症、重伤者，随时施治。

九、伤兵所带衣服或军用品，立时点交其长官。若无长官，到院可交本院账房暂为保存。

十、如有受伤之亲友来院看视，须得医长或副医长许可，方准入院。

十一、院中饮食起居以及换布、服药，俱有定时。病房之床铺，亦有定所，不能随意迁动。凡烟酒赌博以及有害卫生物品，一律禁止。

十二、院中每晚至九时，按号点名。自点名后，凡伤病兵民不准随意外出。

十三、每日夜本院轮派护士二人，率夫役四人察视伤病之状况。倘有危险情形，随时报告医生诊视。

十四、凡住院者如行为有违本院规则时，须听医生及其他职员劝告。

十五、本简章自医院成立时发生效力。

原载《中国红十字会月刊》1936 年第 8 期

中国红十字会总会第三医院暂行简章

（一）宗旨

本院以博施济众为旨，办理诊治病患、救护伤残等工作，对外宣传卫生，对内培育后进，以符红十字会之博爱恤兵为原则。

（二）组织

本院隶属于中国红十字会总会，内设院长一人，医务、事务二组设主任各一人。医务组：凡医师、助医、护士长、药剂均属之（护士、护生由护士长领导之），事务组：凡庶务、材料、挂号、会计均属之，但会计得直接向总会会计股办理之。

（三）工作

在院长领导之下，凡医药事务由医务主任负责统率，通常院务由事务主任负责支配，每月择要汇报总会。复于每年造具详细报告，呈报总会。其办事细则，得由主任酌量考订，经院长核准施行。

（四）经费

本院经费项目，计分收入、支出二种。

甲、收入部份［分］，由总会供给并规定之。住院费、药瓶、手术、挂号等费，若非经总会许可，并不单独在外募捐。倘有各界自愿捐赠，指定为本院所用者，亦必缴存总会，于必要时，再请总会拨付之。

乙、支出部份［分］，为房租、薪金、伙食、消耗、药材、器用、杂项等类，每月按照簿据造表呈报总会，每三月由政府指定之查账员，查核一次，会计规程均照总会所定办理。

（五）收费

本院规定收费如下：（所收各费均掣给正式收条）

一、住院费（四种）：

头等每日自六元至十元（暂不设）；二等每日二元（暂不设）；三等

每日八角；普通每日四角。

病人住院须经医师诊断后认为必要时始可收容，惟须由殷实店铺填具保单，并须预先缴费一月。若未满一月出院者，按日计算，余数给还；或已满一月而病未痊愈，仍须继续住院者应再缴费一月。此外，注射、手术等费亦须于入院时预先缴清，陪病人酌收膳金。

二、戒烟费普通每人十五元，三等每人三十元，余类推（注射另算）。

三、验伤单每名十四元。

四、出诊费每次十元（车资、号金、药资在外）。

五、挂号费在门诊时间内者，每人铜元十枚（如逾门诊时间或急症提前等，每人纳费一元）。

六、瓶药费　自五分起，一元止。

七、注射及手术各费依照病症酌定之。

（六）免费

免费计分五种：

甲、持有市政府甲、乙种诊病券者，免除挂号费及药资（但若所备普通床位已满，住院者须纳饭金，至若花柳或戒烟，则全纳）；

乙、慈善机关函送者，免除挂号及瓶药资，住院仅收饭金；

丙、公安局或法院用公函送来者，住院则酌量情形收留，如系门诊则挂号费及药资均免；

丁、总会或院长函送者，得酌免全部或一部分；

戊、乞丐难民普通门诊，于下午一律免费，急症随到随诊亦全免费；

上列各项免费，以所指定之免费床位依次住满为限（现定床位四名）

（七）时间

本院门诊自上午九时至十二时，下午一时至四时止。星期日上午九时至十二时止，下午休息。

其余例假均照总会指定日期遵行，于先一日公布之。

（八）附则

本简章系暂定施行，如于应行修正时，由院长召集议订之。

原载《中国红十字会月刊》1937 年第 21 期

红十字会订定外医服务办法

自中国发动抗战为和平正义奋斗，国际人士莫不表示同情，而外籍医生因同情中国抗战，仗义来华投效者为数颇众，中央当局对彼辈仗义效劳极表敬佩。中国红十字会总会在港举行理监事联席会议后，顷订定《外籍医生服务办法》如次：（一）体格事宜，年龄在四十岁以下者；（二）在政治上同情中国者，并须持有经外交部或中国驻外外交机关证明之必需文件；（三）专科毕业外科医生而由适当当局介绍者；（四）志愿接受国币薪金者（最高额每月国币二百元），其衣食住行系依照中式；（五）遵守及服从《中国红十字会章程》，准备前赴任何地点工作；（六）在华军前线来往，中国红十字会不负料理之责云。

原载《新闻报》1939 年 3 月 22 日

中华民国红十字会总会医务委员会章程

第一条　中华民国红十字会总会（以下简称本会）为便于推进及规划医务起见，依照《组织规程》第十章第四十四条之规定，组织医务委员会（以下简称本委员会）。

第二条　本委员会之任务有左列各项：（一）规划本会医务上一切应办事宜；（二）拟订非常时期救护计划；（三）审核本会所属各医务机关、医务人员资产；（四）审核本会所属各医务机关预算决算；（五）考核本会所属各医务机关成绩；（六）对本会所属医务机关建议应行兴革各事宜；（七）本会常务理事会交议医务上之一切事项。

第三条　本委员会委员之组成如左：（一）经本会聘任之专门人员三人至九人；（二）本会推定参加组织之常务理事一人；（三）本会秘书长一人。

第四条　本委员会委员任期为一年，但连聘或连续推任得连任之。

第五条　本委员会设常务委员三人处理会务，由本会理监事会于委员中指定之，并由理监事会就常务委员中指定一人为主席委员。

第六条　本委员会全体会议每半年举行一次，常务会议每月举行一次，由主席委员定期召集之，必要时得随时由主席委员召集临时会议。

第七条　本委员会决议事项签请本会常务理事会核准施行。

第八条　本委员会各委员为名誉职，概不支薪。

第九条　本委员会办事细则另订之。

第十条　本章程由本会常务理事会核准施行。

第十一条　本章程如有未尽事宜，得随时经常务会议加以修正，请由本会备案施行。

原载《中国红十字会月刊》1940 年第 55 期

中华民国红十字会医务工作计划大纲草案

二十七年九月

一　平时工作

协助医药卫生机关、慈善机关及社会团体推行公共卫生及救济病苦事业，以期增进民族健康，解除民众疾苦，一面联络各界，作非常事变种种救济准备。

（一）办理平民医院：1. 普通医院；2. 专科医院

（二）办理诊疗所：1. 肺痨诊疗所；2. 花柳病诊疗所

（三）办理卫生实验处：1. 城市卫生所；2. 乡村卫生所

（四）施行预防接种及预防注射：1. 种牛痘；2. 注射霍乱、伤寒混合菌液

（五）宣传卫生及救护常识：1. 编印保健及救护刊物；2. 建置卫生救护陈列所；3. 举行卫生运动会

（六）施送消毒药水、牛痘苗、霍乱伤寒混合菌液

（七）施送疗养费：1. 设立红十字病床；2. 补助肺痨病人疗养费；3. 补助工妇生产休养费

（八）举办夏令儿童健康营

（九）栽培医护人才：1. 设置医学生免费学额；2. 设置护士免费学额；3. 设置药剂师及药剂生免费学额

（十）举办救护训练班

（十一）储购医药卫生材料

（十二）组织救护部队

（附）合作机关：（1）卫生行政机关；（2）医学院；（3）医院；（4）医学会；（5）药学会；（6）护士会；（7）红卍字会；（8）佛教会；（9）救世军；（10）青年会；（11）各地同乡会；（12）商会；（13）工会；（14）农会；（15）各业公会；（16）本会各分会。

二　非常工作

遇有对外抗战、内战、国际战争或疫病、天灾发生时，协助军医机关、地方机关或国际机关办理救护事宜，以期消除人类痛苦，拯恤兵民灾难。

一、战争救护

（一）对外抗战及内战救护事宜：1. 办理救护医院；2. 特约救护合作医院；3. 管理医伤手术队工作；4. 管理护病队工作；5. 管理急救队工作；6. 组设运输队；7. 辅助军医机关办理一切救护事宜。

（二）国际战争救护事宜：1. 捐助救护款项；2. 捐助卫生材料；3. 派遣医务人员；4. 设立难民医院。

二、疫病救护

（一）设立隔离医院；（二）组设防疫队；（三）资助防疫费。

三、天灾救护

遇国内外有旱灾、水灾、风灾、震灾、大火灾等等灾患时，相机处理救护及预防事宜。

原载《中国红十字会月刊》1940 年第 55 期

中华民国红十字会第一医院章程

一、总则

（一）宗旨

本院以诊治疾病、宣传卫生并促进医学教育为宗旨。

（二）组织

本会隶属于上海中国红十字会总会。全院计设下列各科：（内科）：小儿科、肺痨科、皮肤花柳科、神经科、胃肠科；（外科）：泌尿生殖科、骨科、痔科；（妇科）：节制生育科、生育指导科；（产科）：产前检验科；（眼科）：砂眼科、耳鼻喉科。

除以上各专科外，本院另设临诊治疗及诊断各科如左：（甲）临床化验科，为检验小便、大便、血痰、体液、脊髓液、胃液等等。（乙）细菌及血清科，病菌之培养、各种病菌之型定、血清各种之反应及其他各种抗毒反应。（丙）寄生虫科，人体各种寄生虫之检验。（丁）化学科，分析血尿、脊髓等液体所含各种有机及无机化物之成分及糖之耐量等。（戊）爱克司光科，各种放射、检影及诊断，并设浅深放射治疗科。（己）电疗科，设有分解、推摩、长短波透热、紫光及按摩等治疗法并设有流动感应试验等类。（庚）其他镭锭治疗、心动电流察验、基础代谢察验等类。

（三）诊治：本院因病室设备有限，除诊治及收容上列各科之病症外，并诊治急救服毒及急性伤害等症。其他如烈性传染病、痧痘、天花、猩红、白喉、麻风、疯癫及慢性勿药诸症，概不收治。

二、门诊

（一）挂号

（甲）各科门诊皆须按时先行挂号（门诊时间表请阅后页附表），纳费后方得就诊，惟急诊则随到随诊，其详情请阅本项第四条。（乙）凡病人经本院门诊均有诊治记录，以作复诊时之参考。故每人于初诊时均给有编列号码之门诊券一纸，门诊病人在复诊或另患他症来院时，务须持该券挂号。倘未将该券带来者或遗失，则每次除照初诊收费外，另纳法币两角补失。

（二）普通门诊

（甲）普通挂号初诊法币两角，复诊法币一角（门诊时间表请阅后页附表）。

（三）特诊

（甲）特诊不论初诊、复诊，每次号金法币两元。（乙）时间除星期及假期外，每日上午十时至十二时止，下午二时至四时止。（丙）如欲指定医师者，号金加倍，其时间须经挂号处向各该医师预定之。（丁）倘有病人经医师指定须转入他科诊视者，须另缴转科费号金一元。（戊）特诊之病人不得请求任何优待办法。

（四）急诊

凡中毒、服毒、枪伤、跌伤以及意外急性病症，得不论日夜随到随诊。其诊费自一元起至五元止，由应诊医师规定之。其他如手术、注射、药针、配方等，另行收费。但赤贫属实者，得请求免费。非急症而以急症名义迳入急症室就诊者，须先付号金四元。

三、出诊与会诊

（一）诊金

出诊诊金每次法币十元，先付后诊，其挂号时间除星期及假期外，每日上午九时至下午四时三十分向本会预约，逾时或在未规定之时间请诊或须立即应诊者，诊金加倍并须由账房先向出诊之医师询明定夺，远道另议。倘属会诊，则按本项第二条纳费。

（二）会诊

如由院外医师指定本院医师前往病家共同会诊者，其诊金每次二十五元。倘病家欲指定本院医师前往其他医院诊病者，须经该病人主任医师之邀请方能应命。

（三）体格检查

每次国币十元，包括全身检查及小便、大便血之检验，X 光及其他特别检验另行取费。本院并缮有诊断书，以资证明。

四、住院

（一）入院手续

凡病人欲住院者，须先经本院门诊、出诊、急诊或会诊医师诊视后认为有住院治疗之需要，且须不致妨害本院其他病人之病情与违犯地方当局之规律者，方可由本院医师签写入院单，凭单至本院总务处办理入院手续，如登记及交付预缴费等，然后由总务处派人陪同入院。

（二）入院时间

病人入院时间除星期及假期外，每日上午九时至下午四时止，但一切急性意外病症及孕妇临产者皆可随时入院。

（三）病室收费

（甲）头等病室计分六元至十一元数种，可随带陪人一位，另加陪人费一元，由院方供给二等伙食一客。（乙）二等病室分二元、三元及小儿科病室三元五角三种，除小儿科得随带女性陪人一位不另加费，并由院方供给二等伙食一客，其他各科概不得随带陪侍之人。（丙）三等病室分一元（肺痨科）、七角五分（小儿科）、五角（其他各科）三种，一概不得随带陪侍之人。病室收费按日计算，仅包括普通诊察、普通药品与膳宿等等。（丁）新生婴孩头等每日一元、二等五角、三等免费，但逾十日仍须继续住院者，则按照二等计算。

（四）住院化验费

头等十元、二等五元、三等二元，此项化验费乃指住院病人在入院后两星期内所有大便、小便之普通检验、血液内各种血球之成分计算与涂布检视又康氏、华氏血清化验、液体玻片检验及各种凝聚法而言（次数与限度不论）。自住院第十五日起，每满十天，以头等三元、二等二元、三等一元计算，惟化学病理培菌等另计。

（五）入院预缴

（甲）头等病人入院时，预缴法币一百元；（乙）二等病人入院时，预缴法币四十元；（丙）三等小儿科及肺痨科病人入院时，预缴法币三十元；（丁）三等其他各科病人入院时，预缴法币廿五元；（戊）凡戒烟病人于入院时，住头等者预缴二百元、二等者一百元、三等者五十元（第六项第五条保证金在内）；（己）照付预缴入院后，每十日结算一次，出院时有余找还，不足照补。但在住院时，如其不足之数已超过预缴费之数额者，本院当随时通知病家，并限在三日内除将超过之数补足外，并须按等依额续付预缴费。否则，本院得随时将病人移居住院费较低之病室或请其出院，并不另行通知。

（六）特别取费

1. 手术费。手术取费须视手术大小而定，并依手术前后调治工作繁简而确定之：（甲）头等，大手术以五百元为限，小手术以三百元为限；（乙）二等，大手术以二百元为限，小手术以一百元为限；（丙）三等，大手术以廿五元为限，小手术以十五元为限。

2. 手术室费，包括一切手术材料、蒙迷药及手术器械之预备等等：（甲）头等，廿五元至一百元；（乙）二等，十元至十五元；（丙）三等，三元至五元。

3. 接生费。（甲）头等，以三百元为限；（乙）二等，以一百元为限；（丙）三等，以廿五元为限。

4. 医诊费。凡属住院病人未经手术治疗者，本院另订医诊费如左：（甲）头等，住院第一星期内每日取费五元，第二星期每日取费四元，以后每日取费三元。（乙）二等，住院第一星期内每日取费二元，以后每日取费一元。

附注：（1）住院病人如施行手术，则其医诊费当依下列办法征收之。（甲）倘医诊费之总额超过手术费之半数者，其超过之费须如数收取。（乙）倘医诊费之总额不满手术之半数者，得免收医诊费。（2）产科住院病人当接生前，须依照规定按日收取医诊费，接生后得免除之。（3）打人工气胸之肺科住院病人，亦须依照上列规定收取医诊费。

5. 其他。如爱克司光电疗及镭锭等，另订有取费价目表。

6. 病车。每次接送国币五元，长途接送取费面议。

（七）沐浴

病人入院时，皆须在本院入院处沐浴更换本院病室衣服，如经本院诊视之医师认为可以免浴者，不在此例。

（八）衣服

病人入院后一切衣服等物，皆由本院供给。于入院时，仅须携带日用品为必需者为限（如牙刷、毛巾等洗漱等物），其他病人之随身衣服，得令病者家属带回洗涤清洁，待出院时再行带来替换，本院不负代为保管或存储之责。

（九）探望

本院为病人静养及医师、护士等工作起见，对于病人之家属亲友来院探望之时间、人数与年龄，不得不严加限制如左：

（甲）头等，自上午十时起至下午三十分止，每次限二人。（乙）二等，自上午十一时三十分起至下午六时止，每次限二人。（丙）三等，自下午二时起至五时止，每次限一人。（丁）凡十岁以下之儿童不得入任何病室探望病人，在规定之时间外一概不得来院探望，除非已经本院医师许可给有许可证或因病重经本院通知者不在此例。

凡戒烟病人，除因特殊情形得以派人随入探望外，无论住何病房，一概谢绝。

五、出院

（一）出院手续

凡病人病已痊愈或因本院医师认为无须住院治疗而自欲出院者，经主管医师签字许可，然后至会计处结清账目及其他手续，再凭出院证出院。

（二）自动出院

凡病体尚未痊愈、不受本院医师劝告而坚持出院者，须由病者及病者家属签署（自愿出院单）后，方可结账出院。自出院后，如有意外，本院概不负责。

（三）强制出院

凡住院病人侍痰者或其家属如有：（1）不遵守本院章程者（2）不听从本院医师或护士嘱咐或劝导者（3）妨害病室内其他病人之安宁与逞蛮横之行为者（4）病无治愈之希望而虚占床位者（5）拖欠院费不付者（6）病已痊愈无须住院者（7）其他无继续住院之必要者，本院得随时请其出院并停止一切治疗、供给、服务等事项。

（四）日数结算

凡病人入院不论早晚，倘入院与出院时间相差在廿四小时以内而出院在下午四时以前者，以一日计算；逾廿四小时或出院在下午四时以后者，以二日计算；住院时间在十二小时以内者，以一日计算（以上时间均以事务室办理入院及出院手续完毕为标准）。

六、住院须知

（一）贵重物品

凡病人如有携带贵重物品，如金表、金戒指、金练条及银钱、钞票等物者，请交本院总务处掣给收据，代为保存。于出院时凭此收据领回原件，否则如有遗失，本院不负任何责任。

（二）烹饪餐具

住院病人不得携带烹饪餐具（如小型锡炉等），并不得在病室自行煮烧食物。

（三）食品

病人自备之食品须预经主任医师之许可，方得食用。所有食品并须交由病室护士代为保存，按时分送，不得储存于病室之内。

（四）收费要则

（甲）本院为维持院务起见，凡病人正在治疗期间欲更换病室者，无论其由高级病室移至低级病室或由低级病室移至高级病室（如由头等移至二等、三等或由三等移至二等、头等是），所有一切费用之价格均皆根据其所住之最高一级价格计算。如有从低级移至高级者，价格虽经确定，本院得在病家移入高级时，改按高级计算。（乙）本院各种取费价格悉以所住等级高低而异，但于治疗上，本院并不因其等级之高低而有所轩轾，特此申明，藉免误会。（丙）凡病者既经住入本院，则本院医师即认为已获得病家之极端信任。除因施行手术或用烈性药者须在可能范围内事前得到病者或其家属签字负责外，为双方便利起见，本院医师得随时对于诊断与治疗上认为需要之设施实行之（如给服特别药品、打针、电疗、拍爱克司光片、特别化验等皆是），概不预先征得病家同意，病家不得事后推诿。

（五）必须保证

凡神经科病人入院住院者，本院备有入院请求书及入院保证两种；迨至出院时，并备有出院领证与出院保证两种，病人家属与保证人均须依式填存备查。

凡戒烟病人于入院时须预缴保证，计头等五十元、二等三十元、三等二十元。上项保证全于戒除出院时，可以满数发还，惟中途自动出院者须没收之。

（六）特别护持

所有病人倘经本院医师认为必须专聘特别护士或专雇受有训练之护士专司护持者，特别护士每十二小时收费国币七元，特别护工每班国币六角，得由本院分别代为聘雇。

（七）院外医师

住院病人非预经主管医师同意，不得另请院外医师入院诊视，尤不得私自备药服用。

（八）控诉与给赏

本院医师、护士及其他职员等如有服务不周情形，请随时将事实（事件发生时间、地点及经过情形）详细写明，报告本院管理人员分别处理，倘报告后未得圆满解释，务请直接报告院长。至于本院侍者，如有呼唤不遵、出言不逊等等，请随时据实报告值班护士转达管理员分别处罚，幸勿自与争论。本院工役一概不得向病家需索赏金，倘果出于病家自愿，请于出院时交给本院总务处另掣收据，当代为分发，万勿直接交与工役。

（九）因事请假

住院病人不得擅自出院及在外住宿，惟因要事出外，经主管医师许可且与账款不发生问题者不在此例。

（十）赔偿

住院病人如有毁坏本院任何物品者，概应照价赔偿。

七、附则

（一）欢迎建议

本院一切设施与服务，容有未周。倘承随时建议指告，无不竭诚欢迎。

（二）修改

本章程如有未尽事宜，本院得随时修改之。本章程已规定自中华民国廿八年一月三日起实施。

科别	日期	时间		附注
	星期	上午	下午	
内科	一、二、三、四、五、六		一时至三时	
小儿科	一、二、三、四、五、六	九时至十一时		
肺痨科（男性）	二、四、六	九时至十时		
肺痨科（女性）	二、四、六	十时至十一时		
抗痨注射	一、三、五		一时至三时	
人工气胸	一、三、五	九时至十一时		每逢二、四下午，一时至三时特诊
神经科	初诊一、五，复诊二	初诊九时至十一时	复诊一时至三时	
皮肤花柳科	一、二、三、四、五、六	九时至十一时		
胃肠科	三		一时至三时	每逢一、四下午二时至四时特诊
外科（男性）	一、二、三、四、五、六		一时至二时三十分	
外科（妇孺）	一、二、三、四、五、六		三时至四时	
泌尿生殖科	一、二、三、四、五		四时至六时	每逢星期六下午一时至二时
骨科	一、四		一时至三时	
痔科	三		一时至三时	
妇科	一、二、三、四、五、六		一时至三时	

表标题：本院普通门诊日期时间总表（请参阅本章程第二类第一条与第二条）

科别	日期	时间		附注
	星期	上午	下午	
节制生育科	三	十时至十一时三十分		
产科	一、二、三、四、五、六	九时至十一时		
眼科	一、二、三、四、五、六		一时至三时	
沙眼科	一、三、五	九时至九时三十分		
耳鼻喉科	一、二、三、四、五、六	九时至十一时		
小儿保健科	二、五		一时至三时	由社会科转

原载《中国红十字会月刊》1940年第55期

中华民国红十字会第三医院章程

（一）宗旨

本院秉承红十字会博施济众主义，诊治疾病、救护伤损及宣传卫生、培育后进为宗旨。

（二）设备

设有内外各科病房，为病者住院治疗之需，并每日设门诊，以供社会便利。另设各种主要治疗及诊断部分如左：

一、割症室：设有宽大割症室，以备施用各种治疗手术；

二、临床化验部：化验病者大小便、血、痰、体液、脊水、胃汁等辅助医疗；

三、细菌及血清部：病菌之培养、各种病菌之确定、血清之各种反应、各种抗毒反应等类；

四、爱克司光部：各种检影及造影与各部治疗；

五、化学部：包括血尿、脊水、体液、各种有机、无机化验及糖耐

271

量等；

六、电疗部：如太阳灯……等。

但本院以病室设备有限，除诊治内外各科急救、服毒以及意外伤害等症外，倘遇烈性传染病、痧痘、天花、猩红热、白喉、麻风、癫痫与慢性勿药诸症，概不收治。

（三）门诊

甲、普通门诊：自星期一至星期六，上午九时至十二时，下午二时至四时。

乙、心肺科：在每星期三之下午，门诊时间另设心肺专科，均须按时先行挂号，依次而诊。

丙、急诊：如急诊迫不及待，可向挂号处挂拔号提前入诊。如非门诊时，急症亦可随诊，须挂特号。本院门诊均有病史纪录，以作复诊之参考。故初诊时给有编号门诊券，复诊时必须带来，不可遗失，致贻病者不利。

丁、指定医师：如欲指定医师诊病，挂号处酌量时间与该医师是否适宜而定。

戊、出诊：凡欲请本院医师出诊者，须挂特号，出诊费先行付清之（车资药费另算）。如病家欲本院医师前往其他医院诊病者，须有该院主任医师之邀请，方能应命。

（四）住院

一、入院手续

病者照例挂号，由医师诊断认为有住院治疗之必要（不致妨碍本院其他病人之病情，亦不违犯地方当局之规律者），方得由医师签写入院证。病家凭证至事务处按等缴款并具铺保（如不能具保，应预缴相当之款）而入指定之病房。除头二等可以有陪侍外，三等普通例不设陪侍，所付之预缴费如已无余，即再预缴。

二、探望病人

至多每次二人，小孩不可带来。除规定头二等上午九至十一时，下午二至五时止，三等普通每日下午二时至五时止，余时非经特许不准入内。

三、病人在院

须遵医师、护士之吩咐，恪守院章，最好不带贵重饰物，以免多事并不准自携烹饪餐具。如带食品，须医师许可而后用，以防病体有碍。

四、特别护士

如须特别护士，可讬由本院代聘，其报酬及膳资归病家自给。

五、院外医师

倘拟请院外医师来院会诊，须商得本院主任医师之同意。否则，为求治疗统一起见，概不准行。

（五）出 院

一、手续

病人出院须经医师准许签字，由该病室护士携病牌，通知事务所算清住院各项账目后出院。倘非经医师许可擅自出院者，除将余款没收外，以后倘有意外，本院不负责任。

二、特种出院

但遇下列情况，本院得命病人出院：（一）病人不守院规。（二）病人妨碍病房安宁与秩序。（三）无治愈之希望，占据床位者。（四）拖欠任何费用者。（五）已愈而无须再住者。上列各项本院得强制令其出院，同时即停止一切供给。病人不论何时入院，当日起算，而出院在午饭前则当日免算，延至午饭后即照算一日。

（六）收费。本院收费计分下列各项：

（甲）住院费（详另表）。

（乙）戒烟费（详另表）。

（丙）割症费或输血费（详另表）。

（丁）化验费（详另表）。

（戊）爱克司光各费（详另表）。

（己）验伤单费：每人每单十四元。

（庚）证明书费：一元起……。

（辛）针药费：由医师酌定。

（壬）挂号费：普通门诊初诊五分，复诊三分；心肺科门诊初诊二角，复诊一角；提前拔号一元（门诊时间）；特别挂号一元（非门诊时间）；指定医师之挂号，每次二元，该时医师便否，应由挂号时酌定。

（癸）出诊费：至病家每次十元，至他医院会诊每次二十五元。

（七）附则。

甲、本院一切设施容有未尽妥善，如承随时书面指教，无不竭诚欢迎。

乙、如工役有出言不逊等情，请告知值班护士，转达事务所办理，切勿自兴争论。

丙、本院工役例不得向病家需索赏金，倘病家自愿于出院时赏给者，请交事务所代为分发，不可直接交与工役，俾免私弊而招公允。

丁、住院病人不得擅自出院及在外过宿。惟因要事出外，经主管医师许可且与账款无问题者不在此例。

戊、病人如有毁坏本院任何物品，概应照价赔偿。

（八）修正。

本章程如有未尽事宜，得随时因其需要而酌量修改之。

原载《中华民国红十字会月刊》1940年第55期

中华民国红十字会第一难民医院暂行规则

第一条　本院定名为"中国红十字会第一难民医院"。

第二条　本院直隶中国红十字会总会医务委员会，专事收容上海收容所患病难民，住院治疗。

第三条　本院设院长一人，顾问医师、主任医师及医师若干人，护士长一人，会计兼文牍一人，事务员一人，司药及检验员各一人，护士、助手及工役若干人，分别执行职务。其主任医师及医师人数，由院长斟酌情形核定。

第四条　院长承总会医务委员会之命，综理全院事务。

第五条　主任医师承院长之命，分别掌理各该科医务；医师承院长暨各主任医师之命，办理各项医务；护士长承院长暨各主任医师之命，指导护士工作，并掌理院内一切护理事务；会计及事务员承院长暨各主任医师之命，掌理一切收支账款、全院庶务及记录、登记、收发等事务；司药及检验员承院长暨各主任医师之命，掌理配药及检验事务；护士承院长、主任医师及护士长之命，襄助各医师及办理看护事务；助手承医师及护士之命，助理看护事务，办事细则另订之。

第六条　院内各员司之派委及裁调，由院长秉承医务委员会核定。

第七条　凡各收容所患病难民送院，须凭各该管理医师签具入院请求书，经本院主任医师诊断，认为有留院必要者，方予收治。

第八条　本院病房设置病床一百二十张，按病人性别及病情支配病室，不分等级。

第九条　本院设置内外各科，由专科医师掌理。

第十条　本院专收治住院病人，暂不设立门诊。

第十一条　凡病人进院治疗，一概免费。

第十二条　凡病人入院，均须穿本院置备之衣服，病人不准自带衣物进院。

第十三条　探望病人须在规定时间内到院签名登记后，由值班护士引入病房。探病规则另订之。

第十四条　凡病人病愈出院，或未痊愈自求离院者，均须由主任医师签给出院单后，方得离院。

第十五条　凡病人病症危剧或死亡时，由本院速即通知其原送处所及其家属或关系人。至死者尸骸，须移置收殓室，以便由其家属或关系人收殓。如查无家属或关系人及虽有家属而无力收殓者，得由本院转请慈善机关殓葬。

第十六条　病人死亡时，如留有遗物等，得由其家属或关系人出具收据取回。

第十七条　住院人数及疾病种类由医师随时登记，按期分别列表填报，每月月终及每年年终，由院长汇编统计，送呈医务委员会。

第十八条　本院医师办事时间除聘请之专科医师及轮流值班医师、护士等另定服务时间外，规定每日自上午八时半至十二时，下午二时至五时半，但遇急症不在此限。

第十九条　凡病人住院，须遵守本院住院规则，其住院规则另订之。

第二十条　本规则自呈奉总会医务委员会核准之日起施行，如有未尽事宜，得随时呈请修正之。

原载《中国红十字会月刊》1940 年第 55 期

中华民国红十字会第一难民医院办事细则

第一章　总则

第一条　本细则依照本院《暂行规则》第五条之规定订之。

第二条　本院办事时间概系全日工作。星期及其他假日，医师、护士及办事人员并须分班轮值。

第二章　职责

第三条　院长职务除依照本院《暂行规则》第四条之规定外，并应办理本院之一切诊疗事宜。

第四条　各主任医师对于各该科负完全责任，每日须按定时，巡视病房若干次。

第五条　医师须将诊治病人逐次病状方案及经过情形随时登入纪录，按时送院长审核。

第六条　医师须将进院、出院病人姓名、人数逐日填具报告表，报告院长，每月月终及每年年终由院长汇报总会医务委员会备案。

第七条　护士长承院长及主任医师之指挥，督率各护士助手及厨房工役等办理各项事务。

第八条　凡病人持医师签字之入院单进院时，先由护士长或主管护士验明挂号。由医师按性别、病情指定住房后，护士长或主管护士即须编列床位号数，注明姓名、病状、脉搏、热度、治法，逐日填写记录表中，由护士保管，以便查考。

第九条　护士长每晨应指挥工役将各病房内痰盂、粪桶、溺器等洗涤，并将玻璃窗及地板等打扫清洁。

第十条　病房内被单、衣服等由护士长督率，按时更换洗涤，以重清洁。

第十一条　会计兼文牍司保管银钱、撰拟文件及庶务事项，须将收支账款逐日登记，每届月终造具册表呈由院长核转备案。事务员司病人入院出院登记、公文收发以及院内家具器物、病历保管等事项。

第十二条　本院员司领用药品、材料、文具用品等，须填具领物单，呈请院长核准，由事务员分发。惟分发时须将数量登记，按月呈送院长鉴核。

第十三条　病人一切衣物，入院时由护士长登记封存保管，发给凭单。出院时由病人交还凭单，向护士长领回原物，以清手续。

第十四条　司药依据医师处方配药，其容器或包纸上黏贴签条，按照处方分别填明内服外用、用量用法、病者姓名及配药年月日等项，不得疏忽遗漏。

第十五条　司药配方时，对于药名分量及病人姓名、年龄，均须注意。倘有发生疑窦，应问明开方医师，不得率为臆测。司药处应备有药品收发簿各一册，每次配方时编列号码，详记姓名、用量，以备查考。

第十六条　未有医师签字之处方，司药不得发给药品。

第十七条　检验员承主治医师之命，司理临床血液、脓、痰及大小便等检验工作，并将检验结果除随时登记外，须填入检验记录，以便医师查考。

第十八条　护士每日须将病人姓名、床位号数及热度、病状、饮食等情形逐一报告医师，并详注表上，俟医师开定药方后，即行送交司药处，配齐药品，再行对明号码、姓名，按照医师规定，送与病人服食。如病人临时发生特殊病状，护士须即时报告医师，以便诊察。又关于病人之血液、脓、痰及大小便等，如经医师指定须予检验时，由护士指导工役预为取留，随时送交检验室检验。

第十九条　护士对于病人应持和蔼态度。其服侍病人时，宜低声轻步，谨慎小心。病人对于饮食起居如有特别要求，应陈明医师核办，护士不得擅专。

第二十条　护士值班时，不得他适。如有紧要事务，应请准护士长指定其他护士代为照料，方得离开病房。服务时并须穿着院服，不得自由便服，致碍观瞻。

第廿一条　本院助手及工役在病房服务须听医师、护士长及护士之指挥，不得擅离职守。如有要事，须先得医师或护士长许可，指派他人代理，方得离开。

第廿二条　院内所用饮食物品务须清洁，碗碟食具每餐后必须用开水洗涤干净。凡职员及病人所用碗碟等，尤宜分开，不得混乱。

第三章　附则

第廿三条　本细则自呈奉总会医务委员会核准之日起施行。如有未尽事宜，得随时呈请修正之。

原载《中国红十字会月刊》1940年第55期

中华民国红十字会第一难民医院病人住院规则

甲　总则

第一条　本规则依照本院《暂行规则》第十九条订定之。

乙　医务

第二条　医师检查病症为求精确起见，须检查病人血液、脓、痰及大小便等，或身体各部。

第三条　急病重伤将届痊愈时，其起床时日及坐卧时间由主任医师规定，以免发生意外。

第四条　病人所服之药由医师处方后，均归护士按照规定时间给服，病人不得妄持己见，或另服其他药品。

第五条　凡病人非经医师签给出院单，不得擅自离院。

第六条　病人食品由本院厨役办理。凡病人应食物品，均由医师规定，非经特许，病人不得擅自购买。如病人家属馈送食物时，亦须先商得医师认可，方得交与主管护士收存。

丙　清洁

第七条　病房内务须保持清洁，床上不得堆积什物，痰唾必须吐入痰盂，废纸、果壳等不得随意抛掷。

第八条　病人不得在病房内高声谈笑，每晚九时熄灯安眠后，禁止谈话。

丁　秩序

第九条　病人服药、盥洗、大小便及一切起居饮食，日夜均有护士、助手料理及男女公〔工〕役伺候，无须家属陪伴，以免妨碍本院秩序。但遇有特别情形，经本院允许得由家属陪侍，饭食自备。

第十条　本院工役如有侍应不周等情事，可随时报告院长核办。

第十一条　病人对于本院衣服、被褥及一切器具，宜加意爱护。如有损失，须照价赔偿。

第十二条　病人如有违反本规则，经医师或护士劝告不听者，本院院长得使该病人出院。

戊 附则

第十三条 探视病人须遵照本院《探病规则》办理。

第十四条 本规则自呈奉总会医务委员会核准之日施行，如有未尽事宜，得随时呈请修正之。

原载《中国红十字会月刊》1940 年第 55 期

中华民国红十字会第一难民医院探病规则

第一条 本规则依照本院《暂行规则》第十三条订定之。

第二条 本院规定探病时间，每日下午二时起，至五时止。非有特别情形、经医师或护士长许可，不得在规定时间外进院探望病人。

第三条 病人如因有特别情形必须静养，医师得临时规定停止探病，以免病人因受滋扰而致病势增重。

第四条 探病人均须依照规定时间签名登记后，方得进院。

第五条 凡欲馈送饮食物者，须先得医师认可后，方得携入，交与主管护士收存。

第六条 探病人进院后，不得高声谈笑，以免妨碍安宁。

第七条 本规则自呈奉总会医务委员会核准之日施行，如有未尽事宜得随时呈请修正之。

原载《中国红十字会月刊》1940 年第 55 期

中华民国红十字会总会救护委员会医务总队规则

总 则

（甲一）救护委员会设总干事一人，副总干事一人，干事若干人。

（甲二）救护委员会总干事由中华民国红十字会总会聘任之，总干事向总会推荐聘任副总干事一人，干事若干人。

（甲三）救护委员会负责组织并推行本会医务总队一切事宜，以协
助各种军医机关。

（甲四）总干事任本会医务总队总队长，得设总队部，内分五股。
副总干事及各干事由总干事派任总队部各股责任，或派赴各区担任大队
长职务。

（甲五）救护委员会医务总队其他人员由总干事直接延聘、解聘或
辞退之。

中国红十字会医务总队

（甲六）医务队、运输队、材料库

医务总队之外勤组织包含三项工作，即医务、运输与材料之供应。
其基本组织如下：

（甲）各种医务队，由各队队长主持之：救护队（即担架队）、医疗
队（即手术队）、医护队（即绷扎队）、医防队（即防疫队）、
爱克司光队。

（乙）各种运输队（与各汽车站），由各队队长主持之：汽车队、船
舶队。

（丙）各材料库（与分库），由库主任主持之。

（甲七）医务中队

各中队约由医务队七队，汽车队一队，材料库一、二处组成之。由
中队长一人负责指挥，依照交通线分布，以担任战区一部工作。

各医务队之分配如下：

救护队一队会同汽车队担任各师部或军部验伤所与野战或兵站医院
间之运输事项。

医疗队一队派在其区内之兵站医院工作。

医疗队二队各在一后方医院工作。上述各医院经此三医疗队参加工
作，能执行重伤医院之职务。

医疗队二队在其他二后方医院工作。如遇传染病流行时，二医院之
一得指定为传染病医院。

医防队一队负责施行预防接种与环境卫生工作，于必要时得在传染
病医院服务。

（甲八）医务大队

医务大队由毗连之二中队或三中队组成之，中队数目须视其分布之
地域与交通情形而定。大队由大队长一人主持之。大队长得设大队部，

附有该区内之材料库与汽车站。

暂时全国分为北、中、南三区（以长江及两广北界划分之），每区内设有医务大队一队。

（甲九）医务总队

医务总队由总干事任总队长，医务总队之组织与人员包括医务大队三队，连运输队与材料库各项组织（汽车队、汽车站、材料库与分库）及总队部全体人员。

（甲十）总队部内设立五股，即干事室、医务股、材料股、运输股、总务股。其执掌如下：

（甲十一）干事室

（甲）内勤

一、规定医务计划，联络后方勤务部、军医署、卫生署，贯连各股工作，解决外勤各种问题；

二、订定各股章则；

三、指导并监察全体人员。

（乙）外勤

一、由大队长与中队长就地指挥各区医务队工作。

二、监察各种操作，并联络当地军医机关。

（甲十二）医务股

（甲）医务人员

一、负责人员登记、任免与升迁事宜；

二、编组各种医务队。

（乙）训练。

（丙）专门技术人员之组织与医务工作之改进。

（甲十三）材料股

（甲）所属材料库之管理及红十字会各项材料之供应。

（乙）标准包件之制备。

（丙）由各区材料库与分库分发材料与包件。

（甲十四）运输股

（甲）管理各汽车站及各站与其他运输工具需用品之供应。

（乙）组织与调派运输队，办理输送各医务队之材料、材料库之材料、本会人员与当地重伤兵民。

（丙）他种运输方法之筹办，以办理本条（乙）项所述各种运输职务。

（甲十五）总务股

（甲）医务记录

一、一切医务报告之收集与统计；

二、其他各股关于医务费用报告之收集；

三、按期制备各种报告与图表。

（乙）管理事项

一、司理本会文件之收发与归档事宜；

二、司书人员之雇用与日常事务之处理。

（丙）会计事项

一、各项经费之支给；

二、账目之审核与编制；

人员征用（甲十六至甲二〇）

（甲十六）凡加入本会救护委员会工作人员，皆须签订下列志愿书。

中华民国红十字会总会工作人员服务志愿书

立志愿书人　兹因国难益亟，全国人民莫不同仇敌忾。余义属国民，救死扶伤，责无旁贷，志愿加入本会参加救护工作，并于非常环境之下，绝对遵从命令，听候本会调遣，忠实服务，艰苦不辞。倘有意外事件发生，皆出自愿，与会无涉。谨此签立志愿书存照。

中华民国　年　月　日　立志愿书人　签字盖章

（甲十七）应征人员，并须填写详细履历，书明姓名、年龄、性别、通讯处、学历、经验、最近职位与所得报酬，并最近亲属之姓名与通讯处。

（甲十八）应征人员须经健康检查及格，并允受各项预防接种。

（甲十九）加入本会之人员，既系志愿服务，须在战事结束，方得退职。惟本会于必要时，得停止其职务。

（甲二十）工作人员须经总干事正式任用，方为有效。（参看甲五）

人员管理（甲二一至甲二五）

（甲廿一）服务本会医务总队人员，须明了及遵守医务总队及各股一切规则与命令，并服从直属主管人员之指导。

（甲廿二）总干事主管红十字会医务总队，秉承中华民国红十字会总会负责指导医务总队一切工作，总干事缺席时，由副总干事代行其职权。

（甲廿三）副总干事及各干事秉承总干事执行各股工作；各区大队长秉承总干事依照章则命令指导各大队救护工作，并于其区内代理总干事执行其他例行职务；中队长秉承大队长之命，督促各中队与分区内本会之救护工作，大队长缺席时得指派一中队长代行其职务。

（甲廿四）各医务队之队长直接秉承中队长之意旨，指导队内工作。每队之组长直接秉承队长之意旨，推进组内工作，运输股及材料股所属之人员直接由各股主任指导一切工作。

（甲廿五）各区与总干事、总队部来往文件，须经其主管人员转呈。各人员如有申诉，须同时函致大队长、总干事及其主管股，方为有效。各种文件须递呈其负责机关，不得称用私人名义，发信人须书明本人姓名与职务。

（甲廿六）请假、辞职、停职及撤职（甲二六至甲三〇）

凡不服从调派或不遵守本会规则之人员，本会得将其撤职，并立时停止其薪给。

（甲二七）（甲）辞职人员如总干事及主管人员认为无充分理由者，与不服从调派同。按（甲二六）办理。（乙）因欲加入他种重要公务，向本会辞职并能于本会工作无碍时离职者，总干事得照准之，其薪俸于辞职之日停止。

（甲二八）凡经本会遣散之人员（甲十九），本会至少给与［予］半月薪金，并酌给旅费。

（甲二九）（甲）离职而未经许可者，本会得立时将其辞退。（乙）凡因事请假，每月内不过两天者，其直属主管人员得行核准。（丙）请假在两天以上而不过七天者须叙明特别理由，经呈总干事核准，方为有效，但其未在本会继续服务三个月以上者不得请假。（丁）病假在廿四小时以上时，须由主持医师转请其直属主管人员核准。（戊）因病须在医院治疗时，本会不供一切费用，病假超过四星期时，本会得停止其薪给。（已）各种请假须在周报内详细登记呈报总会。

（甲三〇）请假、辞职与免职批定，均应照（甲五）办理。

职员等级（甲三一至甲三八）

（甲三一）本会聘用人员，除有特殊劳绩或任军职在外，得按其资历及技能分级聘用。

医疗卫生

283

（甲三二）总队部人员

类别	资格	等级
救护委员会总干事（总队长）	技术及行政专门人员	红十字会特级医正
副总干事（副总队长）	同上	红十字会代理特级医正
干事（各股主任、各区大队长）		红十字会一级医正
干事	同上	红十字会一级医正、红十字会二级医正

（甲三三）医务股人员

类别	资格	等级
甲、医师	1. 内外科主任医师	红十字会一级医正或二级医正
	2. 其他医师与高级医学生	红十字会三级医正或一级医佐
乙、医护员	1. 主任护士、曾任医院护士长之职者	红十字会同三级医正
	2. 主任护士	红十字会一级医佐
	3. 护士、高级护士、学生、低年级医学生	红十字会二级医佐
丙、医护助理员	1. 高级医护助理员	红十字会二级医佐
	2. 医护助理员及低年级医学生与护士学生	红十字会三级医佐、红十字会一级医副
丁、技士	1. 爱克司光技士	红十字会一级医佐
	2. 卫生技士	红十字会二三级医佐
戊、技工	1. 卫生技工	红十字会一二三级医副

各医务队之高级职位数目规定如下：

红十字会一级医正	二位
红十字会二级医正	三位
红十字会三级医正	四位

各队之高级职员不得超过五人，遇一队中有二人同级时，其次序先后由队长定之。

（甲三四）材料股人员

类别	资格	等级
甲、技术人员	药师	红十字会一二级医佐
	药剂生	红十字会三级医佐
乙、司书人员	高级	红十字会同一二级医佐
	初级	红十字会同三级医佐、一级医副

（甲三五）运输股人员

类别	等级
甲、高级运输职员、工程师	红十字会同三级医正、一级医佐
乙、运输人员	红十字会同一二级医佐
丙、技士及司机长	红十字会同三级医佐、一级医副
丁、司机	红十字会同二三级医副

（甲三六）其他各股室人员，按甲三二、甲三三或甲三四等级任用。

（甲三七）各级之领章须订于制服及制服大衣领上，领章系银色或绿色三角形（每边长三厘），其上署银线条与银星，按等级分配如下：

等级	领章颜色	直列银条	银星
红十字会特级医正	银	○	一
红十字会一级医正	绿	二	三
红十字会二级医正	绿	二	二
红十字会三级医正	绿	二	一
红十字会一级医佐	绿	一	三
红十字会二级医佐	绿	一	二
红十字会三级医佐	绿	一	一
红十字会一级医副	绿	○	三
红十字会二级医副	绿	○	二
红十字会三级医副	绿	○	一

（甲三八）一切领章皆属本会产权，职务停止时，即须缴回。

制服 （甲三九至甲四三）

（甲三九）本会人员工作时须穿制服。

（甲四〇）穿制服时遵守军事礼节，尤须注意下列二项：

  （甲）制服用以鉴别公务人员，故穿制服者及制服均须整洁。

  （乙）穿制服时应遵守军纪，以维护医务总队及职业上之庄严与荣誉。

（甲四一）救护委员会医务总队之制服为灰色，其规定如下：

  冬季材料：呢或布，棉衣或夹衣

  夏季材料：布

  （甲）制服帽：折叠式，帽章置于帽之左前边，戴时偏向右边，前锋在右眉上一寸。

  （乙）男制服：上身中山装，单襟，纽扣五枚，口袋四个，身长至垂手掌心。（★翻领制服，纽扣四枚，可于平时穿之）

  （丙）女制服：上身中山领，两行纽扣，每行各五枚，口袋左右侧各一，身长至膝盖。（女医师可穿男制服）

  （丁）制服裤：马裤式。（★平时可穿长裤或短裤，前腰用两狭带及带扣，腰旁有布条以系皮带）

  （戊）★衬衫：灰色长袖，翻领，胸前有口袋二，着领带时须用黑色。

  （己）一、护腿：附长带，穿中式鞋时，须加后跟。二、裹腿：可用裹腿替护腿。

  ★长筒袜，灰色，穿短裤时穿之。

  （庚）大衣：双行纽扣，每行五枚，每边口袋各一，长及腿肚，背有横带（冬季用）。

  （辛）符号：符号须订于制服上身左上口袋内，双行纽扣之服装则在右襟第一、第二纽扣之间，衣服扣好时，则将符号掩盖。

  （壬）腰带：皮质，高级职员用武装带，于工作时得卸去之。

  （癸）鞋：黑色。

（甲四二）（甲）冬季制服费（有★号者在外），如由红十字会发给，即按以下规定照扣：

薪金	实扣
（子）〇至三十元	二元
（丑）三十一元至六十元	四元
（寅）六十一元至九十元	八元
（卯）九十一元与九十一元以上	十二元

各队或各队员如经许可在当地自制制服，本会按每人制服费十五元计算，减去应扣之费外，余数由本会发给。

（乙）夏季制服费，职员薪金在九十一元与九十一元以上者自备制服，其余职员，本会按以下规定津贴。

薪金	津贴数目
（子）三十元与三十元以下	六元
（丑）三十一元至六十元	四元
（寅）六十一元至九十元	二元

（甲四三）如在红十字会服务不过两个月或未缴制服费者，于退职时须将制服缴回本会。

旅费规则（甲四三甲至甲四三戊）

（甲四三甲）本会医正及队长因公出差时，旅费得以火车二等、轮船房舱报支。

（甲四三乙）本会各级职员或队长如系领队出发或移动时，旅费应以火车三等、轮船统舱计算。

（甲四三丙）本会各级职员因公出差期内，如系火车或汽车路程，每人每日得支使食费四角，在特别费内报支。

（甲四三丁）本会各级职员在因公出差期内，如在必经之地必须停住，而当地并无本会办事处或医疗队时，得支旅馆费（须有单据），但伙食费开支不得超过三天（伙食费自第四天起应归自理，旅馆费仍可报销）。

（甲四三戊）本规则不适用于本会运输股汽车运输队之例行工作。

本附则（甲四四至甲四五）

（甲四四）本规则有未尽事宜，得随时由救护委员会修改或增订。

（甲四五）本会各股室得自定办事细则办理各股事务，惟须经总干事核准后施行。

原载《中国红十字会月刊》1940 年第 55 期

伤兵医院之管理与待遇

各医院之伤兵一律禁止出外，其有需要购置物品者，由院中工役代为办理。如欲书写信件，则由驻院童子军代办，并备收音机、书报、棋子等物，以供消遣。各界如有慰劳之举，除由委员会核准外，必先通知本会，经本会许可并转知各医院后始准入内。

原载《中国红十字会月刊》1940 年第 57 期

分会医院统一名称

本会各地分会附设之医院或诊疗所名称，为使外界人士易于辨别，且足以表现本会工作精神起见，现定自去年八月份起，凡各地分会设有医院或诊疗所者，均应称为"中华民国红十字会某某县分会医院或诊疗所"，以示一律。若分会中设有医院或诊疗所数处者，则于医院或诊疗所之上冠以"第一""第二"等字样，以资区别。

原载《中国红十字会会务通讯》1941 年第 1 期

管理分会医院办法

本会抗战期间管理各地分会医院办法，业于去年十二月三日，奉第五十四次常务理监事会议通过，已将原办法一份于去年十二月十六日令饬所属遵照。

中华民国红十字会总会抗战期间
管理各地分会医院办法

（一）凡中华民国红十字会各地分会附设有医院者，均定名为"中华民国红十字会某某县分会医院"，以示一律而明系统。其在一地有医院数处者，则冠以"第一""第二"字样，以示区别。

（二）各地分会附设医院之院址，得请求地方官署拟用公产修建之。

（三）各地分会附设医院经费之筹集办法如下：1. 开办费及设备费应由分会自行募捐筹集外，得请求总会酌予补助；2. 经常费除接受指定捐款及医院收入款项支付外，不足之数得由分会呈请总会酌予补助。

（四）各地分会医院门诊号金规定两角，住院每日收伙食费一元，不得逾额，贫民应免药费完全免收。

（五）各地分会医院对于空袭受伤军民，应一律予以免费。

（六）各地分会医院如遇当地空袭灾情重大，人员不克应付时，得请求总会派医疗队前往协助。

（七）各地分会医院应将设备状况、院长及医务人员履历及预算书，呈由总会并报请总会审核。

（八）各地分会医院每月月终，应将收支状况、药品消耗数量、人事异动、工作概况列表呈报总会备查。如两个月不报者，即行停发补助费。

（九）凡各界捐赠医院之款物应由分会专案呈报总会备查，并刊登当地日报，以昭信守。

（十）各地分会医院得设董事会，章程由分会理监事会议拟定呈核。

（十一）各地分会医院院长得由分会正副会长、常务理事兼任之。

（十二）各地分会医务人员以延聘当地医师为原则，必要时得由总会派员前往工作。

（十三）各地分会医院每年应举行施种牛痘、注射防疫针，并应将办理情形由分会转报总会备查。

（十四）各地分会医院得由总会随时派员视察，并请当地官署就近监督。

（十五）各地分会附设诊疗所者，抗战期间管理办法与管理医院同。

（十六）各地分会诊疗所有中医施药者，除药费由分会募捐免费发给外，号金亦规定两角，不得逾额。

（十七）本办法已由总会第五十四次理监事会通过，准予施行。

医疗卫生

中国红十字会总会救护委员会医疗服务简则

一、各医疗队设队长一人，就近承总会秘书长之命，综理队伍；医师一人，协助队长处理队伍；护士长一人，指挥监督护士及助理员之工作，并协助队长处理内部事项；护士若干人，协助医师办理看护、防疫、急救及简易事项；事务员一人，办理队内一切庶务文书事项。

二、各队人员均应层级服从，恪守纪律。

三、各队医师、护士在工作时间内，必须穿着制服或手术衣。其公余外出时，亦应佩带证章，仪容端肃，毋涉非行。

四、各队作息时间，依作息时间之规定。作息时间表由队长制定之，但应呈送总会备案。

五、各队队部及宿舍均须整齐严肃，不得有请客留宿、喧哗叫嚣及一切不正当娱乐等情事。

六、各队人员服务未满半年者，不得请给事假；满半年者，得准事假十日；满一年者得准事假二星期。请假在二日以内者，得由队长核准；二日以上者，须呈由总会秘书长核准。因病请假者，须经队长诊断具证，始得呈请秘书长给假疗养。

七、各队人员不得无故离职，如有正当理由呈请辞职时，须于两星期前递呈，奉准后方得离队。

八、各队人员离队时应将所领制服两套、衬衣两件、棉大衣一件及工作证书、证章等件，一律缴回。

九、各队人员遇有犯规情事，由总会酌量情节，予以记过及停职处分。

十、各队人员如有行为不检、违犯法律者，依法送究。

十一、各队人员不得兼职，如有以私自在外为人诊疗接收报酬及本会药剂为私人营业者，依法送究。

十二、本简则自公告之日实行。

原载《中国红十字会会务通讯》1941年第3期

医事人员不得自由辞退

本会转令所属切实遵照

我国医事人员平时原感不足，抗战以后需才愈亟，年来生活日昂，各机关医事人员每多藉［借］故引退，□致困难，殊有影响于战时卫生医疗工作。卫生署为限止医事人员自由辞退，经拟定办法两项，呈奉行政院于第五六六次会议通过。兹录办法如下：

（一）各机关任用之医师、牙护师、药剂生、护士、助产士，为非年迈力衰或患痼疾不能继续任职、经原长官准许辞职，而擅自离职者，除依据其他法令之规定办理，原任用机关得声请卫生署核明通行各省市禁止其开业，或暂时吊销其职业证照，吊销证照时间由卫生署核定。

（二）应当征用之前项医事人员及医药牙护师、院校新毕业生拒绝征调者，除法令别有规定外，其已领有职业证照者，卫生署得吊销其证照，至履行应征服务期满为止。其未领有证照者，得不发给职业证照，并禁止其自由执行业务。

本会奉卫生署训令后，即转饬所属，切实遵照，以守法令。

原载《中国红十字会会务通讯》1942 年第 9 期

中华民国红十字会总会医防服务队工作大纲

甲、宗旨：本人生以服务为目的，致力于福利人群之工作，以达成红十字会博爱恤兵之宗旨。

乙、工作目标：

（一）辅佐中央及地方（省县）卫生机关办理各地军民之医疗防疫以及空袭救济等事宜。

（二）设法组设及健全各地红十字会分会，并增进总会间之联系，以增强本会基层之组织，开展医防之业务。

（三）努力实施各项业务，发扬红十字精神，俾得中外人士之认识与同情，而图会务事业之发展。

丙、工作范围与实施办法：

A. 实行本队之业务

（一）医疗及救护之设施：

1. 设立诊疗所，免费诊疗军民疾病。

2. 联合当地机关法团，准备空袭及其他灾害之救护。

（二）传染病及地方病之调查与防治：

1. 传染病防预之宣传。

2. 环境卫生之宣传指导与实施。

3. 必要时应用细菌检验方法，作病源之确定。

4. 必要时检疫站及隔离病院之设置。

5. 按时的及特殊的预防接种。

6. 地方病之调查及其病源之研究。

7. 民间疗法之研究及其实验。

（三）公共卫生之促进：

1. 联合当地有关机关团体定期举行健康、防疫、种痘、清洁等四大
   卫生运动。

2. 利用各种集会，出席讲演卫生常识。

3. 利用报纸刊物，登载卫生宣传文字。

4. 注意妇婴卫生之宣传并推行助产工作及孕期健康检验。

（四）有效生药之调查及实验：

1. 调查当地有效生药之名称、形状及其效用。

2. 可能时，实地试验生药之治疗效果。

B. 协助分会之业务

（一）促进地方人士组织分会，健全其机构：

1. 各队驻在地尚未成立红十字会分会者，应联络地方人士发动组
   织之。

2. 原有分会机构不健全者，应建议分会当局设法以充实改善。

（二）策动分会组织设诊疗所及救护队：

1. 分会有力自设诊疗所时，应设法策动成立，并介绍医护人员。

2. 分会无力自设诊疗所时，亦应促其与总会合办。

3. 协助分会训练救护人员，组织义务救护队，担任空袭及其他灾害
   之救护。

（三）协助分会扩充诊疗所成为小型医院：

1. 分会诊疗所内容充实及环境需要改为医院时，应建议分会当局设

法扩充为小型医院。

2. 医院开办费或卫生材料等，得呈请总会酌予补助。

（四）充实并扩大医院内容与组织：

1. 分会原有医院，如内容不健全或确有扩大能力时，可建议分会当局及医院院长计划充实内容，或扩大组织。

2. 关于分会医院扩大组织之经费、卫生材料等，得呈请总会酌予补助。

C. 其他

（一）增强总会分会间之密切联系：

1. 应与各该驻在地之分会取得密切联系，相互协助，藉利工作之推进。

2. 分会工作情形应随时详报总会，以凭考核其成绩。

（二）宣传红十字真谛：

1. 随时随地阐扬本会博爱恤兵宗旨及牺牲服务精神。

2. 每年举行红十字周时，应利用地方刊物报纸，作文字宣传及披露本队各种工作统计。

丁、附则：本大纲如有未尽事宜，得更正之。本大纲自公布之日施行。

原载《中国红十字会会务通讯》1942 年第 10 期

中华民国红十字会总会医防服务队组织规则

第一条　中华民国红十字会总会为办理各地军民之医疗防疫以及空袭救护等工作，特设置医防服务队，并依工作上之必要，得设置巡回病原检验队、卫生材料库及地方小型医院。

第二条　依工作区域之划分，设大队部×处，承本会之命负管理指挥各该区域内医防服务队之责。每一大队部置大队长一人、医师二人、护士二人、公共护士一人、助产士一人、医护助理员三人、事务员一人、工友二人，其服务规则另订之。

第三条　依日前各地之需要，设医防服务队×队，由本会直接指挥监督。为便于分区管理，得拨属大队部指挥监督，负推行地方医疗防疫及空袭救护之责。各队各置队长一人、医师一人、护士二人、助产士一人、医护助理员三人、工友二人，其服务规则另订之。

第四条　巡回病原检验队、卫生材料库及地方小型医院等组织及系统另订之。

第五条　大队长、队长等均由本会选派之；医师、护士、公共护士、助产士、医护助产员及事务员等除由本会直接选派者外，得由各直属队长遴请本会委派之。

第六条　各医防服务队即于所在地设立诊疗所展开工作。大队部除照本规则第二条之规定外，亦应于所在地设立诊疗所办理地方医疗、防疫及空袭救护等工作。

第七条　本规则如有未尽事宜，得修正之。

第八条　本规则自公布之日施行。

原载《中国红十字会会务通讯》1942 年第 10 期

中华民国红十字会总会医防服务队
服务人员服务通则

第一条　本通则依本会医防服务队《组织规则》第二、第三两条之规定订定之。

第二条　各级人员之服务，除遵照工作大纲及其他订有细则之规定外，悉依本通则办理。

第三条　各级人员均应热心工作，亲切从事，注意品德修养及学术技能之增进。

第四条　各级人员在工作时间，须着规定制服、佩带证章，公余外出须整肃仪容，勿涉非行。

第五条　各级人员应按规定时间工作，各队作息时间应依时令及各地环境之不同由各队自行规定，呈报本会备案。惟每日工作时间应为八小时，每逢星期一及规定之例假，得予休假一日。

第六条　各级人员绝对禁止私兼外职及收取诊金费用。

第七条　各级人员应爱惜公物，不得以本会材料私存酬售及作不正当之用途。

第八条　各级人员应注意内务之整理，各队队部及宿舍均须布置整齐清洁，不得有作不正当娱乐等情事。

第九条 各级人员如有正当理由必须请假时，应遵照请假规则办理。

第十条 各级人员于公差服务期内，须着规定制服、佩带证章，并持具公差证明书及工作证书。

第十一条 各级人员勤惰、成绩优劣，悉依考绩及奖惩办法办理。

第十二条 各级人员在服务期内患病或受伤者，依医药津贴办法办理。

第十三条 各级人员服务历史悠久，成绩卓著，堪予进修深造者，依奖助进修办法办理。

第十四条 本通则自公布之日施行。

原载《中国红十字会会务通讯》1942年第10期

中华民国红十字会总会医防服务队大队部办事细则

第一条 本细则依本会医防服务队《组织规则》第二条之规定订定之。

第二条 大队部设置之地点由本会指定之。但遇情况特殊时得权宜迁移，呈报备案。

第三条 大队长处理大队部事务，负责管理指挥所属各队之工作，并办理诊疗所之业务。

第四条 大队长应不时与所在地红十字会分会及有关机关团体联络，并推动地方人力、物力协同办理医疗防疫及空袭救护等工作。

第五条 大队长应按旬整理所属各队工作旬报，并于月底编造工作月报，加具工作检讨及改进意见，呈报本会审查。

第六条 大队长应不时考察当地对于各队之态度及合作情形，暨当地交通汇兑、生活状况等，按月呈报本会备查。

第七条 大队长应秉承本会之命，办理所属各队经费、材料、服装之分发及人事异动之处理。

第八条 大队长对于所属各队工作地点之调动，应呈候本会之决定。但遇情况特殊而作紧急处置时，须于事后详报本会备案。

第九条 大队长对于所属各队队长暨各级人员，应随时考察其思想、行动、服务精神及工作成绩，按照考绩及奖惩办法之规定，呈报本会核予奖惩。但在情况特殊时得秉承本会之命，对各级人员均有直接查核奖惩之权。

第十条　本细则自公布之日施行。

原载《中国红十字会会务通讯》1942 年第 10 期

中华民国红十字会总会医防服务队办事细则

第一条　本细则依本会医防服务队《组织规则》第三条之规定订定之。

第二条　各队设置之地点由本会或迳由其隶承之大队部，秉照本会之命令指定之。

第三条　各队队长应负责督导所属各级人员办理诊疗所之业务。

第四条　各队队长应不时与所在地红十字会分会及有关机关团体联络，并推动地方人力、物力协同办理医疗、防疫及空袭救护等工作。

第五条　各队队长须按旬填报工作旬报及疫情报告，并按月填报材料经费等收支月报，生活状况、调查报告暨其他定期表报并应按照规定呈报本会及隶承之大队部备查。

第六条　各队经费、材料及服装悉依交通及汇兑情况定，其供应方法均应遵照本会之指示，迳呈本会或其隶承之大队部请领之。

第七条　各队队长于所属各级人员，应随时考察其思想、行动、服务精神及工作成绩，按照成绩及奖惩办法之规定，呈报其隶承之大队部核转本会核予奖惩。

第八条　本细则自公布之日施行。

原载《中国红十字会会务通讯》1942 年第 10 期

复员时期中华民国红十字会医院诊疗所调整及管理办法

一、中华民国红十字会总会暨各市县分会（以下简称总会分会）设置之医院、诊疗所（以下简称院所），均依本办法调整管理。

二、各院所以分会设立为原则，在分会无上项组织而有此必要者之前，总会方面得就现有机构调设之。

三、各院所须与各该所在地分会切实联系合作，并协助其办理社会服务事业；其无分会者，得设法发动分会之组织。

四、总会已设之院所，得视情况与分会合办，或移交分会主管，并由分会负经济责任。

五、各院所所需人员视其需要分甲、乙两级，编制及办事细则另定之。

六、各院所之隶属总会者，其人员由总会任用；隶属分会者，由分会任用，并呈报总会备案。

七、各院所之一切行政，视其隶属以上级为主管，技术方面则受总会之指示。

八、各院所之工作报告、药械收支、疫情报告、人事异动等，须按旬、月，依式填报总会备查。

九、各院所得酌收业务费，其有病床者，应以五分之一为免费床位。（其业务收取，以低于当地公立医院之数额为原则。）

十、各院所之业务收入，得留其一部为经常办公费之用，余作公积金，并须按月将收支情形呈报总会备案。（收支办法另订之）

十一、各院所之药品器械及有关医护设备等，得呈请总会就库存核发，余由自购，不得迳向盟联团体捐募。

十二、本办法自公布之日施行，如有未尽事宜，得随时修正之。

附：中华民国红十字会分会医院诊疗所编制表（略）

A. 医院

    1. 除院长得为兼任职外，其余人员均须专任；

    2. 须于病房工作外，设立门诊部。

B. 诊疗所

    1. 各级人员均为专任；

    2. 各级诊疗所须有内科、外科、产妇、儿科之设备，乙级诊所人员不足时得间日订□之。

原载《中国红十字会月刊》1946 年第 2 期

复员期间中华民国红十字会诊疗所暂行通则

三十五年七月公布

第一条　诊疗所设于分会所在地，定名为"中华民国红十字会　市（县）分会诊疗所"。

第二条　诊疗所本"服务社会，博爱人群"之宗旨，推行医疗保健及社会服务工作。

第三条　诊疗所以分会为主管，并受区办事处之监督、指导与考核。

第四条　诊疗所设主任兼医师一人，医师、护士、助产士、技术员、助理员、事务员若干人，其编制及办事细则另订之。

第五条　诊疗所人员由分会任用，呈报总会备案。但在总会协助组设期间，得由分会报请总会任用。

第六条　诊疗所设内科、外科、产妇、儿科、检验室、X光室、调剂室及社会服务部等，但其他五官科、肺痨科等得视情形增设之。

第七条　各科室掌理各项医药技术工作，社会服务部协理家庭访视、妇婴卫生、环境卫生、保健防疫及各项卫生训练工作。其办法另订之。

第八条　诊疗所门诊除酌收挂号费外，以免费为原则。其他如有必需收费者，须呈报总会核定之，但均以低于当地公共卫生机关者为原则。

第九条　诊疗所以门诊为主，除助产及家庭访视外，概不出诊。

第十条　本通则自公布之日施行，如有未尽事宜，得随时修订之。

原载《复员期间中华民国红十字会法规辑要》1946 年 8 月

复员期间中华民国红十字会
辅助妇婴卫生实施纲要

（一）妇婴保健之训练

一、以本会服务站或诊疗所为中心举行母亲会，指导妇女个人卫生、家庭卫生、育婴卫生及有关生育节育之知识等。

二、以本会服务站或诊疗所为中心举行儿童会，指导儿童卫生习惯及卫生唱游。

三、编印妇婴卫生丛书、图画、歌曲，以广宣传。

四、以本会诊疗所为中心，就必要地区联合当地卫生机关举办产婆训练班，促进生产安全。

五、协助师范学校、小学及幼稚园担任义务学校卫生及卫生教育。

六、以本会诊疗所为中心举行妇婴卫生待诊教育。

七、联合有关机关举办营养站，改善妇婴营养。

（二）妇婴疾病之诊疗

一、于本会诊疗所内设置产妇儿科并设专科医师主持之。

二、举办妊妇产前产后检查及家庭访视。

原载《中国红十字会月刊》1946 年第 8 期

人才培养

中国红十字会救护学校暂行章程

本会为培植救护员人材起见，拟创办一救护学校，暂时设于北市医院，请本医院医员、看护长担任教授医学上之必要学术，一俟办有成效，再行将校务扩充。兹将本校暂行简章列举于后。

入学资格

来校肄业学生之程度，至少须高等小学毕业，曾读过英文一、二年，年在十六岁以上二十岁以下，体格健全，身家清白，性情温善，志愿服务社会者。

入学手续

报名时须有家长出面并带高小毕业或同等学校之文凭来校验看，经本校认可，即请寓居上海之保人填写保证书，并缴保证金拾元，携带所需行李，入校试验三个月，俟期满后，经医长认为合格，再填写条约。

本校待遇

凡学生填写条约后，除膳宿由本校供给外，且按月给予膏火津贴一元，若勤于学业，得随时加增之。毕业后，本会需用此项人材，即先以本校毕业生充任。

假期

本校除例假外，每年另给予两星期之假期，但平时告假过多者，当扣除之。

保证金之处方

凡学生毕业时，保证金即如数给还。惟有损失本校仪器用品者，当酌取若干以作赔偿，其半途缀［辍］学或犯规斥退者，则保证金全部充公。

学生之义务

学生须绝对服从本校章程师长教训，遵从本会调遣。毕业后若不在本会医院服务，一闻本会召集，即须报到，尽厥义务事项，除不得已外，若故意恝置对于本会之义务事项，本会得撤消［销］其文凭。

毕业期限

学生在本校肄业三年，考试合格，再在本会医院实地练习一年，经医长考察认可，即由本会总会给予毕业文凭，但不及格者，仍须留级补习，方得毕业。

授课时间

本校除假期外，每日授课二小时至四小时，余时须在医院实习病房间、急症间、门诊间、割诊间之手术，上课及服务时间须恪守校规院章。

校规摘要

学生不得无故缺课，怠惰所派职务，自由外出及沾染嗜好，有不名誉之行为。每晨须六时半起床，晚十时息［熄］灯安睡，卧室务必整理清洁，有疾即须报告看护长，转报医员。同学务须友爱，书籍、仪器、药品当善为保护，违者轻则记过，重则立即斥退。

原载《中国红十字会月刊》1922 年第 6 期

上海中国红十字会总医院护士学校章程

（十一年新订）

一、校长

看护长兼校长伍哲英，美国玛里兰巴尔的摩尔·霍约翰医院护士科毕业、美国纽约产科医院护士科毕业、美国麻沙朱色得士·华士德纪念医院实习化验学、江西九江但福医院护士科毕业。

二、宗旨

本校专为女看护生而设，兹定于民国十一年六月开学，规定课程以三年为毕业，特聘欧美毕业医士教授内科、外科、妇科、产科、小儿科及临床看护等学术。

三、资格

甲、年龄须在十八岁以上而未出嫁者或寡妇。

乙、身家清白品行端正。

丙、具有中学相当之程度。

丁、身体康健而无嗜好者。

四、入学须知

甲、入学时须具有一保证书及医生验身证书。

乙、入学时须携带表一只（须有秒针），手帕一打，衬衫裤六副，袜六双，黑软底鞋四双。

丙、诸生来校不必携带贵重物品，如携带而偶或遗失者，本校概不负责。

五、学期

学生入校后先试学三月，在此期内学生可自决去留。若该生品行端正，操作勤俭，则定为正式学生而继续肄业，设于三年后而无违规旷课及考试合格者，本校则给与〔予〕毕业文凭。

六、纳费及津贴

凡学生入校时须先缴入学费洋二十五元，膳宿费概不收取。俟肄业一年后本校给津贴费，按月两元，二年后按月五元，卧舍需用物品及校服、书籍、洗衣等费亦由本校供给。

七、假期

每年例假四礼拜，有事请假须有家长函达校长，或蒙校长允许方可出校。

八、考试

考试每年一次，合格者升级，否则留班。

九、学科

一、第一年

身体结构学及生理学、药性学、伦理学、看护法则、绷缠带法、英文。

二、第二年

身体结构学及生理学、看护历史、饮食法、微菌学及验尿法、产科学、药性学及施药法要、看护法则、英文。

三、第三年

内科学、外科学、产科学及妇科学、小儿科学、揉捏法、看护法则、英文。

十、校址

附设于中国红十字会之总医院（海格路），即徐家汇二百六十三号，电话西八十七号。

原载《中国红十字会月刊》1922 年第 12 期

中国红十字会广东医学专门学校章程

（一）宗旨

本校以博采世界文明医学、造就高等完备医材，以利国福民为宗旨。

（二）定名

本校直辖中国红十字会，定名曰"中国红十字会广东医学专门学校"。

（三）校址

在广州河南同福大街，电话二千一百一十五号。

（四）学期

本校以五年为毕业期，至于每年学期起止及假期规则制，悉遵中央教育部定章办理。

（五）学科

体学、体功学、药物学、病理学、卫生学、产科学、内科学、外科学、动物学兼实习、植物学兼实习、物理学兼实习、化学兼实习胚学、组织学兼实习、医化学兼实习、外科初级、药剂学、微菌学兼实习、法医学、内科诊断兼镜诊学、外科诊断学、传染病、热带病学、精神病学、妇科学、儿科学、眼科学、牙科学兼实习、耳喉鼻科、皮肤花柳科、法文、英文、日文。

本校五年课程表：

第一年	化学 化学实习 植物学 植物学实习 物理学 物理学实习	动物学 动物学实习 英文 日文 生理学 生理学实习	组织学 组织学实习 体学 解剖学 胚学 法文
第二年	生理学 生理学实习 体学 解剖学 法文 医化学 医化学实习	外科初级 牙科学 牙科学实习 药剂学 药剂学实习 病理学 病理学实习	微菌学 微菌学实习、治疗学 药物学药功学、处方学 英文
第三年	病理学 病理学实习 微菌学 微菌学实习 卫生学 卫生学实习	产科学 产科临床实习 妇科 妇科临床实习 法医学 内科学	内科临床实习 外科学 外科临床实习 皮肤花柳学
第四年	内科学 内科临床实习 儿科学 外科学 外科临床实习	儿科临床实习 外科手术 内科诊断兼镜诊学 热带病临床实习 外科诊断	耳鼻喉科 热带病学 眼科学 眼科临床实习 精神病学
第五年	内科学 内科临床实习 外科学 外科临床实习	热带病临床实习 内科诊断兼镜诊学 外科手术 耳鼻喉科	眼科学 眼科临床实习 热带病学 外科诊断

（六）医院实习

医学上，"学理"与"实习"二者不能偏废。故凡学生除每日功课外，须在本会赠医所及本会设立之福民医院、西关医院、多福医院等处亲自练习五年，方能发给医照。

（七）入学资格

入学学生无论男女，必须品行端方，体魄康健，年在十八岁以上兼有以下三种资格之一者，方得入学：（甲）中学毕业者；（乙）与中学同等学校毕业者；（丙）试验有与中学相当学力者。

（八）入学试验

须考验以下各科：国文、数学、理化、体格。

（九）入学规则

凡新生入校，须照以下各条办理：（甲）报名时征收挂号费一元；（乙）报名时，具四寸半身相片一张；（丙）如经取录，须具志愿书、保证书各一纸；（丁）于入校前照表将各费一次清交。

（十）外国文

如各生对于英、法、日文程度足已经本科教员考验后，准免上堂。

（十一）转学生规则

（甲）该生所在校须与本校程度相当及须有所在校校长证书，证明该生曾考验何科，及格者始准投考；（乙）该生品学体格须佳；（丙）须缴每科验试费各一元；（丁）须经本校入学试验。如他校生学满一年者投入本校第二年班，须将本校第一年学科考验。能与本校升班规则符合者，方准入本校第二年班，各班类推；（戊）最末学年不能插班。余照第十条办理。

（十二）学费

各班学生纳费表列如左：

班级 费用	第一年班生	第二年班生	第三年班生	第四年班生	第五年班生
学费	六十元	六十元	六十元	六十元	六十元
堂费	五元	五元	五元	五元	五元
化学实习费	五元				
□功实习费	二元				
按金	十元				
校章	七毫				
医化实习费		五元			
微菌实习费			五元		
镜诊费				五元	

班级 费用	第一年班生	第二年班生	第三年班生	第四年班生	第五年班生
讲义费					
合计	八十二元七	七十元	七十元	七十元	六十五元

校服费按时价酌定。按金乃为预防学生损坏校具所设，须于第一年开学前缴足。如毕业时无损坏校具，该费如数交回。至于学费、堂费、实习费、讲义费，亦按年入学前一次缴足。如自行退学或犯规斥退，除按金交还外，已缴各费例不给还。

（十二）膳宿费

凡寄宿各生，每月齐舍租银二元、齐舍杂费银一元五毫，每月共三元五毫。全年四十二元分两次缴交。如不满六个月退出，例不给还。膳费每月六元，先交三个月银十八元，下次仍要上期预缴十八元。惟膳宿费因时因地有须加减者，得随时酌改。

（十三）校服

学生上堂须一律穿着校服，以肃观瞻。入学时，校服由本校代办或由学生自备亦可。

（十四）凭照

凡在本校肄业期满经习原定各科并经考验及格者，即颁发凭照以为之证。惟须于毕业考试，则缴纳凭照费五元、印花费一元。

附：

本会名誉会长：伍廷芳、唐绍仪、萨镇冰、许崇智、李福林、魏邦平、廖仲恺、孙哲生、陈达生、李锦纶、邹海滨、陈云舒、许剑魂女士、陈淑英女士、熊长卿、陈觉民、陆孟飞、谢已源

本会会长：谢英伯、林伯翘、霍芝廷

校长：陆如磋

教务长：梁泮生

学监：吴弼臣

舍监：曹慧仪

教员：张清潭（河内法国医学校毕业，前中法医学校教员、韬美医院医生，现任总司令部军医处科长）、蔡忠信（中法医学专门学校教员、韬美医院医生）、黄宝坚（中法医学专门学校毕业，前济军医院院长、陆军医院医生，现任南海红十字分会医生）、方捷三（中法医学校毕业，

南海红十字会医生）、欧阳伯华（中法医学校毕业，前南海卫生公医生、江防司令部军医课长、广海兵舰医官援湘第一军总司令部军医处处长兼第一二军病院院长、海军陆战队医官，现在陆军医院医生、顺德红十字会医生）、陈晖成（日本东北帝国大学医科毕业，前充公立医药专门学校教员，现充光华医学专门学校教员）、林焕之（中法医学校毕业，韬美医院医生、中法医学校助教员）、陈伯良（中法医学校毕业，韬美医院医生、中法医学校助教员）、梁泮生（中法医学校毕业，前富民医院院长、本会阳江救护医院院长、河源救护医院院长、粤军总司令部医生、本会产科学校校长、本会医生、南武中学校医）、卢泽民（中法医学校毕业，福民医院院长、本会医生、南武中学校医、赞育产科学校教员）劳宝诚（中法医学校毕业，前中法医学校教员、韬美医院医生、省立广东医院院监，现任本会医生）、吴弼臣（中法医学校毕业，本会医生、南武中学校医、西关医院医生、赞育学校教员）、黄耀垣（中法医学校毕业，韬美医院医生）、古月英（夏葛医学专门学校毕业，本会医生本会产科学校教员）、冯征（中法医学毕业，陆军医院医生）、胡庆荣（中法医学毕业，陆军医院医生）、袁岱云（中法医学专门学校毕业）、麦公（知新药学专门学校毕业，前岭海药学专门学校教员，现任赞育产科学校本会产科学校教员）、谭海夫（日本千叶药科毕业，前广东公立医药学校教员）、陆入磋（中法医学校毕业，前粤路医院主任医生、南雄救护医院院长，现任本会医务主任、西关医院院长、南武中学校医）、曹慧仪（中法医学校毕业，本会医生、西关医院医生）

原载《中国红十字会月刊》1922 年第 14 期

中国红十字会朝阳分会医学校简章

第一条　本学校定名为"朝阳红十字分会医学校"；

第二条　本学校以造就医学人材为宗旨；

第三条　本学校设本分会施医院院内；

第四条　本学校设校长一人，学监一人，文案兼庶务一人，教务主任一人，教员二人；

第五条　本学校学生以高小学校卒业或有高等小卒业相当之程度，年在十六岁以上二十岁以下，体格健全者为入校资格；

第六条　学生报名经本校审察［查］合格，须纳保证金十元并请相当保人填写保证书，入校试验一月，经本校认为确可造就者始准正式修业；

第七条　本学校学生毕业后即将保证金全数给还，维有损失本校仪器用品者当酌留若干以作赔偿，其半途辍学或犯规则斥退者则保金完全充公；

第八条　本学校学生须凛遵本校校规，师长训诲，违章者轻则记过，重则充退；

第九条　本学校学生除月纳膳费二元外，不收学费宿费；

第十条　本学校学生授课除例假外，每日以六小时为限，肄业一年之后每日以二小时，随同医员在施医院实地练习；

第十一条　本医校学生以二十人为足额；

第十二条　本学校学生以三年为卒业期限，其考试不及格者须补习之；

第十三条　本学校学生毕业后由本分会将学生姓名、年龄、籍址呈报上海总办事处通知各分会、各军队随时聘用；

第十四条　本学校校规另定之。

原载《中国红十字会月刊》1923 年第 20 期

中华民国红十字会设立医院储备救护材料及造就救护人才详细计划书

内政部批准备查，第一次全国会员代表大会通过

甲　战时

依据《美国红十字会章程》战事之设施，本会应办之事项不论在本国或他国之战场上，应办之事务如左：1. 交战后之战场上之搜寻伤兵及掩埋；2. 运输伤兵及病兵之交通事宜；3. 在病院内之一切职务。本会为达上项目的起见，现拟筹备之事件如下：

（一）训练救护员

预计每班四十一人，每队三班，共一百廿三人，平均每人每月连伙食津贴洋十元。先成立若干队，视经济、人才两项为决定，总以训练至十万人以上为最低限度。训练科目如下：（一）军事常识；（二）初步救

伤；（三）伤兵病兵之运输法；（四）□简检查法；（五）助理护士之常识；（六）外国语；（七）野战病院之实习。

附志：以淞沪战役之经验，护士非经训练，不能任用；救护员临时投效者甚多，亦能尽职。惟无军事常识，多受危险，但沪地伤兵医院距战地较近，若遇远距离之战线，则运输等项非经训练亦难胜任。

（二）储备救护材料

救护材料国内缺乏，不得不仰给于海外。若大战一开，沿海口库必遭封锁，势非着手储蓄不足以资应用。预计救伤兵二十万，平均每兵用材料十元，则非储蓄二百万之材料不足用。且恐战端开后，不止伤兵二十万人，此就其最低限度而言。预计储备救护材料种类如下：（1）帐篷；（2）行军床；（3）白大衣；（4）单棉衣裤；（5）被褥枕席；（6）消毒器械；（7）其他消毒用品；（8）X光镜；（9）矿磁灯；（10）担架；（11）棉花；（12）纱布；（13）绷带；（14）一切药品；（15）救护汽车。

（三）训练担架队

每架三人，至少预备五十架，用人一万五千人，一切用费与救护员相同。

附志：所用担架人员若由投效而来，因无军事训练，诸多困难且生危险，故必须训练。

（四）掩埋队

每队约百人，只须有卫生常识，便可就地指挥夫役或征集当地人民办理之，应储之材料如左：（1）板木；（2）石灰；（3）铁锹；（4）铁镐；（5）铁钩；（6）防疫药水；（7）铁钉。

（五）海上救护病院船

此船在《施行细则》上本载明请海军部拨给，但本会之任务为辅助政府办理救护事业，经费充裕时得购置若干只，请具有经验之教员训练海上救护及看护人员。

（六）设立战事护士学校

国语每班假定以一百二十人为限，二年毕业。每校开办费假定三万元，经常费每月五十元。校址觅相当之菴庙寺观或公家场所。

附志：外国语看护可以不设，但就中国看护分班教授英、法、俄、德、日诸国语文，每班加聘外国语教授。或于招考后即以学生中精于何国语文者兼任何国语文教授，并分男女两校，预计五年内训练十万人，每人平均每月须费十元。

乙　平时

依据《万国红十字会章程》，和平时期之设施应办之事务如左：

1. 所有红十字会应普遍征求会员，为完成其世界和平时期计划之最要条件；

2. 所有红十字会应尽力以会员会费与经常收入充其经费；

3. 所有各处红十字会应使其会员得应公共利益上之需求，在其本地服务；

4. 所有各处红十字会应训练其本地之青年为红十字会服务；

5. 如遇国家发生灾难，所有红十字会应立即组织急赈工作；

6. 所有红十字会对于公众卫生应有之义务计分三项如下：

　　（甲）鼓励提倡公众卫生上各项问题；

　　（乙）于必要时协助政府设立之机关；

　　（丙）用各种方法以宣传必要之常识；

7. 所有红十字会得征集干练人才，以管理其卫生机关并训练其义务职员；

8. 所有红十字会应尽力与其性质相同之慈善机关合作。

本会为达上项目的起见，今后之计划如左：

　　（甲）总会，建筑总会会所于首都；

　　（乙）医院，建筑医院于首都及各巨埠，附志：本会医院现仅三处，拟扩充类别如下：产科医院、牙科医院、眼耳鼻喉科医院、公众医院、隔离医院、时疫医院、肺病疗养院；

　　（丙）设立护士学校，附志：本会护士学校仅一处，拟就通商巨埠分别设立，或专设一科，或分科并设，大致如下：（一）公众病护士；（二）牙齿科护士；（三）产科护士；（四）婴儿护士；（五）公众家庭卫生护士；（六）工厂卫生护士；（七）眼耳鼻喉科护士；

　　（丁）宣传，应办事务如下：（一）公众卫生演讲及电影；（二）出版卫生月报；（三）推进卫生教育，于学校检查学生眼牙各科；

　　（戊）赈济，应设机关如左：（一）粥厂；（二）庇寒所；（三）施衣所；（四）灾童留养院；

　　（己）救济，应设机关如左：（一）残废院；（二）孤儿院；

（三）养老院；

（庚）预防，分列如下：（一）防疫；（二）防痨；（三）防花柳；（四）防癌。

原载《中国红十字会月刊》1935 年第 3 期

中国红十字会第一医院护士女学校章程

第一章　总纲

一、定名：本校为中国红十字会第一医院附设，定名为"中国红十字会第一医院护士女学校"。

二、沿革：本校成立于民国十一年，翌年并向中华护士会注册，迄今盖已十有余年。至十七年，本校所附医院合组为国立中央大学医学院之实习医院，院内添设专科医学院。各科教授协助教课学生亦兼增各科实习之机会。

三、宗旨：本校以"教授看护学理及技能，籍［借］以造就高等护士"为宗旨。

四、程度：身体强健，品行端正，有初中毕业以上之程度者为合格。

五、年龄：在十八岁以上三十岁以下未曾出嫁者。

六、招考：本校每年招考新生一次或二次，投考者须先报名并缴纳报名费洋一元，学业成绩单或学校证明书及四寸半身相片一张，招考时考试科目为国文、英文及算术三科并须经过体格检查。

七、学程：本校学程分试习期及肄业期二期，最初六个月为试习期，后三年为肄业期，共计三年六个月卒业。

八、插班：本校不收插班生。

第二章　入学

一、入学手续：新生录取后，本校即寄以通告书，该生于入学时须填写入学志愿书并缴保证书及缴纳本章第二条规定诸费。

二、缴费：考取学生当缴纳诸费开列如左：（甲）学膳费　六十元；（乙）赔损费　十元；（丙）中华护士会学生注册费　三元；（丁）中华

护士费学业公考费　二元；（戊）中华护士费会会员费（一年）　三元。

以上各费除戊项外，均于入学时一次缴足，戊项会员费至毕业期缴付丙、丁、戊三项，所缴之费均由本校收齐后汇寄中华（护）士会，赔损费按学生所损毁各物价值之半数扣算赔还物主。倘有所余，在毕业时退还，不足亦照补，学膳费照本章第一条处理。

三、自备物件：学生在校书籍及衣服、枕头、被褥、蚊帐等并洗衣袋二只，盖床漂白布单二条（长七尺宽五尺），有秒针表一只、自来水笔一枚。

第三章　课程

一、课程：本校课程除按照中华护士会规定诸课程外，复因时代之演进及社会之需要增加。各课规定每学年课程如左：

（甲）学课

试习期：最初六个月为试习期，在此期中，前三个月完全读书，以后读书兼实习。

二、缺课：倘每学期缺课至四星期以上者须留级。

三、考试：本校考试分学课及实习二种，学课考试于每学期终举行，每年考试二次，分数以六十五分为及格，如每学期有一科不及格可补考，二科不及格须留级。实习考试多系平日病室实习工作之成绩，其成绩为工作勤惰、衣履整洁、态度和蔼、爱护病人等数项，每月考核一次，与学课分数一并计算。试习期内功课考试及格，性情合宜则升入肄业期，由本校加给护士冠并向中华护士会注册兼为该会学生。

四、毕业：肄业期内品行端正、考试合格，于期满后经中华护士会公考合格发给该会证书后，方由本校给予毕业文凭。凡肄业期未满三年者或本校学课考试未及格者均不得参与中华护士会之公考。

五、假期：试习期内无假期，肄业期内每年有三星期之假期，其时间由校长酌定之，本校学生须一律遵照规定之日期到校，否则援照本校规章处罚。

第四章　规则

上课规则：

一、诸生须准时上课，不得无故缺席；

二、凡在休息期间或夜班实习时期均须照常上课；

三、课室内器物不得随时搬移；

四、上课时不得谈笑；

五、迟到五分钟者须报告原由。

实习规则：

一、每生每日实习八小时，全校分日班、夜班、早夜班三大班，日班自上午七时至晚七时止，中间得有四小时之休息；夜班自夜间十一时至次晨七时；早夜班自晚七时至夜十一时，又于日间实习四小时自上午九时起随各病室主任护士酌定之。

二、实习目标

智识方面：学习技能；

德品方面：学习谨慎、勤奋、忍耐、谦和、仁慈、机警；

每月底按实习成绩给各项分数。

三、实习时应注意左列各项：

（一）须准时上班不得迟到；

（二）上班时衣履整洁朴实为主，须穿制服并遵守护士会所规定，勿着高跟鞋，冬季黑鞋黑袜，夏季白鞋白袜；

（三）不得高声谈笑；

（四）听从各室主任、护士之指挥；

（五）上班下班须通知病室主任、护士；

（六）不得随时应接电话或出外会客；

（七）不得私受病人馈赠；

（八）不得私自请人代替；

（九）倘值夜班不转睡眠或作病室以外事务；

四、实习下班后不得擅入病室，倘欲探望病人须先向教务处领取探望证。

寝室规则：

一、每早六时起身，每晚八时点名，十时息〔熄〕灯；

二、各寝室人数及物件均经规定不得随意迁搬；

三、夜班生须睡于特别寝室内；

四、每日地板、桌椅由校役抹洗外，其它〔他〕整洁事宜概由学生自行负责；

五、宿舍内应注意下列各项：

（一）不准随地吐痰或抛弃废物（如碎纸、果皮等）于地板；

（二）息〔熄〕灯后不得私点灯烛或发高声动作；

（三）窗口不准倒水抛物；

（四）室内不准用燃烧品或火酒电气器，违者器具没收；

（五）不准私增电灯光支；

（六）不准在室内用膳；

（七）不准容留外客住宿；

（八）墙上不得随意涂贴。

六、宿舍内器物照下列各项办理：

（一）一切公物加意爱护，如有损坏均须赔偿；

（二）倘抛弃废物于浴盆内或抽水厕桶内以致水管塞住者，须赔偿修理费；

（三）自来水须随用随关，倘不关闭以致水满泛滥渍损物件，须照价赔偿。

七、每次换下衣服须随即装入洗衣袋内，不得抛积床下。

八、洗衣办法列左：

（一）由本校雇定洗衣作，每周二次收洗，每月至多七十件；

（二）衣服收付须凭清单当场点交，倘有遗失报告舍监；

（三）自己洗衣须在小缸内，洗后缸水随即倾去。

九、会客须在客室内，不得随意引入寝室。

十、凡贵重物品当特别留藏，如有银钱当交医院会计处，否则如有遗失学校概不负责。

十一、如有疾病当即报告舍监以便转请校医，非得校医许可，不得请假。

膳堂规则：

一、每票规定六人，不满六人不得开菜；

二、早餐六时半，午餐十二点或一点，晚餐六点或七点，夜班夜饭夜间十点半；

三、夜班夜饭以六人为一桌，其菜每桌规定四荤二素，如有特别看护加入，每人加一菜；

四、日间膳食由训育主任管理，夜班由护士长管理之，诸生须听从劝告；

五、值夜班者中餐概不开出，惟于日中十一点至十二点有功课之护生不在此例；

六、食有余菜及所有各种碗盏不得留藏宿舍；

七、如有宾客来院须添客菜，必须先行报告护士长签字，转知账房并取得正式收据为证；

八、护士对于膳食方面如有意见发表，可先报告护士长，由护士长转达账房；

九、食后不准以饭投入菜内。

病假规则：

一、诸生患病均须报告舍监或教务处，即请校医诊治；

二、病假须由校医酌定之；

三、病时须听医生诊治，或住寝室或移医院，病生不得自定；

四、病中有愿归家治疗者，听，但须得家长函件证明；

五、倘在本校所附医院诊治，医药费概由本校担任，但以二个月为限。倘离院医治，概不负责；

六、病假荒课每学期至四星期以上者留级；

七、试习期内倘因病缺课至二星期以上者须留级，肄业期内每学生在三年中可得二星期病假，逾二星期者病室所缺实习时间须于肄业期满后补足，方予毕业。

休假请假规则：

一、每一学生每年得三星期之休假；

二、凡休假离校者，须向教务处领取给假单，返校时将单交还销假；

三、假满不得迟到，倘因患病迟延，须有正式医生证明书；

四、学生除左列数因外，不得托故请假。

（一）自己患病；

（二）家中父母患病（祖父母、叔伯、兄弟姊妹等疾病或死亡，均不得请假或迟到）。

五、每学期休假或请假因而荒课至四星期以上者均留级；

六、凡请假回家者须有家长或保证人信件作证；

七、在学期内除每星期有半日休假外，不得无故告假，倘有要事告假，须经校长许可方准离校。

会客规则：

一、会客时间上午十时以后，下午六时以前，倘有特别事故而不堪久待者须通知校长；

二、学生会客须在下班及下课时间内；

三、每次会客以半小时为限；

四、会客室内不宜吸烟及随地吐痰；

五、诸生不得擅自引客入寝室；

六、如客人欲参观医院，须先通知护士长。

通告书

新生入学手续

此次考取新生须于 月 日以前到校办理入学手续

一、填写入学志愿书并交保证书

二、纳费计学膳费等六十五元，赔损费十元，均一次缴足

三、保人须具左列资格之一并须经本校认可者

（一）殷实商家 （二）母校校长 （三）学生亲戚好友确实能担保者

民国 年 月 日 校长

入学志愿书

立志愿书 年 岁 省 县人今愿人

上海中国红十字会第一医院护士学校肄业，遵守校规，先试习六月，一俟合格补入正班修业三年，以称职毕业为限。倘有违犯规则中途开除或自退学，则自入校起至离校日止，每月应缴还膳费洋八元并校服费。倘在六个月以后不论何种情形离校，学费概不退还，否则均归保人完全负责处理，此上！

上海中国红十字会第一医院护士学校

中华民国 年 月 日立志愿书 押印

保证书

具保证人 今保得 年 岁 省 县人今愿人

上海中国红十字会第一医院护士学校肄业，确能遵守一切校规，倘有违反规则不测之事发生，均凭具保证书人完全负责处理，毫无异言，恐后无凭，特立保证书存照。此上！

上海中国红十字会第一医院护士学校台照

中华民国 年 月 日

具保证书 签字盖章

保证人地址

原载《中国红十字会月刊》1935 年第 6 期

中国红十字会总会救护委员会学员志愿书

具志愿书人　兹因自愿遵守贵会章则，学习救护课程，以备在国家遇有非常事变或灾害时服务。特请　君为负责保证人，照章缴纳训练费　　元，谨将履历开列于后，并填具志愿书，送请中国红十字会总会救护委员会察核。

附履历

学员姓名	性别	年龄	籍贯
职业	住址		永久通讯处
中华民国　　年　　月　　日	学　员（签名盖章）	保证人（签名盖章）	

原载《中国红十字会月刊》1936 年第 13 期

救护训练工作办法

一、凡本市各机关团体欲开办救护训练班时可派代表特函到本会接洽登记并声请协助。

二、凡各机关团体到会声请时照左列表格逐一填记，同时并须将招生广告及其它［他］文件交会备查，表格要目如下：

（一）机关或团体名称；

（二）所在地址；

（三）负责人；

（四）预备招收之人数；

（五）预备同时办几班；

（六）预备陆续办几班；

（七）预备何时上课；

（八）上课时间；

（九）收费额、学费、讲义费其他等；

（十）需要补助条件。

三、本会接受请求协助机关或团体声请后，即代向红十字会协商聘定教师前往教授。

四、本会为推行救护工作经（验）与红十字会商订左列办法九项，凡开办救护训练班之机关团体均须遵照办理，其办法如下：

（一）凡设立救护训练班需要教师均由红十字会供给；

（二）目前所设立之救护训练班均为初级程度，所授功课为担架术及急救术，共需十六小时，如加防毒术则共需三十小时；

（三）凡数十六小时者共需经费五十元，数三十小时者共需七十五元；

（四）凡开办训练班之各机关团体经协进会登记，并向红十字会协商后，即由各机关团体代表自行向红十字会缴款；

（五）缴款后所有一切教师薪水、实习用品均由红十字会代送代办，惟学生所用教本须自备；

（六）红十字会备有某某用书二册，书价一元，但可作八折发售；

（七）如请求开办训练班太多，教师不敷分配时，除由协进会商请红十字特别设法后，一依登记接洽先后次序分派教师；

（八）各机关团体到协进会登记后亦可自行与专家自由接洽教师，如此则无须交款于红十字会，惟仍须将拟聘之教师姓名、履历交红十字会审查、认可后方得延聘；

（九）各机关团体自行接洽延聘之教师教授时，需用教具用品可由教师自行向红十字会商借，但须缴纳少量费用。

五、凡开办救护班之机关团体能自筹经费最好，否则可商由本会酌量津贴一部分，其数目多寡及先后次序均按照实际情形定之。

六、关于精神训练由本会派员担任，除在开学及毕业时两次举行精神讲话外，平日本会派员考察亦可随时与学生讲话。

七、本办法由本会印就分发各机关团体。

原载《民报》1936年11月21日

中国红十字会南宁分会救护人员简易训练班简章

第一条　本班为训练救护人才，以期适合红十字会之需要，能担任救护医队工作为宗旨。

第二条　本班直隶南宁红十字会，教育经费由本会筹拨之。

第三条　训练期限暂定为两个月，分设两班，其学额为六十人。

第四条　本班职员如左：

一、设教育主任一人，以资深之教务员兼充之，综理全班教务事宜。

二、设教务员两人，掌理全班教务事宜。

三、设事务员两人，分掌文书、会计、庶务等事项。

第五条　本班教员、事务员均名誉职，由本分会会长函聘之。

第六条　本班学员不分县籍，凡属男性，年龄在二十岁以上、四十岁以下，身体健全且无不良嗜好，具有左列资格之一测验及格者：

甲、曾在初中毕业或有同等学力者；

乙、曾办地方慈善公益事务，具有经验者；

丙、有红十字会正会员五人以上之保送者。

第七条　凡具有上列资格，应于本年　月　日备具二寸半身相片一张来会报名，听候定期测验入学。

第八条　本班教程如左：一、人体解剖生理大意；二、消毒法；三、外伤及其处置；四、绷带学；五、人工呼吸及急病救护法，附毒气防御法；六、重要疾病；七、一般救护法；八、医笈；九、伤病者之运输及病床看护；十、药剂学大意；十一、红十字会条约。

第九条　每周授课十二小时，以每日下午七时至九时为授课时间。

第十条　期满举行试验，以平均分数在六十分以上为及格，由红十字会发给证明书。

第十一条　本班学费及讲义费全免，膳宿由学员自备。

第十二条　期满发给证书后，在两年内如红十字会需要服务救护工作时，得召集听用。

第十三条　在勤务时所需之服装、膳宿等费，由红十字会供给并酌给津贴。

第十四条　如遇红十字会函召服务时故意规避不到者，得向保证人

人才培养

追缴费用并收回证书，但有特别情形经核准者不在此限。

第十五条　服务及待遇应适用中国红十字会总会救护队规则办理。

第十六条　本简章呈请广西省政府备案暨中国红十字会总会核准施行。

原载《中国红十字会月刊》1936 年第 15 期

中国红十字会潢川分会救护训练班简章

一、本会依据《中国红十字总会救护训练委员会办法》，在潢川设立救护训练班，造就专门救护人才，以备战时之需。

二、教员、职员本会聘请。

三、经费：由本会自行担任。

四、班次：暂定一班招考学员四十名。

五、资格：有初中毕业证书者，或有同等学力者，或本分会会员暨会员之子弟，均为合格。

六、年龄：十八岁以上、二十五岁以下，身体强健，无嗜好者。

七、课程：（一）看护学；（二）药物学；（三）简易外科学；（四）诊断学；（五）战时卫生勤务；（六）防空常识暨救护法；（七）担架队指导法。

八、授课时间：每天下午一点至五点。

九、毕业时期：以两月期满，考试合格者由本会发给毕业证书。

十、地址：就本会医院。

十一、讲义费：每月二元，上课时一次缴足。

十二、毕业后得在本会服务。

十三、服务时，服装、伙食均由本会供给。

十四、服务时，由本会考查，按其成绩每月酌给津贴洋十二元至三十元。

十五、凡受本会训练后或在本会服务人员，得依照公务人员免除兵、杂各役。

十六、毕业后遇有战事，得受本会函招，如有托故不到、违背本会博爱恤兵之宗旨者，得向保人追缴证书暨赔偿损失费。但遇有特别情形、来本会声明者，不在此限。

十七、本简章呈报总会审核后，再呈县政府备案施行。

原载《中国红十字会月刊》1936 年第 17 期

中国红十字会常熟分会救护队训练班简章

第一条　本会为训练救护人才，以期适合红十字会之需要，能担任救护医队工作为宗旨。

第二条　本班直隶常熟红十字分会，教育经费由本分会负担。

第三条　训练期限定两个月为一期，每期一班，其学额为三十人。

第四条　本班职员如左：（一）设教育主任一人，由本分会理事长兼任，总理全班教务事宜。（二）设教育员二人，掌理各项教务事宜。（三）事务员二人，掌理文书、会计、庶务事宜。

第五条　本班教务员、事务员均名誉职，由本分会函聘之。

第六条　本班各科教员由本分会聘请专家充任之。

第七条　本班学员不分县籍，凡属男性，年龄在二十岁以上、四十岁以下，身体健全且无不良嗜好，具有左列资格，均得请求加入训练：

（甲）曾在初中以上学校毕业或有同等学力者；

（乙）曾办地方慈善公益事务，具有经验者；

（丙）本会会员；

（丁）有本会正会员五人以上之保送者。

第八条　本班教程暂定如下：

（一）军事训练；

（二）急救法——救护常识、普通治疗、中毒治疗；

（三）护士常识；

（四）防空常识；

（五）防毒常识。

第九条　每周授课十二小时，每日下午四时至五时为军事训练，五时至六时讲习其他各学科。

第十条　训练期满，由本分会发给证书，呈由总会及常熟县政府盖印备案。

第十一条　本班不收学费，讲义费、制服费及杂费由各学员交纳，数目另行酌定。

第十二条　期满发给证书后，由本分会正式编队。如本会需要服务救护工作时，得随时召集，听候调遣。

第十三条　如遇函召服务，故意规避不到者，由本会收回证书，取消救护队员名义及资格。但有正当理由，经本会理监事会议核准者，不在此限。

第十四条　训练期满后之编队及服务待遇办法，应适用中国红十字会总会救护队规则办理。

第十五条　本简章呈中国红十字会总会核准施行，并由总会分行常熟县政府暨江苏省政府备案。

原载《中国红十字会月刊》1936 年第 18 期

中国红十字会总会救护训练班简章

第一条：本班名称定名为中国红十字会总会救护训练班，由本总会设立之救护委员会主办。

第二条：训练宗旨系灌输相当救护技术，以备非常时期之需（该项技术并非供私人职业之用，而本训练班之性质亦与普通学校绝对不同）。

第三条：训练科目及名额收费等暂行规定如左：

　　（一）战时外科学　约计六十小时　每班名额十五人（限于医学校毕业者）每人每期收费五元；

　　（二）简易实验诊断学　约计三十小时　二十人（限于理科毕业者）每人每期收费五元；

　　（三）简易药剂学　约计三十小时　二十人（限于理科毕业者）每人每期收费三元；

　　（四）实用护病学　约计六十小时　二十人　每人每期收费三元；

　　（五）防毒常识　约计十二小时　五十人　每人每期收费一元；

　　（六）担架术（附急救常识）约计十六小时　五十人　每人每期收费一元半。

第四条：所用课本由本会编印发售，应用之纸墨文具均归受训者自行购办，膳宿亦归自理。

第五条：请求训练者之纳费视所选之各科目而不同，暂定如第三条所规定之费额，凡团体请求者均须以每人为单位。

第六条：受训者之资格及年龄以初中毕业或同等程度，年龄在十八岁以上四十五岁以下，体格健全，经本会审核者为合格。

第七条：报名手续凡合于本简章第六条之规定者，不分性别，均可向本会报名，经审定合格后亲自携带最近半身照片两张到会，填具志愿书，并同时将费一次缴清，始得上课中途退学概不发还（缴费时皆由本会会计处填给收据）。

第八条：凡一切手续完竣后方可上课，本班名额满五分之四以上即开始上课，若报名时间已过本班上课时间四分之一以上，应即编入次届上课，另由本会报名处函知。

第九条：训练期满经测验及格，由本会予以登记，证明本人受过之训练科目与时间。如遇必要时，当优先编入救护队服务。

第十条：本简章由本总会救护委员会之训练委员会通过，呈报救护委员会核准施行。

第十一条：本简章如有未尽事宜，得由训练委员会随时修订之，呈报救护委员会备案。

附则：

外埠各地有志愿受训者，可向就近本会分会主办之训练班接洽，该项训练班皆系依据本总会所定之通则办理。

原载《中国红十字会月刊》1937 年第 19 期

中国红十字会救护训练班通则

第一条：本班名称定名为"中国红十字会救护训练班"。（由本总会设立之救护委员会主办）

第二条：训练宗旨系"灌输相当救护技术，以备国家非常时期之需"。

第三条：训练之科目如左：

（一）战时外科学 约计六十小时（限于医校毕业者）；

（二）简易实验诊断术 三十小时（限于理科毕业者）；

（三）简易药剂学 三十小时（限于理科毕业者）；

（四）实用护病术 六十小时；

（五）防毒常识 十二小时；

（六）担架术（附急救常识） 十六小时。

以上各科每班不得超过五十人。

第四条：训练教材由总会编印发行，各地分会如开办训练班时均须采用，以收划一之效。

第五条：教员须学有专长而对于训练救护之真义有深切认识者，分会及其它［他］团体师资须经本会审定或曾经本会师资训练者为合格。

第六条：受训者资格及年龄以初中毕业或同等程度，年龄在十八岁以上四十五岁以下，体格健全，经本会审核后为合格。

第七条：请求训练者纳费须视各人所选之科目而不同，暂定费额由一元至五元，团体请求训练者须以每人为单位。

第八条：凡训练时应用之纸墨、文具及书籍等件，均归受训者自备，膳宿概归自理。

第九条：报告手续凡合于第六条之规定者，不分性别，均可向本会报名，经审定合格后随带最近半身照片二张到会，填具志愿书，并同时将费一次缴清始得上课，中途退学，概不发还（缴费时皆由本会会计处填给收据）。

第十条：各地志愿受训者可向就近分会主办之训练班接洽。

第十一条：训练期满经测验及格，由本会予以登记，如遇必要时当仅先编入救护队服务。

第十二条：各分会办理训练事宜者均须按照本通则办理，并须随时呈报本会审定，以照划一。

第十三条：各社团、机关、学校等自行筹备救护训练事宜，如欲本会认可者，须依本通则办理，并随时函知本会备案。

第十四条：本通则由本总会救护委员会之训练委员会通过，呈报救护委员会核准施行。

第十五条：本通则如有未尽事宜，得由训练委员会随时修订，呈报救护委员会备案。

附则：本通则如有修订时，核准后须随时通知各分会遵照办理。

原载《中国红十字会月刊》1937 年第 19 期

中国红十字会绥远分会救护训练班简章

第一条　名称：定为"中国红十字会绥远分会救护训练班"（由本分会主办）。

第二条　宗旨：以灌输相当救护技术而备非常时期之需。

第三条　科目：如左——（一）细菌学；（二）防毒法；（三）绷带法；（四）救急法；（五）看护法；（六）红十字会条约解释；（七）创伤学；（八）人体生理解剖大意；（九）调剂术大意；（十）消毒法。

第四条　教员：除由本分会医务会员担任外，并由会函聘之（均为义务职）。

第五条　名额：暂定男女生各三十名。

第六条　课程：由本分会印发，概不收费。

第七条　资格：以初中毕业或有同等学力，年在十八岁以上、四十岁以下，身体健全，绝无嗜好者为合格。

第八条　手续：凡合于本简章第七条之规定者，不分性别，均可向本分会报名并填具志愿书。

第九条　开课：无论男女生，报名者过半数时即行开课。

第十条　期限：暂定三个月，训练三个月期满，经本分会测验及格者，准予登记或分配工作。

第十一条　施行：本简章由本分会训练委员会通过，呈报总会救护委员会核准施行。

第十二条　附则：本简章如有未尽事宜，得由训练委员会修定之，并呈报总会救护委员会备案。

原载《中国红十字会月刊》1937 年第 21 期

中国红十字会第一医院附设高级护士职业学校章程

定名：本校定名为"中国红十字会第一医院附设高级护士职业学校"。

宗旨：本校旨在训练学生以医学常识与护病学理及护病技能，以期造就优越之护士人材，服务社会。

资格：投考年龄须在十八足岁以上，三十岁以下之未婚女子，品行端正，体格健全者为合格。

（程度）凡高中毕业持有毕业证书，或会考证书及肄业学校校长之介绍函，经呈验确实者，得免入学考试，惟须经智力测验。凡初中毕业或高中肄业，持有初中毕业证书者，必须经入学考试。

（体格）入学考试前，须经本校校医检查体格，合格者方准应考。录取后须照爱克司光，其费用由学生自备，如肺部不健全者，不得入学。

报名：报名时须缴报名费一元，先将报名单（报名单向本校索取）及四寸半身照片一张填写清楚，暨证书文件、保证人之信与校长之介绍信一并呈验。

考试科目：公民、国文、英文、理科、算学、智力测验。

年限：修业期限规定三年，在正式入学前须先试读六个月，试读期满其学业品行如均合格，方得升为正式学生。

入学手续：凡录取之新生，由本校迳函通知，在入学前必须填写志愿书并缴保证书。

缴费：本校不收学费，试读期及第一学年，每月须缴膳费八元，于开学前一次缴清，领取上课证，并须缴仪器赔偿费十元，如在肄业期间，有损坏仪器情事，即在该款内照价扣偿，否则于肄业期满时，如数退还。

学年 \ 纳费 \ 学期 \ 类别		学费	书籍费	膳费六个月	宿洗费	赔偿费	合计
	试读期	免	自备	四十八元	免	十元	五十八元
第一学年	第一学期	免	自备	四十八元	免		四十八元
	第二学期	免	自备	四十八元	免		四十八元
第二学年	第一学期	免	自备	免	免		
	第二学期	免	自备	免	免		
第三学年	第一学期	免	自备	免	免		
	第二学期	免	自备	免	免		
附注	为免学生家长负担太重起见，准将第一学年膳费九十六元，分四期缴付，于第一、二学年每学期开学前，各缴二十四元，如学生中途辍学或经开除者，学校所损失之费用，由保人负责偿还，其已缴各费，概不退还。						

校服：本校学生外出时所穿之校服分为两种：春、秋、冬季为蓝色大象布，夏季校服须一律白色，其式样由本校规定，费用则由各生

自备。

制服：本校学生在校上课及实习时所穿之制服，共分两种：（甲）试读生制服自备，其式样及质料由本校规定。（乙）正式生制服由学校供给一次，此后如有破坏，须另行添制时，皆由学生自理。书籍、文具、行李、被褥、蚊帐及随身日用品须自备外，并须携带下列各项物件：（一）素白竹布被单六条（长九十英寸，宽八十英寸）；（二）白枕芯一个或二个（长二十五英寸，宽十八英寸）；（三）白枕套四个（长三十英寸，宽二十英寸）；（四）结带白鞋两双；（五）白色长筒袜六双；（六）白色衣袋两个；（七）带秒针表一个；（八）自来水笔一支；（九）小剪刀一把。

药料：本校学生实习之医院为上海红十字会第一医院，该院设有病床四百余张，分内、外、小儿、眼、耳鼻喉、神经、肺痨、泌尿、皮肤、花柳、产妇、物理治疗等科，并有各科门诊处可供实习，公共卫生实习则在卫生事务所。理论学科有解剖生理、细菌、药物及妇产、内外及小儿各科护病学。此外有护士伦理、护病历史、护病学、护病技术、个人卫生、公民、社会、国文、英文、饮食、心理、家政、护士职业问题等学科。各科成绩以七十分为合格，每学期总平均不及格或有二种科目不及格者留级。

休假：每年有三星期休假，时间由本校参酌工作情形分配之。

疾病：学生在校期内每人有二星期之病假，逾时应于修业期满时补足，凡经校医诊断有疾病者，得免费住本实习医院普通病室一个月，如自愿住头二等病室时，则应由学生自行遵照院章缴纳半费。

招考日期：本校每年招考分春、秋二次，每次招考日期由本校登报公告。

原载《中国红十字会月刊》1940 年第 55 期

中国红十字会第一医院
附设高级护士职业学校管理规则

一、总则

第一条　本校学生应遵守校中一切规则，对于校长、教职员、医师、护士长及高级同学均应敬顺，对于一切指导尤宜谨恪遵行。

第二条　凡学生在休息时期可随意外去，惟必须在管理员处之簿上签名，但至迟不得过晚八时回校。

第三条　学生须一律在校住宿，不得外出或返家过宿。

第四条　授课及实习时间内不得无故请假。

第五条　学生无论在上课及休息时间均须肃静，不得喧哗。

第六条　学生上课及实习时，均须按时到班，不得迟到，值班时不得擅离病室。

第七条　学生在病室实习或上课或至校长办公室或与其他教职员接洽时，须着本校制服，并须白鞋白袜，不得佩戴饰品。

第八条　休息时不得擅入病室，如欲探望病人，必须向学校事务处领取探病证。

第九条　不得收受病人之礼物，如有馈赠，亦须婉言谢却。

第十条　不得私自服药或取药给人。

第十一条　同学中彼此不得借贷银钱衣服。

第十二条　须爱护公物，倘有损坏，照价赔偿。

第十三条　本规则如有未尽事宜，得随时修改之。

二、教室规则

第一条　学生上课时，必须穿本校制服。

第二条　教员上课、下课，学生均应起立致敬，问答时亦须起立。

第三条　学生上课迟到或未经教员许可先行退出者，均以旷课论。

第四条　上课时教员如因故迟到，学生仍应在教室自修等候，不得离开。

第五条　讲解时，如有疑义，可随时发问，但不得二人同时发言。

第六条　讲授未毕、教员尚未出教室时，他班学生不得擅入。

第七条　教室内器具什物，必须加意爱护。

第八条　有犯本规则者，得由教员随时报告校长惩戒之。

三、宿舍规则

第一条　学生寝室内须整理清洁，凡非寝室所需之物，不得任意搁置，如火酒炉、火油炉及燃料等不得在寝室内应用，以免发生危险。

第二条　学生床位均经指定，非得管理员之许可，不得任意移动。

第三条　每晨六时起床，六时半早膳，七时上班。

第四条　晚十时熄灯就寝，熄灯后不得谈笑喧哗致碍他人安息。

第五条　箱子须放在贮藏室内，不得置在寝室内。每星期三、六日为开贮藏室之期，逾时不得自由开启。如遇有特别物件必须取用时，须先得管理员之许可，方得启室取用。

第六条　学生所换下之衣物制服等，不得任意抛置各处，须先放在洗衣袋内，然后置入污衣藤篮中，按期记件付洗，每人每月不得超出五十件。

第七条　学生休息时不得高声谈笑，以防惊扰夜班者之睡眠。

第八条　学生寝室内不得随意置放贵重物品，最好寄放总务处保险箱内，以免遗失。否则，倘有遗失情事，本校概不负责。

第九条　床上不可置放零星物件及衣服，床下亦不可杂放鞋履等件。

第十条　学生若有宾客探望，准在会客室内接见，不得引入卧室，每天会客时间至下午六时为限。

第十一条　学生不得私自留客住宿。

四、膳厅规则

第一条　学生按时就餐：早餐六时半，午膳十二时至一时，晚餐六时至七时。

第二条　会食时必须肃静。

第三条　膳厅内一切用具，如碗匙杯盘凳椅等，不可携至他处。

第四条　学生不得在宿舍内用膳，若患病时，须先通知管理员，方可。

第五条　学生如有损坏餐具等物，须报告管理员，并赔偿之。

第六条　如遇有饮食不适宜处，学生可报告舍监酌量办理。

五、惩戒规则

第一条　惩戒分训诫、逃学二种。

第二条　凡学生有左列情形之一者，得令其退学：（一）品行不端者；（二）违犯校规，屡戒不改者；（三）成绩过劣者。

遇上列一、二两次情形时，由校长随时召集教务会议处理之。

六、学生请假规则

第一条　例假每年三星期，于寒暑假二季由校长分别酌定之。

第二条　假期期满，应按时返校销假，否则每延一日即作二日计算，于修业期满时另行补足。

第三条　学生如有紧要事故必须请假者，须有家长之函件，向校长详切陈明，候校长核准方可。

第四条　学生遇有疾病，必须报告管理员，通知校医诊治，发给病假证，如须住院或隔离者均由校医指定。但住院须按照医院所定规章。

第五条　学生在校三年半期内，病假不得过二星期，逾期者须于修业期满时补足方可毕业。

原载《中国红十字会月刊》1940年第55期

日 常 规 范

中国红十字会救护队服装定式（附图）

案查民国二十四年十一月三十日奉军政部、海军部会衔□二政□字第五三六号指令："救护队之编制及服装定式业经本部会同核定"。

服式：中山装。

服色：夏季用草黄色国货哔叽或斜纹布；冬季用土黄色国货呢；差役冬夏季用黑色及蓝色国货布。

臂章：左上膊缠佩白地红十字臂章，按照《日来弗公约》，应呈由高级军事长官盖印。

帽章：帽用空军式帽章，用青天白日之国徽，直径三公分五。

帽袖金线：总会正副会长均阔线三道，理监事均二阔一狭，队长、副队长均一阔一狭，其余各员均一阔。分会正、副会长均用线一阔一狭，理监事均用线二狭，队长、副队长均用线一阔，其余各员均用线一狭。以上阔线宽度一公分，狭线五公厘。

领章：用白地红十字圆形章，直径二公分五。

符号：用白色绸布，宽九公分，长五公分，边缘队员、职员绿色，差役不着色，中央盖会长小章，缝于左上方衣袋之直上。

附图：见前插图栏。

原载《中国红十字会月刊》1936 年第 7 期

救护队员臂章须全国一律

本会《救护队编制服装定式》早经军政部暨海军部指令规定案，由总分会一体遵行。至救护队员所用之臂章，依据《服装定式》第三条之规定，应呈由高级军事长官盖印。总会为准备起见，特先赶制臂章三十枚，派由卫秘书携往军政部盖印。业已编印号码注册，嗣后无论总分会，如有出发战地之救护队，全体人员均须□佩此项臂章。若发现无军政部盖印者，将予以严格取缔云。

原载《中国红十字会月刊》1937 年第 19 期

分会领用臂章之规定

总分会救护队出发战地应用之臂章须盖有军政部印始得有效，早经规定在案。此后分会如果出发战地实施工作时，应将出发地点、启程日期及工作人员姓名等开具清单，先期送会呈请核发，否则不得领取，以杜滥用云。

原载《中国红十字会月刊》1937 年第 21 期

中国红十字会总会及各地分会关防图记刊发办法

第一条　中国红十字会总会及各地分会关防及图记之刊发，依本办法之规定；

第二条　中国红十字会总会关防由卫生署刊发之；

第三条　中国红十字会各地分会发木质图记，由总会刊发之，并拓具印模编号呈报卫生署备案；

第四条　总会及各地分会关防图记尺寸大小依左列规定：

第五条　总会关防文刻"中国红十字会总会关防"，分会图记文刻"中国红十字会某某县（市）分会图记"字样；

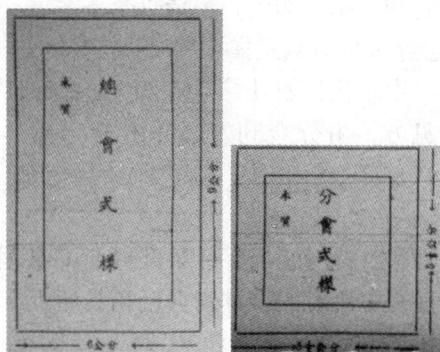

第六条 本办法施行后各地分会图记限六个月内一律换发完竣，总会关防呈送卫生署销毁，分会图记呈送总会销毁；

第七条 本办法自卫生署令发日施行。

原载《中国红十字会月刊》1937 年第 22 期

中华民国红十字会总分会公文及戳记刊用程式

一、总会对各分会及直属各医院用"令"、分会对所属办事处或医院亦得用"令"。

二、分会对总会及主管官署用"呈"，由正副会长署名或盖章，年月日上盖分会图记。分会办事处及所属医院对于分会亦用"呈"，由分会办事处主任、医院院长署名或盖章，年月日上盖分会办事处及医院戳记。

三、分会对于同级机关及不相隶属之机关公文，往复时用"公函"或"常函"，由正副会长署名或盖章，年月日上盖总会颁发之分会图记，常函用分会戳记。

四、分会及本会直属之医院对于各高级之行政机关，须呈由总会或主管官署核转，不得直接行文。

五、分会办事处、各分会所属之医院对于总会及其他高级机关须呈由分会核转，不得直接行文。

六、分会及分会办事处暨分会医院之戳记，其式样规定如下：

（一）分会方戳式样

其文曰："中华民国红十字会某某分会之章"，木质，三公分，

日常规范

333

见方，由分会自刊，拓具印模，报请总会备案。

（二）分会办事处方戳式样

其文曰："中华民国红十字会某某分会某某办事处之章"，木质，三公分，见方，由分会刊发，并由分会拓具印模，报请总会备案。

（三）分会医院方戳式样

其文曰："中华民国红十字会某某分会某某医院之章"，木质，三公分，见方，由分会刊发，并由分会拓具印模，报请总会备案。

（四）分会长戳式样

"中华民国红十字会某某某分会"（由分会遵照上式字样自刊）。

（五）分会办事处长戳式样

"中华民国红十字会某某某分会某某办事处"（由分会遵照上式字样刊发）。

（六）分会医院长戳式样

"中华民国红十字会某某某分会某某医院"（由分会遵照上式字样刊发）。

七、各分会及其所属医院办事处公文及常函用纸，均须依照本总会规定之样张办理。

原载《中国红十字会月刊》1937年第24期

总会职员服装一律改用中山装

总会庞秘书长接任以来对于会务无不积极推进，最近因时届夏令，职员服装首宜清洁，以重卫生，尤以中外观瞻所系，更应整齐一致。故自六月一日起全体职员均已一律改用中山装，其衣料概用国货，以资提倡。并蒙副会长刘鸿生将章华呢绒纺织公司出品之呢料捐以备制制服数十套云。

原载《中国红十字会月刊》1937年第25期

中国红十字会救护证章暂行条例

（民国二十六年九月一日）

上海慈联救灾会、救济战区难民委员会接准中国红十字会总会前发《重订救护证章暂行条例》后，以事关防止奸人混迹，妨碍军机，并保持信誉，故已将该条例颁发所属各收容所以及派驻前方僧侣救护总、分各队，切实遵办，以杜流弊。兹将该条例附志如下：

（一）本会为防止奸人混迹妨碍军机并保持本会信誉起见，特重订《救护证章暂行条例》。

（二）凡本会救护人员须一律填具志愿书，声明不参预［与］本会宗旨以外一切工作。

（三）凡已填具志愿书之救护人员，经本会派定职务后，分别发给臂章及职员证书一张，内贴本人照片，注明何项职务，以昭郑重。

（四）凡在租界以内之救护工作人员不须佩用臂章，其职员证书上均盖有英法工部局印章，如遇盘诘，应即交验以证明其身分［份］。

（五）凡在华界之救护工作人员则均须佩用军政部盖印之臂章，并交验职员证书，如无职员证书或该证书已失效时，仅用臂章者不生效力。

（六）总会发给之臂章，由总会加盖关防，分会发给之臂章，由各该分会加盖图记，救护委员会发给之臂章，由各该委员会加盖印章，以资区别而重责任。

（七）凡在本会服务人员如无外勤时，应将所领臂章及证书交会保管，俟因公外出时再行领用，其他重大任务当另行填给护照。

（八）凡本会各救护机关如办事处或救护医院之全体服务人员为通过门禁易于识别起见，发给符号一件，标明职别姓名，由各关系机关自行加盖印章，分发佩用。

（九）本会所用卡车、坐车在租界以内行驶者一律不再使用旗帜，仅在车前粘贴编号之车证，该项车证须由各救护机关负责人填签登记单，向总会领用，惟在战地行驶时得酌量于车上使用小旗。

（十）大旗只可用于内地办公处所或医院收容所等。

（十一）凡不属本条例之一切证章，因易与本会一般证章相混并易发生伪造情事，故自本条例施行之日起应作无效，如有个人行动，本会概不负责，并得受中外官厅之处置。

（附则）本条例应译成英、法文字，分咨租界当局缮呈本国军部备案，并知照本会所属机关及有关系人员一体切实奉行。

原载《中国红十字会月刊》1937 年第 28 期

中华民国红十字会总会行文程序

（民国二十八年三月六日核颁）

一、总会一切对内（对）外行文，概由总办事处秉承正副会长、常务理监事意旨办理，并照章以正副会长名义行之。

二、总会对下行文，除各种专门委员会酌用公函外，其他对所属各机关，概命令行之。

三、各委员会对总会行文得用公函，各分办事处应用呈文。

四、临时救护委员会对救护总队部以命令行之，救护总队部向总会有所请核时，应呈由临时救护委员会核转。

五、总会对外行文，除照章办理外，各委员会及各分办事处暨救护总队部等对外行文，概应由总会核办。遇必要时，其关于职员范围内例行公事暂准权宜处理，惟同时应以最迅速方法向总会备案。凡用西文之件，概应由主办机关译附本国文字，以符体制。惟属科学名词等得并列原文。

六、各分办事处及救护总队部等平行机关，各以公函行之。

七、除本程序规定者外，其他各分会等行文仍照向章办理。

附则

一、本会设总办事处于正副会长所在地（暂设香港九龙），处理总会一切会务，所有公文均由该地集中收发。

二、凡本会所属对总会具呈，除正副会长，应并列常务理监事会。

三、一切公文遣送，应以最迅速方法行之。

原载《中国红十字会月刊》1940 年第 55 期

药材与服装之供给

本会设有材料课，专司管理药品材料。各医院如有需要，即开具清单，由该课主任批准发给。至住院伤兵之服装，如棉被、棉衣、大衣、卫生衫、裤、鞋、袜、衬衫等件，皆由本会事先购置或捐募，以供各院伤兵应用，其他各物亦务求供应无缺。

原载《中国红十字会月刊》1940 年第 57 期

总会迁渝后与总办事处之公文处理
暨交换报告暂行办法

总会迁渝后与总办事处之公文处理暨交换报告业经秘书处拟具暂行办法，呈奉核定。其办法规定：（一）总会迁渝正式办公之日起，通饬所属，所有公文报告按照迅速、简捷原则，分别呈送总会或总办事处；（二）总会收文后，即由秘书长签定由总会拟办或寄总办事处拟办；（三）总办事处原有卷宗仍留在港，调卷案件由总会收文后签注办法，寄港总处办理：（甲）新案在渝总会办后，报告总办事处（乙）旧案寄港总办事处，办后报告总会（丙）本会对在渝各机关行文接洽，由总会办后报告总办事处（丁）总办事处办理在港行文承转及国外接洽，转报总会；（四）总会及总办事处收发文件每星期一三用航空快递交换报告；（五）报告交换分列四项：（甲）会务报告（乙）处理案件（丙）会计报告（丁）物品报告。会议记录、工作报告均各抄寄存档备查（余略）

原载《中华民国红十字会总会总办事处工作简报》,《中国红十字会月刊》1940 年第 60 期

总会新规定补领会员章证办法

总会自十月一日起，新规定补领会员章证办法，分令各地分会暨各单位，凡以后呈请补领者，须附送登报启事，以昭郑重而杜流弊，并规

定章证费照旧加倍收费。

各级会员请补章证缴费一览表：

1. 徽章

名誉会员廿元，特别会员十元，正会员六元，普通会员四元。

2. 证书

名誉、特别、正、普通者均为二元。

3. 奖章　奖状

补领奖章者十六元，补领奖状者二元。

原载《中国红十字会会务通讯》1942 年第 12 期

中华民国红十字会总会档案调卷简则

一、本会各部分因办理案件须调卷查考者，应将所需之案由填具调卷证，送档案室调取。

二、案件办毕后，应即将所调之卷宗送还档案室，并索还调卷证。

三、非本会总会职员不得向档案室调卷，有特殊情形者，经秘书长批准后方可照调。

四、凡调出之案卷，须由调卷人妥为保管，归还时并须保持原来次序，并不得有抽减件数、涂改文字等情事。

五、凡重要文件或密件，调卷时须经第一处处长批准后方可照调。

六、凡契据等文件调卷时，档案室得视情形停止调出室外。

七、凡文件调出在一星期以上尚未归还者，档案室应通知原调卷人归还。

八、本规则呈请秘书长核准施行。

原载《中国红十字会会务通讯》1943 年第 17 期

中华民国红十字会总会制服处理规则

（卅二年三月订定）

一、本会各级工作人员一律制发本会规定之制服。

二、各级工作人员每年各发棉大衣一件，制服两套，制帽一顶。

三、本会所属各单位分驻各地，其制服除救护总队部所属由贵阳按照本办法规定制发外，其余概由本会缝制就绪，分运各处转发。

四、本会在渝、在筑之工作人员制服尺度就近由承制工匠分别度量裁制，其分驻各地者由本会先期印发尺寸表，经各该人员自行依式填明尺寸报会，然后凭表缝制。

五、规定制发之制服式样、件数，不得擅自改制或增减，并不准单独请领布料。

六、具领制服须填具印就领单，签名盖章，以凭登记造册。

七、各级工作人员呈准辞职或因故退职时，应将所领制服全部缴还，但服用已满一年以上者得予免缴。

八、辞职或因故退职之工作人员，如制服穿着未满一年而无法缴还者，应赔偿现金并应照市价折算在薪给内扣除或向保证人追交。

九、所发制服因天灾人祸、人力不能抵抗而遭损毁者，申叙原因，连同证件报请核明补发外，其因不自小心而遭遗失之制服不予补发，但经呈准照缴工料费者，仍得补发。

十、各级工作人员不得将制服借予或赠送他人穿着。

十一、各级工作人员不得将制服变价图卖，如有变卖情事，一经查明，以盗卖公物论处。

十二、本规则呈奉会长核定施行。

原载《中国红十字会会务通讯》1943 年第 17 期

中华民国红十字会总会职员领用证章规则

卅二年三月订定

一、凡本会职员办理报到手续后，得领用本会职员证章。

二、本会职员证章不得借予他人佩带。如因转借证章而发生之一切事端者，由转借人负责。

三、职员离职时应将证章缴还，否则停发最后一个月之薪给。

四、职员因故遗失证章，必须登报声明作废，并扣罚薪金一个月之半数，始得呈请补发。

五、本规则呈奉会长核准后施行。

原载《中国红十字会会务通讯》1943 年第 17 期

中华民国红十字会总会职员领用证章规则

三十五年六月修订

一、凡本会职员办理报到手续后，得领用本会职员证章。

二、本会职员证章不得借予他人佩带。如因转借证章而发生之一切事端，悉由转借人负责。

三、职员离职时，应将证章缴还。否则，停发最后一个月之薪给。

四、职员因故遗失证章，必须登报声明作废，并扣罚薪金一个月之半数，始得呈请补发。

五、本规则呈奉秘书长核准后施行。

原载《中国红十字会会务通讯》1943 年第 17 期

本会补发章证收费办法

（一）证章

名誉会员，二百元；

特别会员，五十元；

会员，三十元；

青年会员，二十元；

团体会员，二百元。

（二）证书

各级会员均为二十元；

青年会员十元。

（三）奖章及奖状概不补发。

（四）补领章证工本费分会不得截留半数，推赠会员应缴工本费同上规定。

原载《中国红十字会会务通讯》1944 年第 27 期

征集会史资料办法

本会前为整理本会会史，曾订征集史料办法，于十二月十五日以京总二（三六）、分京第四一七二号代电通知各分会在案。兹为周知起见，特将该项办法刊登本刊，并希各分会从速搜集呈报，以便汇编。

一、史料之时期

（一）自民国十三年至七七抗战为第一期；（二）自抗战开始至胜利止为第二期；（三）自胜利复员至三十六年年底为第三期。

二、史料之范围

包括人事变迁、事业设施、服务工作、经费收支、资产置备以及属于本会工作范围内之各项文存档案、出版物及图表照片等文献。

三、史料之编写

采分别纲目、编年纪目之实录体裁。

原载《中国红十字会月刊》1947 年第 24 期

人 道 活 动

中国红十字会救护医船草章

本会将由沪赴宁、由宁抵沪，日期预一、二日，先电海陆军部、黎副总统，转电各军长核准。并电镇江张镇抚使，船到镇江派员上船稽查后，再行启轮。一面知照上海郑镇守使候船，到沪即派员上船稽查后登岸。

租船经费蒙广仁堂善会捐助，事权均归红十字会专主办理。

救护医船专救受难人民或受伤兵民，不载非受难人或军界中人。

难民上船后立刻开饭，每日三餐、伙食茶水、小轮驳船种种费用悉由本会核给。

避难人民愿助捐款者，当时掣给收条，到沪即登报征信。

救护医船租船经费业由广仁堂善会捐助。伙食、振粮、医药种种费用，悉由本各善士捐款项下开支，无论何人不得向搭客收取丝毫。如有讹索情事，立刻关照队长、船主究罚。

船上自船主及本会救护员，无论何人不得自由行动，须听王队长主裁。

难民伤兵上船后一切招待分派事宜，归总干事员邓笠航君专办。

轮船行动停止事宜，归王队长作主，别人无权。

总干事员有协同队长办事责任，关于种种庶务银钱事宜，邓君专责。

船到何处先发电报或发无线电知照总办事处及各机关。

难民已满即开，沿途幸勿耽误，亦勿代人传递信息、载运物件商货。

救护轮船上除装本会药料、振粮外，概不装货，亦不搭客。

救护轮船上除本会穿制服之救护员外，凡职员之亲戚朋友恕不搭载。

救护轮船由沪上驶，经过各埠概不停轮，亦不搭客。

在南京境内停轮后，当设法派小轮民船插红十字旗救护难民，随机应变，总期达救人之目的。（未完）

原载《大同报》1913 年第 30 期

中国红十字会临时妇孺留养院简章

（一）、本院系因沪地战事之后临时设立，与常设机关有别，故名"中国红十字会临时妇孺留养院"；

（二）、借设上海南市新舞台旧址；

（三）、本院专收贫苦无依之避难妇孺，如有下开各项情形之一者，概不收留。甲、虽系贫苦，并非避难者；乙、有别项隐情者；丙、有毒疾或残废者；丁、小孩年十二岁以上，身长逾四英尺半者；

（四）、本院经费由红十字会暨豆米业及各界热心善士募捐集合，其款项出入由总办事处常议会稽核之；

（五）、公举院长二人，总理事一人，副理事一人，稽查员二人，悉尽义务，又男女干事若干人，由院长以下督率之；

（六）、留养额数悉以二百名为度，如可增添，随时由院长及发起人议决；

（七）、妇孺入院时先由审查员问明年岁、籍贯，妇女有无丈夫、翁姑、儿女，小孩有无父母，详载审簿，编列号数，交女干事收养；

（八）、本院所备三餐均有定时，晨八时备粥，午十二时备饭，晚六时半备晚饭，或用粥，或用面食，逢阴初二、初八、十六、二十四酌加荤菜；

（九）、本院所收妇孺，每日给以三餐，概不取资；

（十）、妇孺入院后，先令盥漱沐浴，毕，给以公用之衣服，限期更换，以重卫生；

（十一）、本院延有女干事数人，教妇孺以浅近字义及寻常手工，每日以二、三小时为教课时间；

（十二）、妇孺不得任意出院，如有万不得已要事欲告假出院者，须经审查员允准给予假条方可，回院时即凭条销假；

（十三）、妇孺入院后有患病者，由女干事查明实在，即请医生诊治。重病送红十字会医院或时疫医院，轻病迁入本院病房，以免传染；

（十四）、妇孺入院后如有病故者，立时迁入太平间，即予棺殓并拍照后寄存善堂殡舍，待家属认领；

（十五）、本院所收捐款均有中国红十字会临时妇孺留养院收据为凭，翌日即登报征信，他日另刊征信录分送；

（十六）、以上简章经发起人三分之一之请求即可修改；

（十七）、简章有未尽善处，可随时修改；

（十八）、此简章于开院日实行。

原载《申报》1913 年 8 月 10 日

重订资遣被难人民简章

一、不拘男女，的系贫苦无力归家者，确因战祸避难来沪者，经本会询明居音、居址、年岁、籍贯，即行发给火车票或轮船票，俾回原籍；

一、给票时，须于回籍人士手腕上加盖紫色本会印记及所至地点之印，以杜顶替；

一、火车所遣之地点自上海起至南京止，轮船由上海至汉口，概不再给下乡费及棉衣；

一、非沪宁火车及长江轮船所至之处概不资遣；

一、沪宁火车准星期一、四搭车，惟须于星期日、三下午四时至五时至本会报告，经查明实在，始给车票；

一、轮船每星期定星期三、星期日两次，届期四时至五时审查给票；

一、非本会资遣之日概不给票；

一、所领火车票、轮船票当时可用，过期作废；

一、此重订之简章如有流弊随时增删。

原载《新闻报》1913 年 12 月 8 日

上海中国红十字会出发救护队临时章程及要则

一、临时章程

（一）组织：——救护队以两部组织而成，一曰医务部，一曰庶务部；——医务部管理救护、医治等事，庶务部管理输运、购办、会计、通信等事。

（二）队员：——救护队员以本会会员及临时志愿者充之；——置救护队长一人（医务长或庶务长可以兼任）；——医务部置医务长一人，医员数人，救护长、副长各一人，救护员数人；庶务部置庶务长一人，庶务员数人；——队长奉本会总办事处之指令，督率队员从事救护，临时调度，队长主之；——队员有服从队长或上级队员指挥之义务。

（三）遵守规则：——全体队员共应遵守本会拯难救伤之宗旨，一切行为不得越出范围以外。——凡拯救伤痍，不论中外兵民，一律待遇，不得偏歧；——队员应尊重本会及一己之名誉，各宜廉洁自爱，待人诚敬，处世谦和。凡购买物品、租赁房屋舟车等事，宜优给价值，不得稍有强迫。其他一切强暴行为自在严禁之例；——队员一经出发，除病伤之外，若半途辞退者，自召集之后一切费用须由保人赔偿，如服务日久，或有不得已之理由而经本会许可者，不在此例；——队员在服务期内不得兼营别项事业及一切贸易行为之事；——救护队在战地服务，凡《日来弗条约》及《陆地战例》所载各节，应格外注意遵守；——本会一切章程及临时规则，全体队员皆应遵守。

（四）津贴川资：——队员除上级员外，一应救护队员、庶务员，每月津贴计分六等。如左：一等四十元，二等三十五元，三等三十元，四等二十五元，五等二十元，六等十六元；——队员津贴除前曾服务本会及查明确有学术经验者预定等级外，一切投效人员概照第六等支给津贴，如将来办事勤敏、劳绩出众者，不论时日久暂，可以不次迁擢，即品行方正、循善无过者，亦得按级递升；——队员津贴于投到之日起算，按月于二十五日由本队会计处支给，如愿归家族领取，由本人指定家族一人，按月至上海本总办事处支领（如未满一月者按日计算）；——队员来沪川资，于出发之前由本会计路之远近，酌量支给，将来回乡川资，于事竣后全队回至上海解散时支给。如半途辞职而非本会认为有正当之理由者，一概不给川资。

（五）奖恤惩罚：——队员服务勤劳、热心任事者，由本会按其劳绩分别给予奖赏。种类如左：——请政府给予奖章；——本会赠予奖章或感谢状；——本会赠予奖金；——队员如因职务之故致受伤而成残废者，本会每年给予半俸，赡其终身；——队员如因职务之故而致不幸者，对于遗族（限本人、父母、妻子），本会每年给予半俸，至十五年截止；——前项抚恤之款，每年于十一月间至本会领取，如在外埠，由附近分会查明发给；——队员如行为暴戾，操守难信及有一切不端之事者，查明斥革外，损失着保证人赔偿。如情罪较重、违犯法律者，送有司惩办，对于附带私诉，亦归保证人担负责任。

（六）附则：——本会救护队除召集旧员外，其临时志愿者须开具姓名、籍贯、职业、履历并妥实保人，在会报名考验，以备录用。

二、临时要则

——本会以拯难救伤为天职，队员皆应守此宗旨，待人接物，宜以仁爱为心；

——救护队与军队略同，首重纪律，始能克尽厥职，凡本会章程及上级队员之约束，皆应遵守；

——红十字会为世界最高尚最慈善之事业，救护队员之地位之清高、名誉之隆重，久为世人钦敬。故队员皆宜自爱，凡贪鄙淫暴之事痛戒之；

——此次战事，我国中立，两方皆系友邦，不容有所憎爱，我会救护队在战地除收护病伤之外，概不干预他事；

——凡受伤兵民，不论何国，皆应一律待遇，不得歧视；

——凡交战国受伤兵民，如有要求购物、传递等事，须禀明队长查核，由队长指令一人办理，若不经队长许可，无论事之巨细，不得擅专。

原载《申报》1914 年 9 月 2 日

岳阳施米厂章

（一）本厂专振岳阳城乡老弱妇孺及鳏寡孤独无力生活者，经调查确实，注册发给号牌，准其到厂领米；

（二）领米人如系残废或妇孺不能亲自来厂，应准托人持牌代领，代领人如有短少乾没等弊，查出送县严惩；

（三）本厂设办两月，从阴历十一月二十日起、来年正月二十日止；

（四）每名每日发秕八合，五日到厂一领，计阴十一月二十日、二十五日、十二月十五日、二十日、二十五日、三十日，来年正月五日、十日、十五日均牌发米料，从上午八时起下午三时止；

（五）本厂执事员对于领振灾民须和言询其苦况，发米尤须公平，各灾民亦不得聚众喧哗，任意要求；

（六）本厂分给日期借用警察二名弹压；

（七）本厂执事员除发米日期外，须常赴各灾区考察领振灾民如何度日，并有无其他弊端，以便随时整顿；

（八）本厂开办后由陈君云鉴常川驻厂经理，并酌用司事一人同夫役三名以上。

原载《新闻报》1918 年 12 月 20 日

红会筹备四分钟演讲竞赛简章

（一）凡男女学生在二十岁以下者为合格；

（二）讲员须预备对于红会之生活或历史之演讲一篇（以四分钟为限），不挈演稿，向二十人以上之会场宣讲，并请评判员定其优劣；

（三）最后之决赛定于阳历六月一日午后八时在四川路一百二十号青年会殉道堂举行；

（四）言语以官话或沪语二种为合格；

（五）评判准则，演讲意义五十分，讲员姿势五十分，合一百分；

（六）凡欲与分之男女各校须于阳历五月二十一日前举行级数竞赛，每校至少须有三级以上之竞赛，其结果及优胜讲员之姓名、学校之地址、评判员之姓名须于五月二十三日前填写清楚，函告四川路一百二十号红会演讲竞赛会书记童星门君；

（七）最后竞赛优胜员之奖品，第一名刺绣缎旗一面，约值洋十五元；第二名刺绣缎旗一面，约值洋十元；第三名刺绣缎旗一面，约值洋八元；

（八）报名单须于阳历五月十一日邮寄演讲竞赛书记。

原载《申报》1919 年 5 月 7 日

兹审定灾赈奖章条例特公布之此令

第一条　凡因灾赈捐款及募款者，给予赈抚奖章。

第二条　赈抚奖章之等差如下：

（一）特别奖章　凡捐款逾一万元或募捐逾五万元以上者给之；

（二）一等奖章　凡捐款逾五千元或募捐逾三万元以上者给之；

（三）二等奖章　凡捐款逾一千元或募捐逾一万元以上者给之；

（四）三等奖章　凡捐款逾二百元或募捐逾五千元以上者给之；

（五）四等奖章　凡捐款逾五十元或募捐逾二千元以上及每次
捐款十元、计满五次者给之。

第三条　凡应给赈抚奖章者随给执照，以资证明。执照式如下：

<table>
<tr><td colspan="2" align="center">赈抚奖章执照</td></tr>
<tr><td colspan="2">某人姓名为　　　灾赈　募捐/捐款　若干
依灾赈奖章条例第二条给与某等奖章，为此发给执照，以资证明
中华民国　　　铨叙局印　年　　　月　　　日</td></tr>
<tr><td colspan="2" align="center">第　　　号</td></tr>
<tr><td>执
照
存
根</td><td>某人姓名为　　　灾赈　募捐/捐款　若干
给与某等奖章，填给执照
中华民国　　　铨叙局印　年　　　月　　　日给
　　　　　　　　　　　办理灾赈专部盖印
　　　　　　　　　　　　　主任员签名</td></tr>
</table>

第四条　此项赈抚奖章及执照准由办理灾赈专部自行制备。

第五条　此项执照应由该专部呈请内务部咨送铨叙局盖印发还备用。

第六条　凡应给奖章者，由该专部随时发给并填发执照，其应给特别及一等奖章者，由该专部呈报内务部咨行铨叙局，呈请大总统批准后再行颁给。

第七条　该专部应将颁给奖章之姓名、捐额随时呈报内务部，咨送铨叙局注册并登报公布。

第八条　凡得受此项奖章者，无论本国人或外国人，均准终身佩用。

第九条　本条例自公布日施行。

参见中国红十字会总会：《中国红十字会历史资料选编（1904–1949)》，南京大学出版社1993年版

义赈奖励章程

（十月六日公布）

第一条　合于左列各款之一者，依本章程之规定奖励之：（一）捐助赈款者，（二）经募赈款者，（三）办赈出力者。

第二条　凡捐助义赈款银一万元以上，或经募银五万元以上者，应报内务部，呈请特予优加奖励。

第三条　凡捐助义赈款银一千元以上，或经募银五千元以上者，应报内务部，呈请给予勋章，或题给匾额。

第四条　凡捐助义赈款银五百元以上，或经募银三千元以上者，应报内务部，呈请给予一等或二等金色奖章，或题给匾额。

第五条　凡由各团体名义赈助或经募义赈款银，合于第二、第三、第四各条之规定者，应报由内务部，呈请题给匾额。

第六条　凡办赈人员异常出力者，应报由内务部审核成绩，分别呈请大总统，给予奖章或传令嘉奖，或呈准大总统给予一等或二等金色奖章，或题给匾额。

第七条　凡依前条规定请奖时，各地方行政长官或特派督办账（赈）务人员应开列请奖人员之办赈事迹，并须出具切实考语，报由内务部审核转呈，以杜冒滥。

第八条　凡助赈义赈款银未满五百元者，由地方行政长官或特派督办赈务人员给予匾额，或依左列之规定，给予奖章。

（一）五百元未满、四百元以上者，给予一等银色奖章；

（二）四百元未满、三百元以上者，给予二等银色奖章；

（三）三百元未满、二百元以上者，给予三等银色奖章；

（四）二百元未满、一百元以上者，给予四等银色奖章；

（五）一百元未满、五十元以上者，给予五等银色奖章；

第九条　凡经募义赈款银，五倍前条捐款之数者，准照前条规定，分别给予匾额奖章。

第十条　凡以各团体名义捐助或经募义赈款银，合于第八、第九条之规定者，由各地方行政长官或特派督办振务人员，题给匾额。

第十一条　凡办赈人员寻常出力者，由各地方行政长官或特派督办人员，准照第八条之规定次序，分别给予奖章，或题给匾额。

第十二条　其由各地方行政长官或特派督办振务人员，经行给奖时，应将受奖人之姓名、籍贯或某团体之名称、捐助或经募款额并办赈人员之出力事实，汇报内务部备核。

第十三条　一、二等金色义赈奖章，绶用红色；一、二、三、四、五等银色义赈奖章，绶用蓝色。（图略）

第十四条　义赈勋章、奖章及匾额，本国人及外国人得一律给予。但勋章、奖章以受奖人佩带为限。其外国人或外国人组织之慈善团体，不愿受勋章、奖章或匾额时，得酌量给予纪念赠品。

第十五条　本章程自奉批准日施行。

附：义赈奖励勋章标准

捐振一千元以上者，初受给予七等；

捐振二千元以上者，初受给予六等；

捐振三千元以上者，初受给予五等；

捐振四千元以上者，初受给予四等；

捐振一万元以上者，初受给予三等；

捐振二万元以上者，初受给予二等；

捐振三万元以上者，初受给予二等大绶；

捐振四万元以上者，初受给予二等宝光；

捐振五万元以上者，初受给予二等大绶宝光；

捐振十万元以上者，临时酌定呈请。

原有勋章人员捐振一千元以上者，即照例晋章。其捐振在二千元以上者，视其捐款数目，得比照初受标准，越一级请奖。例如原有七等，捐二千元，得请给五等。余类推，至二等大绶宝光为止。

原载《中国红十字会月刊》1921 年第 3 期

辛酉被灾各省救济联合会简章

（一）本联合会系由皖、豫、苏、浙、直、鲁、湘、黔、鄂、秦、陇、蜀十二省共同组织，以筹办急赈、实行救灾为宗旨，定名曰"十二省救灾联合会"。

（二）本会为筹振总机关，并联合中外人士募集巨款，分拨各省救灾会，实行放振。其分拨之数，由本会评议部开会合议，视各区灾情之轻重决定之。

（三）本会募集捐款皆委托京外各银行经收。拨款时，亦知照各银行办理。其与各银行往来手续，另定之。

（四）本会募集捐款除随时登报外，每届月终，并由各银行将收拨捐款宣布情形报告本会，汇总列表，登载京外各报。

（五）本会募集捐款，凡捐助千元以上，得汇总呈请给奖；捐助巨款五万元、十万元以上者，得援照专案，呈请从优仪奖。

（六）本会会议分为常会、临时会两种，常会定于每星期一次，临时会由会长召集，会议细则另定之。

（七）本联合会设会长一人、副会长一人，管理会中一切事宜。

（八）本联合会得设名誉会长，无定额。

（九）本联合会设评议干事二人，分管会中一切事宜。各部办事细则另定之。

（十）评议部设评议员二十人，评议本会重要事宜。

（十一）干事部设干事若干人，分任本会调查、文牍、会计、庶务各项事务。

（十二）本联合会会长、副会长及各项职员均由开会时公推之。前项各职员均为名誉职。

（十三）本会依事务之繁简得设会员。

（十四）本会开办经费，由发起人担任之。

（十五）本会事务所暂设于北京。

（十六）本简章如有未尽事宜，得随时修改。

（十七）本章程自呈请政府立案之日施行。

原载《中国红十字会月刊》1921 年第 2 期

万国缔盟中国红十字会蚌埠分会
救护团出发防疫规则

吾国风气不开，往往以疫疠比于天劫，此谬说也。近年每当夏秋之交，疫疠流行，死人无数。庸医乏术，坐视待毙，实堪悲惨。慈因皖北客岁水灾太甚，荒后必有大疫。我红会素抱救灾、恤兵、赈济、防疫宗旨，对于此项不应坐视。前经募集善捐，到沪购办诸种药品医具，并由总办事处发给时疫药物甚多。出发皖北各县防疗时疫，当由上海红会总办事处备文代请安徽督军省长、道尹、警察厅一律出示保护在案。现经总办事处认派敝分会会长邓拙齐君主任防疫救护团事，带同医师、药品至蒙、涡、亳、阜等县，访查该各区域有无疫疠发生，施送相当药品，急则来就本团医师诊疗，不取诊金、药费，俾符初旨，是为启。计开：

（一）本救护团预定每县留住五日为限。第一日初到，与官绅及各公团接洽。第二日集合官绅董事，演说防疫方法，分送各种时疫类病药品。第三、四、五日，就各公房或庙地开诊时疫，施送药品，只收挂号费铜元八枚。

（二）本救护团开诊时疫，每日自上午十纪钟起至下午三纪钟止。惟于下午一纪钟内，容暂休息三十分钟，以免过劳致有伤暑之虞。遇有险急之症不在此限。

（三）本救护团专救治时疫传染类病，即瘟疫、伤寒、霍乱、翻痧、绞肠、腹痛、呕泻、赤痢、白喉、鼠疫、疟疾、猩红、热诊、痘疮、恶疖、炎肿、乍腮、赤眼、耳炎、感冒、丹毒、癫病、疥癣、瘰螺痧等症，其余内外妇婴各科杂症，本团虽亦可治，另有章程。惟遇有危险急应救治之症，不在此限。

（四）本救护团遇有扑打创伤及刀刺、枪弹、金疮等症，须用割剖手术。凡来就治者，宜先捐助朦药、麻药、绷带等费大洋二元。其余止血棉纱消毒及内服外用药品诊金，一概免费。若遇战事救护兵士，病者伤者完全免费。

（五）本救护团遇有危急险症及服毒者，除诊治服药免费外，宜用空针无痛注射血清疗法，收取注射针药费，照平时价目减半。如系兵士及赤贫者，免费。但系花柳梅毒，注射真正德国六零六者，无论何人均只减半。

（六）本救护团平时救治绅商平民，施送药品，不取谢金。如殷富之家热心慈苦，愿助捐资，本会收到捐款即给收据，汇呈总办事处登报征信。其捐多寡随便，并不相强。设有情愿捐领红会会员者，本团可为介绍，代领佩章、凭照、收据，由总办事处颁到转交。

原载《中国红十字会月刊》1922 年第 13 期

中国红十字会南昌分会出发赣南组织救护队简章

（民国十一年）

计开：

一、本队定名为"中国红十字会南昌分会救护队"。

二、本队置队长一人。

三、分队分设医务、庶务两部，统由队长督率。

四、医务部置医务长一人，医员四人，救护长一人，救护员四人，看护生二人。凡关于救护、医治、药剂、看护、掩埋等事项均属之。

五、庶务部置庶务长一人，庶务员二人，文牍员一人，书记员二人。凡关于书信、会计、交际、轮运、购办、摄影等事项均属之。

六、本队雇用队役八十名，杂役八名。

七、队长奉本分会办事处之指令，督率队员从事救护，临时调度队长主之。

八、队员有服从队长及上级队员指挥之义务。

九、全体队员均宜严守中立范围，不准逾越。查有不遵情事，按照红十字会条约处理。

十、拯救伤痍无分省界，一律待遇，不得偏歧。

十一、队员应尊重本会及一己之名誉，各宜廉洁自爱，待人诚敬，处世谦和。凡购买物件、租赁房屋舟车等事宜，照值给价，不得稍有强迫。及其他一切强暴行为，自在严禁之例。

十二、队员一经出发，除病伤之外，若半途辞退者，自召集之后，一切费用均须赔偿。如服务日久或有不得以［已］之理由而经本会许可者，不在此例。

十三、队员在服务期内不得兼营别项事业及一切贸易行为之事。

十四、救护队在战地服务，凡《日来弗条约》及《陆地战例》所载各节，应格外注意遵守。

十五、本会一切章程及临时规则，全体会员皆应遵守。

十六、队员服务勤劳热心任事者，得由本分会转呈总会分别赠与［予］奖章、感谢状或请政府给予奖章。

十七、队员如因职务之故，致受伤而成残废者，本分会每年给予半俸，赡其终身。

十八、队员如因职务之故而致不幸者，其遗族（限本人父母、妻、子），本分会每年给予半俸，至十五年截止。

十九、队员如行为暴戾，操守难信及有一切不端之事者，查明斥革外，并着赔偿本分会损失。如情罪较重、违犯法律者，送有司惩办。对于附带私诉，亦由本人负责。如有保证人者，上列情事概归保证人担负责任。

二十、本队解散时，各职员应即将领去服帽、徽章、护照、器用等件，缴还本会。

二十一、本救护队队役、杂役规则另定之。

二十二、本简章于出发救护日期即生效力。

原载《中国红十字会月刊》1922 年第 13 期

南昌红十字分会出发赣南救护队队役规则

（杂役附）

（一）凡投充本会队役，以身体强壮、灵敏谨慎为合格。年龄二十以外、四十以内为限。

（二）投充本会队役，务须未曾充当兵士者方准收录。

（三）凡经察验合格之队役，必须取具切实铺保，方准录用。

（四）投充本会队役，应守本会规则及受队长送员之指挥。

（五）救护队役以抬送受伤兵士、掩埋阵亡兵士为职务。

（六）救护队役对于两边兵士，一律待遇，不得歧异。

（七）队役应遵照红十字会条约，确守中立范围。如不遵守，即由队长送官究办。

（八）队役不得恃强讹索、招摇及与人口角、斗殴。如有不遵约束，经队长之察觉或队员之报告，轻则革除，重则送官究办。

（九）队役不得自由外出。如有正当理由，须禀明队长或队员，核准后方可出外。

（十）队役在战地拾得军械器物等件及搜获伤兵、亡兵身上物件，无分贵贱，须即呈交队长，寄送本会备文转缴督军公署核夺。如有隐瞒所拾得搜获物件，查出送官重办。

（十一）队役非罹灾病及遇有不得已之事由，不得无故退职。

（十二）队役如因犯法逃亡，由原有铺保或介绍人担负责任。

（十三）队役自投队日起，每月发给辛工洋四元。

（十四）队役如因职务之故致受伤而成残疾者，本会每年给予半俸，赡其终身。

（十五）队役如因职务之故而致不幸者，其遗族（限本人父母、妻、子），本会每年给予半俸，至十五年截止。

（十六）本会救护撤销时，各队役随即解散，缴还服帽、徽章、护照、器用等件，不得邀求恩辛［薪］。

（十七）救护队杂役职务，凡关于招待、服侍、传达、送达、购买、饮膳等事，均属之。虽各执其事，但遇有紧急时，又属普通人所能为者，即队役亦应共同操作，悉听队长队员呼唤指挥，不得强分彼此。

（十八）本队杂役月辛［薪］照队役例支给。

（十九）杂役在战地拾得军械、器物等件，照第十条办理。

（二十）本规则一、二、三、四、七、八、九、十、十一、十二、十四、十五、十六各条，杂役均适用之。

（二十一）各队役、杂役每日点名两次，上午九句钟，下午八句钟，均须亲自应点，不得违误。

（二十二）本规则于出发救护日期即生效力。

威远红十字会临时无息借贷暂行章则

人情一日不再食则饥，终岁不制衣则寒。近数年来，兵匪纵横，灾害并至，乡市小民，少衣缺食。上有父母而仰不足以事，下有妻子而俯不足以畜者，触目皆是。其艰难困苦情状，真有不堪言喻者也。无业游民，其穷困无论矣。即有胼手胝足，握算持筹，以冀谋其生者，而告贷无门，何能有济？本会同人有鉴于此，因组设无息借贷。俾无资者得安其生理于借贷之中，隐寓慈善之意，当亦仁人君子之所赞同也。伏愿乐善诸公，共体斯意，转相劝勉，以天地流通之财，补天地生成之恨。用苏鲋涸而咸仰鸿施，则穷民沾感当无极矣，是为序。

临时无息借贷暂行章则

一、本局以无利借贷援助贫家生计为事务。

二、借贷之家，以左列二者为限。

（甲）能挑抬或以日用工艺谋生活者；（乙）能小贸营生者。

三、借贷之家，有左列嗜好之一者，谢绝之。

（丙）有洋烟恶癖者；（丁）有嫖赌行为者；（戊）有营业不正者。

四、借贷钱数多至四千文为率。

五、借贷期间以一百日为率。

（己）例如借钱一千文，分十次付还。兹订每十日为一期，每期还钱一百文，十期还清。无息以符借数能早还者听之。余照类推。

六、借钱者须邀请妥保负责承借。如至期不还，即由保人按期赔出。

七、凡借贷时，照本局订立填还证为据。

八、一人于一日内不得有二次借贷。

九、一人不得同时易名借贷，查出议罚。

十、凡借贷及保人均须填明住址，以便稽查。

十一、本局贷放钱人系由本会职员募集资金贷借。

十二、本会善与人同愿出资者，随时可以加入。由本局书给收据，经理人并附署钤章，用昭郑重。

十三、本会经理人员纯尽义务。

原载《中国红十字会月刊》1922年第13期

万国缔盟中国红十字会蚌埠分会
第二次出发救护队章程

十二年一月十二日寄到

查自阜阳匪灾，受伤兵民甚多，本会应急往救。今冬时令不正，天气亢旱，将来兵荒之后，必有大疫。现据调查报告，皖北各县现已发生天痘、白喉流行，急待前往救治。顷奉安徽许省长指令拨助款洋三百元，已往上海购办药品，出发济用。兹经本会总办事处委派，出发救护医队仍推举蚌埠分会会长邓愚山君担充皖北各县联合救护队主任，兼使往各县接洽官绅商请协助筹备一切，组织红会临时妇孺救济会施疗天花、种痘局等事宜，以为防患未然之计而期慈善普及。今将出发章程列后，计开：

一、本医队本博爱恤兵宗旨，此次出发前往阜阳等五县，组织临时医院，救治前遭匪灾受伤兵民，施医施药，不取分文。至有现在受染天花、红痧、瘟疹、白喉诸类时疫症者，只收门诊、挂号费铜元八枚，出诊号费铜元二十枚，一概不收诊经［金］药资，其有赤贫者免出号费并请官绅酌给恤养食料；

一、本医队除施疗受伤兵民及治天花、红痧、瘟疹、白喉诸类传染时疫病，一概免收诊经［金］药资外，其有患内科、外科、妇科、儿科、眼科、花柳科诸种杂疾者亦皆不收诊经［金］药费，只收挂号费，同前一样。但于疗治见效以后，则必劝募捐款，多寡遂［随］便乐输，其赤贫者免捐；

一、本医队此次出发分为二支，一支由蒙城往阜阳，一支由涡、亳往太和，每支均带药品两箱，各推支队长一名，西医员一名，中医员一名，看护学生四名，文牍兼书记一名，会计兼庶务一名，队役四名；

一、本医队拟设药物调制部于蒙城西北小涧镇，以便双方就近接济运送药品并推选调剂药师一名，司药生二名，运送员二名；

一、本医队主任邓会长由本会率同二支队出发前往，咸由邓会长分送前往各灾区指示办法；并分投各县与地方官绅接洽，商请其协助筹办，但二支队人员均听主任指挥；

一、本医队所到各县均筹设中国红十字会驻某办事处一所，附临时医院及施疗天花、种痘局并妇孺救济会皆推举在地红会会员担任职务。至于职员义务津贴，容俟筹商拨助经费酌定。惟医员须由本会救护学校毕业者遴选聘任之；或在地旧有毕业医士愿入红会尽义务者，虽不在此限，必须经本医队检验学术，如其合格，准许先在本医队服役医务，补习救护办法手续三个月，俟给证明书后方得充任红会医员；

一、本医队所有学术优美之医员只三、四人，恐难遍及皖北各县，所以本分会前设时疫牛痘传习所，近改组中西医药救护学校，虽经两次毕业百余名，多系皖南各县官绅保送之学生，现各回籍设立医院及种痘局。奈我皖北学生甚少，本医队所到各县难以久住，欲为久远之计，务望本队到时，仰各城镇乡区贵董按区介绍颇通医理之学生一、二名，保送本会救护学校肄业并许先入本医队实地练习，协助救护队服尽义务；

一、本医队诸队员各有职务权限，均给袖章符号，不得招摇舞弊、败坏红会名誉，并不得干涉行政及慈善范围以外之事，违，则褫夺会员及职权，送请县警斥责。如有冒充本会会员私用红十字旗袖章者在外招摇撞骗，查知，请县拿获，依照民国九年中央政府合令，凡私造红会佩章、红十字旗者、仿照伪造印信法律惩办；

一、本医队所到各县专以办理救济慈善事宜，应由地方官绅招待保护、派差照料。除商请协助筹备酌拨劝募外，不得额外要求致失红会之信用。如有庸医挑痧误人及用鼻苗人化毒浆含菌日苗种痘者造谣反对红会医队，应请地方官厅严加禁止；

一、本医队出发救护不分畛域，除经议定先往阜阳等五县组织临时医院施治前所受伤兵民及施治现受传染天花者，倘遇邻近某处发生战事或发生奇重疫疬，须经地方官绅或本会会员报告本医队或本会总分会立即派员前往救护医治。

蚌埠红十字分会谨启

原载《中国红十字会月刊》1923 年第 16 期

南阳平粜局简章

（北宛分会来函）

一、本局系因年荒谷贵，粮价飞涨，遵照通令筹办平粜，以便贫民。

二、本局由职员会议决，公请镇宪督办、县长马翼长、包主教会办，张参谋长、毛警长监督财政，以昭大信。

三、本局借府口宫为办事处。

四、本局系无息借款，由本年借钱之日起，至明年麦熟为止。仍照原借之数还钱，不准丝毫短少，亦无利息。由发起人担任，分向亲友劝借，并无摊派勒派情弊。

五、本局暂以现收到借钱一万一千串，公举妥人，持款赴粮贱之处采买，运回入仓，按照原价运费，公众核算，作价平粜，不准获利，亦不得亏本。

六、本局预计拟筹借钱五万串，以资周转。

七、本局运粮遵照平粜章程，拟请镇宪县长转饬军警沿途保护，并照章请发空白护照减免厘税。

八、本局办事人员一律平等，无论司仓、司库、司账、文牍、庶务、交际皆由众公举，纯粹义务，亦不备伙食，采买人出外时，按日酌送川资。

九、本局取公开主义，凡属借钱之家，无论何人何时，均有查账之权，以防流弊。

十、绅学商农各界暨热心慈善家赞成此举、愿借钱者，本局极表欢迎。

十一、本局收到借钱后，存储殷实商号，由局发给收据，由经手人署名盖章，担保还钱，以昭信用。经手人以身家殷实及信用素著者，由公众举为干事员。

十二、本章程如有未尽事宜，应随时更正，以求尽善尽美。

附录南阳粮偿单（略）

原载《中国红十字会月刊》1923 年第 19 期

中国红十字会河阴分会救护队简章

一、本队定名为"中国红十字会河阴分会救护队"；

二、本队由庶务、医务、救护三部组织而成；

三、庶务部置庶务长一人，庶务员三人，文牍员、书记员、会计员各一人，管理交际、书信、输运、购办、摄影、会计等事；

四、医务部置医务长一人，医员四人，管理医药、治疗等事；

五、救护部置救护正、副队长各一人，队员六人，管理救护、掩埋等事；

六、本队招募队役四十名，系身家清白，肢体强壮，无偏嗜好者充之；

七、队长奉本分会办事处之指令，督率全队人员从事救护，临时调度队长主之；

八、全队人员有服从队长及上级职员指挥之义务；

九、全队人员均宜遵守拯难救伤之宗旨，一切行为不得越出范围之外；

十、拯救伤痍不论何方兵民无分畛域，一律待遇，不得偏歧；

十一、全队人员应尊重本会及一己之名誉，均宜廉洁目［自］爱，待人诚敬，凡购买物件、租赁房屋舟车等事皆宜照值给价，不得稍有强迫；

十二、全队人员一经出发，除病伤外若半途辞退者，自召集后一切费用均由保人赔偿，如有不得已之理由而经本会许可者不在此限；

十三、全队人员在服务期内，不得兼营别项事业及一切贸易行为之事；

十四、本会一切章程及临时规则，全队人员皆宜格外遵守；

十五、津贴除上级员另有章程外，其余队役每月均给洋五元，如办事异常出力者，本会酌予奖金；

十六、队员津贴于投队之日起算，若服务未满一月者，按日计算；

十七、全队人员如因职务之故，致受伤而成残废者，本会每年酌予恤金；

十八、全队人员如因职务之故而致不幸者，对于遗族（限本人父母、妻、子），本会每年酌予抚恤；

十九、全队人员如行为暴戾、操守难信及有一切不端之事者，查明斥革外，损失着保人赔偿，如情罪较重，违犯法律者送官惩办，对于附带私讼亦由保人负责任；

二十、事竣后，全队回至本会，将领去服帽、徽章、护照、器用等件缴还本会，即时解散；

二十一、本简章于救护队出发期内即生效力。

原载《中国红十字会月刊》1923 年第 21 期

中国红十字会河阴分会出发救护队临时要则

一、红十字会为世界最高尚最慈善之事业，救护人员久为世人所钦敬，故全队人员皆宜自爱，凡贪鄙淫暴等事，痛切戒之；

二、救护队与军队略同，首重纪律，凡本会章程及上级职员之约束均宜遵守；

三、全队人员不得自由外出，如有正当理由须禀明队长核准后方可出外；

四、全队人员在战地拾得军械、器物等件及搜获伤兵、亡兵身上物件，不分贵贱，均须呈交队长寄送本会，备文转缴督军公署核夺，如有隐瞒，查出送官重办；

五、全队人员不得恃强讹索招摇及与人口角斗殴。如有不遵约束，或经队长察觉，或队员报告，轻则斥责革除，重则送官究办；

六、凡战地两方兵民如有要求购物、传递等事，须禀明队长查核，由队长指令一人办理，若不由队长许可，无论事之巨细，不得擅专；

七、全队人员如因犯法逃亡等事，均由保证人担负责任；

八、本要则于出发救护日期即生效力。

原载《中国红十字会月刊》1923 年第 21 期

中国红十字会沘源分会临时救护队规则

一、本队暂名为"中国红十字会沘源分会临时救护队"；

二、本队公推队长一人；

三、本队权设庶务、文牍、书记各一人；

四、本队暂延医生三人，无论中西医生，以治疗有成效者任之；

五、选队员十人，以本会会员在平时志愿服务者充之；

六、招募队役二十名，以廿岁以上四十岁上〔下〕，身体强健，行为正当者用之；

七、凡充本会队员、队役，若闻出发之信，限三点钟齐集本会，领取服帽章照暨应用物件，听队长督率指挥；

八、队员、队役出发时宜守本会规则，不分畛域，博爱恤兵，拯难救伤，务须勤力尽其职务，不得有名无实；

九、凡遇伤者，无论彼此兵民，一律尽心调护后复送还原处；

十、凡遇亡者或助人送还掩埋无归者或就该地瘗埋；

十一、队役出发如有拾得军械、器物等件或伤亡身边遗失之物，无论贵贱多寡，须呈队长寄送本会，备文询明转缴该处，不得毫末隐匿，若不遵章，查出，以所瞒物件轻重议罚；

十二、本队出发无论队员队役，总宜廉洁自爱，诚实待人，不得恶言暴行，在乡招摇及一切强迫不端之车。如有违犯者，轻则查明斥革，重则送官究治；

十三、凡队员服务勤劳、热心任事者，得由本会呈明总会分别赠与〔予〕奖章，或请政府给予奖状；

十四、医生薪水以程度高下、治疗劳绩多寡酌酬之；

十五、队役薪水每月十二串，惟出发任事日方有之；

十六、队役如因职务之故受伤而致残废者，本会每年给予半俸，赡

人道活动

其终身；

十七、队役因职务之故而致不幸者，对其遗族（限本人父母、妻、子）本会每年给予半俸，至十五年截止；

十八、前二项抚恤之款，于每年十一月间到本会领取；

十九、本队出发转归即将所领各件概缴本会；

二十、本队因时势迫切，暂拟临时救护队规则，俟本会稍有基金再修正之。

原载《中国红十字会月刊》1923 年第 23 期

中国红十字会皖北联合救护之救济妇孺会通则

总　则

一、本会依照万国红十字会联盟国际条约，抱定博爱宗旨，专办救济妇孺事宜，不得干涉红会范围以外之事。

二、本会并依据《中国红十字会章程》及《分会通则》查照办理，其平时则协助红会筹备救灾防疫，战时则协助救护队遵守双方军事长官命令，请给双方保护执照，专以救济战地居民出险。

三、本会应依民主国社团之习惯，以皖北各县在地红十字分会会员组织之。

四、本会旗帜、门牌、袖章及各种标记得用白地红十字，概由皖北救护队规定式样，陈报总办事处注册，并转请省长公署及各县公署备案，以防伪造。惟各红会会员之门牌、袖章须由各县红十字分会发给。

五、本会系由中国红十字会会员发起，仍是红会中特派专办救济妇孺一部份［分］，其进行手续应与各在地红十字会商同办理，不得视为两歧。

六、本会为中国红十字会辅助机关，仍归中国红十字会接管，须听皖北联合救护医队指挥。

七、本会系联合救护起见，以资补助各县红十字会分会之不及，但凡遇事先于该县红十字分会通过后，直接蚌埠红会或皖北救护队协商办理，否则不生效力。

八、本会系由蚌埠红会、皖北联合救护医队呈经安徽省长准，由财政厅拨助公款组织成立，嗣后应以蚌埠红会及皖北救护医队为各县救济会间接地点，不得直接总会总办事处及省长公署，但遇紧急公务报告，不在此限。

经　费

九、本会常年经费则由各该县红十字分会筹募之，倘遇地方发生战事及水、火、淹、旱、兵劫、匪掠、疫疬、饥荒、奇灾等情临时急需，则可陈请该县公署及各公团商拨地方公款费用。

十、本会倘遇救灾需款甚巨，则可陈报皖北救护队，转请上海总会拨助或转请省长饬令各县助筹补助，俾资救济。

十一、本会平常费用开支应归各县红十字分会协酌办理，仍由该县红十字分会按年列入会务表册，报告总会一次。

十二、本会遇有临时救济费用开支，其筹得经费应由皖北联合救护医队总理，划一酌拨济用。至于临时驻会办公职员、出发救济会员、队员、医员等均由皖北救护队酌予津贴，事后则由皖北联合救护队汇造册表报告总会及省长一次。

定名及会所

十三、本会定名"中国红十字会皖北联合救护某县救济妇孺会"或"某处救济妇孺分会"。

十四、本会暂时查于皖北急需地方，择就蒙、亳、阜、涡、太五县每县各设救济会一处，并于各该县属区择定需要市埠各设救济分会一处，俾资救济普及。

十五、本会出发救济，不分畛域，皖北境内遇有急需救济各县及各需要属区赞同本会联合宗旨者，得由各县红十字分会或由红十字会会员十五名以上备具愿书，亦得参加皖北联合救护并得设立该县救济会及该区分会。

职　员　队　员

十六、本会职员每会或每分会均由在地红十字分会会员中公推主任救济会务者会长一名，并推主任接洽交涉会务者副会长二名，其文牍、会计、书记、庶务则由红十字分会临时酌派，皆得参加皖北联合救护队中。

十七、本会遇有红十字会旧会员愿参加救济会者须缴参加费五元，得享有皖北联合救护队队员同一之待遇。

十八、本会临时救济队员应由各红十字分会会员遴选充之。惟查现充正式军官兵士者虽系红会会员，则不得兼充本会救济队员，恐于出发战地救济时致失双方保护之信用，但凡现充地方保卫民团警备保家队勇者，不在此限。

十九、本会之保护及奖励惩罚各则应依照《中国红十字会章程》第十三、四章及《分会通则》十八至二十五条遵行之。

二十、本会通则非经五县红十字分会联席之可决，不得变更之。

原载《中国红十字会月刊》1923 年第 23 期

中国红十字会救济妇孺收容所简章

（一）中国红十字会不论总会分会，为地方发生战事及灾害时救济妇孺，得设立收容所。

（二）收容所之设置，□察度地方情形，如遇需要多数时，得以第一、二、三、四所分别之，余可类推。

（三）收容所需用房屋，应由地方士绅辅助租借之。

（四）收容之妇妇（孺），收容所负有保护之责，地方官及各路军队应一体从优待遇。

（五）收容妇孺，除伤者、病者随时分别轻、重送疗养院医治外，其并无伤病救济出险者，则由所收容之。

（六）收容所安置妇孺，每所以五十人为度，逾此数，则归第二所收容。

（七）收容所每所设所长一员，医生一员，女监察一员，女看护二员，夫役无定额。

（八）收容所妇孺应一律遵守本所章程，归所长管理之。

（九）收容所妇孺起居饮食，应一律遵守法定时间，不得违犯。

（十）收容所在救护队后方设立，如值战线接近时，得与救护队随时迁退，以避危害。

（十一）收容所妇孺伙食由所设备，其粮食柴火另设输送队输送之。

（十二）收容妇孺由家属得信来所领归时，必须有三人以上之保结，并由地方保正盖戳证明，方许出所，以免朦混。

（十三）本简章临时规定，如有遗漏及不适用时，得临时提出修正之。

中国红十字会总办事处印行

原载《申报》1924 年 9 月 4 日

山塘亦设立妇孺收容所（节选）

韩慕陶等发起

山塘一带市民，近亦发起组织妇孺收容所。主任为韩慕陶、张成琅等，职员为董朝麟、鲍翔云等，并定该所为中国红十字会吴县分会第八十二收容所。其简章如下：

——本所遵照《红十字会收容通则》第三条之规定，设立办理。

——本所在战祸紧急时，收容无所逃避之妇孺。

——本所设主任一人，干事、仆役若干人。甲、主任管理本所一切事宜；乙、干事分任会计、文牍、书记、庶务、纠察事宜。

——本所职员以及仆役，一律给以红会印证。

——收容之妇孺，每日给以相当饮食；内中如有疾病之人，即移送就近医院。

原载《吴语》1924 年 9 月 8 日

松青金难民收容所成立章程

（一）宗旨：专收容松、青、金等县避灾难民，临时给以衣食住，使无失所；

（一）经费：由发起人量力补助，不足，向各慈善家劝募之；

（一）收容：派员向各该灾地红十字会或其他机关接收难民留养；

（一）膳食：暂供二粥一饭；

（一）识别：分男女二部，妇女部另雇女员招待，以免男女混杂；

（一）职员：由发起人自认职务，概尽义务，临时雇员不在此例。

原载《救护难民消息》，《新闻报》1927 年 3 月 6 日

中国红十字会灾童留养院简章

第一条　定名曰"中国红十字会灾童留养院"，设立于上海，隶属于中国红十字会筹赈处（于灾童众多时，得设第二院）；

第二条　宗旨：陕、甘、豫、绥各省区浩劫频乘，壮丁流徙，饿殍载道，除在当地设妇孺收容所外，并收容被灾儿童运沪留养，择优秀者授以教育技艺，为本会服务；或浅近字义，并得分送各工厂、各富庶地方学习工艺为宗旨；

第三条　经费：经常、临时经费及一切收容、护送、开办诸费，全赖国内外善士捐款，由筹赈处设法募集之；

第四条　由筹赈处筹赈委员会公举名誉院长一人、院董二十一人，由院董公推副院长一人、常务董事若干人，聘任总干事一人，总理院务；

第五条　本院以事务之繁简，酌任干事教员数人，承院长之命、总干事之指挥，分别管理训练留养灾童及办理内外一切事宜；

第六条　本院对于留养灾童教养兼施，均授以相当教育，并注重于修身道德及清洁卫生；

第七条　本院为留养灾童将来谋生自立计，如各处工厂、公司、银行、商号、各省有成绩之分会，应须艺徒学徒习艺请求调用时（调用规程另订之），本院即以灾童之性习，遣送学习，或派送工商业各公司为学徒，以资造就；

第八条　本院鉴于陕、甘灾民死亡过众，留养灾童本为救生殖种补救浩劫之计，唯逸居无教固非所宜。除上项规定由各工厂调用学徒习艺外，如有俊秀天才，得以教练救护队、音乐队为本会服务。又为改进世道人心计，教练各种技艺，学成回籍，除团聚家庭之外，以文化美术，开通陕甘风气。其中如有勉力好学，本院当予以充分发展，设法升学，以资深造。或就陕、甘等省区所产原料（如皮毛棉花等），教以改良制造之技能。本院愿送儿童性习相近者于各工厂中，使之学习机械、织染、铁木工业及其他手工之类，俾不仅就食一时，将来能发展西北实业，为百年富强自立之基。至灾童中如有特殊情形不能久留上海，可由父母自行具领回籍；

第九条　本院经常、临时费，概由筹赈募集。关于一切收入、支出，由委员长、经济委员节制之。收入及置办之物品，逐月册报保管委员复核；

第十条　本院各项细则另定之，随时陈报筹赈处筹赈委员会审核，转报常议会备案；

第十一条　本简章由筹赈委员会通过后施行之，并转常议会备案。

原载《申报》1929 年 11 月 18 日

北平女界红十字会社会部附属
贫民家庭协助社简章

第一章　宗旨

第一条　本部为协助北平贫民改善其家庭生活状况而使之自食其力，特予以相当贷款及其他便利方法，令其谋生计。

第二条　本部范围从内二区起而后推及于各处。

第二章　组织

第三条　本部设立贫民家庭协助社，管理一切协助事宜。

第四条　本部协助社由总干事指定部员担任，经理贷款收发事宜。

第三章　调查

第五条　凡有贫民请求协助及会长、理事长交议与其他机关个人之代为介绍请求者，均由本部派员调查。其条目如左：（甲）姓名、籍贯、年龄；（乙）父母、兄弟、姊妹、妻、儿女、亲友；（丙）家庭生活状况；（丁）已往职工历史；（戊）现在谋生之志愿及能力；（己）调查其人之性情、身体、勤惰、技能；（庚）批评与代筹办法。

第六条　调查员照上条条目填注列表，加以说明及办法报告本部。

第七条　本部将调查书、表汇交总干事核阅，即开干事会议讨论解决，分为六项列下：（子）直接贷以少数之款，助其贸易或工作；（丑）间接介绍于其他机关团体之种种工作；（寅）凡一家人口众多者，除贷款外，并为设法支配介绍其不能生利之老幼残废者，使有归宿；（卯）凡受贷款者之所作工艺物品，并为设法推销；（辰）凡不能在家工作者，为之筹划集团工厂；（巳）凡于集团工厂所在地方另设托儿所，为之看护儿女。

第四章　贷款

第八条　贷款额规定以一元起码、至十元为止，利息则以五厘为度。

第九条　本部对于求助之会议议决后，即通知求助者到协助社填具贷款单据，其手续如下：（午）贷款所作工商性质签名盖章；（未）妥实铺保或本区公司及个人担保为本会所认可者签名盖章；（申）归还本息期限；（酉）贷款数目；（戌）领款收据；（亥）贷款往来折。

第十条　本部协助社对于贷款之分摊、归还限期应以每月或每季为度。

第十一条　本部协助社对于贷款者所作事业应随时加以调查及指导，其有失信者得向铺保追偿。

第十二条　本部协助社对于求助贷款者，如须增加贷本至第八条规定数目之外，得具说明书交本会总干事开会讨论解决。

第十三条　本部协助社每年应将贷款编制统计表报告本部，其他协助事业亦同。

第五章　会计

第十四条　本部将本会所议定之协助基金由会计干事另立户号存储。

第十五条　本部协助社所需支发贷款编具清单，由本部主任干事签字，交由总干事核阅，转交会计拨发。

第十六条　本部协助社所收还之贷款，随时送会计汇存。

第十七条　本部每年协助基金除贷出外，所有剩余均汇结总存。

第十八条　本部会计对于收发贷款数目，按年编制统计表报告本会。

第六章　附则

第十九条　如有其它〔他〕机关团体、个人愿以资金委托本社代放者，亦照此章办理。

第二十条　本简章经理事会议议决之日实行。

第廿一条　本简章如有修改，由总干事提议交理事会行之。

原载《中国红十字会月刊》1935 年第 5 期

中国红十字会救护队编制表

案查民国二十四年十一月三十日奉军政部、海军部会衔医二政□字第五三六号指令"救护队之编制及服装定式业经本部会同核定"。

职别	名额	职掌
队长	一	管理全队一切事宜
副队长	一	协助队长办理本队一切事宜
医务长	队长或副队长兼	承队长之命办理医疗事宜
医官	二	承医务长之命襄理医疗事宜
助理医官	四	承医官之命助理医疗事宜
书记	一	承队长之命经管文书、人事事项
庶务	二	承队长之命，经理给养、会计、器材等事项
队员	一〇——二〇	承长官之命分任护士事务
公差	二	承长官之命服行传达、清洁勤务
厨役	三	
共计队员		队员一〇——十六、二〇

附记：

一、本队以收容五十卧床病人及二百轻伤病人为原则。

二、医务长应兼任副队长或队长一职。

原载《中国红十字会月刊》1936 年第 7 期

遂宁红十字会无息借贷处简章

第一章　职务

第一条　总经理一人，总管本处一切事宜，由众推选之。

第二条　经理二人，辅助总经理进行及筹措需款垫给一切事宜。

第三条　稽查无定数，分区设置应查明保人及借款人之虚实，分别填给借款据并负归还之责任。

第四条　收支主任一人，总管本处进出款项，并督率收发借款等事。

第五条　收支以各稽查兼任，每月逢三收发，须轮次担任办理。

第六条　司事一人，专管登记、收付账目及本处一切文字，由总经理指挥办理。

第二章　办法

第七条　本会为贫民生计艰窘，特设无息借贷处于关岳庙内。

第八条　本处借款原为体恤贫民，概免利息，□借零还。

第九条　本处借款规定每股壹拾千文，以三股为限。如基金充裕时，得将钱数酌量增加。

第十条　每月逢三为借款、收款时间，过期不能收发。每股按期还钱壹千文，百日还清。

第十一条　本处制定稽查簿及借款据，于每期前三日由各区稽查领取填发，临期将底簿交处，以便核对发给，免致错讹。

第十二条　借款人须于每期逢三之前数日开明姓名、住址、门牌号数、人口多寡、作何生理、何人担保交本区稽查先行查实，酌予借贷股数，填给借款据，届期来处取款。

第十三条　本处接得借款据，验明无讹收支即照股给钱，换给还款据，以便按期核销。

第十四条　每期逢三之后三日内，司事即将是期账目登记，吊欠开明，各稽查须于逢七到处收回底册，即查实吊欠多寡，以便饬保清还。

第十五条　本处借款原为贫民代谋生计，不能借作他用。所有借款务须照章归还，还清又借，如借款人失信，保人应负赔偿。

第十六条　借款人之限制有四：于伦常有乖者不借，顾身不顾家者不借，嗜赌博与烟酒者不借，非正当营业及不惜物命者不借。

第十七条　凡属本处办事人，不与借款人作保，以杜物议。

第十八条　本处经费除司事酌给薪资及纸张簿据、开会菸［烟］茶等费外，其余人员概尽义务，毫无薪资，用昭大公，以垂永久。

第十九条　凡有慈善诸君体念贫民，能予乐助基金者，本处收到捐款，注明底册，无论巨细，均给正式收据。

第二十条　本处简章系第二次修改，如有未尽事宜，得再修正之。

原载《中国红十字会月刊》1936 年第 9 期

中国红十字会德清分会救护队章则

第一章　总则

第一条　本队依据本分会第一届理事会及监事会第二次联席会议之议决案组织之。

第二条　本队直接隶属于本分会，设队部于分会所在地。

第三条　本队施行之救护以《日来弗及万国红十字会联合会会议议决案》为依据。

第四条　本队之编制及服装均遵照军政部、海军部核定办理。

第五条　本队应用红十字旗帜，均须加盖本分会图记及本队印章。全体服务人员所用臂章，除盖有本队印章外，并呈由高级军事长官盖印。

第六条　本队以平日训练救护人材、储备救护材料，遇有战事或灾害时办理救护工作为目的。

第二章　组织

第七条　本队依照编制扩充一倍，服务人数暨职别如下：

队长一人，管理全队一切事宜；

副队长二人，协助队长办理本队一切事宜；

医务长一人，队长兼任之，承队长之命襄理医疗事宜；

医官四人，承医官之命助理医疗事宜；

助理医官八人，承医官之命助理医疗事宜；

书记二人，承队长之命经管文书、人事事项；

庶务五人，承队长之命经理给养、会计、器材等事项；

队员四〇人，承队长之命分任护士事务；

公差四人，承队长之命服行传达、清洁、勤务；

厨役六人。

第八条　本队并附设担架组暨掩埋组，人数无定额，其简章另订之。

第九条　本队服务人员均向地方官署合法登记，并呈报总会备案。

第三章　经济

第十条　本队经费收入分下列三种：甲、地方官署及总会补助费；乙、各慈善家乐捐；丙、本分会会员补助捐。前项捐助银钱或物品均掣给正式收据为凭，并登报鸣谢暨呈报总会备查。

第十一条　本队一应会计事宜，均照《分会会计规程》办理。

第四章　规则

第十二条　凡本分会会员热心博爱恤兵、志愿服务救护工作者，均可加入本队（如需用专门人才时，得能聘请非会员充任之）。

第十三条　本队服务人员均须填具《志愿保证书》（格式另订之）。

第十四条　本队服务人员应遵守规则，不得有越规行动。

第十五条　本队服务人员均系志愿，纯尽义务，除出发外并无夫马等津贴。

第十六条　本队服务人员自经编入后，不得托故规避及有始无终。

第十七条　本队服务人员应顾全人格，各宜廉洁自爱、努力救护，待人接物尤以仁慈为怀。

第十八条　本队服务人员有服从本队一切命令之义务。

第十九条　无论事之巨细，须得队长之许可，始得施行。若自擅专，即作违章论。

第二十条　本队服务人员如愿解除职务时，须具明理由，报告队长，得通知许可后方能离职。

第廿一条　本队服务人员服务时不能胜任，经队长查明后，得以通知书令其退职。

第五章　奖恤惩罚

第廿二条　本队服务人员热心任事者，由本队按其劳绩分别给予奖赏：（甲）请政府给予奖状（乙）本分会赠予奖状或感谢状。

第廿三条　本队服务人员因公而致不幸者，由本队视其状况酌给恤金。

第廿四条　本队服务人员如行为暴戾、操守难信致有一切不端之事者，查明斥革外，其损失着保证人赔偿。如情节较重者，送有司惩办。

第六章　附则

第廿五条　本章则经本分会第一届理事会及监事会第六次联席会议

之议决，呈请总会核准施行，并呈报当地党政机关备案。

第廿六条　本章则如有未尽事宜，得由本分会理事会、监事会随时修订并应呈请总会暨当地党政机关备案。

原载《中国红十字会月刊》1936 年第 18 期

中国红十字会章邱分会救护队章则

第一章　总则

第一条　本队定名为"中国红十字会章邱分会救护队"。

第二条　本队直接隶属于本分会，设队部于分会所在地。

第三条　本队施行之救护，以《日来弗及万国红十字会联合会会议议决案》为依据。

第四条　本队之编制及服装，均遵照军政部、海军部核定办理。

第五条　本队应用红十字旗帜，均须加盖本分会图记及本队印章。全体服务人员所用臂章，除盖有本队印章外，并呈由高级军事长官盖印。

第六条　本队以平日训练救护人材、储备救护材料，遇有战事或灾害时办理救护工作为目的。

第二章　组织

第七条　本队依照编制人数酌有增减，所有职别如下：

队长一人，管理全队一切事宜；

副队长一人，协助队长办理本队一切事宜；

医务长一人，由队长兼任之；

医官二人，承医务长之命襄理医疗事宜；

助理医官四人，承医官之命助理医疗事宜；

书记二人，承队长之命经管文书、人事事项；

庶务三人，承队长之命经理给养、会计、器材等事项；

队员四〇人，承队长之命分任护士事务；

公差三人，承长官之命服行传达、清洁、勤务；

厨役三人。

第八条　本队并附担架组暨掩埋组，人数无定额，其简章另订之。

第九条　本队服务人员，向地方官署合法登记，并呈报总会备案。

第三章　经济

第十条　本队经济收入分下列三种：甲、地方官署及总会补助金；乙、各慈善家乐捐；丙、本分会会员补助捐。前项捐助银钱或物品，均掣给正式收据为凭，并登报鸣谢暨呈总会备案。

第十一条　本队一应会计事宜，均照《分会会计规程》办理。

第四章　规则

第十二条　凡本分会会员热心博爱恤兵、志愿服务救护工作者，均可加入本队（如需用专门人材时，得能聘请非会员充任之）。

第十三条　本队服务人员均须填具《志愿保证书》（格式另订之）。

第十四条　本队服务人员应遵守规则，不得有越规行动。

第十五条　本队服务人员均系志愿，纯尽义务，除出发外，并无夫马等津贴。

第十六条　本队服务人员自经编入后，不得托故规避及有始无终。

第十七条　本队服务人员应顾全人格，各宜廉洁自爱、努力救护，待人接物尤尚以仁慈为怀。

第十八条　本队服务人员出发，如果带有银钱，须按名如数交给队长收入账簿，以免发生意外枝节。

第十九条　本队服务人员有服从本队一切命令之义务。

第二十条　无论事之巨细，须得队长之许可，始得施行。若自擅专，即作违章论。

第廿一条　本队服务人员如愿解除职务时，须具明理由，报告队长，得通知许可后方能离职。

第廿二条　本队服务人员如有因事离职者，须将其制服及符号等件完全交给队长。

第廿三条　本队服务人员服务时，不能胜任，经队长查明后，得以通知书令其退职。

第五章　奖恤惩罚

第廿四条　本队服务人员热心任事者，由本队按其劳绩分别给予奖赏：（甲）请政府给予奖状（乙）本分会赠予奖状或感谢状。

第廿五条　本队服务人员因公而致不幸者，本队视其状况酌给恤金。

第廿六条　本队服务人员如行为暴戾、操守难信致有一切不端之事者，查明斥革外，其损失着保证人赔偿。如情节较重者，送有司惩办。

第六章　附则

第廿七条　本章则如有未尽事宜，由本分会随时修正呈核备案。

原载《中国红十字会月刊》1937 年第 21 期

规定难民工资分配办法

本会工作委员会自办理难民工场以来，成绩殊佳。所有难民工资分配办法，业经该委员会第二十四次会议议决：以百分之二十五抵偿伙食及训练费，百分之二十五代存银行，以备回籍之用，其余百分之五十则付给现币。并为扩大生产计，拟拨五千至一万二千元建筑大规模工场，已勘定惇信路愚园路地址，不日即可兴工。

原载《救济月刊》1938 年 6 月 1 日

国际红会规定难民给养及收容设备标准

给　养

中国红十字会国际委员会以食品与难民康健关系甚巨，其种类之选择与数量之分配苟不得其宜，每足妨害卫生，酿成疾病，爰特制成难民给养品标准表，规定食品之种类与数量，分发各收容所遵办。其由该委员会担任供给者，则令参酌难民多寡，依表具领粮食，更颁发膳食制作法，令各依照办理。兹将给养标准膳食制法，分志于后。

难民给养标准表（以每百人一日所需计）：米豆麦八十七磅，菜蔬十四磅，油盐一又三分之二磅，煤五十三磅，木柴十三磅。

难民膳食制作法（下列数量均以百人一日计）：（一）星期一、三、

四、六等日早膳，米一五．〇磅与麦粉一七．五磅调和煮成厚粥，晚膳米三三．五磅与豆二一．〇磅，（1）二种可合煮豆饭。（2）以米制饭，豆加盐煮熟作菜。（3）以豆制成发芽豆，加盐煮熟，亦可佐饭。菜蔬一四．〇磅，菜蔬加油盐炒热，或制成菜汤，早晚均可佐餐。（二）星期二、五及星期日，早膳米四二．〇磅煮熟成饭，晚膳米四五．〇磅，煮熟成饭，菜蔬一四．〇磅，菜加油盐制成汤，早晚均可佐餐。如遇市上菜蔬缺乏，则代以适量之豆，加入油盐，煮熟助餐。

上开膳食数量，下列人等尚有不足，应依下法办理：（甲）哺乳妇人，应给双份食物，（乙）劳力者如有工资收入，其不足之食品，应出资添购。（丙）将分娩之孕妇，以给两份食物为原则；但所中如有六岁以下儿童食量较成人为小时，可将儿童余食，分给孕妇。

设　备

中国红十字会上海国际委员会近以本市各收容所之管理欠周，特拟定收容所设备之标准，通知各所酌量改善。兹录原文于后：

（一）收容所之房屋：一，除作卧室外，须有特别房间，可作课室及游戏活动场所。二，须有空场，可供运动直接日光之用。三，须有储藏室及工场。四，须有台式办公之场所。五，楼梯须坚固。六，特建之竹蓬收容所，须将所内之路筑高，以便积水流于两傍之水沟内。

（二）粮食：一，每日须食生米及豆。二，每星期须粗米或两次。三，厨房须清洁干燥，并须具备处置污水之处所。四，每星期须食以菜油，或其他脂肪□之物三次。五，病人须服牛乳及鱼肝油。

（三）衣被：一，每人俱须有鞋袜，二，每人须有内衣，三，四分之二之难民须有绒绳织就之冷衫或套衣，四，每人须有棉被一条，惟小孩则可二人共享一条。

（四）健康：一，须令种痘。二，应具沐浴室及洗衣处之设备。三，应具备急救药品及经训练之人员。四，产妇须送医院。

（五）清洁卫生：一，每五十人须有粪桶一个，高十八英寸，直径二十英寸。二，每日须将粪桶清除二次。三，厨房须与厕所远隔。四，铺盖须每星期晒日光一次。五，门窗墙壁须保守清洁。六，鞋上之污泥须于房外刷清。

（六）各项活动：一，学龄儿童至少须有四分之三上课。二，所有学生须给以书籍文具。三，须为成人组织特别班。四，收容所之难民须有十分之九每日参加运动。五，成人中之半数须有工作。六，每星期须有一次教育演讲、游戏及宗教之秩序。七，每星期须有一次火警之训练。

（七）组织与表格之登记：一，采用三组制之组织法。二，本所负责职员之姓名通讯处，应存于办事处，以免临时周章。三，须将每个难民有关之重要项目，详细制成表格登记之，如年龄籍贯、从何处逃来、体格职业或特别技能等。四，每晚应稽查本所难民之人数。五，每日将本所之难民中男子、妇女、小孩之人数，分别列表公告之。六，每日将病人数目列表公布之。七，每日将病人之姓名、号数、住居地段列表公布之。八，按公定之格式，将入所及出所之难民登记之。九，将所收到之食用物品分量及如何分用，详细登记之。十，按公定账单之格式，将每月收支制备报告书。

原载《中国红十字会月刊》1938 年第 33 期

难童考试办法业经订定

国际红十字会教育委员会自设施难童教育以来，颇具成效。兹为考核各收容所儿童班成绩，订定考试办法如下：（一）本会为考核各收容所办理儿童班教育成绩，并便于各所难童出所时升学起见，特制定本办法施行考试，各所须遵照办理，（二）各收容所儿童班之考试，由本会主持，并派本会各组干事及视察员负责主持各所考试及协同评阅试卷事宜，并调派各所教师担任阅卷员，阅卷方法采取集中方式，（三）各所全体受教儿童均须参加考试，并由各指导员先行造送学籍表，以资根据；凡学籍表无姓名之学生，临时一律不得参加考试，即或自行舆试，成绩亦不核计，（四）考试方法采用测验法，内容包括国语、常识及算术三种，试题由本会编就，各年级混合拟订，详阅时各级有及格标准，（五）考试场所在各收容所原教室，或借用寝室，（六）考试日期定六月六日至十日，各级轮流举行，时间另行编订程序表，印发各所遵照，（七）成绩及格之儿童，均由本会印发修业证明书，成绩优良之各收容所各年级前五名儿童，均由本会颁发奖状或奖品，以资鼓励。（八）试场规定另订，（九）考试时因病缺席，一律不准补考云。（民国二十七年四月二十七日《文汇报》）

原载《中国红十字会月刊》1938 年第 35 期

红会国际会办理特种难民

中国红十字会上海国际委员会对于各收容所残废及年老等特种难民，业经规定处理办法如下：（一）对于残废及年老难民，业已设置一特别收容所，各收容所如有是项难民，请通知该会，（二）对于患肺痨重病难民，已设有特别疗养院，若发现此项难民，请与黄子芳医生或公共租界工部局卫生处接洽，但于未报告前，该难民须经收容所医生诊断其确为患肺痨病者。（民国廿七年五月二十日《时报》）

原载《中国红十字会月刊》1938 年第 36 期

红十字国际委员会难民经济情况调查表

红十字会国际委员会为调查难民经济情况起见，近特拟具调查表格如下。

甲 类

经济极度困难的：（一）绝无依靠者，专指无亲属无金钱无援助无工作技能的难胞；（二）患重病者，专指患重病不能医治的难胞；（三）患轻病者，专指病好之后，依旧无能力工作的难胞；（四）孤儿，专指无父母及亲属的难童；（五）贫孩，专指父母及亲属等无力抚养的难童；（六）年老无能者，专指年龄在六十岁以上而无能力工作的难胞；（七）患疯病者，专指患各种疯病而不能治疗的难胞。

乙 类

经济比较困难的：（一）轻病者，专指因病停工而能自理医药费及病好后有能力工作者；（二）失业难自给者，指失业而不能自己维持生活的难胞；（三）无力供养家庭者，指收入不足自食，而不足供养家庭的难胞。

丙 类

经济比较良好的：（一）自能给养但缺住所者，专指能自理给养，

（且有余力帮助其他难胞），但需要住所的难胞；（二）食宿能自理者，专指能完全自理食宿者。

丁　类

愿往他处者：（一）愿往他处者，指愿往内地的难胞；（二）愿遣送回乡者，指愿意回乡的难胞。

该调查表已分发给各难民收容所执行调查，调查完毕后送往汉口路第一一五号汇核。

原载《文汇报》1938 年 5 月 24 日

重症难民送医办法

中国红十字会上海国际委员会兹规定两特区各收容所，如有重症难民急须送院者，请于日间打电话三一五〇〇防疫会，夜间打电话二〇八〇六，请求给派救护车，即可专程前来。惟所备车辆不多，故事先务须去电话接洽，法租界收容所请打电话八二〇五五。该会并订定送院注意事项：（一）兹为便利各收容所遣送病人入院起见，上海慈联救灾会救济分会卫生组上海慈联救济战区难民委员会及中华医学会上海分会，可代办送院接洽手续，调查各医院有无空余床位以及男女老幼等数额，以免徒劳往返；（二）何种疾病、应送何种医院，须由医师诊断病症后，再行决定，以免性质不同致难收容；（三）各收容所拟送病人入院时，应向何处接洽，本会另有医院一览表印发。

原载《新闻报》1938 年 5 月 6 日

中国红十字会国际教育委员会难民免费学额简则

本市中国红十字会国际教育委员会为救济各所中学程度失学难胞教育起见，特向各公、私立中学等学校商请设立免费学额。该会拟定《难民免费学额简则》如下：

（一）本会为免除中等程度难民之失学，培养为有用人才起见，特请上海公、私立各中学学校设立难民免费学额救济之。

（二）各公私立学校对本会之请求得自由酌定。

（三）各校设立难民免费学额由各校自定之，但至少初、高中各一名。

（四）此项学额一经规定，至少须维持一年，但希望能使受免费学生至一阶段为止。

（五）受免费学额之学生须经各收容所主持人具函本会请求，方可报名。

（六）免费学生须绝对遵守各校校规，如有不守校规及其他不正当行为或懈怠学业，各该校得处罚或予除名。

（七）免费学生不分性别，但须依照各校之规定。

（八）免费学生须身体健全，品行端正，努力学业者为合格。

（九）免费范围：一、全部学费（如有宿舍者全部宿费）；二、全部书籍费（膳费在收容所时间内，由收容所负责，将来收容所结束时另筹之）；三、全部杂费。

（十）免费学生有代各该校公共服务之义务。

（十一）免费学生用考试方式决定之。

（十二）免费学生须受本会之指导与监督，每学期终学业成绩报告单须呈交本会检阅。

（十三）各学校对于免费学生如有困难，得随时通知本会协助之。

（十四）各学校对于免费学生如认为满意，而予以其他生活上之援助（如学校师生能集合斥资，捐助该生生活费者），尤为欢迎。

原载《国际红会救济中学程度失学难民》，《新闻报》1938 年 9 月 6 日

中华民国红十字会总会救护总队部某省某市空袭流动医疗队组织办法

一、名称：中华民国红十字会总会救护总队部某某省市第　空袭流动医疗队。

二、队员：医学院教授、学生由各该院校长或院长函介（附各员履历）到部，由本部延聘之。

三、组织：流动医疗队设队长一人、外科医师四人、护士四人、医学生十人，队长由医师四人中指定一人充任之。

四、待遇：流动医疗队全体队员均为义务性质，不支薪给。

五、运输：流动医疗队出发工作时，由本部拨派救护车一辆，常川驻留该队所在地备用。其有本会办事处地方，则停留在办事处并受其管理。救护车司机薪给及汽油概由本部支给。惟平时非为空袭救护，各队员不得随便要求开车消耗油料，并得征求医学院或各大学机械工程师义务担任救护车检查工作，每周一次，或损坏修理等工作，甚至于必要时或可协助驾驶工作。

六、工作：凡在流动医疗队所在地周围一百公里以内各地遇有空袭，即当由队长视被炸区域情形之轻重指派两组或全队乘车前往救护。事毕即返，并须加入各该省市防护团或其他同性质之团体，取得密切联络。其有本会办事处所在地，流动医疗队工作得由办事处分派之。被空袭地点距所在地流动医疗队较远者，由所在地本会办事处用最迅捷之传递方法尽速通知，以免失救护时效。

七、药品器材：流动医疗队所用药品器材概由本部核发，惟须按月报销。

八、工作报告：每出发一次，即须造具工作报告并送部备查，报告表另定之。

原载《中国红十字会月刊》1940 年第 55 期

中华民国红十字会总会急救车行驶简章

一、本会急救车专为适应陪都迫切需要而设，纯以服务社会为原则。

二、急救车内备有病床二只、座椅三只，均安全舒适并装有冷热气，可以调节车内温度。

三、车上备有急救药材，由随车护士妥为照料。

四、市内发生下列伤害，得由军宪警或商店负责人用电话通知四一六八九。本会新运模范区诊疗所立即驶往出事地点，完全免费运送医院。

甲、压伤、轧伤、火伤、炸伤及其他意外之重伤；乙、服毒、缢□

等顷危之自□或斗殴、刀伤、枪伤等被害之重伤。

五、凡遇下列等情事，得借用驶送医院。惟须向夫子池本会新运模范区诊疗所商借及缴纳汽油费，每公里六元。其里数以自本会驶出至驶返之全程计算：甲、紧急病变；乙、临盆产妇；丙、重症病人。

六、急救车到达目的地后不得停留过三十分钟，否则以每十分钟十元之计算，向本会新运模范区诊疗所缴纳停留费。

七、急救车除护士、司机及助手三人外，只能搭载伤病患者二人及其随从护伴二人，行李物件不得携带。

八、如损坏车上一切设备，须照价赔偿。

九、伤病患者在车上如中途发生变故，本会不负任何责任。

十、随车人员如有不尽职责及征收额外款项时，可报告本会，严行惩处。

十一、本简章如有未尽事宜，得随时修正之。

原载《中国红十字会会务通讯》1942 年第 7 期

中国红十字会在非常时期运输车辆搭客办法

一、本会运输车辆原为专运救济药物及办事员之设备，倘遇回程及空车时，得附搭乘客及其行李，故订定本办法，以示限制。

二、搭乘者以本会同人与眷属及与本会有关各机关之人员为限。

三、搭客人数货车每车不得超过三人，客车不得超过二十五人。

四、搭乘本会车辆，须根据公路局客票价目纳费，在搭车之起点一次收足。

五、乘客行李每人准带三十公斤，绝对不准超过，以免减少运输数量。其有随带公物必须随行者，经特许后据公路局《客货章程》办理。

六、本会所属职员有因公出差搭乘本会车辆者，得免费尽先起行。惟须向各该地主管运输部分缴验出差证明文件，须黏贴照片，经核发免费乘车证，方得搭乘，以杜假借。

七、乘客（包括本会因公出差人员）上车后，须切实遵守本会乘车规则，并服从押运人员指导。

八、本办法所订搭客登记及收费手续，在重庆由总会办理，在贵阳由救护总队部运输股办理，在昆明由总会驻昆办事处办理，其他各地由运输股指定主管运输部分负责办理。

九、会客纳费收入列入运输股收入概算，其他各地办理之收费手续，每月月终汇缴总队部入账，并由总队部呈报总会备查，以资考核。

十、本办法呈请会长、常务理监事核准施行。

原载《中国红十字会会务通讯》1942 年第 7 期

中华民国红十字会总会举办战时国际通讯简章

（一）本会为便利国内中外人士与居住海外、敌国或其占领区之亲友互通消息起见，与日内瓦万国红十字会举办战时国际通讯。

（二）国内沦陷区域现时仍可直接通邮，故不在此种通讯范围之内。

（三）本会备有通讯用纸，以便寄信人索取应用，惟每人仅能领用二份。

（四）此种通讯须经日内瓦万国红十字会转递，故为检查便利起见，宜用英、法、德文之任一种填写，惟可附以中文翻译。

（五）该项通讯用纸应按规定格式填写，即先书寄信人姓名、地址，再书通讯本文，最后书收信人姓名、地址。

（六）通讯本文不得超过二十五个字，其内容仅限叙述个人家庭消息。

（七）通讯填妥后须寄还本会，以便汇转日内瓦万国红十字会，再由该会转递各收信人。

（八）收信人接到通讯后，即于背面作复，寄还日内瓦万国红十字会，转至本会，再由本会转递原寄信人。

（九）本会举办此种通讯原以服务人群为目的，故所有手续费、邮费等概行免收。

（十）本简章如有未尽事宜，得随时修正之。

原载《中国红十字会会务通讯》1943 年第 16 期

国际通讯修正简章

本会自创办国际通讯以来，已将半载，中外人士莫不称便。是项通讯简章，本刊前已发表，五月份起，参照办理以来之实际情形，酌予修改。兹特将修改简章，附录于后，以供各界人士之参考。

中国红十字会总会办理战时国际通讯简章

（一）本会为便利国内中外人士与其现在敌国或敌人占领区内之亲友互通消息起见，特协同日内瓦万国红十字会办理战时国际通讯。所有关于此项通讯之一切事宜，概照本简章之规定。

（二）凡国内沦陷区域信件因邮局照原收寄，本会暂不受理，但必要时得酌情变通办理。

（三）通讯限用之规定格式，可向本会取用。每次以两份为原则，其函向本会需用者，应同时附寄邮费（本埠五角，寄外埠一元，如欲挂号或快信寄发，照邮局收费之规定）始可照办。

（四）通讯格式之顺面分为：1. 寄信人姓名及详细住址。2. 通讯本文。3. 收信人姓名及详细住址等三栏，寄信人应用端正书法逐一填写，第一栏最好并加注中文，以免地址不明，恐致延误。

（五）通讯格式之反面为收信人作复之用，应保留空白与清洁。

（六）通讯本文文字规定限用英、法、德三种，其不谙习此三种文字中任何一种之寄信人，可用中文另纸写信粘贴通讯格式上，由本会代为译发。

（七）通讯本文无论用何种文字，绝对不得超过二十五字，并应按照格式内各行之划分，每格只填写一字，每横行五字。凡超过字数限制或未按照格式填写之通讯，一律不予寄发。

（八）通讯本文内容绝对以私人及家庭消息为限，如有逾越，即予扣发。

（九）本会收到之通讯格式，规定每周汇发一次，必要时得变通办理。寄信人寄发某一地某一人之规式每次以一张为限，每月以两次为限。

（十）本会办理通讯纯以服务为目的，除依据万国红十字会之规定每一通讯格式按照邮局□外，航空平信收费标准收取邮费美印十五元二七角，应由通讯人每次随同填好通讯格式如数附寄本会收转外，所有印刷文书等费，概由本会自行负担。

附注：附寄邮费最好购买邮局汇票宠用，并为减免每次汇兑麻烦起见，凡经常寄信人可一次汇寄邮费若干存本会备用，用毕由本会结账报告。

（十一）本简则由本会公布施行，修改时亦同。

原载《中国红十字会会务通讯》1943 年第 16 期

冬令救济工作原则

复员时期总会就冬令救济工作规定了服务对象、救济方式以及对红会救济工作的定位，制定如下原则：

（一）救济根据受振［赈］者的需要，不根据损失，同时要将能够获得其他帮助的因素除去，让真正困难而需要的能够获得救济。

（二）救济无政治、宗教、阶级等区别，即使个人行为的好坏，亦在所不问，只要他是确实需要，便应受到救济。

（三）救济用给予方式，不用假［借］贷的方式，救济给予以后，使需要的人实足接受应用，不用牵制，不附有任何条件或变相的交换方式。

（四）受难者虽已迁移，但仍应予以救济，对一些流徙中的受难者，尤不能忽视。

（五）红十字会的救济工作处于辅助地位，因为有的地方急需救济，而政府尚未及举行，或需要救济的幅度太广，政府力量容或未能普遍注意，红十字会便做些辅助工作。

原载《中国红十字会月刊》1948 年第 25 期

中华民国红十字会奖励参加
抗战有功人员暂行办法

第一条　本会奖励参加抗战有功人员依本办法行之。

第二条　本会工作人员在抗战时间合于左列规定者，分别予以奖励。

1. 有左列事项之一者，如合于政府勋奖条例，得转请政府酌予勋奖或由本会给予奖章：

甲、对于本会确具特殊贡献之事迹者；乙、迭经战役救护有功者；丙、身经战役因公负伤者。

2. 有左列事项之一者，由本会分别奖励：

甲、在会工作十年以上、成绩卓著者，除给奖章外，另给一次酬劳金十万元；乙、在会工作五年以上、成绩卓著者，除给奖章外，另给一次酬劳金五万元；丙、在会工作两年以上、成绩卓著者，给以奖状。

3. 有左列事项之一者，报请国史馆及红十字会国际联合会载入史篇，或转请政府予以褒扬：

甲、特殊劳绩因而病故者；乙、前方救护壮烈牺牲者。

本条各项规定如有身陷敌后维护红十字会业务，经证明确无附逆行为者，得比照以上各款予以奖励。本条工作年限以受降之前一日为止。

第三条　本会工作人员凡总会有案或有其他册报足资证明其身份者，得呈请奖励之。

第四条　分会工作人员如有合于本办法第二项甲乙两款之规定者，除由总会给以奖章外，其应给之酬劳金应由分会自行酬给或酌情作为受奖人之捐款。

第五条　本会工作人员呈请奖励须填具《功绩表》，总会由秘书长、分会由会长、其他单位由各该主管报请总会会长核定之。

第六条　本办法实施与停止依本会之公布。

原载《中国红十字会月刊》1946 年第 8 期

中国红十字会北平分会捐赠本校清寒教职员衣服八十件标售价款存放息金分配办法

一、标售所得全部价款，委托合作社依现价购买货物，作为救济金之基金。

二、所购之货物存于银行，作为抵押品，以洽借最低利率之借款。

三、将借款定期存储，其所得息金，即作为每月配与患病教职员之救济金。

四、此项救济金依患病教职员申请之先后为序，发放完毕为止。倘有余款，则列入下月之救济金中分配之。

五、申请救济金之教职员，必须具备左列条件，方可核发：

甲、本校现任之低薪（二〇〇元以下）教职员及其直系血亲；

乙、确系患有重病，无力治疗者；

丙、须具有本校教职员二人之书面详细证明。

六、此项救济金收支情形及受领人之姓名，由合作社每月公布一次。

七、此项基金如遇有各方捐赠时，其收支及分配办法另规定之。

八、本办法如有未尽事宜，得随时修正之。

原载《秘书处启事：中国红十字会北平分会捐赠本校清寒教职员衣服八十件，标售价款存放息金分配办法》，《国立北京大学周刊》1947年第28期

贫困儿童奖学金暂行简则

（1）本会为救济学行优良之贫苦儿童努力学业起见，特设贫苦儿童奖学金；

（2）受奖学金之学校暂以南京市区内之小学校为限；

（3）受奖学金之学生应具备下列之条件：青年会员、家庭贫寒及品学优良；

（4）凡合以上条件之学生得由校方填写《申请书》，附上学期《成绩单》及《家庭调查表》迳送本会；

（5）经本会调查后决定该学生确与本会奖学金之各条件符合，按照学生实际需要之学杂等费给予奖学金；

（6）奖学金之名额视该校青年会员人数之多寡为定，其有青年会员占全校学生人数三分之一者，得设一奖学金额，三分之二者设二额，最多者设三额；

（7）受本会奖学金之学生必要时得受本会各项训练，并担任本会之服务。

原载帆影：《南京分会的社会服务》，《中国红十字会月刊》1948年第33期

资料杂俎

中国红十字会正会长吕海寰等呈大总统报明开会毕会日期并拟定总分会章程请鉴核文并批

中华民国元年十一月二十三日

为呈明事，窃照中华民国元年十月十八日奉大总统命令，派吕海寰充中国红十字会正会长，沈敦和充中国红十字会副会长。此令！遵奉之下，感悚莫名。查中国红十字会拟开统一大会联络进行，迭经海寰呈明钧处批准有案。现复与沈敦和妥商，仍于十月三十日在上海开会，统计各省分会会员到会者共有三十余处之多，海寰等即将所拟总会分会各章程当众公布取决。所有总会章程即日施行，其分会章程因各省情形不同，公议施行一年再为修改。旋即毕会。此次各分会会员远道偕临，均极欢洽，并蒙各部总长派员与会切实演说，尤足以感动群情，宏兹盛举。从此，慈善事业可望发达，冀克上副。大总统提倡之意，下怀佩仰，莫可名言。除将各该章程分送国务院及各部存查外，理合将开会情形呈明大总统鉴核谨呈。批，据呈已悉。此批。

中华民国元年十一月二十三日

国务总理、内务总长赵秉钧，陆军总长段祺瑞，海军总长刘冠雄

原载《政府公报》1912 年第 213 期

红十字会纪事

陆军部黎副总统严行取缔私立红十字会、滥用红十字纪章，闻部定

临时章程，冒用者处以三个月以上六个月以下之监禁。

原载《申报》1913 年 8 月 19 日

红会请订奖励章程

辛亥冬间战事暨上年各省水灾，中西人士在本会担任勤务者亦未少酬劳勖，惟因本会规条未经前参议员议决，故对于此项奖励无凭办理。现值正式政府成立，而本届异常出力者较前增多，似未便再事阁［搁］置，所有应否酌予奖励之处，拟请贵部会商国务院妥为□议，俟订明奖励章程后，再由海寰调取本会前后异常出力之中西员名（单）履历，分别呈请贵部酌核给奖。

原载《申报》1913 年 11 月 12 日

红十字会纪事

陆军部定暂行章程，凡假冒红十字会标帜及滥用纪章臂章，一经发觉，照暂行新《刑律》伪造及行使公文图样罪办理。

红十字会定章，每年于九、十月间开全国会员大会，今岁各省战务救护救济疗伤瘗死颇费手续，故大会期拟延至明春二、三月举行。

原载《申报》1913 年 11 月 19 日

红十字会通告

中国红十字会总办事处昨日发出紧要通告，照录如下：

（一）辛亥年本会所发临时会员佩章及会员凭照，凡有未经缴还本会者，一律作为无效；

（一）辛、癸两年本会所颁救护队员及职员执照，凡有未经缴销者，作为无效；

（一）本会旗帜、袖章均系白地红十字，盖有陆军部印及本会关防，编有号数。如有使用他项旗帜袖章均系私制，本会概不承认；

（一）本会会员有三种，其式如下：正会员、特别会员、名誉会员；

（一）本会救护队员均穿制服，佩有袖章及腰圆式救护记章，惟队役不用记章。倘只有腰圆式记章而不穿制服者，并非本会救护队员。

原载《申报》1915 年 12 月 10 日

陆军部、内务部、海军部呈拟定《中国红十字会条例施行细则》会呈请训示文并批令

为拟订《中国红十字会条例施行规则》恭呈，仰祈鉴核事。窃查《中国红十字会条例》业奉大总统教令，公布在案。亟应核订《施行规则》，俾便遵循。兹谨体查该会情形，拟定《中国红十字会条例施行规则》七十五条，另折缮呈。敬乞大总统鉴核训示，遵行。谨呈。

中华民国四年十月五日

国务卿徐世昌

原载《政府公报》1915 年第 1228 期

大总统批令海军部内务部陆军部拟定《中国红十字会条例施行细则》会呈请训示由

准如所拟办理，交外交、财政两部查照规则并发。此批。

中华民国四年十月五日

国务卿徐世昌

原载《政府公报》1915 年第 1226 号

呈：内务总长田文烈、陆军总长靳云鹏、海军总长萨镇冰呈大总统为修改《中国红十字会条例》暨《施行规则》呈请鉴核文（附条例规则）

为修改《中国红十字会条例》暨《施行规则》，恭呈仰祈鉴核事。窃查《中国红十字会条例》于民国三年九月曾经奉令公布，又《中国红十字会条例施行规则》于民国四年十月呈，奉指令，准如所拟办理等因各在案。是项《条例》暨《规则》行之数年，征诸事实并体察该会现在情形，不无应行修改之处。现经内务、陆军、海军三部会议，依照《中国红十字会条例施行规则》第七十五条，将该项《条例》及《施行规则》修改数端，俾臻尽善。是否有当，理合缮具全文呈请鉴核，训示公布施行。再，此稿系陆军部主稿，会同内务、海军两部办理，合并声明。谨呈。九年五月二十日，已奉指令。

原载《政府公报》1920 年第 1546 号

大总统令：大总统指令第一千三百三十九号

令内务总长田文烈、陆军次长暂行代理部务罗开榜、海军总长萨镇冰：呈修改《中国红十字会条例》暨《施行规则》呈请鉴核由，呈悉，准如所拟办理。此令！

中华民国九年五月二十日
国务总理、海军总长萨镇冰，内务总长田文烈，陆军总长靳云鹏

原载《政府公报》1920 年第 1533 号

咨：内务部咨各省区、各部院、红十字总会为各团体捐募赈款应先报由中央赈务处等机关查验再行报部核奖，其应外奖人员亦照此项办法由外给奖并汇报备案文

为咨行事案，查各省区灾情重大，需款浩繁，非广为劝募，不克济事。业经由部将《义赈奖励章程》从宽改订以资激劝，呈奉批准通行在案。惟义赈请奖人员向例应由地方行政长官或中央特派人员报部复核，再行由部呈请给奖，历经办理在案。此次灾区既广，救济团体为数甚多，分向各处劝募款项情形亦较平时为复杂。本部核奖办法自应依据改订章程，查照向例，拟具划一办法办理。除捐款人将款项呈缴政府，由部随时请奖外，其各团体捐募之款，应即先行开列人名、款数，经由中央现设赈务处或各该地方行政长官暨中央法定机关查验属实，再行报部核奖。所有应由外奖人员，亦照此项办法由外给奖，并汇报本部备案，以期核实而免分歧，相应咨行查照办理可也。此咨！

中华民国九年十月十八日

原载《政府公报》1920 年第 1684 号，另见《政府公报》1920 年第 1691 号

红会全国大会修改会章

全国红十字会在总商会开会，提出会章修正草案。现该会会员中对于章程中之规定意见最分歧者，即关于常议会之一章，该章内容如下：（一）常议会设于总办事处所在地之上海。（二）常议会以议员四十八人组织之。（三）常议会议员于会员大会时选举之。（四）常议会议员遇有辞职或出缺时，以次多数递补之。（五）常议会议员任期三年，但得连选连任。（六）常议会之职权如左：㊀审查预算决算；㊁审查入会会员之资格；㊂议决会员之除名；㊃订定各项规则；㊄选举会员副会长；㊅公推理事长；㊆公推财产委员；㊇议决其他重要事件。（七）常议会之议长、副议长（各一人），均由议员中互选之。（八）常议会每月开会

一次，由议长召集之。（九）常议会除议长外，非有四分之一以上出席之议员，不得开会。议长因事缺席时，以副议长代之。（十）常议会之议决以出席议员过半数之同意行之。（十一）常议会于战时及有紧急事件得开临时会，由议长召集之。（十二）常议会于会员大会时，举行第三十二条第五项之选举，用记名单举法行之，以得票多数者为当选，被选者须以会员为限。

原载《申报》1922 年 6 月 27 日

红会全国大会修改会章再志

中国红十字会讨论会章。各省分会代表出席者四百余人，苏督代表何宗清、上海交涉员代表陆昶彬及宋汉章、杨小川、蔡廷干等均准时列席。首由议长杨小川报告，今日请本会副会长蔡廷干主席致词。继由理事长将该会章程修正草案逐条朗诵，请众讨论。讨论中，汉口分会代表忽声明退席，略谓今日通过会章如与政府条例有所抵触，本会亦不同意云云。此后，会众仍继续讨论，对于草案略有修改，一一通过。

原载《申报》1922 年 6 月 28 日

红十字会刊印章程汇刊

本埠中国红十字会总办事处现将会务章程逐一宣布，装订成册。内有《万国红十字会规约》《日来弗红十字会海战条约》《中国红十字会修正章程》《红十字会分会通则》《中国红十字会市医院章程》《上海吴淞两口防护染疫章程》。其他如战地救护队、伤兵医院、时疫医院、总医院护士学校、救济妇孺收容所、掩埋队、会员入会等章程、中国红十字会救护队现行服制图说、红十字会佩章彩图及急疫须知等，逐类说明，共百余页。

原载《申报》1927 年 9 月 24 日

资料杂俎

红会前日开代表大会（通过章程）

中国红十字会第三届会员代表大会于二十日假天后宫桥商整会举行，到分会代表一百二十八处，公推主席团王一亭、王培元、闻兰亭、李次山、蒋大秋，记录嵇鹤琴、卫锐峰。章程全文分十章六十一条，计（一）总则、（二）会务、（三）会员、（四）组织、（五）财产、（六）战时及灾患时之特例、（七）分会、（八）保护、（九）奖励及惩罚、（十）附则。该章程为红会常议员林康侯、王晓籁、闻兰亭所起草，外交部部长王正廷及内政卫生二部共同修正。复经红会大会选出审查章程委员闻兰亭、李次山、蒋达秋等审查，大会时又经各分会代表严密之讨论，其要点为改会长制为委员制，常议员四十九人、执行委员十一人、理事长一人、下设文书、赈务、医务、宣传等处，并加入救贫、育婴、养老诸条文，较旧章得更易十分之六七。对于财政，列入严密之条文，今日午前投票选举，午后讨论各分会之提案云。

原载《申报》1930 年 4 月 22 日

训令第二六二一号
十九年七月十二日

令工商部：

　　为令行事案，查前据该部呈，据世界红卍字会、中华总会代表熊希龄等呈为红卍字标识关系国际信用，请援照红十字章禁止作用商标各节，应否准如所请，祈鉴核令遵等情。当以红卍字会原系由内政部转请准予继续立案，经将此案令交内政部核议据复并指令该部知照在案。兹据内政部民字第二六三号呈复称，查此案前据该会呈请到部，当以商标事项系属工商范围，咨请工商部办理，旋准。复开：查此案并据该会分呈到部，当以红十字章不得作为商标业于《商标法》第二条第二项载明，该会在国际上地位已否与有公约之红十字会相等。在现暂适用之《商标法》中并无明文规定，所请各节应留待改订《商标法》时提议研究等语批示并令行商标局知照，请查照等由各在案。兹奉前因遵查此案。既经工商部核明新《商标法》对于红十字标识并无若何规定，似未便比照红十字，不得作为商标办法一律查禁所有遵令核议缘由是否有当，理合呈请鉴核施行等情前来，应如所议办理，除指令外，合行令仰，该部转饬该会知照。此令！

原载《行政院公报》1930 年第 169 期

红会临时大会决议修改章程

中国红十字会大会第三届临时会员大会继续开会。到分会代表二十余处，各级会员五十余人，国民政府、市政府派代表胡鸿基、阎森莅会致词。委员闻兰亭、洪会员雁宝提议，大会既经成立，应接受国民政府颁发《红十字会善后办法》四条，组织修改章程委员会，并推定委员十一人，修正《章程》及《选举法》。公推洪雁宝、徐熙春、薛少廷、闻兰亭、蒋达秋、杨克、叶植生、吴甲三、周光九、李振邦、董心琴为委员，并请该会执行委员会诸委员，参加列席……兹将致各委员函附录于后：径启者，本会第三届临时会员大会于本月十九日继续开会，佥以本会旧有章程已不适用，又不完备，议决设立修改章程委员会，经多数赞成通过在案，并公推洪雁宝等诸会员为委员，请本会执行委员会诸委员参加列席。

又闻该会于二十日下午二时，开第一次修改章程委员会，计到者李振邦、薛少廷、徐熙春、洪雁宝、闻兰亭、王培元、周光九、董心琴、叶植生等，公推闻兰亭为委员长。洪雁宝提议，今日开会伊始，各种旧有章程均未研究，无从讨论，应请主席将本会各种章程详细研究后，俟下次开会时再行提出讨论。主席提议，定本星期六（二十三日）开第二次修改章程委员会。叶委员植生提议，本会应定办事细则，主席定叶委员为起草员。

原载《申报》1930 年 8 月 21 日

红会修改会章委员会第二次会议

红十字会修改会章委员会开第二次会议……通过叶植生所订该会

《办事细则》，主席提议修改《中国红十字会章程》，当经共同讨论，逐项研究，自第一章第一条至第四章第二十五条均已修正通过。兹将《办事细则》列后：

《中国红十字会第三届临时大会修改会章委员会简章》及《办事规则》。第一条，定名，本委员会由第三届临时大会产生，故定名为"第三届临时大会修改会章委员会"；第二条，宗旨，本委员会以修改中国红十字会全部会章为宗旨；第三条，组织，本委员会由第三届临时大会公推三十一人组成之，另设主席一人，由十一人中推定之；第四条，职权，本委员会各委员纯属义务职，有修改中国红十字会全部会章之权；第五条，集会，本委员会每次开会由推定之主席召集之，时间由主席酌量之；第六条，会议，本委员会专议修改会章，不及其他事项。会议时，对于某条某项有修改之必要，应由一人提出，二人副议，方可动议，经出席委员过半数之通过，得表决之；第七条，法定人数，以过半数为法定人数；第八条，任期，本委员会以修改会章终了交付常议会呈请国府备案为满期；第九条，实任，本委员会各委员既经公推，定应负一部分之责，每届开会时应按时到会，不得藉［借］故不到，有妨会务之进行。

原载《申报》1930 年 8 月 25 日

红会修改会章委员会第三次会议

红十字会修改会章委员会开第三次会议……宣读上届议案，众无异议，主席签字。⊝主席提议，继续修改《中国红十字会章程》，自第四章第二十六条起至第九章第六十一条止，均修改完竣，俟下届开会，提出二读。⊝吴委员甲三提议，《常议员选举规则》《议事细则》及补行各项规则，应根据会章由常议会起草，公议，函请常议会从速订定并讨论选举办法。

原载《申报》1930 年 8 月 28 日

红会修改会章委员会第四次会议

中国红十字会修改会章委员会于九月一日下午二时开第四次会议……宣读上届议案，众无异议，由主席签字。㊀主席宣读常议会复函"所有《常议员选举规则》《议事细则》及补订各项规则函委托本会代为编订，请公决"，公议准代为编订，去函知照。㊀主席提议既允常议会代为编订各项规则，应推定起草员，公推洪雁宝为《常议员选举法》起草委员，叶植生为《议事细则》起草委员。㊀叶植生提议将《中国红十字会章程》提付二读，公议照办，当即逐条讨论。叶植生起言，第一条"本会为法律上之社团法人"，应改为"国际上慈善法团"。洪雁宝起言第二条"日来佛条约"之"佛"字，照译音应改为"弗"字，并应用括弧，添加英文名称。又言第四条应改在章程第末条。薛少廷起言，第七条"棺柩所"应改为"施材所"。洪雁宝起言，"第一条"三字可删，"以上列各机关之规则另定之"一句，改在第七条之末。王培元起言，第九条第一项"如器械、药品、绷带等"，而"器械"二字欠明白。洪雁宝起言，此条不如改为"药品、绷带等治疗用之器械及消耗品"。蒋达秋起言，第三章"组织"、第四章"会务"，应查照旧章改为第三章"会务"、第四章"组织"，杨克附议。叶植生起言，第三章第十四、十五、十六三条，应改在第九章第六十一、六条之后；第十七条应改在第五章第四十六条之后。洪雁宝起言，"代表大会"应改为"会员大会"。又第三十一条"主席办理会务，代表本会监督及任免所有职员"一句，应改为"主席办理会务，代表本会及监督与任免所有职员"。王培元起言，第三十五条"召集临时大会限五星期"恐远道分会不及赴会，应改为"六星期"。又言第五章"财产"项下应添"本会所有财产呈报国民政府备案，分会所有财产呈报总会，由总会转呈备案"一条。洪雁宝起言，第三十八条"大会之主席，由常议会议长充之"，嫌人数太少。叶植生附议，当改为"大会之主席由常议会正副议长及执行委员会正副主席充之"。蒋达秋起言，第五十九条应改在第三十条之后。杨克起言，第九章"奖励及惩罚"应分为二章，"惩罚"二字亦欠妥，应改为第九章"奖励"，第十章"纪律"。叶植生起言，原有"第十章"三字应删去。蒋达秋对于"代表大会"改为"会员大会"及第六十二条尚须研究。

原载《申报》1930 年 9 月 3 日

红会修改会章委员会第五次会议

中国红十字会修改会章委员会于本月五日下午二时开第五次会议……宣读上届议案，众无异议，主席签字。主席起言："红十字会章程今日应提出三读"。吴甲三起言，本会名称宜更为"中华民国红十字会"，请公决，多数赞成。爰将本章程名称改为"中华民国红十字会"。章程第一条改为"本会为国际上慈善法团，由本会会员组织之，定名为中华民国红十字会，简称为中国红十字会"。洪雁宝起言，第六条第二项"总医院内附设护士学校"，与第五条"造就义勇医士护士"一语不符，应改为"总医院附设义勇医士护士学校"。蒋达秋起言，第十四条应改为"其代表选举法及应派代表之人数另定之"。洪雁宝起言，第十八条应改为"执行委员会由常议员互选执行委员十一人组织之"。又第二十三条第三项应改为"特赠名誉会员、特别会员及推赠各种奖章"。又第二十四条各项亦须改易次序，应改"㈠对于政府及各机关接洽事件；㈡审查入会会员之资格；㈢核准分会之设立；㈣监督各分会事务；㈤监督所属机关；㈥编造预算决算"。蒋达秋起言，杨尧附议"常议员及执行委员是否义务职"应用明文规定，多数赞成。爰将第二十八条改为"常议会议员及执行委员，任期三年，连举得连任之，但均为义务职"。又第三十条亦欠完备，应改为"分会总额五分一以上，或会员总额十分一以上联合之请求，召集临时大会"。吴甲三起言，第十九条下应添"均由执行委员互选之"一句。第三十条"由常议会于六星期内召集之"一句，时间究嫌太短，应改为两个月。杨克起言，第三十一条"目的"应改为"事项"。洪雁宝起言，第三十八条第二项"钱"字，应改为"银"字。第三十九条"分会所有财产呈报总会，由总会转呈备案"一节，应改在第五十三条之后，另立一条。蒋达秋起言，第三十八条第三项"屋"字，应改为"产"字。洪雁宝起言，第四十五、六二条，"运输材料等或需用飞机"，每项内应添"飞机"二字，"须临时陈请之机关依海陆军人员行军法办理"一句内，应添一"空"字。蒋达秋起言，第四十七条应改为"如遇战时，凡常议员及执行委员之任满，得延长其任期，但不得超过一年"。吴甲三起言，分会应受总会之补助，宜照旧章保留，多数赞成，照旧章，改为"得受总会及地方官厅之补助"。又第五十四条尚须研究，薛少廷附议，公决，改为"得派代表列席常议会及执行委员陈述意见"。洪雁宝起言，第五十五条"分会通则另定之"一句可删，应改在第四十九条之下。蒋达秋起言，第五十六条第四项须改易次序，应改为"（四）凡有功于本会者，视其成绩得赠上列各项奖章。上列各项奖章，须经常议会之议决"。薛少廷起言，第五十七条第四项末句，应添"捐款"二字，改为"但所纳会费及捐款概不发还"。吴甲三、叶植生、蒋达秋、洪雁宝、杨克先后起言，对于"附则""第五十八、五十九两条，须详加讨论"，妥为修改，公决，将"第五十八、五十九两条"字样删去，改为一、二两项，并由蒋达秋改为"㈠本章程于会员大会通过，呈请政府核准备案，发生效力。㈡本章程之修改须经全国会员大会出席代表过半数之通过"。主席提议，本会章程业已三读完竣，应即修改《分会通则》及《常议员选举法》，定下星期二（九月九日）起，每日下午二时继续开会。

原载《申报》1930 年 9 月 7 日

红会修改会章委员会第六次开会

中国红十字会修改会章委员会于九月九日下午二时开第六次会议。计到者闻兰亭、李振邦、王培元、薛少廷、吴甲三、杨克、叶植生、刘鸿生、洪雁宝诸委员，主席委员长闻兰亭。行礼如仪，宣读上届议案，众无异议，主席签字。㈠吴甲三提议，本会《章程》及《分会通则》，虽由第三届大会通过，但未经二读及三读会通过，手续本未完备，本委员会由第三届临时会员大会推定十一人组织而成，负责修订所有各项章程，由本委员会三读通过后，即将此项草案印出，分寄全国各分会及各级会员，各抒意见，提交下届大会，并呈请政府备案，请公决。公议，本会各项章程先用书面通知各分会查照，呈请国民政府备案。㈠主席提议，请公推执行委员会章程起草员，公推吴甲三为起草委员。㈠主席起言，《常议员选举法》已由洪雁宝编订完竣，计分四章，共四十五条。大旨为本会会员遍于国内外，欲谋选举之普及，特定两级选举法，即初选举与复选举。今日应付初读。杨克起言，第一条应改为"本选举法依照《中华民国红十字会章程》第某章第某某条之规定，特订定之"。㈠杨克起言，薛少廷附议，第四条应添"分函各分会"一句。㈠主席起言，第五条应改为"全国会员大会选举人数，以出席代表人数为标准"，杨克附议。○薛少廷起言，第八条应改为"选举票有涂改字迹模糊不能辨认者、错写姓名不能定其人者，均作废票论"。○薛少廷起言，第九条应将"（三）青年会员"一句删去，并公议添加"上列各会员，均得代表出席"一语。又第十条"入会满六年以上之普通会员"一句亦应删去，正会员四年改三年。○主席起言，第十一条应改为"票数相同者，以年龄为序，年同，以抽签定之"。○薛少廷起言，第十二条应改为"初选举以各分会所在为选举区"。又第十三条应改为"初选举监督以分会议事长充之"。○主席起言，第十四条应添"有正会员五百人以上者四名，有正会员一千名以上者五名"二句。○杨克起言，第十七条应改为"初选举票钤盖本会关防，邮递各分会，定期举行投票"。又第二十条应改为"分会于投票日，应举行初选仪式，当众开票，由议事长盖印固封"。薛少廷、吴甲三附议。○吴甲三起言，第二十一条"会员代表大会"六字、"会长"二字，均可删去。第二十二条应改为"初选当选人接到总会通知后，须按期出席大会"。○主席起言，第二十三条"均须悬挂会章"一句，应改为"均须悬挂本会会员大会时特制之徽章"。第二十四条"代表旅费"之规定，应改为"其旅费数额由常议会临时酌定之"。○薛少廷起言，第二十六条应改为"复选举以总会所在地为复选区"，并公议第二十七条应改为"复选举由总会常议会正副议长、执行委员会正副主席为监督，并呈请国民政府派员监视"。○主席起言，第三十条"当选常议员须居住上海二年以上"，应改为"但当选后须常驻上海"。又第三十一条应改为"复选当选名额为四十九人，亦次多数十七人为候补当选人"。第三十三条应改为"复选时间以大会会议终了后举行之"。第三十四条"由总会指派之"，应改为"由大会主席指派之"。第三十五条"由监督委之"，应改为"由大会公推之"。○主席提议，叶植生、吴甲三、杨克附议，第三十五条应改为"有喧扰会场或劝□选举者，主席得停止其选举及被选举权"。又第三十六条"方可发给选举票"，"可"字应改为"得"字。第三十七条应改为"复选举票每一代表发给一本，每本四十九张，每张举一人"。第三十八条"由监督盖印存会"一语，应改为"由主席及监察员盖印保存会"。第三十九条"限于一星期内表示就职"应改为"须于二星期内表示就职"。○主席起言，第末章及第末条可删，其条文应改为"本选举法呈请国民政府查准备案后，发生效力"。○李振邦提议，选举议员应有下列资格方能当选："（甲）须在社会上颇有声望者；（乙）本人须道德高尚实心为善者；（丙）本人须有办理慈善事业之经验者；（丁）本人须乐善好施能为本会劝募捐款并会员者"，谓公决。公议，所见极是，暂时保留，俟提交会员大会核议。㊀主席起言，本选举法洪雁宝厘定为四章四十五条，此次修改计分三章三十九条，初读业已完竣，明日继续开会，修改《分会通则》。议毕散会，已五时余矣。

原载《申报》1930 年 9 月 11 日

红会修改会章委员会继续开会

中国红十字会修改会章委员会于九月十日下午二时继续开会。计到者李振邦、徐熙春、王培元、王晓籁、闻兰亭、杨克、吴甲三、叶植生、薛少廷、董心琴、刘鸿生、洪雁宝诸委员，主席委员长闻兰亭。行礼如仪，宣读上届议案，众无异议，主席签字。㊀主席起言，今日应将《中华民国红十字会分会通则》，提付初读，请详细讨论。㊀吴甲三起言，第一条"除依本会章程规定外"，"本会"二字，应改为"中华民国红十字会"。㊀杨克起言，第二条应改为"国内各市县及繁盛区域得设立分会，每区域以一分会为限，但通商巨镇或海外衢埠有特殊情形，经总会特许者，不在此限"。㊀吴甲三起言，第三句亦应改为"分会应以所在地之名称，定为中华民国红十字会某某分会"。又第四条第四项可以删去。又第五条"并得设办事处"一句，应改为"并得分设办事处"。㊀杨克起言，第六条应改为"分会成立后，应用图记印旗，由总会发给之"。吴甲三起言，"总会所用为关防，分会应改用钤记"，多数赞成，爰将第六条"图记"改为"钤记"。㊀吴甲三起言，第七条应改为"分会成立后，将各职员名册呈报总会，由总会函请内政、外交、军政各部及该省政府备案，并函分会所在地行政官署依法尊重保护"。主席起言，"尊重"二字可删，第八条可删，众赞成。又原文第九条应改为"分会受总会监督及指导，于必要时，得由总会派员视察或整理之"。㊀叶植生起言，第二章可删，应并入第四章。杨克起言，第三章"会员"应改为第二章；第四章"职员"应改为"会务"，列为第三章；原文第十二条第一项，"行使"二字，应改为"享受"。第二项可删，第三项应改为"分会会员于移转时，应呈验总会凭照，并纳参加费一元"。㊀叶植生起言，原文第十三条第二项应改为"选举或被选为全国会员大会之代表"。第五项应改为"审议分会预算决算及办事细则"。㊀主席起言，第十四条应改为"分会会员每年三月开大会一次，于必要时，得开临时会"。又第十五条"议长缺席时，以副议长代之"一句及第十六条"但必要时不在此限"二句，均可删去。又原文第十七条末节应改为"以上各项应由分会主席报告总会查核备案"。⊝吴甲三起言，原文第十九条应改为"议事员由分会会员大会选举之，任期三年，同时选出三人至五人为候补议事员"。⊝杨克起言，原文第二十、二十一两条应对易，并改为"议事会设议长一人，副议长一人，由议事员互选之，均义务职。议事会每月开会议一次，由分会议长召集之，遇有紧要事件时，得召集临时会"。⊝主席起言，原文第二十二条应改为"议事会非有三分一以上之出席不得开议，其议决事件以出席议事员过半数决之可否，同数取决于议长"。又原文第二十三条可删。⊝吴甲三起言，原文第二十四条应添"副主席一人"。⊝叶植生起言，原文第二十五条"任期二年"改为三年，并添"均属义务职"一句。⊝吴甲三起言，原文第二十六条可删。杨克起言，原文第二十九条"文牍"改为"文书"，"书记"改为"庶务"。⊝主席起言，原文第三十条应添"分会所有财产应呈报总会，转呈国民政府备案"一条，列为第五项。⊝杨克起言，原文第三十一条"并稽核收支"五字可删。⊝主席起言，第六章及第末条均可删去。⊝主席起言，明日继续开会，二读《常议员选举法》。议毕散会，已五时余矣。

原载《申报》1930 年 9 月 12 日

红会修改会章委员会继续开会

中国红十字会修改会章委员会于九月十一日下午二时开八次会议。计到者李振邦、闻兰亭、徐熙春、王培元、吴甲三、叶植生、董心琴、王晓籁、薛少廷、刘鸿生诸委员，记录卫秘书锐峰。行礼如仪，宣读上届议案，众无异议，主席签字。⊝主席报告，今日二读《常议员选举法》。⊝吴委员甲三起言，第十二条应改为"初选举法，凡属于总会之会员，以总会为初选举区，属于分会之会员以各分会为初选举区"。第十三条应改为"初选监督，总会以正副议长正副主席充之，分会以正副议长正副主席充之"。⊝李委员振邦起言，第十四条应改为"初选当选名额如左：（一）有正会员卅人者一名；（二）有正会员、普通会员三十人以上至一百人者二名；（三）有正会员、普通会员一百人以上者三名；（四）有正会员、普通会员五百人以上者四名；（五）有正会员、普通会员一千人以上者五名"。吴委员甲三起言，应添"但至多不得过五名以上"一句。㊀主席起言，第十五条须详加修改，公议，第十五条改为"初选日期由总会于三个月以前通知各分会，总会同时通知各会员并由总会常议会推定九人至十五人，组织筹备大会委员会，办理大会一切事宜，细则另订之，但筹备委员不以常议员为限"。㊀吴委员甲三起言，第十七条应改为"总会接到分会初选名册后，即于二星期内将初选选举票钤盖本会关防"。㊀主席起言，第十九条"由议事长盖印固封"一句，应改为"由议长及监察员监印固封"。㊀叶委员植生起言，第二十条末尾应添"送交总会筹备大会委员"一句。㊀吴委员甲三起言，"附则"应添"本选举法修改须经全国会员大会出席代表过半数之通过"一条，列为第二项。㊀主席起言，本选举法今日二读，业已完竣，明日继续开会，二读本会通则。议毕散会，已五时余矣。

原载《申报》1930 年 9 月 13 日

红会修改会章委员会继续开会

中国红十字会修改会章委员会于九月十二日下午二时开第九次会议。计到者李振邦、闻兰亭、蒋达秋、杨克、徐熙春、王培元、吴甲三、叶植生、董心琴、薛少廷、洪雁宝、王晓籁诸委员，主席委员长闻兰亭，记录秘书卫锐峰。行礼如仪。㊀主席报告，今日二读《分会通则》。蒋达秋起言，第一条应改为"分会依《中华民国红十字会章程》及本通则之规定组织之"。㊀杨克起言，第九条"均得在该分会享受之权利"数语，应改为"均在该分会尽同等之义务，享同等之权利。分会会员于移转时，应向所属分会缴验总会凭照，并纳参加费一元"。徐熊（熙）春附议。㊀蒋达秋起言，第十一、十二、十三各条，应改列第三章，而第三章"会务"二字亦欠合，应改为"组织"，并依据《红十字会章程》应增改例文。当由蒋达秋起草，自第十一条起至二十六条止，共计十六条，逐条宣读，多数赞成。㊀徐熙春起言，第二十六条第五项应改为"以上所有财产应呈请总会转呈国民政府备案"。㊀蒋达秋起言，第二十七条应改为"分会财产管理员二人或三人，由议事会互选之"。

㊀主席起言，"附则"第一项，应依据《红十字会章程》改为"本通则于会员大会通过，呈请国民政府核准备案，发生效力"。㊀主席起言，《分会通则》今日二读，业已完竣，明日继续开会，三读《常议员选举法》，如有余暇，三读《分会通则》。议毕散会，已五时矣。

原载《申报》1930 年 9 月 14 日

红会修改会章委员会继续开会

中国红十字会修改会章委员会于九月十三日下午二时继续开会。计到者李振邦、闻兰亭、蒋达秋、董心琴、王培元、杨克、吴甲三、叶植生、王晓簌、薛少廷、刘鸿生、洪雁宝诸委员，主席委员长闻兰亭，记录卫秘书锐峰。行礼如仪。宣读上届议案，众无异议，主席签字。㊀主席报告，今日三读《常议员选举法》。据蒋委员达秋意见，本选举法尚须修改之处极多，宜郑重将事详加研究，故今日三读，改为讨论，俟下届再付三读。㊀董委员心琴起言，蒋委员达秋附议，本选举法定名，宜改为"中华民国红十字会选举法"，并将章则改为"第一章、总则；第二章、全国会员大会代表选举法；第三章、常议会议员选举法；"㊀董委员心琴起言，第一条应添二项，"一、全国会员大会代表选举；二、常议会议员选举法。"㊀蒋委员达秋起言，所有条文均须移易原文，第十二条改为第二章第二条，其条文改为"凡属于总会之会员，以总会为选举区；属于分会之会员，以各分会所在地为选举区"。原文第九条改为第三条，"上列各项会员均得代表出席"一语划去，"即有选举为常议员之权"一语改为"即有被选举出席代表之权"。原文第十四条改为第四条，公议，将条文改为"代表之人数，规定如左：（一）每分会有会员三十人以上者一名；（二）每分会有会员五十人至一百人者二名；（三）每分会有会员一百人至二百人者三名；（四）每分会有会员二百人至五百人者四名；（五）每分会有会员五百人以上者五名，但至多不得过五名"。原文第十五条改为第五条，公议，将"总会同时通知各会员"一语，应改为"总会同时通知所在地各会员"；"总会组织会员大会"一节，应另列条文。原文第十条改为第六条。第十七条改为第七条。第十八条改为第八条，并将条文改为"代表选举票用记名连选法"。原文第十九条改为第九条，并公议将条文改为"分会于接到总会选举票后，应

《中国红十字运动史料选编》（第六辑）
404

择定日期召集会员大会，举行选举仪式，由正副议长、正副主席负责监察"。原文第二十条改为第十条，公议将条文改为"选举代表按照名额，以得票最多数者为当选人。各分会于选举后，应将经过详情连同选举票，呈报总会"。原文第二十一条改为十一条，第二十二条改为第十二条。第二十三条改为第十三条。第二十四条改为第十四条。杨委员克起言，应将条文改为"出席全国会员大会之代表，于大会期间在沪膳宿费由总会支给，其数目由常议会临时酌定"。原文第二十五条改为第十五条。第二章原文第二十六条改为第十六条，将条文改为"常议员选举以总会所在地行之"。第二十条改为十八条，公议，将条文改为"常议员当选人不以出席代表为限，凡为中华民国国民年满二十五岁、入会满二年以上之名誉会员、特别会员及正会员，均得被选为常议员，但被选后须常驻上海，俾免缺席"。原文第二十八、二十九、三十各条，均删去。原文第三十一条改为第十九条。吴委员甲三起言，常议员名额须酌加，主席及李委员振邦附议。公议，改为五十一人。原文第三十二条改为第二十条，三十三、三十四两条删易。原文第三十五条改为第二十一条，杨委员克起言，"劝诱"二字，改为"运动"。第三十六条改为二十二条。第三十七条改为二十三条，公议，将条文改为"常议员选举票用记名连选法，每一代表发给编号选举票一本，每本五十一张，每张选举一人，应以□笔填写为有效"。原文第三十八条改为二十四条。原文第二十八条改为第二十五条。第二十九条改为第二十六条。㊀主席起言，今日三读《选举法》，改为讨论，下星期一（九月十五日）继续开会，三读《选举法》，如有余暇，三读《分会通则》。议毕散会，已五时余矣。

原载《申报》1930 年 9 月 15 日

红会修改会章委员会继续开会记

中国红十字会修改会章委员会于九月十五日下午二时继续开会。计列席委员为李振邦、闻兰亭、蒋达秋、董心琴、徐熙春、王培元、叶植生、吴甲三、杨克、王晓籁、刘鸿生、薛少廷、洪雁宝等，主席闻兰亭，记录卫锐峰。行礼如仪，宣读上届议案，众无异议，主席签字。㊀主席报告，今日三读《选举法》及《分会通则》，现在先三读《选举法》。㊀蒋达秋起言，"全国会员大会代表"句应改为"全国会员大会出席代表"，下仿此，又第三条末尾应加"上项各会员须入会满一年以上"一句。㊀主席起言，第四条总会出席代表，其人数亦应规定。公议，添第六项，其条文为"总会出席代表之人数同"。㊀蒋达秋起言，第五条"总会同时并通知所在地之各会员"，应改为"总会同时并通知直属之各会员"。㊀主席起言，第七条"各会员定期举行投票"之"定"字，应改为"限"字。㊀董心琴起言，第八条应修改，蒋达秋附议，将条文改为"出席代表之选举用记名连选法"。又第九条"举行选举仪式"应改为"办理选举事宜"。㊀蒋达秋起言，第十一条宜修改，并宜与第十五条并为一条。㊀董心琴起言，可将条文改为"各分会选定之出席代表应持该分会证明书，于报到时向总会换取出席证，并开具临时通信地点"，多数赞成。㊀蒋达秋起言，第十一、十二两条应互易，第十二条改为第十三条，其条文应改为"代表于开会时应按时出席，不得延误"。㊀李振邦提议，各分会派代表出席大会，道路遥远，倍极贤劳，自宜特别奖励，以增兴趣。㊀董心琴起言，原文第十五条已删去，并在第十一条应添"大会为慰劳各分会出席代表起见，于大会结束后，得酌量推赠纪念物品"一条，作为第十五条。㊀主席起言，第二十一条可删，蒋达秋起言，原文漏列"公推□票员等"一条，即"将举行选举，应由大会推定写票员、监票员、唱票员，人数临时公决之"一条，补列为第二十一条。又，第二十二条"至大会"三字及末尾"选举票"三字，均可删去。又，第二十四条"有模糊不能辨认者"句应改为"选举票有字迹模糊及涂改不能辨认者"。又，第二十六条应改为"常议员于接到当选通知书后，须于二星期内表示就职"。又，"附则"第一项应改为"本选举法由常议会审定，呈请政府核准备案后发生效力"。主席起言，"附则"第二项可删去。㊀主席报告，《常议员选举法》三读业已完竣。此刻应继续三读《分会通则》。㊀董心琴起言，第一条应改为"分会依《中华民国红十字会章程》第七章第四十九条及本通则之规定组织之"。㊀公议第五条分会得分设办事处，自应加以限制。蒋达秋起言，可将原条文改为"分会应择定地点为会所，于必要时并得分设办事处，隶属于该分会，但应将理由报告总会，总会如认为不妥，得制止之"。㊀蒋达秋起言，第十条应改为"会员义务权利除依照总会章程规定外，应如下列之规定"。第四条应改为"出席会员大会提议及决议事件"。第六项可删。又第十七条，应改为"对外代表该分会，并处理会务监督所属人员工作"。㊀徐熙春起言，第二十二条第二项"议决会员大会之准否及除名权限"欠分明。㊀蒋达秋起言，"议决"改为"审议"，并将末条改为

"以上各项应由分会执行，委员会报告总会，查核办理"。㈠主席报告，此次三读《分会通则》除第一、第五、第十、第十七、第二十二各条略加修改外，余均通过，《分会通则》亦已三读完竣。明日继续开会，初读《执行委员会章程》。议毕散会，已五时矣。

原载《申报》1930 年 9 月 17 日

红会修改会章委员会继续开会

中国红十字会修改会章委员会于九月十六日下午二时继续开会。计列席委员为李振邦、闻兰亭、叶植生、王培元、蒋达秋、王晓籁、刘鸿生、徐熙春、薛少廷、洪雁宝等，主席闻兰亭，记录卫锐峰。行礼如仪，宣读上届议案，众无异议，主席签字。㈠主席报告，今日初读《执行委员会章程》及《执行委员会分处细则》，现先读《执行委员会章程》。㈠主席起言，执行委员会名称宜改为"中华民国红十字会执行委员会规程"。又第十六条应改为"本会为处理会务，分设文书、经济、赈务、医务、青年、宣传六处，每处设处长一人，由执行员之处委会互选理（由执行委员互选之，处理）本会一切事宜。其《分处简则》及《办事细则》，另行规定。并得延聘理事一人，受执行委员会之督率，办理日常事务"。㈠主席报告，《执行委员会规程》除名称及第十六条应修改外，余均通过，初读业已完竣，应继续初读《执行委员会分处细则》。㈠李振邦起言，第四条第四项"经济"二字应改为"资产"。㈠王培元起言，第五条第二项"灾害"二字应改为"灾情"。又，第七条"青年处之职掌"，宜加以增减，俟下届提出讨论。又，第六条应添一第七项，其条文为"依照总会章程，设置义勇医士护士之设计"。㈠主席起言，第八条第五项应改为"于本会所在地各机关举行纪念会时，派员列席"。第九条应改为"各处设处长一人，由执行委员互选之"。第十条应改为"各处按工作繁简，分股办事，酌设主任一人，干事录事或书记若干人，由各处处长提请执行委员会通过，由主席任免之"。㈠主席报告，《执行委员会规程》及《分处细则》初读均已完竣。明日继续开会，提付二读。议毕散会，已五时矣。

原载《申报》1930 年 9 月 18 日

红会修改会章委员会继续开会

中国红十字会修改会章委员会于九月十七日下午二时开第十二次会议。计列席委员，为李振邦、闻兰亭、蒋达秋、吴甲三、叶植生、王培元、王晓籁、刘鸿生、杨克、薛少廷、董心琴、徐熙春、洪雁宝等，主席闻兰亭，记录卫锐峰。行礼如仪，宣读上届议案，主席签字。〇主席报告，今日二读《执行委员会规程》及《分处简章》，现先二读《执行委员会规程》。〇主席起言，十三、十四、十五、十六四条，条文宜修改，次序宜互易。吴甲三附议。公议，第十六条改为第十三条，其条文改为"本会为处理会务，分设文书、经济、赈务、医务、青年、宣传六处，每处设处长一人，由执行委员会互选之，处理本会一切事宜。其《分处简则》及《办事细则》，另行规定"。第十四条照旧，其条文改为"本会设理事一人，受本会之督率，处理日常事务，由执行委员会聘任之"。第十五条照旧，其条文改为"理事得列席委员会，陈述意见"。第十三条改为第十六条，其条文改为"本会设秘书一人，办理开会记录及整理议案，起草函牍，由执行委员会聘任之"。〇李振邦起言，第十七条"顾问任期以本会届满为限"一句，可以删去。又，"开会时得请其列席"一句应改为"开会时得列席陈述意见"。〇主席起言，第十八条"法律顾问"可并入第十七条"本会宜请会计师一人审查会内账目"。吴甲三起言，第十八条条文可改为"本会得聘会计师一人，审核本会收支一切账目，其人选及公费数额须经常议会之同意，由主席聘任之，任期一年，连聘得连任之"。〇王培元起言，第十九条亦宜修改，公议"本规程经常议会通过，发生效力；本规程之修改，得由执行委员会提交常议会之同意，得修改之"。〇主席报告，《执行委员会规程》已二读完竣，现在继续二读《执行委员会分处简则》。〇王培元起言，第六条第五项应添"并设临时伤兵医院及掩埋队"二语。又，第七条第二项应改为"征求青年会员之大运动"，并添第七项关于青年之德育、智育、体育之教育。第八项关于各国红十字会青年之交际。〇主席起言，第十条"分股办事，拟从缓办"可删去，王培元附议。〇主席报告，《执行委员会规程》及《分处简则》二读均已完竣，明日继续开会初读《议事细则》。议毕散会，已五时矣。

原载《申报》1930 年 9 月 19 日

红会修改会章委员会继续会议

中国红十字会修改会章委员会于九月十八日下午二时开第十三次会议。计列席委员，为李振邦、闻兰亭、叶植生、董心琴、王培元、吴甲三、徐熙春、蒋达秋、王晓籁、刘鸿生、洪雁宝、杨克、薛少廷等，主席闻兰亭，记录卫锐峰。行礼如仪，宣读上届议案，众无异议，主席签字。㈠主席报告，今日初读《会议细则》。㈠主席起言，第一条应改为"全国会员大会开始时应依据会章及普通会议之通例，特另订会议之次序如左"。又，第四项应改为"主席报告大会筹备之经过"。又，第四条应改为"开会时之主席，依据会章第四章第三十三条之规定"。董心琴附议。㈠李振邦起言，第五、六、七各条内，"书记"应改为"记录"，"纠察"亦应改为"纠□"，"开票员"应改为"唱票员"，"检票员"应改为"写票员"。㈠董心琴起言，"由大会推定之"各句，均应改为"大会临时推定之"。㈠董心琴起言，第八条应改为"大会开幕后，各种会议应循序进行，不得因代表缺席及离席而停止"。㈠吴甲三起言，本通则可以不必分章，所有第几章等均可删去。又，第九条内"次序"二字应改为"秩序"。第十条应改为"主席有授受提案及报告之义务"。第十一条及第十二条"但□于必要之事外，此种权利应当放弃"二句，均可删去。㈠主席起言，第十五条应改为"主席有依法处决谁为应得地位之权，并有权以处决秩序之争点"。又，第十四条应改为"会员各有维持会议秩序之义务"。㈠董心琴起言，第十五条应改为"会员动议应依据会议方式，循序讨论"。㈠吴甲三起言，第十六条应改为"会员有发行〔言〕权、有提案权、有动议权、有表决权、有投票权，凡有提议案应先提交筹备大会委员会"。㈠主席起言，第十七条应修改。董心琴起言，可将条文记录，有记录、宣读、保存各种议案之义务。又，第十六条"主席以为"可删。㈠吴甲三起言，第十七条"会员"应改为"代表"，第一项应改为"会员起言，称呼主席，自称某某代表或第几号"。第七项应改为"主席表决"。㈠主席起言，第十八条应改为"凡动议之言词须简明，只限一题目一事件，倘言语不明了时，主席可使其复述之"。又，第十九条应改为"凡有临时动议，非经五人以上之附议，不得成立议案"。吴甲三、董心琴附议。㈠董心琴起言，第二十条内"便可"二字，应改为"即付"。第二十一条应改为"凡讨论一议案一事件，须经全场轮流议毕，但不得重复申叙"。㊀吴甲三起言，第二十二条、第二十三条应并为一条，其条文应改为"每人发言不得过五分钟，有逾时者，主席得停止其发言"。又，第二十四条内应添"经主席许可"一句。㊀主席起言，第二十六、二十七、二十八、二十九各条可删。董心琴起言，第三十、三十一各条亦可合并，其条文应改为"凡遇表决同数时，主席得以己意加入表决，以通过议案，凡属诸案之表决或否决之理由，主席当场宣布"。又第三十四、三十五两条亦可合并，其条文改为"凡动议可更改或增加者，须与本项有关，否则主席可立时制止，使其另□讨论"。㊀主席报告，《会议细则》初读业已完竣，明日继续开会，二读《会议细则》。议毕，已五时半矣。

原载《申报》1930 年 9 月 20 日

红会修改会章委员会继续会议

中国红十字会修改会章委员会于九月十九日下午二时开第十五次会议。计列席委员，为李振邦、闻兰亭、王培元、董心琴、杨克、蒋达秋、徐熙春、吴甲三、叶植生、王晓籁、刘鸿生、薛少廷、洪雁宝等，主席闻兰亭，记录卫锐峰。行礼如仪，宣读上届议案，众无异议，主席签字。㊀主席临时动议，《会议细则》暂时保留，今日三读《执行委员会规程》及《执行委员会分处简则》。㊀蒋达秋起言，《执行委员会规程》及《分处简则》两种章程可并为一种，将名称改为《中华民国红十字会执行委员会细则》。吴甲三起言，第一条"本委员会"四字下可用括弧，添"以下简称为本会"。蒋达秋起言，第二条应改为"本会之职权依总章规定，以会议决定行使之"。又第三条应改为"本会执行会务，如遇临时紧急事件不及提交常议会通过者，于执行后须送由常议会追认"。又，第四条可删。㊀董心琴起言，第五条"公推一人为主席"，应改为"公推一人为临时主席"。㊀蒋达秋起言，第六条"主席副主席不能常在本会所在地者，应于副主席中推出一人，常川驻沪代表负责"等语，应改为"主席副主席不能在总会所在地者，应互推一人，常川驻沪负责"。又，第八条"本会每星期开会一次"，改为"每周开会一次"。第九、第十两条应互易，第九条应改为"如有要事缺席，须用书面托其他委员代表"。㊀董心琴起言，第十条应改为"本会于常议会议决应行执行之事项，遇执行上发生困难时，得提出理由，交常议会请求复议"。又，第十一条"但一分会所派代表，不得超过二人以上"二句可删。〇蒋达秋起言，第十二条可删。第十三条"处理本会一切事宜"一语亦可删去。"《分处简则》及《办事细则》，另行规定"二句，应为"《办事细则》另订"，即将《分处简则》内第三、第四、第五、第六、第七、第八各条，移在第十三条之下。董心琴起言，原文第三条"文书职掌如下"，所有各项应改为"（一）函牍文电之撰拟及译发。（二）档案卷宗之编订及保管。（三）关防印章之掌管。（四）文电函牍及一切文件之缮写及收发。（五）证书会章之保管及发给。（六）会员注册及题名录之编制"。原文第三条"赈务处职掌如下"，第六项可删。〇蒋达秋起言，原文第五条"医务职掌如下"，第一项应改为"监督总会所属医院之院务"；第二项应改为"计划总会医院之推广及扩充"。〇杨克起言，第三项应改为"计划各分会所筹设之医院"。蒋达秋起言，第六条应改为"推广防疫及清洁卫生运动各事项"。第七条应改为"筹设义勇医士护士学校"。又，原文第七条"青年处职掌如下"，第一项应改为"青年会员之征求"；第二项应改为"青年会员之推广"；第四项应改为"指导各分会办理青年事业"；第七项应改为"助长青年教育之发展"；第八条应改为"办理各国红十字会青年会员之交际"。〇主席起言，原文第八条第五项可删。并添"征信录之编制"一条，作为第六项。〇蒋达秋起言，《分处简则》第八条后应将《规程》中原文第十四条接在后面。原文第十五条应改为"理事须列席执行委员会报告经办事务"，并将《分处简则》中原文第十条改为"各处按工作繁简，得设主任一人，干事书记若干人，由各处处长提请执行委员会通过，由主席任免之，但兼职不得兼薪"一条。又，《规程》中原文第十六条改为"本会开会时，由文书处指定一人为记录，并整理议案"一条，及原文第十七、十八两条接连列在后面。原文第十八条，经蒋达秋改为"本会委员得□出与总会有深长历史之热心慈善事业者或于医学处有经验者为总会顾问，得常议会之同意由主席聘任之，为名誉职，于本会开会时得请其列席咨询意见"。又，原文第十九条应改为"附则"。〇主席报告，《执行委员会细则》业已三读通过，明日继续开会，整理三读通过之各项章程。议毕，已五时余矣。

资料杂俎

红会修改会章委员会继续开会

中国红十字会修改会章委员会于九月二十日下午二时开第十六次会议。计列席委员为李振邦、蒋达秋、闻兰亭、吴甲三、王培元、董心琴、徐熙春、杨克、叶植生、王晓簌、刘鸿生、薛少廷、洪雁宝等，主席闻兰亭，记录卫锐峰。行礼如仪，宣读上届议案，众无异议，主席签字。○主席报告，历届三读通过之《红十字会章程》《分会通则》及《选举法》，今日请各委员详细披阅，加以整理。○蒋达秋、吴甲三共同披阅《红十字会章程》，逐条校核，并无错误，复有各委员传观一遍，认为满意。○徐熙春、李振邦共同披阅《分会通则》，复由杨克逐条核校，亦无错误，再由各委员传阅一遍，均认为合法。○蒋达秋、叶植生共同披阅《选举法》，逐条查核，均无错误，复由各委员加以校勘，皆认为满意。○主席报告，《执行委员会细则》由本会代常议员撰拟，已经三读通过，今日亦请各委员加以整理。○蒋达秋、董心琴共同披阅《执行委员会细则》，详细校勘后并由各委员传观一遍，均认为合式[适]。○主席起言，本会三读通过之各项章程，今日均已整理完竣，现常议会定于星期一（二十二日）开会，本会应将《红十字会章程》《分会通则》《选举法》《执行委员会细则》提交常议会，由常议会备文，呈请国民政府核准备案。尚有《会议规则》《大会会员组织法》《大会秘书处组织规则》俟吴甲三与叶植生商订拟妥后，再开会提付初读。议毕散会，已五时余矣。

原载《申报》1930 年 9 月 23 日

司法院咨：院字第三三四号

（十九年九月十一日）

中国红十字会既以办理救护、协助赈灾、施疗等为事业，自系慈善团体之一种，不得谓系国际法团。在未另立关于红十字会法规以前，应依《监督慈善团体法》及其《施行规则》，受主管官署监督。其设立在同法施行前者，并应依其《施行规则》第十三条办理。

为咨复事前准：

贵院本年三月十三日咨（第六〇号），据内政部呈请解释"中国红十字会能否依《监督慈善团体法》予以节制"一案，业经发交最高法院拟具解答案呈核前来，内开：《监督慈善团体法》所谓慈善团体原包括一切救助事业为目的之团体而言，中国红十字会既以办理救护、协助赈灾、施疗等为事业，自系慈善团体之一种，所办各事虽有时不以国境为限，但不得谓系国际法团。在未另定关于红十字会法规以前，应依《监督慈善团体法》及其《施行规则》受主管官署监督，其设立在《监督慈善团体法》施行前者，并应依《施行规则》第十三条办理等语，本院长审核无异，相应咨复查照饬知。此咨！行政院

附原咨：

为咨请事案，据内政部呈为案，据河北民政厅上月阳日代电称，前奉令颁《监督慈善团体法》暨《施行规则》，当即转饬各县遵行在案。兹准中国红十字会总办事处函称该会为国际慈善法团。其组织性质与地方私立善团不同，所有各分会直隶属于该会，请转饬各县免予节制等因。查红十字会虽组织自具系统，但各分会所办事项在在与地方有关究竟应否依照上项法规受地方官署之监督，理合电请鉴核示遵等情。据此，查中国红十字会虽为国内慈善团体之一种，但系根据国际条约组织成立，似与普通慈善团体稍有不同，在日本等国均另有特定条例，以资管理。我国尚未定有此项法规，即前颁《监督慈善团体法》及其《施行规则》关于国际慈善事业如何管理亦并无明文规定。兹据前情，究竟能否依照上项法规受地方官署之监督，事关法令解释，本部未便擅拟，理合呈请钧院核示，以便饬遵等情。据此，查事关解释法令，除指令外，相应咨请查照解释见复，以便饬遵。此咨！司法院

原载《法令月刊》1930 年第 12 期

红会各项章则呈送国民政府备案

中国红十字会第三届临时会员大会议决设立修改会章委员会，修改各项章则，所有《中国红十字会章程及选举法》《分会通则》《执行委员会细则》，均经修改会章委员会三读通过，并提交常议会审查，曾选志本报。兹悉该会常议会议决，以中国红十字会之地位，系国际上慈善

法团，向直隶于中央政府，与地方上所办慈善机关有别，当将组织沿革及经过历史缮成呈文，连同各项章则直接呈请国民政府备案，并函上海市卫生局查照矣。兹觅得该会呈国府及致卫生局函，刊载于后。

呈国民政府文

为呈送《中国红十字会章程》暨《选举法》《分会通则》《执行委员会细则》，请予鉴核备案事。案查前准上海市卫生局函开，奉上海市政府训令，转奉钧座核定，解决中国红十字会总会纠纷《善后办法》四项到会，当以该会旧有章程已不适用，又欠完备，于第三届临时会员大会议决设立修改会章委员会，详加修改。并推定闻兰亭、洪雁宝、叶植生、吴甲三、董心琴、周光九、徐熙春、薛少廷、蒋达秋、杨克、李振邦十一人为委员，复请该会执行委员会诸委员参加列席。即于八月二十日成立修改会章委员会，推定闻兰亭为委员长。当将办理情形，函请上海市卫生局呈复上海市政府，转呈钧府核准在案。伏查该会为国际上慈善法团，向直隶于中央政府，成立在前清光绪三十年，其时日俄开衅，战事波及东三省，各国人民之侨居满洲者咸知已履危境，亟欲出险。当时中国尚未入万国红十字联盟会，无享受战地救难医伤之权利，沪人士悯之，咸愿醵金引之出险。乃由沈敦和商准各国领事，联合英、美、德、法各中立国设立红十字会于上海，定名为"上海万国红十字会"，《暂行简明章程》八条。清光绪三十二年，清政府派驻英公使□德□赴瑞士，缔盟加入，于七月六日在保和会签押《日来弗红十字条约》。清光绪三十三年，由吕海寰、盛宣怀、吴重熹将上海创设红十字会办理情形及善后持久事宜奏请立案，旋改名"大清红十字会"，颁发关防，并派吕海寰为会长。清宣统元年，吕海寰会长为结束上海万国红十字会，将《试办会章》酌拟六条，奏请立案。清宣统二年，改派盛宣怀为会长。清宣统三年，吕海寰复为会长，并派沈敦和、福开森为总董，组织万国董事会于上海，公举沈敦和及英按察使苏冯利为总董，施则敬、任逢辛为领袖董事，沈敦和兼理事长。时适辛亥之役，武汉起义，正会长吕海寰、理事长沈敦和、福开森会同办理救济事宜，乃定名为"中国红十字会"，开大会、筹捐款、组织医队驰赴战地、设临时医院于汉口武昌汉阳，救护伤残。复由董事会议决，制定名誉会员、特别会员、正会员。是役也，该会救护掩埋，成绩卓著。民国元年，日本赤十字社特派员有贺长雄由驻沪日本领事有吉明介绍，来沪参观，成绩深为嘉许。副会长沈敦和与有贺长雄及日本医士迭经商榷，参照东西各国成法，制定该会章程六章二十条，由是规程粗具，基础渐群。日本赤十字社社长松方侯爵特为介绍于瑞士万国联合会，万国联合会会长阿铎尔电允加入。中华民国前大总统徐亦因前副总统黎，代请准予立案，复蒙前副总统黎及各军司令迭电褒嘉，允为维护。南北统一，首蒙前大总统袁电允保护并敦促进行，于是遂为正式中国红十字会。九月二十九日开第一次会员大会，通过章程六章一十条，公举朱佩珍、施则敬等三十四人为常议员。十月六日，常议会成立，公举大总统副总统为名誉正副总裁，吕海寰为正会长，沈敦和为副会长兼常议会议长，公电政府，请以明令宣布。十月十九日，奉令照准。溯自武汉起役，凡战争区域，或设分会医院，从事疗伤瘗亡。□皆仓卒［促］成立，虽宗旨相同，而手续互歧，间有以该会名义设立分会而迄今未接洽者，该会爰于十月三十日特开统一大会，以期统一而群基础。事前遍征各分会代表并电政府及前副总统黎及各省都督，请派代表莅沪与会，以发抒意见而利进行。是日与会者，除各分会外，外交、内务、海陆军各部及前副总统黎、奉天赵都督、江苏程都督，咸有代表列席。兼蒙前副总统黎、国务总理及各地军民长官电致祝词，洵极一时之盛。十一年六月二十五日，该会开第二次会员大会，通过红十字会修改章程。二十九继续开会，选举庄录、杨晟、王震等四十八人为常议员，草订《分会通则》二十八条，交常议会通过施行。七月六日开第一次常议会，互选王震、盛炳纪为正副议长，庄录为理事长。八日开第二次常议会，选举汪大燮为会长，蔡廷干为驻京副会长，杨晟为驻沪副会长，即日电请政府加以任命。八月十七日，奉复电照准。十三年三月二十三日，该会开第六十三次常议会，以正副会长任期已满，照章投票改选，当选举颜惠庆为正会长、蔡廷干为驻京副会长、杨晟为驻沪副会长，即电请政府任命。旋于四月二十九日奉令照准。十七年九月二十一日，该会开第七十五次常议会，公议以迭奉内政部部长薛来函，嘱即改选正副会长，现任正会长颜惠庆、副会长蔡廷干、杨晟，亦以南北统一，各来电辞职。当经议决，即行改选，并选举颜惠庆为正会长、王正廷为驻京副会长、虞和德为驻沪副会长。当以历届改选，由常议会先行电呈大总统任命，国民政府改为委员制，应径函内政部转请任命，当即函请内政部转呈。旋准内政部民字第二八六号公函内开，兹奉行政院令开，现奉国民政府第四八六号指令，本院呈，据内政部呈，援案请加任命中国红十字会会长及赍呈该会修正章程备案，乞核示由，内开，呈悉，据称中国红十字会票选颜惠庆为正会长，王正廷、虞和德为副会长，援案请加任命，并赍呈修正该会章程，乞予备案等语。该正副会长，既属投票选出，毋庸再由本府任命，所赍章程查阅尚属妥协，均准予备案可也，仰即知照，并转饬遵照，此令等因。奉此，相应函请查照各在案。此该会组织沿革之大略情形也。此次修改会章委员会以该会为国际上慈善法团，直隶于中央政府，与地方上办理慈善机关有别，爰本斯旨，加以编订。所有《中国红十字会章程》及《选举法》《分会通则》《执行委员会细则》，业经修改会章委员会三读通过，并提交第一百零二次常议会审查，当经议决，应先呈报钧府备案后，再行函知各分会查照，以便开第四届会员大会举行选举。理合将修改会章缘由，连同《中国红十字会章程》及《选举法》《分会通则》《执行委员会细则》备文呈送。仰祈钧座核准备案，不胜迫切待命之至。谨呈国民政府主席蒋。

中国红十字会常议会议长王震、正会长颜惠庆、驻京副会长王正廷、驻沪副会长虞和德

致上海市卫生局函

径启者，兹准贵局长发下，呈请国民政府核定，解决中国红十字会总会纠纷《善后办法》四项到会，当即提交敝会第三届临时会员大会议决，设立修改会章委员会，修改各项章程。曾将办理情形函请贵局转呈上海市政府，呈报国民政府在案，嗣准贵局九月五日函开，奉上海市政府训令内开，兹准国民政府文官处内开，准函，经即转陈，奉主席谕，该会章既经公决修改，应请饬拟定妥善，限期呈转核夺等因，函复到会，各在案。所有敝会《章程》及《选举法》《分会通则》《执行委员会细则》，业经修改会章委员会三读通过，并提交第一百零二次常议会审查，公议，先呈国民政府核准备案，再行函知各分会查照，以便开第四届会员大会举行选举，通过在案。除将各项章程，由敝会径呈国民政府核准备案外，相应抄录呈文一纸，连同《中国红十字会章程》及《选举法》《分会通则》《执行委员会细则》，函送贵局长查照。此致上海市卫生局局长胡。

中国红十字会常议会议长王震、会长颜惠庆、副会长王正廷、虞和德

原载《申报》1930 年 10 月 16 日

会订红十字会章程

南京：国府令内政、外交两部，依照《日来弗条约》及《万国红会

议决案》，参照欧美、日本、暹罗红会之实施法订定《中国红十字会章程》，于本周内由内政部约期集会讨论。

原载《新闻报》1930 年 11 月 17 日

红会修改会章委员会修改完竣当即闭幕

中国红十字会修改会章委员会编订《红十字会章程》《分会通则》《选举法》《执行委员会规则》四种，三读通过后，当即备文呈请国民政府核准公布，曾经刊登本报。兹悉该会于本月十五、十六两日继续开会，计到委员为李振邦、闻兰亭、吴甲三、洪雁宝、徐熙春、王培元、董心琴、刘鸿生、叶植生、薛少廷等，主席闻兰亭，记录卫锐锋。行礼如仪，宣读上届议案，众无异议，主席签字。㈠主席报告，《会议规则》曾经第十四次会议时初读通过，惟其中尚有整理修改之处，当由吴甲三加以编订，计《中华民国红十字会会员大会规程》及《中华民国红十字会会员大会会议规则》二种。㈠由卫锐锋宣读《会员大会规程》，洪雁宝起言，第四条甲项"接纳及采行"句应改为"接受及采纳"，丁项"候补常议员"一句可删。第六条应改为"惟总会之议长主席为会章规定充大会之主席团者不在此例"，通过。㈠吴甲三起言，第十二条应改为"会员大会秘书处于大会开幕前，由常议会会同会员大会筹备委员会，指定人员组织之"。第十三条亦应添"常议会会同会员大会筹备委员会"字样，通过。㈠主席报告，《会员大会规程》逐条讨论，均已通过。二读业已完竣，应将《会议规则》提出二读。㈠吴甲三起言，第二条改为"本会设秘书处，其职员由常议会会同会员大会筹备委员会指定之"，通过。㈠洪雁宝起言，第四、第五、第六条，应改为第六、第七、第八条，以第二十一、二十二两条改为第四、第五条，第七、第八条改为第二十一、二十二条，第十七、十八两条互易，通过。㈠主席报告，《会议规则》大旨均已通过，二读终了，明日继续开会，将《会员大会规程》及《会议规则》提付三读，通过。

十六日，三读《会员大会规程》及《会议规则》。行礼如仪，宣读上届议案，众无异议，主席签字。㈠主席报告，今日先三读《会员大会规程》，由卫锐锋逐条宣读，请各委员详加研究，均认为合法。三读完毕竣，次将《会员大会会议规则》提付三读。㈠主席起言，第一条所定各项审查委员应另定规则，末尾可添"其审查委员会规则另定之"一句，通过。⊖洪雁宝起言，第七条"报到代表须有过半数之出席"一语可删。第八条应改为"届开会时间，不足法定人数，主席得延长之，但延长二次仍不足法定人数，即宣告延会"，通过。⊖吴甲三起言，第十二条应改为"本会议于讨论议案时，以出席会员过半数表决之可否，同数，取决于主席"。又第十九条应改为"表决方法分举手与起立及投票三种"，通过。⊖徐熙春起言，第二十二条"延长时间，但至多不得过二十分钟"，应改为"三十分钟"，通过。⊖洪雁宝起言，第二十三条应改为"不能即时解决者，得重交审查委员会审查之"，通过。⊖主席报告，《会议规则》今日三读完竣，所有各项章则已编订完毕，均已完全三读通过，本会应即闭会。惟各委员此次修改会章，备极贤劳，成绩卓著，本席代表红会敬致谢词，并提交常议会议叙。所有各种章则及议案应由秘书整理清楚，以便付刊，发给各分会备查。各委员均以为然，向主席致谢词，遂举行闭幕典礼，散会。该会修改会章，至此告一落段。

原载《申报》1930 年 11 月 20 日

训令第四六二九号

十九年十二月二十五日

令中国红十字会常议会议长王震等：

为令遵行案，查前准国民政府文官处函送该会《修正章程》及《选举法》《分会通则》《执行委员会细则》到院，经令据内政部、外交部核复并如拟转呈国民政府鉴核在案。兹奉国民政府指令第二二七四号开：呈件均悉，应准照办，候令立法院遵照。所有该会原修正各章则仰即由院发还，饬遵可也。此令！等因，奉此。除分令外，合行抄发青岛市原呈、内政、外交部原呈并发回该会原呈修正章则四份，仰即遵照办理可也。此令！计：抄发青岛市原呈一件，内政、外交部原呈一件，发回该会修正章则四件。

原载《行政院公报》第 216 号

政府修改红会章程

《中国红十字会章程》现由国民政府外交部、内政部、交通部、军政部、海军部、铁道部等会同修改，红十字会亦派有代表参加。其大纲已将订定，除根据万国红会章程外，并参照现行组织改为委员制。昨日红会已接到一部分修订草案，据理事长王培元云，俟全部修正后，尚须开会员大会审议三读通过，然后由政府明令公布云。

原载《新闻报》1933 年 4 月 15 日

外交等部呈请整顿中国红十字会
所定办法行政院呈国府备案　本年起红会将扩大救护筹备

《中国红十字会施行细则》曾经外交、内政、海军、军政、财政、交通、铁道等部呈行政院请求制订整理办法，以资遵行。兹悉行政院□呈后，即将各部原拟呈请国府备案。大要为：（一）在战时，红会得组织战地救护委员会，俟战时［事］结果［束］后，六个月解散之；（二）战地人民所组救护团体须经军事长官及红十字会之许可；（三）救护人员与军属同等待遇；（四）铁道运输与军属同；（五）军政部得拨给救护药品，海军部得拨给病院船只；（六）红会须用公产得呈请长官拨给；（七）行政官吏得自由加入红十字会；（八）每年得募捐一次、征求会员一次，即请各地方长官委员长办理之；（九）各地庵庙寺观得征为临时医院，僧道尼姑亦得志愿入会协助救护工作等等（原文甚长从略）。闻自本年起，红会将扩大救护筹备云。

原载《新闻报》1933 年 6 月 23 日

行政院会衔颁布红十字会细则
全文计四十三条

行政院院长汪兆铭、内政部长黄绍雄、外交部长罗文干、军政部长何应钦、海军部长陈绍宽联衔以训令颁布《中国红十字会施行细则》到沪，计全文四十三条，于战时、平时救护事业关系极大，新新社记者兹择要摘录如下：第五条云"因建筑会所及兴办救护事宜，须用公有土地房屋，得呈准主管官署给与之"。第七条云"各分会如于一年内无救护成绩者，得派员督促进行或解散之"。第八条云"各地分会得与各地方救济院协办救济事业"。第九条云"战时卫生勤务经军政海军部之许可，得预先进行战地救护演习"。第十条云"政府得补助该会基金"。第十六条"该会募捐得由内政部盖印捐簿分给之"。第十七条"该会所用一切材料，得免征海关税及一切杂税"。第十八条"每年征求会员一次，募捐一次，以该地地方长官为委员长"。三十四条"（一）战时受军事长官之管理，办理救护事宜。（二）战时非至恢复常态，不得改选"。三十六条"战时得征集僧道尼姑或其他团体协助，战时待遇与军属同，得由军事长官给车辆船舶及病院船"。三十八条"战事卫生材料由军事长官拨给，事后据实报销"。三十九条"其他担任战区卫生团体，须与该会协商办理"。四十一条"红会服务人员，准用《褒扬条例》"云云，并悉此后之中国红十字会得与欧美诸国之政府同等待遇。

原载《申报》1933 年 6 月 29 日

红十字会赶制战地卫生条例

中国红十字会以战地卫生勤务一切章程，向来由政府颁订，因根据立法院制订之《管理条例》第九条及《施行细则》所规定之第九条，呈请军政部、海军部会同办理。现该会理事长王培元、秘书稽鹤琴连日星夜参考各国红十字会之成案起草，拟于脱稿后分送各分会签注意见，再加整理，送呈军政、海军等部核办。

原载《申报》1934 年 2 月 27 日

司法院解释要旨分类汇编（摘录）

中华民国红十字会管理条例、中华民国红十字会管理条例施行细则

（一）红十字会系《民众团体组织方案》第一节所示之公益团体，

当然为民众团体，依该方案第二节及第三节第一款之规定，应受党部之指导。

（二）红十字会分会依该会《管理条例施行细则》（二十二年六月三日行政院公布同日施行）第四条规定，设于省市县自应以各省市县之区域为其组织区域。

（三）红十字会《管理条例》第十二条所谓其他法律之规定，凡民众运动法规与该会有关者自应包括在内。

（四）红十字会分会之职员数额及任期，该会《管理条例施行细则》第三十一条已有规定。

（二三，五，二八）

中国红十字会明日举行代表大会

讨论修改章程各案

此次会议中预定之议案，计有（一）修改《总会章程草案》，分总则、总会之职权、会员、全国会员代表大会、理事会、监事会、会长、副会长、职员、附则；（二）修改《分会章程草案》，分总则、组织、职员、资产、附则；（三）修改全国会员代表大会组织、议事及选举等暂行规则，并讨论红十字会设立医院、储备救护材料及造就救护人材等详细计划。闻每项均分条讨论，以昭郑重。各代表届时尚有提案，故此次大会极为重要。

原载《申报》1934 年 9 月 23 日

中国红十字会代表大会昨日闭幕（摘录）

修改章程

昨出席者计有军政部、海军部及各省分会代表二百余人，主席闻兰亭、关炯之、王培元、林康侯，报告大会第四次会议记录毕，旋即讨论。遵照条例细则，修正总分会章程，当场由关炯之逐条宣读，修正通过。至五时半，开始选举理监事，公推刘孟阳、嵇鹤琴、董新琴、王奎璧四人为唱票员，凌古愚、周光九、颜逸岑、何静斋四人为收票（员），朱定一、张良弼、李应南、王培元四人为监票员。选举毕，即宣读大会宣言，宣告闭幕。

原载《申报》1934 年 9 月 29 日

颁发中国红十字会向各地高级党部申请备案办法仰遵办令

二十四年六月十五日

令中国红十字会总会：

案据该会二十四年五月十日来呈，以奉令饬向中央执行委员会、民众运动指导委员会呈请备案，并令转各地分会，向各该当地最高党部呈请备案一案，究应如何统筹办理，请鉴核示遵等情。据此，查核所陈困难当系实情。经即会商中央执行委员会、民众运动指导委员会拟定《中华民国红十字会各地分会申请各地高级党部备案办法》三项，以便遵行。至于一切手续，仍应依照《修正人民团体组织方案》及部颁《中华民国红十字会各地分会立案办法》各规定分别办理。除已由中央执行委员会、民众运动指导委员会通行各地高级党部遵照外，合行抄发办法，令仰该会遵照办理，并转饬各地分会一体遵办为要。此令！

原载《法令周刊》1935 年第 269 期

审查红十字会条例

外交部汪兼部长、军政部何部长、海军部陈部长、代理内政部部务甘次长报告，奉文审查修正《红十字会管理条例》一案，经就内政、外交、军政、海军四部所拟修正草案酌加修正，检同修正案，请鉴核案，决议通过。

原载《民报》1935 年 2 月 13 日

立法院会议

南京，二十二日晨，立法院例会。主席孙科，讨论案：（一）从略；（二）审核修正《中华民国红十字会管理条例草案》案，决议交法制、军事两委会审查。

原载《申报》1935 年 2 月 23 日

中国红十字会章程立法院已付审查

本埠九江路中国红十字会总会自去年开全国会员代表大会修正章程，改选人员后，已请军事委员长蒋中正为名誉会长，浙江省主席黄绍雄、上海市长吴铁城、驻俄大使颜惠卿〔庆〕及虞和德先生为名誉副会长，并由全体理事中心公推王儒堂为会长，杜月笙、刘鸿生为副会长，林康侯、闻兰亭、王一亭、王晓籁、关炯之为常务理事，黄涵之、钱新之、陆伯鸿为常务监事，早经相继就职，由常务理事轮日到会视事，并聘请曹云祥为秘书长，常川驻会，改善内部组织。数月以来，气象一新，惟该会章程已由内政、外交、军政、海军四部会同修订后，已转呈立法院核准。兹悉该会昨接立法院秘书处来函云，奉院长发下台函，请从速修正《中国红十字会管理条例》等情。查此案业于本年二月二十二日本院第四届第六次会议议决，付法制、军事两委员会审查，相应函复查照云云。该项章程、条例细则不日当可颁发矣。

原载《新闻报》1935 年 3 月 5 日

中国红十字会厘定工作推进计划
共十二条分门别类备极尽详

中国红十字会自去岁召开全国代表大会后，对于工作方面积极推进，最近内政部及中英庚款委员会均将予以经费上之援助，记者昨晤该会沈金涛氏，据谈工作计划如次。

（普通推进）据谈，本会自全国代表大会改选理事职员后，对于议决之各项案件均逐步加以实施，并厘定整个工作计划大纲，谋普遍推进。其计划共分十二条，每条均拟有详细办法及步骤。务期于可能范围内，红十字会之工作效能灌溉全国各地，使人民获深切之利益。

（备极详尽）该计划分（一）造就救护人材；（二）储备救护材料；（三）准备赈灾事宜；（四）实行救济工作；（五）努力服务社会；（六）增进医院业务；（七）积极扩大宣传；（八）派员指导分会；（九）筹募建筑会所；（十）辅助交通便利；（十一）促进青年运动；（十二）提倡妇女义务。每条之下均分门别类，阐述方针，备极详尽。

（应付时局）关于一、二两案，以目前世界各国均积极作备战准备，一方面高唱和平，一方面磨砺以须。我国在此四面楚歌声中，自不得不早期谋自卫之准备，故造就救护人材及储备救护材料实为急务。且此两条为上次全国代表大会时之议决案，现只候理事会召开会议，将全部计划商讨后，即可着手进行矣。

（津贴经费）外传中英庚款委员会为扶助慈善事业起见，已允拨给中国红十字会及华洋义赈会各十万元。据悉此不过系一种请求，须俟庚款会开会时，方能正式决定。闻内政部已非正式允准每月津贴该会经常费一万元云。（民国二十四年三月六日《申报》）

原载《中国红十字会月刊》1935 年第 2 期

修正中华民国红十字会管理条例第四条条文

二十三年十月五日立法院第三届第七一次会议通过
二十三年十月三十日国民政府公布

第四条　本会置理事、监事各若干人，由全国会员大会就会员中选举之。理事互选常务理事五人，监事互选常务监事三人，由本会呈请内政部转报行政院转呈国民政府聘任之。

原载《立法专刊》1935 年第 11 期

规定救护队服装

本会救护队之服装向未正式规定，三十年来无论总会、分会，对于该项服装颇不一律。如有战事发生，救护队出发前线时，两队相遇因服装各异，往往发生怀疑。倘遇国际战争时，不易辨认，有引起误会之虞。总会有鉴于此，特呈请内政、军政、海军、外交四部请求规定式样，以资全国统一。现经军政、海军两部会同拟订就绪，业已批复到会，于本年一月一日起实施。从此全国红会救护队服装一式，非特，各地分会一望而知为本会人员，即战区双方官兵亦能立辩［辨］真伪加以保护矣。

原载《中国红十字会月刊》1936 年第 7 期

救护队编制法已核定

本会救护队之编制往往因地而异。全国数百余分会所属救护队之组织俱各自为政，各立规章。虽属大同小异，终觉未能统一为憾。现由军政、海军两部将救护队编制会同核定，已于上旬年终批令到会。自本年起，总会及各分会应即参照编制法重订新章，俾得全国统一矣。

原载《中国红十字会月刊》1936 年第 7 期

立法院修正红十字会管理条例

中央社三十日南京电，立法院三十日晨，开第六十五次会议，到委员何遂等五十四人，主席孙科，秘书长梁寒操病假，由秘书陈海澄代。当将民国二十五年度国家普通岁入、岁出总预算案照财政、经济、法制、外交、军事五委员会审查报告通过。旋审议修正《中华民国红十字会管理条例》案，经决议，照法制、军事两委员会审查报告通过。该案凡十八条，修正要点为规定总会设首都，并将其主管官署由内政部改为卫生署。

原载《中国红十字会月刊》1936 年第 14 期

卫生署批

医字第二三六五号

原具承人中华民国红十字会总会：二十五年十一月二十日呈为本会总会理事会及监事会《组织规程》暨《办事细则》试行期满，拟请照常通行，祈核准备案由。

呈悉。在修正《中华民国红十字会管理条例施行细则》公布施行以前，准予照常通行，所请备案之处，应毋续议。此批。

原载《中国红十字会月刊》1937 年第 23 期

规章诠释

编者按：关于组织分会之顺序、选举职员之法规以及征求会员、训练救护等种种会务，虽有各项章则之规定并逐期月刊之记载，其能熟谙规律依照进行者，固属甚多，但不能彻底切实了解者，亦不在少数。检阅一月来分会暨会员所来函件中有未能依据规定办法办理者，比比皆是。不特违背组织规程，虽收统一之效，抑且函牍往返转辗解释，时间、精神两不经济。今欲使各界易于明了会务起见，将逐月关于函询各点或错误所在于每期"公牍选载"后以简单之叙述作一总答复。自本期起，另开一栏，为"规章诠释"，庶使一一推考，了如指掌。对于会务之推进，当能驾轻就熟，事半功倍。兹将上月间公牍所见略述如下：

（一）成立分会之程序

现在本会已有分会五百余处（详见第十九期月刊），即遍设全国五百余县镇，以其所在地之行政区域为限。同一区域不得设二分会，其尚未设立之各省市县可由当地公正人士发起组织之，其程序规定如下：

（甲）由七人以上之发起人，备具申请书正副二份，并由地方法团或地方官署出具证明书，送请总会核准后先设筹备处。

（乙）发起人奉到总会转令核准先设筹备处后，遵即推举筹备处主任一员，克日成立筹备处，开具主任履历并筹备处地点，呈报总会备案。

（丙）筹备处成立后，须觅定会所并征求基本会员（正会员以上）三十名，将全数会费连同会员名册一并报解总会核收，由总会填发会员证书、徽章及会费收据转发各会员，并将承认书连同分会图记、印旗、布告等件一并颁发。

（丁）筹备处奉到总会承认书、图记、印旗等件后，应即定期召集全体会员大会开分会成立大会，呈请主管官署暨党部莅会监选并指导，议定预算，照章选举理事七人、候补理事三人、监事五人、候补监事三人，列表呈报总会核准。

（戊）筹备处经费由发起人自行筹措之。

（己）筹备期间以核准成立筹备处之日起至多以三个月为限，逾限不能成立分会者，总会得将该筹备处缴销之。

（二）分会会长暨常务理监事之产生

分会设会长一人、副会长二人、常务理事三人，均由全体理事中互选之，常务监事三人由全体监事中互选之，应造具履历，呈报总会备案。

（三）分会添设办事处之手续

分会应以所在地之名称定为"中国红十字会某某分会"，于必要时得于其区域内分设办事处，隶属于该分会（不得与总会直接行文），但须将设立之理由并详细地点呈报总会核准后方得成立。如成立后总会认为有撤销或合并之必要时，令分会遵照办理。

（四）分会会务之呈报

分会资产应于每年度终了时造册呈报总会备案，如资产有增损或其他变动时，应随时专案分报总会查明备案。关于设立医院者，每月应将门诊、住院分别各科列表呈报。如遇办理救护赈灾或会务兴革事宜等特殊工作，应随时专案报请总会备案。

（五）个人入会须知

凡在总会入会者，可至上海新闸路八五六号本会索取《入会志愿书》，依次填就，将会费一次缴足后，本会即发给会员证书、徽章及会费收据（在第三次征求期间并发特刊一册）。于年终刊入会员"题名录"并在月终将姓氏、会费载入月刊及登《申》《新》二报公布，倘欲就近在各地分会入会者，手续及待遇均同，其有通函入会者，亦得照办。

（六）分会请求拨给防疫药品者注意

近有分会附设之医院为欲辅助地方公共卫生、施行防疫运动，诚属美举。但以牛痘疫苗、防疫针、猩红热苗等设备未多，纷纷来会索取，但总会以所备有限，不能普遍供应。此后如各分会需要时，应向就近卫生主管官署请求核拨，较为迅捷。

原载《中国红十字会月刊》1937 年第 22 期

规章诠释（续）

（八）会员选举权之解释

凡本会名誉会员、特别会员、正会员均有选举权及被选举权，普通会员在有效期间十年内有选举权而无被选举权，青年会员则无选举权及被选举权。凡宣告召开大会时，无论何种会员，均须登记；如不登记，则放弃两种选举权。

（九）救护学员受训期满后发给受学证之说明

救护训练班学员受训期满，仅属增加其个人之常识证书，原非必要。如事实上必须发给证书者，由总会规定式样发给及格学员。分会应参照总会受学证式样，自行盖用分会图记填发。此项受学证无非在实施救护工作调用人员时以资证明之用，并无其他效用。

（十）发行救护训练课本之规定

总会发行之救护训练课本业已出版三种：（一）急救护病学（二）毒气学（三）简易实验诊断学。每本一律售价国币四角，满五十本者八折计算。凡各分会开办救护训练班者，希望采购此书教授，以期将来实施工作时收统一之效。

（十一）分会医院成绩应确实呈报

查各分会附设医院者不在少数，能将成绩报告者殊不多见。兹为统计本会所设医院治疗人数并欲查考各科病人数字起见，定自本年七月一日始，凡分会设有医院者，应照下列规定表式逐月填报。（表长二十五公分，阔四十公分）

中国红十字会　　分会　　医院			
民国二十　年　月份诊病人数月报表			
科别	门诊人数	住院人数	备注
内科			
外科			
妇产科			

科别	门诊人数	住院人数	备注
小儿科			
皮肤花柳科			
泌尿生殖科			
眼科			
骨科			
耳鼻喉科			
牙科			
神经科			
戒烟科			
共计			

九种法定传染病	门诊人数	住院人数	备注
真性霍乱			
赤痢			
白喉			
脑脊髓炎			
天花			
猩红热			
鼠疫			
伤寒副伤寒			
斑疹伤寒			
共计			

其他传染病	门诊人数	住院人数	备注
黑热病			
疟疾			
肺痨			
麻疹			
共计			

预防及注射人数		备注
伤寒		
白喉		
霍乱		
痢疾		
脑脊髓炎		
鼠疫苗		
种牛痘		
共计		

主任医师　　　　报告（附医师资格）

中华民国　年　月　日

（附注：民国年月日中，须戳分会图记，以昭慎重）

（十二）分会医院应用麻醉药品之采购办法

中央管理麻醉品条例重在使用之人应由当地正式医师限定应用数量，注明某字医师证第某号签名盖章，始得购办。若仅用分会名义而无正式医师签字证明者，无效。嗣后分会如欲采办该项药品，应照上述手续办理。

（十三）分会函件不盖图记者无效

分会来函往往仅由个人具名，殊非郑重办法，应兼盖总会发给之图记，始得证明为正式文件，否则不生效力。即附件表册亦应一律盖用，希各分会注意及之。

（十四）请拨脑膜炎血清等药品应照程序办理

各分会所在地如发生脑膜炎等症，请拨血清等药品者，须经卫生当局查明确系流行地点而该地又已成立合法之治疫医院，经由分会将该地时疫状况呈报卫生局请求审核。一俟复到后，再当由本总会协助。查中央防疫处出品之此项药物，上海卫生试验所尚有存货，如分会依照上述程序办理者，可以极廉之代价向该所请领也。

原载《中国红十字会月刊》1937 年第 23 期

规章诠释（续）

（十五）会员依法不得免役之解释

凡中国红十字会总分会正副会长、理事、监事，确经主管官署合法之登记者，自可援用《兵役法施行暂行条例》第二十八条第三款"担任官公事务"之规定办理。至于红十字会其他职员，果系以该项职务为专业者，自应一律办理。惟红十字会各级会员，其所得之资格仅以缴费多寡为标准，不得援引上项条例，以资限制。此系军事委员会核定办法，早经总会通知各分会在案。近有少数分会仍未明了此意，纷纷请求解释，故再申述如上。若壮丁训练，凡属中华民国国民，在规定年龄范围以内，均应受训，须知"训练"与"兵役"系属两种性质，幸勿误解为一事。

（十六）分会请领臂章之规定

本会救护人员应用臂章系军政部盖印，依法须于出发战地实施工作时始得使用，不能预领。如分会欲请领者，应将预拟出发地点、日期及实施工作人员之名册各项先期呈送到会，以便核办。

（十七）会员转会之办法

凡在总会入会之会员，如欲加入某地分会，应缴参加费一元，同时呈报总会转□。此种办法无非为统计会员总数并各地开会员大会时之选举权及被选举权有所甄别也。

（十八）本会并无会员门牌之声明

近查分会中对于会员往往有发给会员门牌情事，殊属非是。查此项设施既无依据，难免别有作用。除通知各分会嗣后不得再有此种荒谬举动外，凡已经悬有此项门牌之会员，应即一律撤销，幸勿观望致于未便。

（十九）空白章照不再补助

以前分会时有请求总会补助空白章照，以资挹注。现因此项办法不甚适宜，经理监事会联席会议决议不再补助在案，嗣后分会希各注意为要。

（二十）分会不得多收会费

本会各级会员之会费照章规定数目，不得多收分文。现查分会中有加收会费情事，殊属违反章程。有关本会信誉，除严密彻查外，合特警

431

告，务希查照为荷。

（二一）缴纳奖章费之规定

凡经总会理监事会联席会议核准奖赠之各级会员，应由各该级会员缴纳奖章费后始得领取：（一）名誉会员应缴奖章费国币十元；（二）特别会员五元；（三）正会员二元；（四）普通会员一元；（五）一等奖章八元；（六）二等奖章六元；（七）三等奖章四元。

原载《中国红十字会月刊》1937 年第 24 期

规章诠释

（二二）会员不得滥用旗帜

本会旗帜俱宜尊敬，除会所、医院及附设机关得予悬挂外，凡非本会机关或个人住宅均不得滥用。如有发现上项事情，本会立即取缔，不予宽贷。

（二三）会费应缴国币

凡属各国侨胞及国内尚未统一币制之地，无论何级会员，入会时应缴之会费须按照市价折合国币征收，以资一律。

（二四）总分会公文程式之规定

总会对各分会及直属各医院用“令”，分会对所属办事处或医院亦得用“令”，分会对总会及主管官署用“呈”，由正副会长署名或盖章，年月日上盖分会图记，分会办事处及所属医院对于分会亦用“呈”，由分会办事处主任、医院院长署名或盖章，年月日上盖分会办事处用医院戳记。分会对同级机关及不相隶属之机关，公文往复时用“公函”或“常函”，由正副会长署名或盖章，年月日上盖总会颁发之分会图记，常函用分会戳记，分会及本会直属之医院对于各高级之行政机关须呈由总会或主管官署核转，不得直接行文。分会办事处、各分会所属之医院对于总会及其他高级机关须呈由分会核转，不得直接行文。各分会及其所属医院办事处公文及常函用纸均须依照总会规定之样张办理（详见廿四期本刊专件栏内）。

（二五）分会戳记之刊用

分会戳记为方形，其文曰：“中华民国红十字会某某分会之章”，木质，三公分，见方，由分会自刊拓具印模报请总会备案。分会办事处戳记为方形，其文曰："中华民国红十字会某某分会某某办事处之章"，木质，三公分，见方，由分会刊发，并由分会拓具印模报请总会备案。分会医院戳记为方形，其文曰"中华民国红十字会某某分会某某医院之章"，木质，三公分，见方，由分会刊发并由分会拓具印模报请总会备案。分会长方形戳记由分会自刊，文为"中华民国红十字会某某分会"。又，分会办事处长方形戳记由分会刊发，文为"中华民国红十字会某某分会某某办事处"。（详见第廿四期专件栏内）

（二六）总分会关防图记刊发办法

遵奉卫生署批令，为本会各分会图记式样既不一致，应一律另行刊发，除总会关防经卫生署制定须发外，其分会图记为木质、方形，长、阔度均以五公分半为限，一律由总会刊发并拓具印模、编号，呈报卫生署备案。限本办法施行后六个月一律换发完竣。

（二七）会员不登记即作弃权论

无论总分会召开会员大会时，应预期布告并登报通知会员限期登记。如逾期不登记，即无出席权并放弃选举权及被选举权，如果当选为理监事，自属无效。

（二八）本会护照非公不得擅领

查本会护照原备非常时期或因公出差之用，嗣后凡属本会职员个人行动以及分会人员来沪请示返籍等事，一概不得擅领护照，以昭郑重。

原载《中国红十字会月刊》1937 年第 25 期

规章诠释（续）

（二九）青年会员之年龄及有效期

凡入本会为青年会员时，其年龄以二十五岁为限。若超过此限，不能加入，须改入为其他各级会员，如普通会员、正会员、特别会员、名誉会员等。青年会员之有效期间以五年为限，例如假定十岁六月六日入会，扣足至十五岁六月五日止。如欲继续入会，须重行缴纳会费，另发章证。倘入会时已在二十五岁十二月三十一日，则其有效期间可延长至三十岁十二月三十日止，以此类推。惟在学校肄业之学生，其入会时之年龄不受前项之限止。

（三十）会员证章不得借给与人

凡会员领得之徽章、证书，限于本人应用，不得假借他人，并不得将证书添注涂改，如不依照此项规定者，一经查明属实，即取消其会员资格。如情节重大者，介绍人应负完全责任。

（三一）分会正副会长之选举程序

分会召开会员大会时，除讨论提案外，应选举理事若干人、监事若干人（人数依照《中华民国红十字会分会章程》办理）。俟大会结束后，复开第一次理事会，由全体理事互选会长一人、副会长二人、常务理事若干人。即有理事资格方得被选为正副会长，亦即正副会长必须由理事兼任，其常务监事同时由全体监事召开第一次监事会互选之。

（三二）会员晋级纳费之办法

普通会员在有效期间十年内，如欲晋升为正会员者，须加纳会费五元。正会员晋升为特别会员者，加纳会费九十元。特别会员晋升为名誉会员者，加纳会费四百元。上项各级会员在加纳会费时应将原有证书、徽章一并缴销。

（三三）补领会员证书、徽章之规定

会员如遇遗失证书、徽章时，而欲补领者，可将姓名、籍贯、入会年月、何种会员及证书号码并书明遗失理由，经会员二人以上之保证申请补发。凡在分会入会者，由分会保证之。其补领徽章者，应缴补章费：名誉会员十元，特别会员五元，正会员二元，普通会员一元。补领证书者应缴补证书费：名誉、特别、正、普通会员均为一元。补领奖章者，一等八元、二等六元、三等四元，补领奖状者一、二、三等均为一元。

（三四）公文程式之规定

总会对各分会及直属各医院用"令"，分会对所属办事处或医院亦得用"令"，分会对总会及主管官署用"呈"，由正副会长署名或盖章，年月日上盖分会图记。分会办事处及所属医院对于分会亦用"呈"，由分会办事处主任、医院院长署名或盖章，年月日上盖分会办事处及医院戳记。分会对于同级机关及不相隶属之机关，公文往复时用"公函"或"常函"，由正副会长署名或盖章，年月日上盖总会颁发之分会图记，常函用分会戳记。分会及本会直属之医院对于各高级之行政机关，须呈由总会或主管官署核转，不得直接行文。

（三五）团体会员之暂行规则

团体会员入会之资格以法定团体为限，入会手续与各级会员相同，计分两种：（一）一次缴纳会费五百元以上者为永久会员（二）每年缴纳会费一百元者为维持会员，总分会均得征求之。

原载《中国红十字会月刊》1937 年第 26 期

非常区域救护事业办法大纲

甲　组　织

国防日紧，在非常区域内之各省市，亟应设置救护委员会，负责协助并办理战区军民救护工作，以期事前得充分训练准备、临时得以统一调度，不致紊乱重复，漫无计划。在中央设置救护事业总管理处，对于各省市救护委员会负指挥监督之职责，庶可收指臂相使之效。

（一）各省市救护委员会组织办法如下：

（1）非常区域内各省市应于省市政府所在地设置救护委员会，由左列各团体机关组织之。

（子）医药业团体及医事教育机关。

（丑）商会。

（寅）中国红十字会。

（卯）其他与救护工作有关之团体。

当地党部及政府卫生主管机关派员指导参加。

（2）各省市救护委员会设主任委员一人、副主任委员二人、委员若干人，下设总务、医务两组。

总务组掌理联络、统计、运输、材料、文书、会计、庶务等事项。

医务组掌理调查、训练、医务、防疫检验及环境卫生等事项。

（3）各省市救护委员会应附设之救护机关如次：

急救队、医院、运输队（陆地运输队及船舶运输队）、掩埋队。

（二）救护事业总管理处设置于首都，由卫生署及中国红十字会总会联络其他救护工作有关之机关团体组织之，设主任一人、副主任二人。下设总务、医务两股，对于各省市救护委员会负指挥监督之责。其组织另定之。

乙 编制

（一）急救队　　每队以十二担架计

队长（医师）一人，医师一人，特务员一人，护士长一人，

看护六人，担架夫二四——三六人，伙夫二人。

（二）医院　　　二五〇——三〇〇人

院长一人，事务员一人，特务员一人，会计一人，文书二人，医师五人，药师一人，护士长一人，护士十人，司药生二人，看护三六人，夫役二四人，传达三人，火〔伙〕夫八人，担架夫。

（三）运输队

1. 陆地运输队　　由甲县至乙县每日行程六十里

大队长（兼一中队长）一人，中队长（三十六担架）一人，小队长（十二担架）六人，事务员一人，特务员一人，医师二人，看护一八人，担架夫（其中包括头目）二八八人，伙夫六人，工友二人，司书二人，担架七二至九六人；

每担架为四人伍。

每小队为十二付〔副〕担架组成，设小队长一人，看护三人。

三小队成一中队，设中队长一人，事务员或特务员一人，伙夫二人，工友一人，司书一人。

两中队为一大队，设大队长一人，兼一中队长。

2. 船舶运输队　　民船四八只，每只平均六人至八人。大队长一人，中队长一人，事务员一人，特务员一人，看护长二人，看护一二人，担架夫二四人，伙夫六人，司书二人，传令二人。

（四）掩埋队

队长一人，特务员一人，指导员一人，工友五〇人，司书一人，伙夫二人。

丙　准备工作

（一）调查

全县（市）医院诊所之数量，与所在地平时病床数量等；全县（市）正式医师、药师、护士、药剂生、助产士之人数，及其他有救护知识、技能之人数；西药业及慈善团体之情形。

1. 医院诊所调查表（例）

医院诊所名称	院长医师姓名	所在地	病床数	必要时增加床数	医师人数	护士人数	换药生人数	助产士人数	药师人数	调剂生人数	平均每日		备考
医院诊所调查表（二十五年一月调查）													
大德医院	陈○	城内大口大街二号	三○	一○	二	六	○	一	○	一	门诊八八	住院一八	附设护士学校

2. 卫生人员调查表（例）

姓名	字	性别	年龄	出身	毕业或离校年月	经验较多之学术	现任职务	详细住址	备考
卫生人员调查表（二十五年一月调查）									
陈○		男	三二	××学校	民国十六年七月	外科	大德医院院长	城内大口巷二号	兼县立中学校医

3. 西药业调查表（例）

药房名称	经理姓名	药师调剂姓名	经售药材种类			备考
西药业调查表（二十五年一月调查）						
大德药房	王○	药师 陈○ 调剂生方○	成药	原料	器械	经理上海大纱布厂出品
			制售经售	经售	经售	

4. 慈善团体调查表（例）

名称	所在地	主管者姓名	事业	备考
慈善团体调查表（二十五年一月调查）				
宛北红十字会分会 宛北红十字会分会医院	城内天一巷三号 同	冯 ○○ 李 ○○	医疗救济 施医并训练护士	有基金三千元 有会员一百七十一人

（二）编练

1. 卫生人员之编练分配

全县（市）之医师、药师、护士、药剂生、助产士等各项卫生人员于调查完竣后，召集编制，按照其能力分配于急救队、医院、运输队及民众之训练等工作；其必须训练者，并先予以训练。

2. 民众之编练

小学教员之救护训练；高中以上女生之普通救护训练；民众之急救输送与担架训练。

（三）卫生材料

1. 救护用品之储备：

每万人之城市，须有另单所开约价值千元之药品器械存储，以备非常时期应用。贮存处所，即以当地之医院、药房、诊所等为限；其人口数目较多或较少者，均以此比例准备（器药单另附）。

卫生器材装置之征发：

医疗用品……………………药房。

寝具……………………家装店、木器店、棕棚店、木行。

被服……………………衣店。

食具……………………磁〔瓷〕器店洋货店。

炊具……………………镀店、柴炭店。

输送具……………………车船行。

遇非常时期，对于上开各品应酌加统制，并于奉命动员时，为必要之征发，用毕，竭力设法归还，或偿付原价。

（四）实施动员

1. 召集已组织之急救队、医院、运输队、掩埋队，各就职责分任工作。

2. 应用房屋除当地公立医院外，并利用规模较大之各私立医院及学校、旅社、祠堂、寺庙、公所等较大屋宇。

3. 救护输送器材以购用为原则，不得已时使用储备品，再不足时，按上述规定办理。

（五）经费

必需之经费，由就地自筹或募集充之。

原载《中国红十字会月刊》1938 年第 40 期

中华民国红十字会三年来总报告（二续）（摘录）

一、本会各机构之调整与兴革

乙、关于各分办事处

（子）驻重庆分办事处

查重庆为我国战时首都所在，又为后方重镇。自汉口沦陷，日机窥视益亟，一切救护事宜亟须事前妥为筹划，以赴事功。并为适应环境、调整机构起见，爰经廿八年三月十三日第二次常会议决："驻贵阳临时办事处移转重庆，改称为重庆分办事处，所有人员除一部分候酌派至救护总队部外，尽调重庆分办事处"。同年四月十二日函聘唐承宗为本会秘书兼重庆分办事处主任，于同月廿八日自港飞渝，开始筹备，启用图记。前贵阳临时办事处调渝工作人员亦于同月三十日到达，于五月四日正式开始办公。现分办事处地址设于重庆大□子朝阳街口，所有工作，该分办事处另有报告陈述。

（丑）驻昆明分办事处

前本会驻汉口办事处既于廿七年十月一日由汉口迁至长沙，即以前驻汉口办事处原机构呈准本会改称为临时办事处。旋又于同年十一月十二日会同前救护委员会干部迁至祁阳椒山坪办公。本会为适应事实上之需要，令饬该处派员前往昆明，筹组机构。于廿八年一月六日，由秘书冯子明率员自祁阳起程，十六日到达，即行筹备。于同年二月十一日在昆明洗马河修美巷四号本会昆明分会内正式开始办公，是为本会临时办事处昆明分处。时，临时办事处又已奉令迁至贵阳。迨廿八年三月十三日，本会常会议决驻贵阳临时办事处移转重庆，改称为本会驻重庆分办事处之后，该昆明分办事处亦遂改正名称为本会驻昆明分办事处。盖昆明地位日趋重要，已为我后方重镇之一。分办事处所以扩大组织，固为事实环境之需要，不独正名已也。四月十二日乃由本会调派秘书高仁偶暂兼昆明分办事处主任，于五月一日到差，接收完竣。原派该分处之秘书冯子明，则调赴重庆分办事处协办该处事宜，现该分办事处设于昆明文明街幸福巷六号，所办事务另详该分处工作报告，不赘。

（寅）驻海防临时办事处

查该办事处之设立，与渝昆两办事处性质不同，其职掌着重于货物之运输。缘自广九路断，海防一地已成海内外货物运输枢纽。因于廿八年四月间，函聘徐可澄为海防专员负责办理一切运输事宜。五月中，庞前秘书长与朱常务理事恒璧视察本会救护事业，道出海防，认为该处办事方面尚须调整，签请设立海防专员办事处。经奉廿八年五月廿三日第十二次常会讨论，经拟定本会《驻海防专员临时办事处组织条例》如下（略）。

上项条例，于廿八年六月廿九日连同该处图记，一并颁发。关于该处经费，以大部属于运输存粮等费用，暂准实报实销，于每月呈会查核。雇用必要职员，则令饬呈报核定。惟自沪宁被陷，运输内地公路断后，该地办理运输。选据徐专员呈报，困难情形及附近一带公路状况已令饬随时相机妥慎办理，务使本会救护物品在可能范围内不予积滞。至于该处成立以来之工作报告，另已饬令编送，备呈察核……

二、本总办事处工作概述

甲、属于总会者

（子）章则规程之核订

（一）本会组织系统——本会最近之组织系统，（详见第五十五期月刊二八九页）。

（二）本总办事处内部组织——本总办事处内部组织（详见第五十五期月刊二九〇页）。

（三）本会行文程序——秘书处订定本会行文程序，照原有公文处理，按照事实加以补充，经廿八年三月六日奉准核颁其条文（详见第五十五期月刊一九八页）。

（四）核颁本会分办事处组织通则——分办事处组织（通则），同于廿八年三月六日奉准核颁，其条文（详见第五十五期月刊第一八八页）。

（五）核颁本会临时救护委员会组织规程——临时救护委员会组织规程于廿八年三月六日奉准核颁，全文计共八条，已见前列各专门委员会临时救护委员一章，兹不赘。

（六）核定本会救护事业会计课《驻外会计审计人员工作大纲》暨组织系统（表）——本会救护事业既日趋扩大，救护事业会计课为适应环境需要，便利各地救护事业会计工作，并实施就近审核起见，根据该课组织规则第三条"酌派人员驻在各大队部所在地，办理会计审计事宜"，订立该课《驻外会计审计人员工作大纲》共十一条，连同组织系统（表）呈请本会核示前来。经奉第十六次常会议决，可行，准予备案，并经临时救护委员会令知救护总队部照。（《组织规程》及《驻外会计审计人员工作大纲》并组织系统表详见第五十五期月刊内）。

（七）修整救护事业会计课办事细则——本会救护事业会计课《组织规程》及《办事细则》，曾由本会函请潘序伦会计师审核。现奉第十四次常会议决修正《办事细则》第七章"附则"内加添一条如下："第三十四条　本细则未尽事宜，悉参照《总会会计规程》及《总会附设各医院暨其他所属机关会计规程》办理"，将原文第三十四条改为第三十五条。又，原文第二十二条最后"送核"两字，改为"送总会审核办理"，即予颁发。

（八）修订因公出差旅费规则——本会各机构分布各处，办事人员因会务上之需要而出差，自可请准支给旅费。惟以前所订《因公出差旅费规则》已与目前各地情形有不甚适合之处，爰经修订，呈奉核准，即将颁发，各处属遵照。

（九）统一各处属领款领据暨收入月报——各属各机关向本会请领款项，所具领据殊不一律；每月之收支报告，格式既不一定，科目亦不统一，自应予以纠正划一，业经核定本会所属各机关领款领据统一办法六条：

1. 此项领据由总会先行印就，分发所属各机关应用，以资统一。
2. 领据上须填明具领机关名称暨主管人员及会计签名盖章。
3. 所属各机关无论具领何种经费，均须填具此项领据。
4. 所属各机关具领每月经费及已经核准之其他经费时，一律凭此项领据再予核发。
5. 请领经费应将此项领据先期填具呈会，以便核发而免延误。
6. 此项领据分为二联，一联填明呈会，一联具领机关留存备查。

上项办法已令饬各处属遵照，月报格式、科目亦经拟定，令饬统于廿九年一月起遵行……

乙、属于临时救护委员会者

（子）关于一般行政

（一）令饬编送前期救委会收支决算

自临时救护委员会成立，关于前期救护委员会收支决算，业经本总会于二十八年三月十四日令饬林总干事可胜编造具报，据四月八日呈复，应编决算，自应遵照造送。惟以所属各队、各材料分库、各运输队分驻各省，邮递□滞，汉口沦陷，继之长沙大火，间有少数报销表册已经邮寄，迄未收到。至各队报销，须逐件审核，不符手续者代为更正；

不合规定支出，驳回更正。往返周折，众牍纷繁，短时间内断难汇编，除令催督促外，请准予展期六个月至八个月。港币户账请港方直接编造等情，即经本委员会令准展期至二十八年六月底造报，所有港币收支决算书，由总会转饬在港会计造报。至六月十九日，续据林总干事呈称，恐难遵限造报，请予延展。于七月三日令准稍展时日，赶即编造，以期早日完成，兹尚未据呈送。

（二）令知变卖公物应先呈准

查公物应用及保管原有专责，本不得任意变价折卖。惟如旧车等件，有确已不适本会需用，拟请出售者，务应详具理由，专案呈候核准，不得先行擅售。曾于二十八年四月二十二日令知救护总队部遵照，后查该总队部运输股仍有未经核准擅自出售车辆情事，复于同年八月十一日重申前令，并饬知变卖时均应登报标卖，以昭大信。

（三）令知募捐款物应集中办理

奉总会决定，对外捐款及需要物品应由总会集中办理，不得用总干事名义迳行接洽，以免两歧，经于二十八年五月十日令饬救护总队部遵照。

（四）颁发总队长衔章

二十八年五月十二日，总会令派临时救护委员会总干事林可胜兼救护总队总队长后，六月十九日据呈请颁发衔章，以为对于所属各队行文之用。于七月二十日颁发后，据报于八月十三日启用。

（五）令造报服务人员名单履历

奉上次大会议决，关于本会服务人员资格履历，亟应审查，业于二十八年三月八日通令造报。至八月十日，救护总队部编造该部工作人员履历表到会。

（六）加委四大队长

救护总队部所属第一大队长万福恩，第二大队长彭达谋，第三大队长汤蠡舟，第四大队长朱润深，业经总会于二十八年十二月二十八日加委，令文经即转发。

（七）颁发总密电码

据救护总队部呈，以呈报关于所属医务队在某一战区内配备工作情形及其他紧急事项，为期迅捷使用电讯，间有攸关前方军事秘密易泄露外传，自不能不加以慎重，拟乞编订电报密码遵用。本会以此举殊属需要，当即编订总密电码，发交应用（渝、昆两办事处亦由本会颁发）。

（八）救护总队部请增预算

二十八年八月救护总队部提请增加预算，由每月十八万元（内国币十万〇五千八百元，照一〇六法价折算，港币七万元）递增至每月国币廿四万四千元，另港币七万元。除十一月份已准暂加二万元外，（共二十万元港币，以法价折算在内），经第三十三次常会决定，以一百队为原则，平均每队二千二百元。另拨预备费二万元，共二十四万元，包括港币七万元，以一〇六法币折算在内。电召林总队长来港，再行讨论，本案兹已提请此次大会讨论公决……

丙、会计概况

（子）办理情形

（一）收支之手续

本总办事处凡收到捐款，均填发本会正式收据，所收银行票据须送请会长及常务理事背书后解入银行；支付款项时，在核准预算以内者，先填制支付传票，送请会长及常务理事签发银行支款单。其有特别支出时，须先经核准而行。

（二）每月之开支

本会暨各处属每月之经常事业预算中，计救护总队部须国币十二万五千八百元，港币七万元为最巨，其他则总会国币二万元，本总办事处国币五百元，港币四千元，重庆分办事处国币五千九百元，昆明分办事处国币一千八百元。此外，海防临时办事处则实报实销，以及其他特殊支出，请查阅收支报告（表略）。

（三）购料账之代管

本会每月拨给救护总队部经常事业费，除国币逐汇内地外，港币七万元留港为购料之用。关于购料委员会之账目，现由本总办事处会计股兼理。惟账册独立，不相混杂。每月月终报告购料委员会外，并将经付款项之单据副本及收支报告表函送救护事业会计课查照。（表略）

（四）账目之审查

本总办事处之账目，经请黄秉章会计师事务所审查，计每三个月审查一次。二十八年六月底止之账已经查竣，报告书亦已送到。（表略）（购料账目之审查报告已见前列）

关于救护总队部暨渝、昆两办事处账目，亦已委托潘序伦会计师事务所审查，正在接洽开始办理中。

（余略）

资料杂俎

复员期间中华民国红十字会服务中心
实验区计划纲要

一　工作目标

一、执行总会计划，树立分会事业之楷模。

二、举办福利事业，增进人类生活之康乐。

二　工作联系

一、设置总会办事处五个，于全国中心城市主办"红十字会服务中心实验区"，以为全国各地分会事业之楷模。复员期间与当地分会密取联系，并由当地分会尽力协助开展。复员后，各当地分会合于标准，即拨归接办。

二、推行社会福利事业，应与当地有关社会合作，或借□国外红十字会人力财力，以期依照工作项目尽量开展。如当地已有同样事业之存在，得酌情采用"合办"方式，协助开展。

三　工作项目

一、社会服务之部

1. 健康保险

依照美国办理健康保险之成规，设置"红十字会健康保险团"。第一步，以担任免费诊疗及健康检查为主体；第二步，俟具成效，再行办理免费住院。凡参加健康保险团者：（一）红十字会普通会员以上者为基本团员，享受权利一年；（二）社会人士照薪金收入百分之五按月收费为普通团员，享受权利一月。其详细规程另订之。

2. 医药诊疗

依所设之"红十字会诊疗所""医院"或"医疗队"，收取最低之挂号费或住院费，办理医药诊疗或地方灾变之救护。至于药金及手术费等，尽可能范围内免收，必需收取者，以减收为原则。其办法另订之。

3. 婚姻指导

依所设各种医务机构中，设置"红十字会婚姻指导人"，办理婚前婚后有关生理卫生之指导，并印行书刊，如"生育"、"节育"等问题均属之，以善种优生为准则，以期改善民族健康，减少婚姻纠纷。

4. 荣军咨询

依博爱恤兵之主旨，设置"红十字会荣军咨询处"，办理荣军就业、同乡之指导；招寻、通讯、请恤、退伍之文件；疾病、伤害之救护；并接受地方委托代办医院内之慰劳及其家属等委托事项。

二、青年服务之部

5. 康乐活动

于中（大）学区内设置"红十字会青年服务站"，为青年康乐活动之中心，举办各种有益学生身心之活动，如音乐会、竞赛会、营火会、急救演习、环境卫生示范、旅行、射骑、电影、无线电等及各种测垂，以资提倡人生服务，促进身心健全。

6. 书报供应

于红十字会青年服务站内设置"书报供应部"，搜集健康教育、社会科学及具有和平自由思想等书报杂志，并供给红十字杂志丛书，以供学生阅览。得特约国内外出版界代办特价书报杂志，暨印行"红十字邮"、"红十字签"、"红十字练习簿"等，依成本供应，减轻学生负担。

7. 健康检查

于红十字会青年服务站设置"青年保健部"，协助校医室办理学生入学健康检查及缺点矫正，并得与学校当局合作，兼办一般诊疗及防疫。

8. 营养补助

于红十字会青年服务站内，设置"营养补助部"，办理清寒学生日常膳食营养及一般学生疾病营养补助，以期增强学生身体，增补青年活力。

三、妇女服务之部

9. 家庭访视

设置"红十字会家庭访视人"，办理家庭卫生之指导及孕妇产前产后之检查。其对象暂以红十字会会员之家庭及健康保险团普通团员之家庭为主，并接受荣军、工人及平民家庭之请托。依其环境作乡村巡回访视，由公共卫生护士或助产士担任之。

10. 志愿训练

设置"红十字会妇女志愿训练班"，办理急救、缝纫、编织、家事、会计等各种短期训练，依妇女之志愿参加，特别注意红十字会服务精神之训练，养成工作之技能。

四、儿童服务之部

11. 儿童保育

设置"红十字会实验托儿所"，以协助当地保育会或社会处办理半托为主，并视情形得开办"红十字会儿童门诊部"。或选择当地幼稚园与之合作，补助果饵、玩具及唱游等设备，以求启发儿童智慧，健全儿童心灵。

12. 小型生产

设置"红十字会儿童康乐用品社"，试办小型生产，以合作社方式经营，专门制售儿童卫生玩具、儿童卫生图画及儿童卫生服装等。其生产部分须尽量招收平民妇女，包括荣军眷属，俾能寓生产于救济，以授业代善后。

四　工作机构

复员期间中华民国红十字会服务中心实验区工作机构简表：

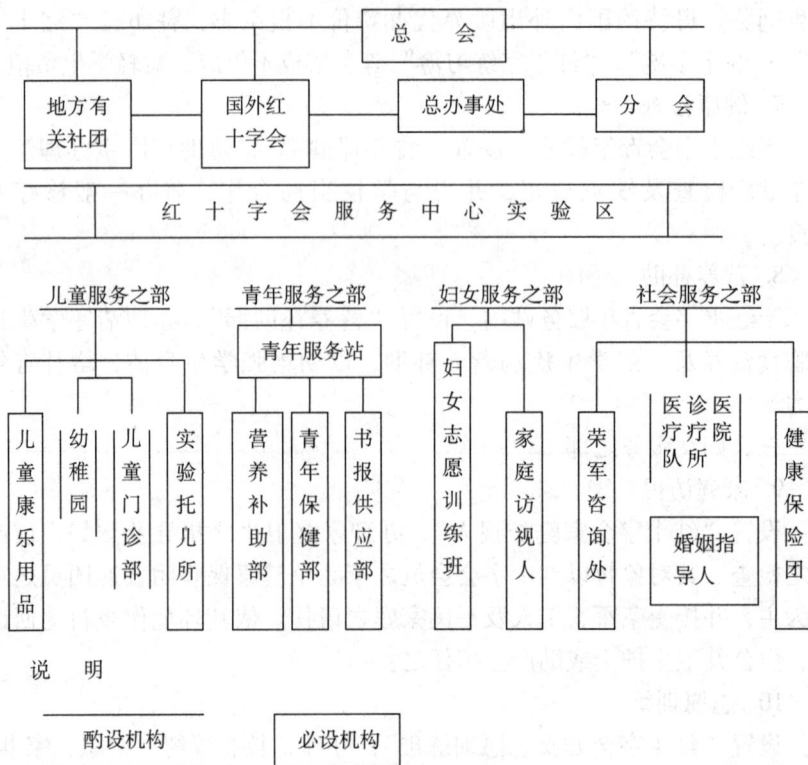

```
                          总  会
   ┌──────────┬──────────┼──────────┬──────────┐
 地方有     国外红        总办事处        分  会
 关社团    十字会
   └──────────┴──────────┴──────────┴──────────┘
         红 十 字 会 服 务 中 心 实 验 区
   ┌──────────┬──────────┬──────────┐
 儿童服务之部  青年服务之部  妇女服务之部  社会服务之部
              青年服务站
   ┌──┬──┬──┐  ┌──┬──┬──┐  ┌──┐   ┌──┬──┬──┐
 儿童 幼 儿童 实  营养 青年 书报  妇女 家庭  荣军 医诊 健康
 康乐 稚 门诊 验  补助 保健 供应  志愿 访视  咨询 医疗 保险
 用品 园 部 托儿  部  部  部   训练 人   处  院所 团
        所                班       婚姻
                                   指导人
```

说　明

酌设机构　　　必设机构

原载《中国红十字会月刊》1946 年第 1 期